McIntyre

Das große Buch der heilenden Pflanzen

Anne McIntyre

Das große Buch der heilenden Pflanzen

Aromatherapie,
Blütenessenzen, Homöopathie,
Kräuterheilkunde

Aus dem Englischen von
Sabine Meyer

Botanische Merkmale, Anwendungen
und Rezepte

IRISIANA

IRISIANA
Eine Buchreihe herausgegeben von
Margit und Ruediger Dahlke

Die Originalausgabe erschien unter dem Titel
The Complete Floral Healer
bei Gaia Books Limited

Die Deutsche Bibliothek - CIP-Einheitsaufnahme
Das große Buch der heilenden Pflanzen : Aromatherapie,
Blütenessenzen, Homöopathie, Kräuterheilkunde ; botanische
Merkmale, Anwendungen und Rezepte / Anne McIntyre. Aus dem
Engl. von Sabine Meyer. – München : Hugendubel, 1998
(Irisiana)
Einheitssacht.: The complete floral healer <dt.>
ISBN 3-89631-196-4

Umschlaggestaltung: Zembsch' Werkstatt, München
Produktion: Tillmann Roeder, München
Satz: SatzTeam Berger, Ellenberg
Druck und Bindung: Appl, Wemding
Printed in Germany

ISBN: 3-89631-196-4

Vorwort

Wahre Heilung beinhaltet die Behandlung der echten Ursache des Leidens. Daher können Bemühungen, die sich ausschließlich auf den Körper richten, nie mehr als oberflächliche Reparaturen bedeuten. Behandelt man aber das emotionale Leid der Menschen und ermöglicht ihnen dadurch, glücklich zu sein, wird es ihnen gutgehen. EDWARD BACH

»Das große Buch der heilenden Pflanzen« ist ein einzigartiges Werk, das von einer erfahrenen Praktikerin anschaulich geschrieben wurde. Anne McIntyre hat im Laufe vieler Jahre ein großes Wissen und Können bei der Verwendung von Pflanzen in der Heilung erlangt. In ihrem Buch klingt die Begeisterung wider, die nur durch reiche Erfahrung, gepaart mit dem Bewußtsein einer weisen Kräuterfrau, entstehen kann. Das Ergebnis ist ein ausgesprochen praktisches und informatives Buch, das die Wissenschaft der medizinischen Kräuterheilkunde mit der Homöopathie, der Aromatherapie und den feinstofflich wirkenden Blütenessenzen verbindet.

Die Verwendung von Blüten in der Gesundheitsfürsorge nimmt stetig zu, genauso wie die Phytotherapie zunehmend an Anerkennung gewinnt. Es gibt jedoch viele unterschiedliche Ansätze in der Pflanzentherapie. Sie reichen von der Auffassung, Pflanzen seien natürliche »Medikamentenlieferanten« auf der einen Seite, bis zu der esoterischen Ansicht, nach der sie als »Muster« der Heilungsreise gesehen werden. Ich glaube, beide Standpunkte sind berechtigt, aber auch begrenzt. Es ist Anne McIntyres großes Verdienst, bedeutungsvolle Brücken zwischen derart unterschiedlichen Auffassungen geschlagen zu haben.

Die zwischen Menschen und Heilpflanzen bestehende Beziehung ist ein Beispiel für das Wirken von Gaia, der Göttin der Erde. Ob Ihr Augenmerk der Chemie sekundärer Pflanzenprodukte gilt oder den Energiefeldern von Pflanzen – alles steht in einem gesamtökologischen Zusammenhang. Schon durch den Umstand, daß man Kräutermedizin einnimmt, wird eine einzigartige Möglichkeit geschaffen: Da man sich auf einer praktischen Ebene mit Gaia verbindet, wird der ökologische Kreislauf der Heilung in Gang gesetzt. Es eröffnet sich die Möglichkeit eines Wunders der Heilung, das wesentlich weitreichender ist als die reine Genesung von der Krankheit. Man kann die ökologischen Zusammenhänge und die Integration unmittelbar erfahren, eine tiefe Zugehörigkeit spüren und wissen, man ist zu Hause, geheilt und ganz. Eine solche Heilung geht über die Behandlung von Krankheitsbildern und die Linderung von körperlichen Leiden – beide auch Bereiche der pflanzlichen Therapie – hinaus. Sie betrifft eher den Bereich des Übersinnlichen; es ist die Berührung des Lichts, der Veränderung, die durch die göttliche Berührung entsteht.

Derart tiefe Erfahrungen haben wenig mit bestimmten Kräuter- oder Gesundheitsprogrammen zu tun. Sie resultieren aus einer Überwindung der die Menschheit quälenden Trennung von Natur und Seele. Solche Erfahrungen lassen sich nicht schaffen oder vorhersagen. Vielmehr gibt es Momente, in denen man bei der Verwendung grüner Kräuter »das Grüne« erlebt. Hildegard von Bingen, die Kräuterfrau und Mystikerin des Mittelalters, spricht von Viridatas, der »grünen Kraft«. Sie meint damit eine vitale Energie, die Leben ist, der Geist des Planeten, das Göttliche in einer Form, die die Menschheit heilt und verändert. Heilung, die so reichlich und uneingeschränkt vom Pflanzenreich angeboten wird, verändert wahrlich das menschliche Leben und weist auf einen neuen Frühling hin.

Die Kräuterheilkunde bietet reichlich Gelegenheiten, die Heilkraft der Natur zu erfahren, sei es bei der Behandlung einer Krankheit oder durch die Umarmung eines Baumes. Wenn man sich der Kräuterheilkunde nähert, erkennt man einen Bereich menschlicher Bemühungen, in dem auf eine einmalige Art das Wunderbare mit dem Alltäglichen verbunden wurde. Kräuterheilkunde ist ein Bereich, der Anthrachinon-Abführmittel, die spirituelle Ekstase des Amazonas-Schamanen und die Schönheit der Blüte umfaßt. Grenzen gibt es für einen Kräuterheilkundigen nur dann, wenn sie durch eine begrenzte Vision und eine fehlende Vorstellungskraft selbst aufgestellt werden.

Man sagt, daß die Menschen ohne Visionen sterben. Ohne eine persönliche Vision wird das Leben ein langsamer Prozeß der Degeneration und des Verfalls, und ohne eine gesellschaftliche Vision wird die Zivilisation schnell auseinanderfallen. Eine solche lebensbejahende Vision unterscheidet sich von einem dogmatischen Glaubenssystem. Sie gibt dem Leben des einzelnen Bedeutung und muß aus dem Inneren kommen. Eine grüne Vision, die der Menschheit ihren Platz innerhalb der Familie von Gaia zuweist, gewinnt zunehmend an Bedeutung in unserer Kultur. Die Kräuterheilkunde mit ihrer Ehrfurcht vor dem Leben baut Brücken zwischen den Pflanzen und den Menschen und steht im Zentrum dieser Veränderung.

Aus meiner Sicht als Kräuterheilkundiger ist es offenkundig, daß Viridatas, die grüne Kraft, die Antriebskraft hinter den Veränderungen ist, die die Menschheit augenblicklich berühren. Es ist ein Aspekt dessen, was als Paradigmenwechsel bezeichnet wird, eine tiefe Veränderung unserer kulturellen Weltauffassung und der Zusammenhänge, in denen wir leben und unsere Zukunft planen. Sie erinnert uns daran, wer wir sind, wo wir leben und was uns verbindet.

DAVID HOFFMANN
Sonoma County, Shasta Bioregion, USA 1996

Inhalt

Einleitung

Üppige rote Pfingstrosen, süß duftende Himmelschlüssel, exotische Lilien, fröhliche Ringelblumen, zarte Anemonen und Rosen mit ihrem wunderbaren Parfüm – dies sind nur einige Blumen, die wir alle kennen und einfach lieben müssen. Blumen gehören überall auf der Welt zum menschlichen Leben und kennzeichnen jeden wichtigen Anlaß, jede Veränderung, jedes Ritual von der Wiege bis zum Grab. Heute wie vor Tausenden von Jahren können Blumen ausdrücken, wofür uns häufig die Worte fehlen. Wordsworth, der sich wie so viele Dichter vor und nach ihm von Blumen inspirieren ließ, schrieb dazu so treffend:

Die kleinste Blüte kann mir oft Gedanken geben –
In Tiefen, welche Tränen nicht betaun.

Die Inspiration durch Blumen

Blumen symbolisieren Freude über die Geburt eines Kindes und schmücken Zeremonien in allen Religionen. Männer und Frauen schenken sich Blumen als Ausdruck ihrer Liebe, Blumen werden zu Geburtstagen geschenkt und der Familie, Freunden, Gastgebern oder Gästen als Ausdruck der Wertschätzung überreicht. Der Besuch eines Verwandten oder Freundes im Krankenhaus ohne Blumen, die die Stimmung heben und die Genesung fördern sollen, ist nur schwer vorstellbar, ebenso wie eine Hochzeit, bei der die Braut keine Blumen im Haar trägt und keinen Hochzeitsstrauß hat, der die Schönheit und Romantik der Situation unterstreichen soll. Blumen schmücken die Tafel bei feierlichen Essen und Banketten; sie bringen zu jeder Jahreszeit Licht ins Haus und erwärmen das Herz, selbst an kalten Wintertagen, wenn der Rest der Natur scheinbar schläft. Bei Beerdigungen trösten Blumengebinde oder Kränze die Hinterbliebenen und zollen dem Verstorbenen Respekt. Sie spenden soviel Freude, daß wir sie in Gärten, in Kübeln und Blumenkästen pflanzen, um uns an ihnen zu erfreuen.

In ähnlicher Weise haben Blumen über die Jahrhunderte Künstler und Dichter inspiriert. Unsere Gardinen und Teppiche zeigen Blumenmotive, und Kosmetika, Seifen und Parfüms enthalten fast ausnahmslos Blütenstoffe. Dies trifft auch auf viele Arzneimittel zu, denn seit Urzeiten verwenden Menschen Blütenpflanzen zur Heilung ihrer Leiden.

Trotz der engen Verbindung zwischen der Pflanzenwelt und der menschlichen Kultur ist vielen von uns nicht bewußt, wie es dazu kam, daß Blumen eine so wichtige Rolle in unserem Leben einnehmen. Wir erfreuen uns an ihrer ästhetischen Schönheit, der perfekten Form und am himmlischen Duft, vergessen dabei aber häufig die Geschichte der Pflanzen um uns herum, die bis in die Antike zurückgeht. Blumen sind Bestandteil des Glaubens, der Kunst und der Medizin unserer Vorfahren. Überall auf der Welt spielen sie seit Tausenden von Jahren in Mythen und Legenden, Gottesdienst und Religion eine Rolle. Sie wurden zu Symbolen eines breiten Spektrums menschlicher und spiritueller Erfahrungen, darunter Liebe und Erinnerung, Reinheit und Treue, Fruchtbarkeit und Überfluß, Freude und Trauer, Tod und Wiedergeburt, Sterblichkeit und Unsterblichkeit.

Schon in frühester Zeit, als die Menschen der Natur noch wesentlich näher waren als heutzutage, wurden den Blumen magische, übersinnliche und göttliche Eigenschaften zugeschrieben und häufig auch Charakter- und Wesenszüge, die den menschlichen sehr ähnelten. Ebenso wie das menschliche Leben als vom göttlichen Geist erfüllt galt, glaubte man, daß auch Pflanzen einen ihnen innewohnenden Geist oder eine Seele besäßen, die ihre Gestalt und Form, die Art ihres Wachstums und ihre Aufgabe für den Menschen bestimmten.

Die Mythen der alten Griechen bergen einen reichen Schatz an Pflanzenlegenden und Symbolismen; auf sie gehen viele unserer heutigen Gebräuche und Traditionen zurück. Vor ungefähr 2000 bis 3000 Jahren war das klassische Griechenland das intellektuelle und literarische Zentrum Europas – und das Land mit den meisten Blumen. Auf die alten Griechen gehen auch die Ursprünge der westlichen Medizin zurück, deren Geschichte in den Schriften der großen Mediziner Hippokrates und Dioskurides und ihren Nachfolgern überliefert wurde.

Die griechischen Mythen

Wer im Frühjahr in Griechenland aufs Land fährt, wird von dem außergewöhnlichen Reichtum einheimischer Blumen überrascht sein. Leicht kann man sich dann gedanklich in die Zeit versetzen, in der die

Die seidene Phönixrobe der Kaiserin Dowager Tz'u hsi aus dem 19. Jahrhundert ist mit Päonien verziert. In China ist die Päonie die kaiserliche Blume und wurde seit ungefähr 900 v.Chr. kultiviert.

mythischen Götter und Göttinnen auf dem Olymp spielten und in der die Blumen erschaffen wurden. Die Vielfalt und Schönheit der Blumen und Bäume waren integrale Bestandteile des spirituellen Lebens in der Antike. Die Helden, Nymphen und Götter wurden zusammen mit den Pflanzen als Ausdruck menschlicher Urbilder und spiritueller Wahrheit geschaffen. Für die Griechen war die Natur ein religiöses Symbol. Die Heilkraft der Pflanzen galt als Geschenk der Götter, und ihre Schönheit wirkte inspirierend auf die Kunst. Der natürliche Charakter der Pflanze gab der Wirklichkeit des menschlichen und des göttlichen Lebens Sinn und Zweck. Tempel und heilige Stätten zur Verehrung der Götter und für Opfergaben wurden an besonders reizvollen Stellen errichtet, wie antike Überreste noch heute bezeugen. Blumen drückten häufig unbewußte menschliche und spirituelle Erfahrungen aus, die man anders nur schwer hätte mitteilen können.

Zu jener Zeit folgten die Griechen dem Grundsatz »Sag es mit Blumen«, und seither verwendet man Blumen, um geheime oder persönliche Botschaften und Liebeserklärungen, Heilkräfte und religiöse Bedeutungen zu übermitteln.

Bei genauerer Betrachtung der griechischen Mythologie erkennt man die symbolische Bedeutung einiger Pflanzen, die uns heute noch vertraut sind: Chloris (von Chloe, was soviel bedeutet wie »erster grüner Trieb« und somit das gleiche meint wie der lateinische Begriff »Flora«) war die Göttin der Blumen und wurde als der personifizierte Frühling angesehen. Sie erfüllte die Wünsche von Hera und ließ die Pflanzen mit Hilfe der Horen wachsen, der Töchter von Zeus und Themis, die über die Jahreszeiten und den Wachstumszyklus herrschten. Chloris' Liebhaber war Zephir, der Gott des Westwinds, der jedes Frühjahr die Natur erweckte. Die Nymphen des Frühjahrs kümmerten sich um die Pflanzen und sorgten dafür, daß sie die belebende Feuchtigkeit von Okeanos, dem Vater der Ströme und Flüsse, erhielten. Artemis, die Göttin des Mondes, erquickte die Blumen jede Nacht mit ihrem erfrischenden Tau, und ihr Zwillingsbruder Apollo, der Gott der Sonne, sandte Sonnenstrahlen, damit die Pflanzen während des Tages lebten und wuchsen.

Für die Felder und Ernten war Demeter verantwortlich, deren Tochter Persephone von Hades, dem Gott der Unterwelt, entführt wurde, um sie zu seiner Königin zu machen. Sie war ein halbes Jahr, den ganzen Winter über, in der Unterwelt gefangen und kehrte jedes Frühjahr in die Oberwelt zurück. Als Persephone das erste Mal gefangengenommen wurde, war Demeter untröstlich und suchte ihre Tochter überall, bis sie sich irgendwann erschöpft auf einem Stein niederließ, wo sie neun Tage und Nächte blieb.

In dieser Zeit ließen die Götter Mohnblumen zu ihren Füßen wachsen; Demeter atmete deren berauschenden Duft ein und aß von deren Samen, bis sie ihre Schmerzen über dem Schlaf vergaß. Persephone symbolisiert die Getreidekörner, die im Winter unter der Oberfläche oder in der Erde versteckt sind, im Frühjahr keimen und dann zu Beginn des folgenden Winters wieder verschwinden. Sie wird von Demeter gesucht, der Göttin der Ernte und des Ackerbaus. Der Mohn symbolisiert Winter und Schlaf, und seine Samen sind ein Symbol der Fruchtbarkeit. Wenn Sie das nächste Mal Mohnbrötchen essen, erinnern sie Sie vielleicht an die Allegorie von Persephone und Demeter und den immer wiederkehrenden Wechsel der Jahreszeiten des irdischen Lebens.

Eine weitere Geschichte handelt von der Narzisse, die Gaia schuf, um Hades einen Gefallen zu tun. Der süße Duft sollte Persephone in die Unterwelt locken. Daß die Unterwelt den Tod symbolisiert, erklärt den heutigen Brauch, Gräber mit leuchtenden Osterglocken zu bepflanzen.

Der Name »Narzisse« stammt von Narkissos, dem Sohn von Kephisos, dem Gott der Flüsse. Er war so schön, daß sich viele Nymphen in ihn verliebten, er aber liebte nur sich selbst. Aphrodite wollte ihn dafür bestrafen und ließ ihn sich im Frühjahr in sein Spiegelbild verlieben. Entweder rutschte er dann aus und ertrank, oder er starb an gebrochenem Herzen am Ufer des Gewässers. Narkissos verwandelte sich in eine süß-duftende Frühlingsblume mit einer endständigen goldenen Blüte, die auf der Suche nach ihrem Spiegelbild immer noch am Rande von Flüssen und Bächen wächst.

Daphne war eine schöne, schüchterne junge Nymphe. Apollo, der Gott der Sonne, hatte sich in sie verliebt und bedrängte sie. Um ihm zu entkommen, floh Daphne zu ihrer Mutter Gaia, die sie in einen Lorbeerbaum *(Laurus nobilis)* verwandelte. Seither war Lorbeer dem Apollo geweiht. Als Apollo den Drachen Python getötet hatte, zog er wie ein Eroberer gekrönt mit Lorbeerzweigen in Delphi ein, wodurch Lorbeer zu einem Symbol der Achtung, des Sieges und des Ruhmes wurde. Auf diese Geschichte geht auch der Begriff »lorbeergekrönt« zurück.

Die elegante weiße Myrte mit ihrem wunderbaren Duft und den immergrünen Blättern war Aphrodite, der Göttin der Liebe, gewidmet, die ihre nackte Schönheit hinter einer Myrte verbarg, als sie dem Meer in der Nähe von Paphos auf Zypern entstieg. Myrte wurde so zum Symbol der Schönheit und Jugend und wird auch heute noch häufig in Brautkränze geflochten, um die Bräute zu schmücken.

Viele Pflanzen, deren medizinischer Wert schon seit Tausenden von Jahren geschätzt wird, spielen in den griechischen Legenden eine Rolle. Jede Geschichte gibt Einblick in ihre wunderbaren Heilkräfte. Einige dieser Legenden werden in Kapitel 2 bei der Beschreibung der jeweiligen Blüte vorgestellt.

Blüten und der Lebenszyklus

In der Antike waren Blüten auch eng mit den Vorstellungen über das Leben nach dem Tod verknüpft. In den von Hades beherrschten düsteren Regionen der elysischen Gefilde waren die riesigen Ebenen mit Asphodelus-Arten bewachsen. Griechen und Römer pflanzten sie auf die Gräber als Symbol ewigen Lebens. In vielen Kulturen gab es die Vorstellung, daß

Die leuchtendroten Mohnblumen bevorzugen aufgeworfene Böden als Standort. Ein britisches Soldatenlied besagt, daß Mohnblumen nach dem Ersten Weltkrieg auf den Schlachtfeldern von Flandern erblühten. Die Briten gedenken jedes Jahr der Kriegsopfer, indem sie rote Mohnblumen tragen.

im Paradies oder im Himmel Blumen in Hülle und Fülle wachsen würden. Da Götter sie geschaffen hätten, unterlägen sie nicht dem zeitlichen Verfall. Blumen wurden auf Gräber gepflanzt, um den Verstorbenen den Übergang in das Leben nach dem Tod zu erleichtern. Diese Pflanzen symbolisierten den Sieg der Seele über das irdische Leben. Häufig begrub man die Toten auch in Hainen aus heiligen Bäumen, da die Griechen glaubten, es würde die Seelen erfreuen, wenn sie zwischen Bäumen wandelten. Auch heute noch zollen wir den Toten mit kreisrunden Blumenkränzen Tribut. Ursprünglich wurde diese Form entwickelt, um die Seele des Verstorbenen einzuschließen. Die alten Ägypter setzten ihren Toten Blumenkränze aufs Haupt, um sie mit diesem Geschenk zu verabschieden und ihnen eine sichere Reise zu gewährleisten. Die Gräber geliebter Menschen wurden mit Blumen bestreut, wie Myrte, Tazetten und Fuchsschwänzen. Frühlings- und Sommerblumen setzte man auf die Gräber derjenigen, die in der Blüte der Jugend verstarben; alte Bäume und aromatische Kräuter pflanzte man um die Gräber von älteren Menschen. Mit weißen Rosen schmückte man die Gräber von Jungfrauen, und rote Rosen pflanzte man auf die Gräber von Toten, die ein makelloses Leben geführt hatten. Beliebte Blumen für Beerdigungen waren Ysop, Bartnelken, Nelken und Rosmarin, ebenso immergrüne Gewächse wie Lorbeer, als Symbol des ewigen Lebens.

Heutzutage bevorzugen die Trauernden immer noch Rosmarin, Rosen, Winterheide und Aubrietie. Das Schneeglöckchen ist ein Sinnbild des Todes, da es aussieht, als trage es ein Leichentuch oder ein Totengewand. Das Schneeglöckchen galt aber auch als Symbol des Lebens und der Hoffnung. Als Adam und Eva aus dem Garten Eden vertrieben wurden, so lautet eine Geschichte, blickte Eva traurig auf den mit Schnee bedeckten, blumenlosen Boden um sie herum. Ein Engel erschien, fing eine herunterfallende Schneeflocke auf und hauchte sie an, und sie verwandelte sich in ein Schneeglöckchen. Als der Engel Eva die Blume überreichte, sagte er, sie solle Hoffnung haben, denn der Sommer sei auf dem Wege, und als er verschwand, erschien ein Kreis von Schneeglöckchen auf dem Boden. Da Schneeglöckchen die ersten Blumen sind, die nach einem kalten und scheinbar toten Winter erscheinen, sind sie ohne Zweifel ein sehr willkommener Anblick.

Trotz ihrer Zartheit und ihrer vergänglichen Natur vermittelt die Schönheit von Blumen dauerhaftes Glück. Für einen kurzen Moment bringen sie einen Hauch von Ewigkeit, von Freude jenseits der physischen, sterblichen Welt.

Die Schmerzlichkeit des kurzen Lebens der Blüte inspirierte Dichter und andere Künstler. Sie verwendeten sie als Symbol der Vergänglichkeit des physischen Lebens, gleichzeitig richteten sie damit einen Appell an die Menschen, das Leben zu genießen, bevor es vorbei ist. Oder wie der Dichter Robert Herrick es ausdrückte: »Gather ye rosebuds while ye may, Old Time is still a flying.« Anderen wiederum, die sich von ihrer Botschaft inspirieren lassen, geben Blumen ein Gefühl der Ewigkeit.

Though storms may break the Primrose on its stalk
Though frosts may blight the freshness of its bloom,
Yet spring's awa kening breath will woo the earth
To feed with kindliest dews its favourite flower
That blooms in mossy banks and darksome glens,
Lighting the greenwood with its sunny smile;
Fear not then, spirit, Death's disrobing hand.

Percy Bysshe Shelley (1792–1822)

Sri Aurobindo drückte es folgendermaßen aus: »Earth's flowers spring up and laugh at time and death.«

Im antiken Griechenland hielt man die ständige Erneuerung der Natur für ein Mysterium der Götter oder des Göttlichen, weshalb viele Pflanzen und Bäume als heilig angesehen wurden. Der majestätischste aller Bäume, die Eiche, war Zeus geweiht, um dessen weisen Rat man in Dodona unter einer heiligen Eiche bat. Wenn die Gebete der Gläubigen von Zeus erhört wurden, so die Sage, raschelte der Baum mit seinen Blättern. Die Silber- und die Zitterpappel symbolisierten mit ihren zweifarbigen Blättern die zwei Welten: die Unterwelt und die Welt der Lebenden. Immergrüne Gewächse, wie Liguster, Lorbeer und der Ölbaum, waren Opfergaben für die Götter und Symbol der Beständigkeit der göttlichen Ordnung.

Blumen und das spirituelle Leben

Seit der Antike werden mit dem (Sinn-)Bild der Blume religiöse Ideen und Vorstellungen ausgedrückt, die verbal nur schwer zu erfassen sind. Stets hat sie die religiösen Wahrheiten hinter den großen Mysterien offenbart und das Göttliche verkörpert. Während der Christenverfolgung verwendete man pflanzliche Embleme in Kunst, Literatur oder Architektur als geheime Kommunikationsmittel.

Im alten Ägypten war die Lotosblume Symbol neuen Lebens, während sie in Europa das mystische Zentrum symbolisierte. Bei östlichen Darstellungen entspringt der Lotos dem Nabel Vishnus und repräsentiert das Universum, das sich aus einer zentralen Sonne entwickelte. Die Lotosblume ist der Ort Brahmas und manifestiert seine große Kraft. Mit dem Aufkommen des Christentums wurden Pflanzen, die ursprünglich griechischen oder römischen Göttern gewidmet waren, den Heiligen zugeordnet, und nicht selten wurden Kirchen an Stätten heidnischen Glaubens errichtet. Viele Blumen, die ursprünglich zu Aphrodite oder Venus gehörten, wurden zu Sinnbildern der Jungfrau Maria, dem christlichen Symbol der weiblichen Göttlichkeit oder der Göttin.

Die Madonnalilie ist die bekannteste Blüte im religiösen Symbolismus. Ursprünglich illustrierte sie die

Wunder des Paradieses, in späteren Darstellungen wurde sie häufig in der Hand der Jungfrau Maria gezeigt, wo sie Reinheit und Unschuld symbolisierte, wofür sie bis zum heutigen Tag steht. Ein Engel mit einem Olivenzweig in der Hand stellt einen Friedensstifter dar, die Rose ist seit jeher Sinnbild der irdischen Liebe. Sie galt ebenfalls als Symbol der himmlischen Freuden und des Herzens oder des mystischen Zentrums des Daseins.

Es verlangte die Rose
nicht nach dem Morgenrot:
an ihrem Zweig fast unsterblich,
verlangte sie nach Metamorphose.
Es verlangte die Rose
weder nach Weisheit noch Dunkel:
grenzend an Fleisch und Traum,
verlangte sie nach Metamorphose.

FEDERICO GARCIA LORCA (1899–1936)

Das Kleeblatt repräsentierte die Heilige Dreieinigkeit; der heilige Patrick verwendete es, um den heidnischen Iren den wahren Gott darzustellen. Die Iris war Symbol der Reinheit und Erhabenheit, die Nelke eine Blume der heiligen Liebe, während Jasmin ein Symbol der Jungfrau Maria war. In gleicher Weise bediente man sich der Blumen, um den Teufel und die dunklen Kräfte darzustellen, und Hexen und Magier beschworen sie in ihren Zaubersprüchen.

Aufgrund der Geheimnisse um ihr Wachstum und ihrer vergänglichen und doch dauerhaften Existenz nahm man an, Pflanzen hätten magische und übernatürliche Kräfte. Weißdorn, Klee, Johanniskraut, Lavendel und Heidekraut bringen Glück, so glaubt man auch heute noch. Mit anderen Pflanzen, wie zum Beispiel Anemonen, Pfingstrosen, Lilien und Johanniskraut, schützte man sich vor dem Teufel und den Kräften der Dunkelheit. Löwenzahn, Gänseblümchen und Ringelblumen, die auch heute noch eine Freude für Kinder sind, wurden nicht nur in »Blumenuhren« verwendet, in denen sich die Blüten zu einer bestimmten Tageszeit öffneten und schlossen, sondern auch als Liebesorakel. Das Abreißen der Blütenblätter, verbunden mit den Sätzen »Sie liebt mich«. »Sie liebt mich nicht«, offenbarte die Gefühle der Angebeteten. Eine Tradition, die an vielen Orten immer noch existiert.

Blumen sind auch eng mit der Traumwelt verbunden. In der Antike war man überzeugt, daß Träume Botschaften aus der Welt der Geister darstellten oder Gottes Willen ausdrückten, und ihre symbolische Bedeutung wurde von Magiern und Wahrsagern inter-

Im alten Ägypten symbolisierte der Lotos (oben) neues Leben, während man im Fernen Osten glaubte, er sei der Ort Brahmas und manifestiere dessen große Kraft. Die Madonnalilie (unten) war für frühe christliche Künstler ein Symbol der Wunder des Paradieses und der Reinheit der Jungfrau Maria.

Wenn im Mittelalter ein Ritter seine Dame »Rose« nannte, wollte er damit ausdrücken, daß sie für ihn eine exotisch duftende Göttin der Liebe war, eine Freude für Augen und Herz. Die Rose war das Symbol für Liebe, Schönheit und Perfektion, ein Sinnbild des mystischen Zentrums. Dichter und Künstler übernahmen es, um so die perfekte Welt zu symbolisieren – ein Ideal oder Paradies. Die Magier der Antike gaben ihr noch weitere besondere Bedeutungen. Hatte die Rose sieben Blütenblätter, symbolisierte dies die sieben Stufen absoluter Perfektion; acht Blütenblätter bedeuteten Regeneration oder Wiedergeburt.

Verschenkte man früher einen Blumenstrauß, begleitete ihn immer ein kleines Gedicht als Ausdruck der Liebe. Viele der traditionell in solchen Sträußen verwendeten Blüten werden mit der Liebe verbunden, da ihre mystischen Ursprünge auf Liebesgeschichten zurückgehen. Einige Blumen sollen aus den Blutstropfen oder Tränen unglücklicher Liebender entstanden sein oder aus schönen Mädchen, die vor den Avancen liebeskranker Verehrer flohen. Apollo verliebte sich in Hyacinthos und zog damit die Eifersucht von Zephir, dem Windgott, auf sich. Eines Tages, als Apollo und Hyacinthos mit Wurfringen spielten, warf Zephir – außer sich vor Eifersucht – einen der Wurfringe und tötete Hyacinthos. Aus dessen Blut entstand die nach ihm benannte Hyazinthe.

Die Rose, das schönste Symbol der Liebe, wurde erschaffen, als Chloris, die griechische Göttin der Blumen, eines Tages den Körper einer wunderschönen Nymphe fand und die drei Grazien bat, ihr bei der Schaffung einer besonderen Blume in Ehrerbietung seiner Schönheit und ihrer Liebe zu helfen. Die Tulpe war vormals ein junges Mädchen aus Dalmatien, das in eine Blume verwandelt wurde, um den Annäherungsversuchen von Vertumnus, dem römischen Gott der Jahreszeiten, zu entfliehen. Der Name des Vergißmeinnichts – seit langem ein Sinnbild der Liebe und der Erinnerung – geht auf eine deutsche Sage von einem Ritter und seiner Angebeteten zurück, die am Ufer der Donau spazierengingen. Das Fräulein erblickte die schönen blauen Blumen, und als der Ritter sich bückte, um sie zu pflücken, verlor er das Gleichgewicht und fiel in den Fluß. Als er vom Fluß in den Tod gerissen wurde, hörte man ihn rufen: »Vergiß mein nicht.«

Blumen, die mit Brautwerbung und Hochzeit in Verbindung gebracht werden, sollen die Gunst der angebeteten Person gewinnen und symbolisieren die Freude ihrer Verbindung. Häufig handelt es sich bei

pretiert. Die alten Ägypter glaubten, die Göttin Isis würde den Menschen die Träume einhauchen. Träumte man beispielsweise von Lavendel, bedeutete das Wiedervereinigung; Ringelblumen kündigten an, daß man eine Sache gut machen würde. Jasmin deutete auf eine Romanze hin, Gänseblümchen auf eine Geburt und Schlüsselblumen auf eine unerwartete Liebe.

Blumen sind Liebe auf der Suche nach Worten

Und wie steht es mit den Blumen und der Liebe? Heute wie seit jeher drücken Blumen aus, wofür uns bei dem geliebten Menschen die Worte fehlen. Dabei fällt einem zuerst die wunderschöne Rose ein, als die Blüte, die für die meisten Menschen, seien es Künstler, Dichter oder auch Liebhaber, am engsten mit der Liebe verbunden ist. »Mein Lieb ist eine Rose rot«, schrieb Robert Burns, und Yeats schrieb:

Und Erde und Himmel und Wasser umschaffend
zu goldenem Schrein
Für meinen Traum von dem Bildnis, das als Rose tief in mir blüht.

den Pflanzen um Fruchtbarkeitssymbole und um Aphrodisiaka, die die Leidenschaft anfachen sollen. Orchideen waren beispielsweise der Göttin Venus gewidmet und unterstanden ihrem Einfluß. Von Satyrn der klassischen Mythologie behauptete man, sie fräßen gierig Orchideenwurzeln, um die Leidenschaft anzuregen. Früher wurde die Orchidee sogar als Satyrion bezeichnet. Solche Pflanzen wurden traditionell für Liebestränke verwendet, um das Herz der angebeteten Person zu erobern. Stiefmütterchen waren besonders beliebt. Man bedeckte damit die Augen der geliebten Person, während sie schlief, damit sie sich in die erste Person verliebte, die sie nach ihrem Erwachen erblickte. Junge Mädchen gaben ihren Geliebten Eisenkraut, um ihre Zuneigung zu erhalten. Jasmin, Rosen und Orangenblüten waren Symbole der Liebe und Fruchtbarkeit und wurden häufig in Brautkränze geflochten. Auch mit Majoran, Basilikum, Nelken, Myrte und Rosmarin verband man Liebe, Hochzeit und Treue. Viele der Pflanzen, die man mit dem Ehebund in Verbindung brachte, waren Kletterpflanzen wie Jasmin, Geißblatt, Clematis und Efeu. Sie winden sich ineinander wie die Arme von Liebenden.

Die Blumensprache

Die Verwendung der symbolischen Bedeutung von Blumen oder der »Blumensprache« war eine verbreitete Form der Kommunikation in China, Ägypten und Indien. In türkischen Harems diente sie dem verbotenen Austausch zwischen Liebenden, oder man vertrieb sich damit die Zeit. Shakespeare wußte die Bedeutung von Blumenbotschaften gut einzusetzen, und offensichtlich war ein Großteil seines Publikums mit den Anspielungen und den versteckten Bedeutungen vertraut. Im »Sommernachtstraum« beschreibt Oberon die Stelle, an der Titania schläft, und bedient sich dabei der Symbolik von Blumen, um mehr zu beschreiben als nur einen landschaftlich reizvollen Ort.

Du kennst die Grotte, von Thymian überdeckt,
von Geißblattranken, üppigen Gewinden,
wo sich das Veilchen nicht mehr scheu versteckt,
Jasmin und wilde Rosen sich verbinden.

Thymian symbolisierte Liebenswürdigkeit, das Veilchen »heimliche Zuneigung«; die Rose stand für Liebe und das Geißblatt bedeutete »in der Liebe vereint«. In »Hamlet« sagt Orphelia: »Da ist Vergißmeinnicht, das ist zum Andenken; ich bitte Euch, liebes Herz, gedenkt meiner! und da ist Rosmarin, das ist für die Treue.«

Die Blumensprache wurde in England von Lady Mary Wortley Montagu weiterentwickelt, einer Schriftstellerin des 18. Jahrhunderts, die während ihrer langen Reisen durch Asien einige der Geheimnisse des Harems entdeckte. Ungefähr zur gleichen Zeit machte Aubrey de la Mottraie, der Karl XII. von Schweden im türkischen Exil begleitete, die Blumensprache in Frankreich bekannt. Er schrieb: »Früchte, Blumen, Gold- und Silberfäden ... alle haben ihre eigene Bedeutung, die in türkischen Gedichten, die junge Mädchen traditionell voneinander lernen, erläutert wird.« Die französischen Veröffentlichungen wurden ins Deutsche übertragen, und so wurde die Blumensprache langsam auch in anderen Teilen der Welt bekannt.

Zur Zeit Königin Viktorias wurde sie zu einem beliebten Steckenpferd in Großbritannien. Botschaften wurden durch Farbe und Anordnung sowie die Zusammenstellung der Blumen ausgedrückt. In Zeiten eines relativ strikten Verhaltenskodexes bei der Brautwerbung bedeutete dies für viele ein großes Vergnügen und eine große Erleichterung, und die nach außen zur Schau gestellte Zurückhaltung kehrte sich schon fast ins Gegenteil um. Damals wurde vom Mann erwartet, daß er den ersten Schritt machte. In der Realität war es jedoch die Frau, die durch eine kleine Andeutung ihres Interesses den Anstoß für ein Zusammenkommen gab.

Bestimmte Gesten in Verbindung mit den Blumengeschenken definierten die Botschaft noch genauer. Wollte ein romantischer junger Mann Gedanken über sich selbst vermitteln, übergab er die Blume nach links geneigt, wollte er etwas über seine Angebetete ausdrücken, neigte er die Blumen nach rechts. Die Antwort auf eine durch die Blume gestellte Frage hing von der benutzten Hand ab. Überreichte man eine Blume mit der rechten Hand, war die Antwort positiv; überreichte man sie mit der linken, bedeutete es Ablehnung. Im Haar getragene Blüten signalisierten Vorsicht, wurden sie aber über dem Herzen getragen, bedeuteten sie Liebe.

Eine besondere Perfektion erreichte die Blumensprache in den zur viktorianischen Zeit in Großbritannien beliebten Valentinskarten. Sie waren ein wunderbares geheimes Kommunikationsmittel zwischen Liebenden.

DIE VIKTORIANISCHE BLUMENSPRACHE

Kamelie: *perfekte Schönheit*
Senf: *Gleichgültigkeit*
Enzian: *Du bist im Unrecht*
Narzisse: *Hochachtung*
Passionsblume: *Treue*
Goldlack: *Treue in schwierigen Zeiten*
Weißdorn: *Hoffnung*
Ginster: *Leidenschaft*
Klee: *Glück*
Nelke: *reine Liebe*
Geranie: *Trost*
Stockrose: *Begierde*

Eine viktorianische Valentinskarte enthielt durch die weitverbreitete Blumensprache viele versteckte Botschaften. Goldlack wurde häufig in Herzensangelegenheiten verwendet, um »Treue in schwierigen Zeiten« und »ewige Treue« auszudrücken.

Blumen und die Seele

Blumen besitzen etwas sehr Heilsames. Daraus erklärt sich die weltweite Vorliebe, Blumen in Gärten zu pflanzen. Ein Garten repräsentiert eine Einfriedung, abgetrennt von der Wildnis der Natur, einen Ort des Friedens, eine heilige Stätte. Er symbolisiert das Weibliche in der Natur, einen extra geschaffenen Schoß der Empfängnis und des Wachstums der Lebenskräfte. Einige behaupten, ein Garten besitze das Geheimnis des Lebens. Religiöse Darstellungen des Gartens Eden zeigen häufig Blumen wie Rosen, Lilien und Nelken. In diesen Darstellungen stellen Gärten häufig heilige Einfriedungen und weibliche Geheimnisse dar.

Meine Schwester, meine Braut,
du bist ein verschlossener Garten,
eine verschlossene Quelle, ein versiegelter Born.
DAS HOHELIED SALOMOS (4,12)

Unsere Vorfahren pflanzten bestimmte Blumen und Bäume, um das Eindringen unharmonischer Geister zu verhindern, die Sicherheit und Ruhe des Gartens gefährdeten. Holunder, Apfelbäume, Mispel und Mandelbäume dienten diesem Zweck, während Pflanzen wie Johanniskraut, Schafgarbe und Angelika vor dem Teufel schützten. Für Psychologen stellt der Garten eine heilige Stätte dar. Er symbolisiert das Unbewußte, eine unverletzliche Einfriedung, während der Wald den Urinstinkt darstellt, der darum kämpft, das eigene Schicksal selbst zu bestimmen. Menschen, die Gärten lieben, werden die heitere Gemütsruhe kennen, die sich nur schwer beschreiben läßt, ein Gefühl der Freude und des Friedens, ein Loslassen der Anspannungen des Arbeitstages oder des Alltags. Der Garten kann uns einen Hauch des Paradieses vermitteln. Die Vorstellung des Paradieses, des Gartens Eden, findet man tatsächlich in fast allen alten Kulturen. Im Judaismus war der Garten Eden die erste Wohnstätte der Eltern der

Diese indische Zeichnung von Radhu und Krishna aus dem 13. Jahrhundert veranschaulicht die indische Vorstellung des Paradieses – den Garten Indra –, wo sich die Götter zwischen wunderschönen Bäumen entspannten.

Menschheit; der Olymp war das Heim der griechischen Götter, während im Christentum das Paradies oder der Himmel der Platz des Friedens für die Seelen der gesegneten Toten darstellt. Im Garten Indra entspannten sich indische Götter zwischen wunderbaren Bäumen, bunten Blumen und Früchten, die Unsterblichkeit verliehen.

Das Wort »Paradies« stammt ursprünglich aus dem Persischen und bedeutet Garten oder Park. Dichter und Künstler haben dieses Bild aufgegriffen, um ein Gefühl des Himmels, der größten Glückseligkeit, des Göttlichen zu vermitteln. In China und Japan haben sich Gärten vom Anbeginn der Zivilisation bis heute zu herausragenden Kunstwerken und Orten äußerster Ruhe entwickelt. Sie sind bekannt für ihre exotischen Pflanzen, stillen Teiche und Bäche, Brücken, Fontänen und Pagoden, die dem Besucher Erfrischung und Inspiration schenken. Heutzutage erfreuen sich jung und alt beim »Hanami«, dem Betrachten von Blüten, das integraler Bestandteil der japanischen Würdigung der Schönheit der Natur ist und gleichzeitig einen wichtigen Aspekt des gesellschaftlichen Lebens darstellt. Für Japaner ist die Zeit der Kirschblüte die schönste Zeit, doch sie erkennen auch symbolische Schönheit in vielen anderen Pflanzen und Bäumen, wie zum Beispiel in Kiefer, Ahorn, Bambus, Pflaumenbaum, Narzisse, Weide, Päonie und Iris. Mit ihren hervorragenden Zeichnungen und Blütenarrangements fangen die Japaner mit wenigen saisonalen Blüten das Wesen der Natur zu einer bestimmten Jahreszeit ein und bringen so in ihre Häuser eine Idee der Schönheit, die man in der natürlichen Umgebung nicht immer sehen kann. Auf diese Weise wird das tägliche Leben vom Geist der Jahreszeit bereichert. Blumenarrangements sind ein mystischer Brauch, durch den auf den Arrangeur – abhängig von den verwendeten Blüten – besondere Kräfte und Tugenden übergehen.

Hab Blumen gesehn und Honig geschmeckt,
das Lied des Kuckucks bis zu End gehört.
Gewiß ist nun in dieser oder in der nächsten Welt:
Nicht vergeudet war das Leben.

Japanisches Gedicht aus dem 17. Jahrhundert

In Japan wird die Braut von der Familie des Bräutigams als »Blumentochter« bezeichnet. In anderen Traditionen haben Überlieferungen zu Gärten und Blumen starken Einfluß auf die Sprache und das

Denken. Wir sprechen von aufkeimender Liebe, einer aufblühenden Romanze, dem Familienstammbaum, dem Gedeihen von Kindern zu Erwachsenen und Mädchen zu Frauen. Die Chinesen feiern alljährlich ein Fest für die »Göttin der hundert Blumen«, bei dem junge Mädchen den Jadekaiser begrüßen. Der chinesische Ausspruch »Laßt hundert Blumen blühen« bezieht sich auf eine der ältesten Traditionen dieser Kultur. Mit Blumen charakterisiert man nicht nur in unseren Breitengraden unterschiedliche Persönlichkeiten: das Mauerblümchen, die Mimose oder den Narziß. All diese Attribute gehen auf die überlieferte Symbolik der Blumen zurück.

Blumen berühren unser Leben auf eine Art, die Heilung auf unermeßliche und undefinierbare Weise bringt. Durch ihre philosophische, religiöse und symbolische Bedeutung verbinden sie uns mit anderen Menschen, die auch die Blumen betrachtet haben, aus denen wir Sinn und Freude gewinnen. Sie verbinden uns mit der wahren, grenzenlosen Schönheit und ermöglichen uns aufgrund unserer Beziehung zu Blumen im Alltag, Teil dieser Unendlichkeit zu werden. Eine Blüte enthält alle Elemente der Natur: Äther, Luft, Wasser, Feuer und Erde. Sie hat Form, Farbe, Textur und Duft, und doch ist da noch mehr – eine nicht erklärbare, mysteriöse Qualität: Schwingungen von etwas Abstraktem, Reinem und Perfektem. Hinter dieser Form verbirgt sich das reine Bewußtsein, der Klang, das mächtige kreative Mantra, die Welt, der Schoß der Entstehung. Aus diesen fast unerklärlichen Gründen werden Blumen gleichermaßen von Männern, Frauen und Kindern geliebt, und sie haben die Kraft, uns auf sämtlichen Ebenen unseres Daseins zu heilen.

Little flower – but if I could understand
What you are, root and all, and all in all,
I should know what god is and man is.
ALFRED, LORD TENNYSON (1809–1892)

»Betrachten der Kirschblüte in Asukayama« von Torii Kiyinaga (1753–1815). »Hanami« oder das Betrachten von Blüten ist integraler Bestandteil der japanischen Würdigung von Schönheit.

Kapitel 1

Mit Pflanzen heilen

If a man would pass through Paradise in a dream
and have a flower presented to him as a pledge
that his soul had really been there, if he
found that flower in his hand when he awoke.
Aye, and what then?

SAMUEL TAYLOR COLERIDGE (1772–1834)

Die Welt der Blüten mit ihrer außergewöhnlichen Vielfalt an kraftvollen Farben, schönen, interessanten Mustern und verlockenden Düften bringt mehr als nur einen Hauch von Paradies in unser irdisches Leben. Sie eröffnet auch die Möglichkeit des Heilens sowohl der körperlichen als auch der nicht-körperlichen Aspekte unseres Daseins. Wahre Gesundheit basiert auf der Harmonie des Körpers, des Geistes und der Seele und ist (laut Definition der Weltgesundheitsbehörde) »der Zustand perfekten körperlichen, seelischen und gesellschaftlichen Wohlbefindens und nicht nur die Abwesenheit von Krankheit und Verletzungen«.

Pflanzen und Blüten werden schon lange mit Heilung verbunden. Sie helfen nicht nur bei unseren körperlichen Gebrechen, sondern auch bei Unausgewogenheiten im Bereich des Geistes und der Seele, die Ursache für körperliche Symptome sein können. Edward Bach drückte es folgendermaßen aus: »Körperliche Erkrankungen sind nur Ausdruck einer Disharmonie zwischen Seele und Geist (...) Gesundheit ist daher die vollkommene Realisierung unseres höheren Selbst; wir sind perfekt; wir sind Gottes Kinder.«

Die Einheit aller Dinge

Überall auf der Welt verbinden Menschen – unabhängig von ihrer Religion – seit jeher Blüten mit Spiritualität. Mystiker sprachen schon immer von den spirituellen Kräften von Blumen und Bäumen und beschrieben sie häufig als Engel, Lichtwesen oder *devas*, die zusammen mit dem Schöpfer für das menschliche Dasein und kontinuierliches Wachstum verantwortlich waren. Der Tanz um den Maibaum ist ein heidnischer Brauch, der jedes Jahr zu Ehren der Geister der Bäume und des Wiedererwachens der Natur im Frühjahr stattfindet. Die Indianer glauben seit jeher an den Geist der Erde und der Pflanzenwelt. 1855 sagte der Häuptling der Cayusen: »Die Erde sagt, der große Manitu habe sie hierhergebracht. Er fordert sie auf, für die Indianer zu sorgen und sie ausreichend zu ernähren.« Und der Häuptling Großer Bär sagte: »Der Mensch, der in seinem Wigwam auf der Erde sitzt und über das Leben und seinen Sinn nachdenkt, der die Verwandschaft mit allen Lebewesen annimmt und die Einheit des Universums anerkennt, nimmt in sich selbst die wahre Natur der Kultur auf.« Auch der ganzheitliche Ansatz des Heilens basiert auf dem Konzept der perfekten Einheit aller Dinge.

Die Erde als Gaia

Bis zum 17. Jahrhundert, d.h. bis zur wissenschaftlichen Revolution, herrschte allgemein die Vorstellung, daß die Natur lebt und von denselben Geistern oder Lebenskräften geschaffen wurde wie die Menschen und jedes andere Wesen. Später betrachteten die Menschen die Natur als vollkommen unbelebt und unbewußt; sie bestand ausschließlich aus sich bewegender Materie.

Im ausgehenden 20. Jahrhunderts sehen »neue« wissenschaftliche Hypothesen und Auffassungen die Natur als lebendig und beseelt, ja sogar als bewußt an. James Lovelock beschreibt die Welt in seinen Gaia-Hypothesen als ein unendlich komplexes lebendiges und sich entwickelndes Wesen, »das die Biosphäre, die Meere und die Böden umfaßt und dessen Gesamtheit ein Feedback- oder kybernetisches System bildete, das optimale physikalische oder chemische Bedingungen für das Leben auf diesem Planeten sucht.« Wie der menschliche Organismus besitzt auch die Erde eine ihr innewohnende Kraft zu schützen, zu regulieren, sich anzupassen und sich selbst zu heilen und so die Homöostasie aufrechtzuerhalten. Gaia war die griechische Göttin der Erde; sie schuf das Universum und gebar die Götter und die ersten menschlichen Wesen.

Neue Theorien der Quantenphysik bestätigen inzwischen, daß alle Lebensformen auf denselben grundlegenden Prinzipien basieren und daß es sich bei allen Dingen, selbst wenn sie einzeln und fest erscheinen, in Wirklichkeit nur um Energien handelt, die auf verschiedenen Frequenzen schwingen. Geistige Energie, die so schnell schwingt, daß sie unsichtbar ist, unterscheidet sich daher nur unwesentlich von einer Blume oder einem Baum oder selbst einem Stein, der so langsam schwingt, daß wir seine

Die Nachtkerze öffnet ihre zarten Blüten in der Dämmerung, um nachtaktive Motten anzuziehen, die sie bestäuben. In der Blumensprache symbolisierte das Öffnen und Schließen der Blüte Veränderlichkeit und stille Liebe.

innere Dynamik eventuell nicht erkennen. Vielleicht erklärt sich dadurch unsere enge Verbundenheit mit der Pflanzenwelt. Dies ist nicht verwunderlich, denn schließlich leben wir seit Anbeginn unserer Existenz mit den Pflanzen; sie lieferten Nahrung und Kleidung, und sie boten uns Schutz. Pflanzen produzieren den Sauerstoff, den wir einatmen, und lieferten uns über Tausende von Jahren Medizin für fast jede Erkrankung. In der Photosynthese fangen sie die Sonnenenergie ein und machen damit die Sonnen- oder Lebensenergie, von der alles Leben abhängt, für alle Erdbewohner zugänglich.

Da Pflanzen auf allen Frequenzen mitschwingen, von den spirituellen bis zu den materiellen, haben sie das Potential, die Menschen auf jeder Ebene des Daseins zu heilen. Doch ist dies noch nicht alles; Blüten besitzen etwas ganz Besonderes, jede einzelne Blüte scheint das Wesen aller Blütenpflanzen auszudrücken und uns so ihre Botschaften mit all ihren unterschiedlichen Zwecken zu übermitteln. Blüten sind entscheidend für das Überleben der Pflanze und stellen den Höhepunkt der pflanzlichen Evolution dar.

Die Rolle von Blütenpflanzen

Die ersten Lebewesen waren im Meer lebende bakterielle Einzeller. Dann kamen die Algen, die als Vorfahren aller anderen Pflanzen gelten, gefolgt von den Pilzen, Moosen und Flechten. Farne, größere Pflanzen und Bäume, wie zum Beispiel die riesigen Baumfarne, entwickelten sich als nächstes. Vor ungefähr 200 Millionen Jahren tauchten dann mit den Gymnospermen die ersten Samenpflanzen auf, überlebende Vertreter hierfür sind der wunderbare Ginkgobaum und die Koniferen.

Blütenpflanzen, in der Botanik als Angiospermen bezeichnet, breiteten sich vor ungefähr 140 Millionen Jahren aus. Die ersten Vertreter ähnelten vermutlich einem Magnolienbaum. In der Botanik ist die Blüte ein Reproduktionsapparat, der aus modifizierten Blättern aufgebaut ist und Insekten und andere kleine Lebewesen anziehen soll, um eine wechselseitige Befruchtung und Reproduktion und somit das Überleben sicherzustellen. Im Vergleich zur vorangegangenen Entwicklungsstufe stellte diese Art der Reproduktion eine wesentliche Weiterentwicklung dar. In den Zapfen der Koniferen befanden sich dicht an dicht die Samenzellen in den Pollenkörnern. Die Fortpflanzung geschieht darüber, daß sie vom Wind auf die Samenanlagen der weiblichen Zapfen übertragen werden. Auch die Sporen der Pilze und Moose sind den Launen des Windes ausgesetzt. Mehr als 80 Prozent aller Grünpflanzen sind Blütenpflanzen, und jede Blüte hat denselben Zweck, nämlich zu gewährleisten, daß männliche Pollenkörner von den Staubblättern einer Pflanze in Kontakt mit der Narbe des weiblichen Stempels kommen.

Es ist faszinierend, wie ausgeklügelt die Natur ist. Das Stigma produziert ein besonderes Sekret und stellt so sicher, daß nur Pollen der eigenen Art auf ihm keimen. Sobald der richtige Pollen keimt, bildet er eine Röhre, die in die Narbe und dann den Griffel hineinwächst und so in Kontakt mit dem darunterliegenden Fruchtknoten kommt, in dem zwei männliche Pollenzellen drei weibliche Zellen befruchten. So entsteht ein Embryo mit einem ihn umgebenden Nahrungsvorrat in der Samenkapsel; er wartet nur darauf, bei günstigen Bedingungen »erweckt« zu werden.

Die wunderschönen Farben und Schattierungen von Blüten mit ihrer unglaublichen Vielfalt an Formen, Größen und Mustern sowie ihr betörender Duft entwickelten sich, um bestimmte Bestäuber anzulocken – Insekten, Vögel, Motten, Käfer und sogar Schnecken. Die evolutionäre Verbindung zwischen Form, Farbe, Nektar und Duft der Blüte und der Sinneswahrnehmung ihrer Bestäuber ist wahrlich faszinierend. Zu den ersten Bestäubern gehörten die Käfer. Sie krabbelten in einfache Blüten, um die Pollen zu fressen, verteilten so die Körner in der Umgebung und ermöglichten gleichzeitig die Selbstbestäubung. Höherentwickelte Blüten haben Nektar produzierende Drüsen, um fliegende Insekten anzulocken, die die Staubbeutel berühren und so die Pollen auf eine andere Pflanze übertragen.

Blüten in Röhrenform entwickelten sich zeitgleich mit jenen Insekten und Vögeln, die einen ausreichend langen Saugrüssel besaßen, um an deren Nektar zu gelangen. Einige Blüten, wie zum Beispiel das Löwenmaul, öffnen sich nur, wenn ein Bestäuber der richtigen Größe auf ihrer Unterlippe landet. Bei anderen Blüten weisen Muster aus Linien oder Punkten auf den Blütenblättern, wie man sie bei der Roßkastanie und dem Augentrost erkennen kann, den hungrigen Insekten den Weg zum Nektar. In der Luft schwebende Düfte locken Bestäuberinsekten von weit her an; ebenso wirken leuchtende Farben auf Bestäuber mit gutem Sehvermögen. Einige Blüten duften vor allem in der Nacht, wenn die Farbe verblaßt; andere, einschließlich der Nachtkerze, öffnen sich erst am Abend, um nachtaktive Motten anzuziehen.

Die schönen Farben und Formen von Blüten, ihre Größe, Muster und Düfte entwickelten sich, um bestimmte Bestäuber anzulocken. Dieser Käfer frißt gerade die Pollen einer wilden Himbeere.

Blüten sichern den Fortbestand ihrer Art und somit ihr Überleben. Blütenpflanzen machen bis zu 80 Prozent der Pflanzen auf der Erde aus, und wir benötigen die Pflanzen für unser Überleben. Daher sind Blüten für das menschliche Leben entscheidend wichtig. Blüten senden nicht nur ihren Bestäubern Signale. Die ersten Kräuterheilkundigen glaubten auch, daß Blüten durch ihre Formen und Farben, dem Blütenstand und ihre Muster Botschaften über ihr Heilvermögen geben. Zweifellos erinnern die zarten hängenden Blüten der purpurnen Küchenschelle an den hängenden Kopf der Nymphe Anemone, die von ihrem Liebhaber Zephir, dem griechischen Gott des Westwindes, verlassen wurde. Dies ist ein Hinweis auf die bekannte Heilkraft der Pflanze als homöopathisches Mittel für Frauen, die sich ähnlich verlassen und verloren fühlen. Der leuchtendblaue Borretsch mit seinen sternförmigen Blüten hat im Gegensatz dazu aufbauende Eigenschaften; er beglückt das Herz und verleiht denen Mut, die ihn einnehmen oder auch nur ansehen. Kräuterheilkundige verwenden Borretsch seit Tausenden von Jahren zur Linderung von Depressionen und um den Körper vor den Auswirkungen von Streß zu schützen.

Das Heilpotential der Blütenpflanzen ist integraler Bestandteil der tiefen Verbindung zwischen Mensch und Natur. Es ist seit langem bekannt, daß Pflanzen Menschen nicht nur körperlich, sondern auch seelisch und spirituell heilen können. Doch auch noch im 20. Jahrhundert versuchen wir, die Gesamtheit ihrer Bedeutung für unser Leben zu ergründen, obwohl Blütenheilmittel erwiesenermaßen schon seit 60 000 Jahren eine Rolle in unserem Leben spielen.

Blüten werden sehr unterschiedlich eingesetzt: in Kräuterheilmitteln, als ätherische Öle, als homöopathische Heilmittel und Blütenessenzen. Jedes dieser Heilsysteme beansprucht eine bestimmte Wirkungsweise oder bestimmte heilende Schwingungen für sich. Die Geschichte der Heilpflanzen, die auf den folgenden Seiten dargestellt wird, macht aber deutlich: Die Essenz der Blüte, die jedes Heilmittel durchdringt, ist das gleiche heilende Potential wie jenes, das das Wesen unserer Existenz durchdringt.

Die zarte violette Küchenschelle erinnert mit ihrem hängenden seidenen Köpfchen an die traurige Nymphe Anemone, die von ihrem Liebhaber Zephir, dem griechischen Gott des Westwindes, verlassen wurde.

Die Geschichte der Pflanzenheilkunde

Dieser kurze Ausflug in die Geschichte der Pflanzenheilkunde dient dazu, daß wir uns unserer Schuld gegenüber der Natur bewußt werden und den Kreis der Entwicklung verstehen. Die Geschichte begann vor langer Zeit auf dem Berg Olymp, wo die griechischen Götter in der Vegetation, dem grünen Dach der Welt, spielten und Blumen und Bäume schufen, die sowohl den Göttern als auch den Sterblichen dienen sollten. Äskulap war der Gott der Heilkunde, dargestellt durch das Bild der Schlange, die neue Energie und Erneuerung symbolisiert. Die Schlange hatte die Gabe, Heilpflanzen zu entdecken, wenn sie sich über die Erde schlängelte. Äskulap war der Sohn von Apollo, dem Sonnengott, und lernte die Kunst des Heilens von Chiron, dem Kentaur, in seiner Höhle. Chiron war auch Lehrer anderer bekannter griechischer Helden, einschließlich Jason dem Argonauten und Peleus, dem Vater von Achilles. Dies besagen die Mythen des alten Griechenland, als die Menschen glaubten, Heilung sei ein Geschenk der Götter und nur sie verstünden das Wesen der Pflanzen.

In der griechischen Mythologie gibt es viele unterhaltsame Geschichten, die die Entstehung und Verwendung von Heilpflanzen beschreiben. Sie illustrieren sehr anschaulich die seit jeher bestehende enge Verbindung zwischen den Pflanzen und den Menschen und den großen Respekt, den man der Pflanzenwelt entgegenbrachte. In dieser respektvollen Haltung sah man viele Pflanzen als geweiht an und verehrte sie als Gabe der Götter.

Die Verbindung zwischen dem menschlichen Leben, den Heilkräutern und den Blüten läßt sich bis zu den Neandertalern zurückverfolgen. 1963 öffneten Archäologen im Irak ein Höhlengrab, das vor 60000 Jahren angelegt worden war. Man hatte den Toten zusammen mit vielen Blumen begraben. Die Blütenpollen wurden analysiert, und es stellte sich heraus, daß es sich um Pollen und Sporen von Kornblumen, Schachtelhalmen, Stockrosen, Disteln, Schafgarbe, Traubenhyazinthen und Träubel handelte. Es steht zweifelsfrei fest, daß diese Pflanzen nicht nur wegen ihrer Schönheit, sondern auch wegen ihrer symbolischen Bedeutung und ihrer Heilkräfte dem Toten beigegeben wurden. Unter den Pflanzen waren Diuretika, Emetika, Adstringenzien, Stimulanzien und Schmerzmittel.

Die Ursprünge der Kräutermedizin

Man kann nur schwer sagen, wie Blüten in prähistorischen Zeiten, aus denen es keine Aufzeichnungen gibt, für Heilzwecke eingesetzt wurden. Wir wissen allerdings, daß es schon 3000 v. Chr. in Ägypten Schulen für Kräuterkunde gab. Imhotep war der erste bekannte Arzt in Ägypten. Er diente um 2600 v. Chr. Djoser, einem Pharaonen der 3. Dynastie. Imhotep war ein berühmter Astrologe, Magier und Heiler, und in den Augen der Menschen war er der Gott der Heilkunde. Wie in Griechenland spielten auch die ägyptischen Götter in der frühen ägyptischen Medizin eine wichtige Rolle. Osiris war der Gott der Vegetation, und sowohl seine Zwillingsschwester Isis als auch seine Mutter hatten die Kraft, Leben zu erneuern, und gaben ihr heilkundliches Wissen an die Menschen weiter. Der Papyrus Ebers, der um 2000 v. Chr. abgefaßt wurde, beschreibt Symptome und ihre Behandlung, wobei 85 verschiedene Kräuter eingesetzt wurden, wie zum Beispiel Rizinusöl, Dill, Lattich, Sennesblätter, Minze, Enzian und Mohn. Aromatische Kräuter wie Myrrhe, Kreuzkümmel, Koriander und das Harz des Balsamstrauches wurden zur Räucherung verwendet. Die Ägypter legten Blumenkränze in die Mumiengräber und pflanzten Blumengärten in deren Nähe.

Um 2800 v. Chr. listet die *Pen T'sao* von Shan Xiang in China 366 zu jener Zeit verwendete pflanzliche Arzneimittel auf, einschließlich Träubel. Um 1800 v. Chr. notierte in Babylonien König Hammurabi auf Steinplatten Informationen über Pflanzen, die als Heilpflanzen verwendet werden. Erwähnt wurden Bilsenkraut, Minze und Süßholz. Merodach Baladin, der König von Babylon um 720 v. Chr., war dafür bekannt, daß in seinem Garten 70 verschiedene Kräuter wuchsen, u.a. Thymian, Koriander und Safran. Die Tontafeln der Bibliothek von Assurbanipal, dem König von Assyrien, 668–626 v. Chr., belegen, daß 250 Kräuter für Heilzwecke verwendet wurden, einschließlich Gelbwurz, Myrrhe, Mohn, Mandeln, Sesam und Kreuzkümmel.

Die belegte Verwendung von Kräutern in den großen Kulturen, wie China, Ägypten, Mesopotamien, Griechenland und Indien, zeigt bemerkenswerte Überschneidungen, was darauf hindeutet, daß zu jener Zeit ein beachtlicher Austausch von Pflanzen stattgefunden haben muß. Man befruchtete sich gegenseitig mit Ideen, als die ersten Kräuterheilkundler Antworten auf die Fragen nach den Geheimnissen des menschlichen Körpers und den Mysterien des Universums suchten.

In allen Kulturen waren die ersten Heiler als Schamanen bekannt – Männer oder Frauen, die eine besondere Gabe zur Heilung hatten und deren Instinkte sich über die Jahre zu einer hohen intuitiven Begabung, einem inneren Auge, entwickelt hatten. Diese tiefe Wahrnehmung ermöglichte es ihnen, direkt mit der Welt der Pflanzen und der Geister zu kommunizieren. Dies erklärt vielleicht zu einem gewissen Grad die Personifizierung von Pflanzen und die Darstellung von Personen als Pflanzen sowohl in der griechischen Mythologie als auch in anderen alten Kulten. Man nannte diese Heiler auch Priesterheiler, da die körperliche Gesundheit nicht von der geistigen und seelischen getrennt gesehen wurde, wie es wesentlich später in der Geschichte der Medizin der Fall sein sollte.

Priesterheiler verwendeten traditionell halluzinatorische und bewußtseinsverändernde Pflanzen. Bei religiösen Ritualen verbrannte man Weihrauch und andere aromatische Pflanzen. Als Medium sollten sie den Teilnehmern den Übergang ihres Geistes in eine andere Dimension erleichtern – hier liegt der Ursprung der modernen Aromatherapie. Man ehrte die Götter, von denen nach der gängigen Auffassung alles Leben abhing, in den Tempeln mit Weihrauch und aromatischen Pflanzen, da man glaubte, sie liebten diesen wohlriechenden Rauch. Beim Äskulap-Kult verwendeten Priesterheiler Rezepturen von therapeutischen Parfüms und Weihrauch, um das körperliche und geistige Wohlbefinden ihrer Patienten zu fördern. Zur Abwehr von Infektionen und negativen Einflüssen, wie der Hexerei und dem Teufel, verbrannte man aromatische Kräuter, u.a. Rosmarin, Kiefer und Thymian.

Die Ursprünge der griechischen Medizin

Der berühmte Hippokrates (468–377 v. Chr.) war – soweit wir wissen – der erste medizinische Vordenker; er ist als »Vater der Medizin« (der westlichen Tradition) bekannt. Hippokrates begann in Griechenland eine wissenschaftliche und doch ganzheitliche Basis für die Medizin zu schaffen. Dabei verließ er sich weniger auf Magie und Rituale, seine Methoden basierten vielmehr auf Behandlungsergebnissen. Man weiß, daß er ungefähr 400 Kräuter verwendete und die Wichtigkeit von frischer Luft, Bewegung und einer ausgewogenen Ernährung hervorhob. Seiner Meinung nach konnte alles mit den fünf grundlegenden Elementen erklärt werden: Äther, Luft, Feuer, Wasser und Erde. Die Individualität von Menschen erklärte er durch die vier Körpersäfte, die sich aus diesen Elementen bildeten, so daß man als Typen Sanguiniker, Phlegmatiker, Choleriker und Melancholiker unterschied. Der Anteil der Körpersäfte (Humores) in jeder Person bestimmt die Persönlichkeit und den Körper.

Das Element Wasser korrespondierte Hippokrates zufolge mit Phlegma und dem phlegmatischen Temperament. Das Phlegma hatte ein kaltes und feuchtes Wesen, verkörpert durch die Jahreszeit Winter, und verursachte folgende Krankheiten und gesundheitliche Probleme: Katarrhe, Infektionen der Atemwege, Übergewicht und Flüssigkeitsretention. Man verwendete wärmende und austrocknende Kräuter, wie Thymian, Ysop und Ingwer, um die Kälte- und Feuchtigkeitssymptome zu beseitigen und so das Gleichgewicht der Humores wiederherzustellen.

Die Erde korrespondierte mit dem melancholischen Gemütszustand oder Temperament, schwarzer Galle und dem Herbst und hatte ein kaltes, trockenes Wesen, das Symptome wie Verstopfung, Arthritis, Depression oder Angstzustände hervorrief. Wärmende Kräuter sollten die schwarze Galle reinigen und das Gleichgewicht wiederherstellen.

Das Element Luft korrespondierte mit Blut und dem sanguinischen Temperament und wurde durch das Frühjahr repräsentiert. Ein Sanguiniker ist gut gelaunt, und man kann gut mit ihm auskommen, aber er neigt zu Exzessen und übermäßigem Genuß, was zu Gicht und Diarrhöe führen kann. Kühlende trockene Kräuter, wie Kletten und Braunwurz, sollten helfen, den Gemütszustand auszugleichen.

Feuer korrespondierte mit dem Choleriker und gelber Galle und wurde mit dem Sommer verbunden. Ein Choleriker war heißblütig und tendierte zu gesundheitlichen Beschwerden der Leber und Verdauung. Kühlende und feuchtigkeitsspendende Kräuter, wie Löwenzahn, Veilchen und Lattich, halfen, die überschüssige Hitze und die Trockenheit beim Choleriker wieder ins Gleichgewicht zu bringen.

Für Hippokrates waren Krankheiten demnach keine Bestrafung durch die Götter, wie es seine Vorgänger glaubten. Er vermutete, daß Krankheiten auf ein Ungleichgewicht der Elemente zurückgingen, aus denen alles in der Natur bestehen sollte. Auffassungen, die mit Hippokrates' Humoralpathologie vergleichbar waren, gab es sowohl in China, wo man eine ähnliche Theorie auf der Basis von fünf Elementen entwickelt hatte, als auch in der indischen ayurvedischen Medizin. Im Ayurveda sind die fünf Grundelemente direkt mit den drei Grundkräften oder *Dosas* verknüpft. Dabei handelt es sich um *Vaju* (Wasser und Äther), *Pittam* (Wasser und Feuer) und *Kapha* (Erde und Wasser). In jedem System wurden die zur Behandlung verwendeten Lebensmittel und Kräuter von der vorherrschenden Körperflüssigkeit, dem Element oder *dosa* vorgegeben und unterlagen somit derselben Klassifikation (vgl. Seiten 35–37).

Ein weiterer bekannter griechischer Arzt war Theophrast (372–286 v. Chr.), ein Freund und Schüler Aristoteles'. Theophrast erbte Aristoteles' Garten und Bibliothek und schrieb eine Pflanzenkunde, die als das erste wichtige Kräuterbuch gilt, dessen Inhalt bis zum heutigen Tag überliefert wurde. Er listete darin 500 Heilpflanzen auf und beschrieb die Eigenschaften von Ölen und Gewürzen. Ein großer Teil dieser Arbeit basierte auf Aristoteles' botanischen Schriften, die wiederum eine Weiterführung von Hippokrates' Arbeiten darstellten. Theophrast etablierte sich damit als wissenschaftlicher Botaniker, dessen Arbeit im Laufe der Geschichte immer wieder als Referenz herangezogen wurde und auch heute noch eine interessante und wichtige Informationsquelle darstellt. Von ihm wissen wir zum Beispiel, daß man sich früher mit Lorbeer in einen tranceartigen Zustand versetzte und daß Rosen, Koriander und Myrte als Aphrodisiaka eingesetzt wurden.

Eine weitere wichtige Quelle für das Kräuterwissen ist die alexandrinische Schule. Die Stadt Alexandria erhielt ihren Namen zu Ehren des griechischen Eroberers Alexanders des Großen ungefähr 330 v. Chr. Die Schule ermöglichte ein Aufblühen der griechischen Medizin – man bediente sich ebenso des griechischen Wissens in der Kräuterkunde wie der Heiltraditionen der Ägypter, der Sumerer und der Assyrer und bezog auch das Wissen mit ein, das von den kaiserlichen Feldzügen in Asien »mitgebracht« wurde. Die hier entwickelten Traditionen überlebten durch Schreiber und Schüler in der arabischen Welt bis ins europäische Mittelalter.

Galen (131–201 n. Chr.), ein weiterer herausragender griechischer Arzt, studierte an der alexandrinischen Schule und wurde bekannt als Chirurg der römischen Gladiatoren und Leibarzt des Kaisers Marc Aurel (121–180 n. Chr.). In seinem Kräuterbuch *De*

Simplicibus erweiterte er Hippokrates' Philosophie und dessen Einteilung der Kräuter in die vier Humores. Seine Arbeit wurde zum medizinischen Standardtext in Rom, später auch bei arabischen Ärzten sowie den Mönchen des Mittelalters. Seine Theorien kann man auch heute noch im Unanimismus finden.

Das bekannte Kräuterbuch von Dioskurides ist auch heute noch zu bewundern. Es bildete über die nächsten 1500 Jahre die wichtigste Quelle für das Kräuterwissen. Bis in die Gegenwart wurde es in allen nachfolgenden Kräuterbüchern zitiert oder wurde sich darauf bezogen. Pedanios Dioskurides aus Anazarbos war ein griechischer Arzt im Dienste der Armee des römischen Kaisers Nero. Dies ermöglichte ihm viele Reisen durch Kleinasien. Um 60 n. Chr. setzte er sich die enorme Aufgabe, das damals vorhandene Wissen über medizinische Pflanzen und heilende Substanzen in einer Arbeit zusammenzufassen: *De Materia Medica.* Er diskutierte darin u.a. die Komponenten von Duftstoffen und ihre medizinischen Bedeutungen; folgende aromatische Kräuter wurden dafür verwendet: Balsam, Basilikum, Koriander, Fenchel, Knoblauch, Ysop, Majoran, Minze, Myrte, Rosmarin, Veilchen.

Die römischen Armeen verbreiteten die Pflanzen und das Wissen über sie in ganz Europa. Die Madonnalilie wurde zum Beispiel von Feldlager zu Feldlager mitgenommen und als Wundkraut verwendet. Knoblauch schätzte man wegen seines antiseptischen und stärkenden Eigenschaften. Die Römer verwendeten auch viele aromatische Pflanzen und Kräuter in Parfüms oder Duftölen, die bei ihren Baderitualen eine wichtige Rolle spielten. Mandeln, Quitten und Rosen gehörten zu den beliebtesten Düften. Wie in Griechenland und Ägypten gehörten Parfüms und Öle zur täglichen Pflege; man ölte Haut und Haar, um sie gesund zu erhalten und um unangenehme Gerüche zu kaschieren, wenn das Wasser knapp war und man sich nur unregelmäßig waschen konnte.

Plinius der Ältere (23–79 n. Chr.) war ein römischer Naturalist, der vorhandenes – allerdings häufig unzuverlässiges – Kräuterwissen zusammentrug und in einer universellen Enzyklopädie, der *Naturalis Historia,* veröffentlichte, die 77 n. Chr. in Rom erschien.

Unter den Römern veränderte sich allerdings langsam die allgemeine Einstellung zur Verwendung von Kräutern. Der römische Papst gewann an Einfluß, und die ersten Christen, die die Auffassung vertraten, die körperliche und geistige Gesundheit sei Aufgabe der Kirche und nicht der Ärzte, begannen die Nutzung vieler »heidnischer« Kräuter zu unterdrücken. 529 n. Chr. erließ Papst Felix III. ein Dekret, nach dem Studien verboten wurden, die nicht im Einklang mit der päpstlichen Auffassung standen. Daher geriet das Kräuterwissen und die Verwendung der großen Kräuterbücher im frühen Mittelalter (ungefähr 200–800 n. Chr.) in Vergessenheit, und die wissenschaftliche Forschung und Schriften kamen zum Stillstand.

Griechische und arabische Traditionen

Die hochentwickelte arabische Kultur jener Zeit bewahrte allerdings das heilkundliche Vermächtnis der Griechen und entwickelte es weiter, indem sie es mit ihrer eigenen Volksmedizin und den Überresten der ägyptischen Kultur verband. Bis 900 n. Chr. hatte man in den kulturellen Zentren Kairo, Damaskus und Bagdad alle geretteten griechischen Kräuterbücher und botanischen Texte ins Arabische übertragen. Als die arabischen Armeen Nordafrika und Spanien eroberten, brachten sie ihre neuen Kenntnisse über Heilpflanzen und Medizin mit. Insbesondere einige bekannte arabische Ärzte, einschließlich Abulcasis, Rhazes und Avicenna, waren für die Entwicklung der Medizin zu jener Zeit verantwortlich und fügten die eigenen Erfindungen und Entdeckungen dem bisherigen kräuterkundlichen und botanischen Wissen hinzu.

Avicenna (980–1037 n. Chr.) trug das vorhandene Wissen über Krankheiten, pflanzliche Medikamente, Aromastoffe und medizinische Theorien in seinem Buch *Canon Medicinae* zusammen. Er war es auch, der den Prozeß der Destillation, der auf die alexandrinische Schule des 3. Jahrhunderts zurückging, weiterentwickelte. Er erfand den Destillierkolben, mit dem man ätherische Öle aus aromatischen Pflanzen gewinnen konnte – ein Meilenstein in der Geschichte der Aromatherapie. Zu jener Zeit wurden Duftöle insbesondere für ihre reinigende und belebende Wirkung verwendet, und man vermutete, daß zerstörerische Gefühle, wie Trauer und Angst, durch sie weniger Auswirkungen auf den Körper haben würden.

Die arabischen und die griechischen Traditionen wurden in Europa auf zwei Hauptwegen wiederbelebt. In Toledo in Spanien, das seit 1085 christlich war, hatte eine Gruppe von Übersetzern eine Schule gegründet und kräuterkundliche Texte vom Arabischen ins Romanische und dann ins Lateinische übertragen. In Italien wurde Constantinus Africanus (1020–1087) Benediktinermönch und verbrachte die letzten Jahre seines Lebens damit, arabische Texte ins Lateinische zu übertragen. Von diesem Zeitpunkt an blühten die großen medizinischen Schulen des Mittelalters auf. Die bekannte Schule in Salerno zum Beispiel bediente sich häufig Constantinus' Übersetzungen. Die Schule in Montpellier wurde von Gerhard von Cremona (1114–1187) gegründet. Er hatte Avicennas Arbeiten übersetzt, die jetzt als Standardtext für Studenten galten. Auch die Kreuzritter, die aus dem Nahen Osten zurückkehrten, brachten altes Wissen mit, das in Europa im frühen Mittelalter verlorengegangen war.

Mittelalterliche Klöster

Im Mittelalter wurden die Lehren von Hippokrates und Dioskurides in Europa in den christlichen Klöstern bewahrt und am Leben erhalten. Mönche kopierten Manuskripte in vielen Sprachen, übertrugen sie aus anderen Sprachen einschließlich dem Arabischen und tauschten ihre Arbeiten mit anderen Klöstern in anderen Ländern. Insgesamt muß man allerdings feststellen, daß im Mittelalter Beobachtungen und empirisches Wissen und Techniken sehr begrenzt waren. Wie zu Zeiten der frühen Griechen erforderte Heilung gleichermaßen Gebete und Medizin, deren Verabreichung häufig mit dem Aufsagen von Beschwörungen und Bittgebeten einherging.

Außerhalb der Klöster gab es im angelsächsischen Britannien Heiler, wie die bekannten Ärzte von Myddfai, die Kräuter immer noch den Überlieferungen entsprechend einsetzten. Einige Manuskripte aus dieser Zeit sind überliefert, wovon das bekannteste wahrscheinlich das *Leech Book of Bald* ist. Es wurde um 950 von dem Schreiber Cild unter Anleitung von Bald, wahrscheinlich ein Freund König Alfreds, zusammengestellt und ist einer der wenigen Texte, die nicht auf griechischen Kräuterbüchern basieren. Kräuter wie Eisenkraut, Wegerich, Lungenkraut, Heil-Batunge und Schafgarbe waren zu angelsächsischen Zeiten zur Linderung körperlicher Gebrechen und zur Abwehr des bösen Blicks weit verbreitet. Die »arabischen Parfüms«, wie man die ätherischen Öle nannte, waren sowohl für die Sinnesfreuden und als Ölungen gegen Schmerzen und Gebrechen beliebt wie auch für Räucherungen zum Schutz gegen Krankheiten, insbesondere der Pest. Zu diesem Zweck trug man Parfümkugeln, Duftdöschen und Kräutersträußchen bei sich. Duftende Kräuter wurden in den Häusern und in den Schlössern verstreut, wobei man nicht vergessen darf, daß in der Regel genauso viele Tiere wie Menschen unter einem Dach lebten.

Im Mittelalter führte man in den europäischen Abteien und Klöstern Kräuter- und Blumengärten ein. Besonders einprägsam ist das wunderschöne Gedicht eines Mönchs namens Walahfrid Strabo, das ungefähr 840 geschrieben wurde. Er war der Privatlehrer des Prinzen Karl (später Karl II., der Kahle), Sohn Ludwigs I. des Frommen, und wurde später Abt von Reichenau (dem Ort einer weiteren bekannten medizinischen Schule). »Hortulus«, was soviel bedeutet wie kleiner Garten, beschreibt den Wechsel der Jahreszeiten und die Heiterkeit des klösterlichen Gartens mit seinen Kräutern und Blumen:

Nicht übertrifft an Weiße der parische Marmor die Lilien. Müßte die köstlichen Sträucher der Rose ich mit des Pactolus Gold und der Araber schimmerndem Edelgestein nun umkleiden. Daß man mit Recht als die Blume der Blumen sie hält und erkläret.

Mit dem Aufkommen der Renaissance begann das goldene Zeitalter der Kräuterbücher, zu Beginn mit Übersetzungen und Überarbeitungen früherer großer Arbeiten. Dabei entstanden wunderschöne Kräuterbücher, die mit botanischen Zeichnungen verziert waren. Immer mehr exotische Kräuter und Gewürze kamen aus dem Fernen Osten und aus Amerika nach Europa. William Caxtons Buchpresse revolutionierte das Denken und die Verbreitung der Gedanken, und die Anzahl der verfügbaren Kräuterbücher stieg stetig. Es wurden viele neue Kräuterbücher geschrieben, die nicht nur die Theorien von Hippokrates und Galen aufgriffen, sondern auch die von Paracelsus. Diese beinhalteten Theorien über den planetarischen Einfluß, Magie und Aberglauben und die Signaturenlehre.

Die Signaturenlehre

Die Signaturenlehre wurde zuerst von dem Deutschen Theophrastus Bombastus von Hohenheim entwickelt, der 1493 geboren wurde und besser unter seinem alchemistischen Namen Paracelsus bekannt ist. Die Theorie geht vermutlich aber auf wesentlich frühere Ursprünge zurück, wie man aus der frühen Literatur erkennen kann. Die Signaturenlehre basiert auf dem Grundsatz, daß der Schöpfer Menschen, die Heilmittel für ihre Krankheiten suchen, den Weg weist, indem er Kräutern bestimmte äußere Zeichen aufprägte.

Die fleckigen Blätter des Lungenkrauts ähneln Lungen und waren daher gegen Lungenerkrankun-

»Emilia in ihrem Garten« aus dem »Stundenbuch des Herzogs von Burgund« (1454–1455) illustriert einen mit Mauern umgebenen mittelalterlichen Garten, der im frühen Christentum Keuschheit symbolisierte.

gen angezeigt; Walnüsse sehen aus wie ein Kopf und das Gehirn, daher glaubte man, sie unterstützten geistige Aktivitäten; das Leberblümchen, dessen Blätter den drei Lobi der Leber ähneln, ist für seine Heilerfolge bei Leberbeschwerden bekannt. Die Wurzelknoten des Scharbockskrauts ähneln Hämorrhoiden, für deren Behandlung das Kraut eingesetzt wurde; man glaubte, daß Pflanzen mit Milchsaft die Milchproduktion bei stillenden Müttern förderten, und Pflanzen mit rotem Saft wurden zur Reinigung des Blutes genutzt. Die Blätter der roten Bete mit ihren sich verzweigenden roten Venen deuteten auf eine Heilung von Herz- und Kreislaufbeschwerden hin. Pflanzen mit gelben Säften, die an Gallenflüssigkeit erinnerten, wurden zur Behandlung von Leberbeschwerden eingesetzt.

Im späten Mittelalter und in der frühen Renaissance, als Pflanzenheilkundler nach Bedeutungen und verbindenden Prinzipien zwischen Natur und Menschheit suchten, schrieb man diesen Ähnlichkeiten gern eine große Bedeutung zu. Trotz seiner etwas komplizierten Ausdrucksweise gewann Paracelsus eine große Anhängerschaft. Bei Kräutern, die für ihre medizinische Wirkung geschätzt wurden, die aber kein eindeutiges Zeichen Gottes trugen, hielt man es für Gottes Willen, die Fertigkeiten des Pflanzenheilkundlers zu prüfen und zu sehen, ob es ihm möglich war, Pflanzen und Beschwerden zusammenzubringen. Einige dieser doch etwas kuriosen Ideen enthielten jedoch mehr als ein Körnchen Wahrheit und sind bis zum heutigen Tag gültig. Viele Kräuter mit gelben Säften, wie das Schöllkraut und Ampfer, sind wertvolle Heilmittel für Leber und Gallenblase. Das Johanniskraut mit seinen kleinen Öldrüsen auf den Blättern, die wie kleine Perforationen aussehen, signalisiert die Verwendung als Wundmittel für Schnitte und andere Wunden. Es ist ein ausgezeichnetes Mittel zur Heilung der Haut und zum Stillen von Blutungen.

Im 16. und 17. Jahrhundert unterstützten viele Kräuterheilkundige die Signaturenlehre, unter ihnen William Cole, der 1626 in Oxfordshire, Großbritannien, geboren wurde und später am New College in Oxford studierte. Er beschäftigte sich schwerpunktmäßig mit der Botanik und wurde zu einem der angesehensten Kräuterheilkundler seiner Zeit. Seine Bücher *The Art of Simpling* und insbesondere *Adam in Eden or Nature's Paradise* demonstrierten seine Unabhängigkeit und Originalität und seine Ablehnung der Auffassungen eines planetarischen Einflusses. Eine weitere anerkannte Arbeit war Mattiolus' gedruckter Kommentar zur Arzneimittellehre von Dioskurides aus dem Jahr 1565. Mattiolus war ein extravaganter italienischer Schüler und Arzt, der an vielen europäischen Höfen zu Hause war.

Das klassische Zeitalter der Kräuterbücher wurde von William Turners *A New Herball* aus dem Jahre 1551 eingeläutet, das Beiträge von John Gerard, John Parkinson und Nicolas Culpeper enthielt. Turner war der erste Engländer, der Pflanzen wissenschaftlich studierte und klassifizierte, und wie Theophrast einige Jahrhunderte zuvor bezeichnete man ihn als Vater der Botanik. Bemerkenswert ist dabei, daß seine Arbeiten auf englisch abgefaßt wurden, wodurch sie auch für Apotheker und die Frauen in Haushalten, die Kräuter sammelten, zugänglich waren und nicht nur für die Ärzte, die Latein studiert hatten. Bekannter ist allerdings John Gerards *The Herball,* das 1597 gedruckt wurde. Obwohl ein großer Teil der darin enthaltenen Erkenntnisse von dem dänischen Arzt Rembert Dodonaeus (1517–1585) stammt, dem Arzt von Maximilian II. und Rudolf II., stellt es eine große Fundgrube des Wissens der damaligen Zeit dar und wird immer wieder in Kräuterbüchern des 20. Jahrhunderts zitiert. Gerard liebte Kräuter und Blumen, und in seinem an der Themse gelegenen Garten in London, so hieß es, wuchsen mehr als 1000 verschiedene Arten.

Auch John Parkinson war ein großer Enthusiast und schrieb ein ausführliches und wunderbar illustriertes Blütenbuch *Paradisi in sole Paradisus Terrestris* (1629). Er hatte seinen eigenen Garten in Long Acre und war Apotheker am englischen Hof. Später schrieb er ein Kräuterbuch mit dem Namen *Theatrum Botanicum* (1640), in dem 3800 Pflanzen abgehandelt wurden.

Nicolas Culpeper, geboren 1616, war ein bekannter und umstrittener Apotheker und Kräuterheilkundler. Viele seiner pflanzlichen Heilmethoden und Kräutereinteilungen basierten auf den Gesetzen der Astrologie. Dies war nichts Neues; seit der Zeit Hippokrates' hatten Ärzte Astrologie und den Einfluß der Sterne studiert. Culpeper war eine schillernde Persönlichkeit mit einem revolutionären Charakter, voller Verachtung für die geldgierigen Tendenzen einiger seiner zeitgenössischen Kollegen, und er war mutig genug, die lateinische Pharmakopöe – das Verzeichnis der offiziellen Heilmittel – ins Englische zu übersetzen und die Armen kostenlos zu behandeln. Zu seiner Zeit wurde Culpeper heftig von konventionelleren Autoren, wie Cole, angegriffen, aber erfreulicherweise verkaufte sich Culpepers Buch seit dem 17. Jahrhundert ausgesprochen gut, und man findet es heutzutage wieder in den Buchläden.

Der Beginn des naturwissenschaftlichen Zeitalters

Im Anschluß an diese Periode der Medizingeschichte begann sich das Bild zu verändern. Paracelsus gehörte zu denjenigen, die den Boden für diese Veränderung bereitet hatten. Er verbrannte öffentlich die Bücher von Hippokrates und Galen und verwarf ihre Vorstellungen der Humoralpathologie und des planetarischen Einflusses. Er bevorzugte zur Behandlung bestimmter Krankheiten individuelle Rezepturen, die kleine Dosen von Metallen beinhalten konnten. Paracelsus vertrat die Auffassung, man müsse »Gleiches mit Gleichem heilen«, und hatte erkannt, daß das Gift, das eine Krankheit verursachte, in geringen Mengen auch ihre Heilung bewirken konnte. Damit schuf er, wie schon Jahrhunderte vor ihm Hippokrates, der auch schon über Heilung mit »ähnlichen« und »gegensätzlichen« Arzneien geschrieben hatte, die Grundlage für die Homöopathie, die 200 Jahre später von Hahnemann entwickelt werden sollte.

Die Titelseite von Gerards »Herball«, einem der beliebtesten Kräuterbücher des 16. Jahrhunderts.

THE
HERBALL
OR GENERALL
Historie of
Plantes.
Gathered by John Gerarde
of London Master in
CHIRVRGERIE.
Imprinted at London by
Iohn Norton.
1597
L.1.5.
Med.

Paracelsus' riesige Pharmakopöe enthielt fast jede tierische, pflanzliche und mineralische Medizin, die zu dieser Zeit bekannt war. Doch leider verwendeten die Ärzte, die in seine Fußstapfen traten, wesentlich höhere Dosierungen an Metallen und anderen Substanzen als er jemals empfohlen hatte, und so war manchmal die Medizin gefährlicher als die Krankheit, gegen die sie verschrieben wurde. Paracelsus hatte auch gefordert, daß man den aktiven Wirkstoff aus der Pflanze gewinnen und isoliert einsetzen sollte, wodurch man eine wesentlich wirksamere Medizin erhalten würde, die seiner Meinung nach allerdings genauso sicher war wie die ganze Pflanze. Dies war die erste Abkehr vom ganzheitlichen Ansatz bei der Behandlung von Krankheiten und stellte den Beginn der allopathischen Medizin dar, die die Krankheit und nicht den Patienten behandelte und starke Medikamente einsetzte, die mit einer Reihe von Nebenwirkungen verbunden waren. Dieser Ansatz wurde durch wichtige Entdeckungen in der Pflanzenwelt unterstützt. Man fand heraus, daß die Chinarinde *(Cinchona)* ein exzellentes Heilmittel bei Malaria und Sarsaparille *(Smilax ornata)* gut bei Syphilis war.

Die Thesen von René Descartes (1596–1650), in denen er Körper und Geist sowie Natur und Theorien voneinander trennte, setzten sich durch. Der Beginn des naturwissenschaftlichen Zeitalters brachte viele aufregende Fortschritte in der Medizin, Botanik und Chemie. Zum Beispiel entdeckte William Harvey 1628, daß und wie das Blut im Körper zirkulierte. Damit war die alte Vorstellung der Humores überholt. Man sah den Körper zunehmend als eine Maschine und Krankheiten als einen mechanischen Fehler dieser Maschine an. Die Anatomie und die Physiologie entwickelten sich schnell zu eigenen Fachgebieten neben der Psychologie und der Religion.

Homöopathie

Vor dem Hintergrund dieser Entwicklungen trat ein Arzt hervor, der von den Grenzen des herkömmlichen Ansatzes in der Medizin und den grausamen und häufig wenig erfolgreichen Behandlungsmethoden seiner Zeit grundlegend desillusioniert war. Diese beinhalteten den Aderlaß, das Schröpfen und die Verabreichung giftiger Medikamente mit schrecklichen Nebenwirkungen. Es handelte sich um Samuel Hahnemann (geboren 1755 in Sachsen). Er gab seine Praxis auf und bevorzugte es, seine Zeit mit Studien zu verbringen, wobei er seine Forschungsarbeiten durch das Schreiben und Übersetzen von Texten finanzierte. Als er William Cullens Buch *A Treatise on Materia Medica* (William Cullens Abhandlung über die Materia Medica) übersetzte, war Hahnemann skeptisch, was Cullens Ausführungen über die Wirksamkeit der Chinarinde bei der Behandlung von Malaria anging und entschied sich, kleine Dosen an sich selbst zu testen. Seine Experimente ergaben, daß Chinarinde dieselben Symptome bei einer gesunden Person hervorrief, gegen die sie als Heilmittel eingesetzt wurde. Diese Entdeckung war der Auslöser für die Entwicklung der homöopathischen Medizin. Weitere Experimente belegten, daß andere Substanzen dieselben Symptome bei Gesunden hervorriefen, die sie im therapeutischen Einsatz heilen sollten. Das resultierende Heilsystem bezeichnete man als Homöopathie von den griechischen Wörtern *homoios* (= gleich) und *pathos* (= Symptome oder Krankheit). Damit sollte sie sich von der Schulmedizin unterscheiden, auch bekannt als Allopathie, was »entgegensetzte Symptome« bedeutet. Bis zu diesem Zeitpunkt wurde jedes Symptom, wie zum Beispiel Verstopfung, mit einer gegensätzlichen Medizin oder einem Gegenmittel, einem Abführmittel, behandelt. Während der darauffolgenden sechs Jahre erbrachte Hahnemann weitere Beweise für das gesamte Spektrum an Substanzen und eröffnete schließlich, ausgerüstet mit diesem neuen Wissen, seine Arztpraxis wieder.

Um das richtige Heilmittel verordnen zu können, benötigte Hahnemann eine genaue Krankengeschichte und mußte ein »Symptombild« erstellen, das mit den Symptomen zusammenpaßte, die eines der in seinem Arzneischrank befindlichen Heilmittel verursachte. So konnte er Symptome und Behandlung zusammenbringen. Trotz des Unglaubens, der ihm von seinen Zeitgenossen entgegengebracht wurde, erzielte er beachtliche Erfolge. Er zog auch den Zorn der örtlichen Apotheker auf sich, nicht nur weil er jeweils immer nur ein Heilmittel verschrieb, sondern auch weil er es in immer niedrigeren Dosierungen verordnete, um so die Gefahren von Nebenwirkungen zu minimieren.

Wenn er die Konzentration seiner Heilmittel verdünnte – so fand Hahnemann heraus – und die Heilmittel zwischen jeder Verdünnung schüttelte (bekannt als Verschüttelung), potenzierte sich die Wirkung der verschwindend geringen Mengen der verschriebenen Heilmittel. Was noch erstaunlicher war, je mehr das Heilmittel verdünnt und verschüttelt wurde, desto kräftiger und wirksamer wurde es. Hahnemann war der Auffassung, daß durch das

Schütteln die Energien der heilenden Substanzen freigesetzt und dadurch wirksamer wurden. Die Heilmittel wurden entsprechend der Anzahl der Verdünnungen numeriert; ein sechsmal verdünntes Heilmittel hieß demnach C6 und ein dreißigmal verdünntes C30.

1810 veröffentlichte Hahnemann das Buch *Organon der Heilkunst*, in dem das homöopathische System genau beschrieben wurde, und zwischen 1811 und 1821 erschienen sechs Bände der *Reinen Arzneimittellehre*, in denen er Beweise für 66 Heilmittel anführte. 1828 veröffentlichte er das Buch *Die chronischen Krankheiten, ihre eigenthümliche Natur und homöopathische Heilung*, das weitere Beweise und Hinweise zur Verwendung von bis zu 30mal verdünnten Heilmitteln enthielt. Außerdem legte er darin seine Miasma-Theorie dar, in der er erklärte, weshalb einige Patienten nicht auf die angezeigten Heilmittel reagierten. Aufgrund seiner Erfahrung erkannte er, daß verschiedene Krankheiten, wie zum Beispiel Syphilis, Gonorrhoe oder Tuberkulose, mit spezifischen Voraussetzungen verbunden waren und daß bestimmte homöopathische Heilmittel diese häufig vererbten Blockierungen der Gesundheit, die er als Miasmen bezeichnete, beseitigen konnten.

Nach Hahnemanns Tod im Jahre 1843 wurde die Homöopathie sowohl in Europa als auch in Nordamerika von vielen bedeutenden Homöopathen weiterentwickelt. Constantin Hering (1800–1880) fand neue Heilmittel und entwickelte Hahnemanns Theorien, wie die über Miasmen, weiter. Der Amerikaner James Kent (1849–1916) befürwortete die Verwendung wesentlich höherer Verdünnungen und veröffentlichte die bekannten Bücher *Repertory, Philosophy* und *Materia Medica.* Außerdem verfeinerte er Hahnemanns und Herings Symptombilder zu »Konstitutionstypen«, indem er die emotionalen und geistigen Tendenzen jedes Typs näher beschrieb. 1844 rief Frederick Quin, der eine sehr erfolgreiche homöopathische Praxis in Großbritannien besaß, die British Homeopathic Society ins Leben, die später in Faculty of Homeopathy umbenannt wurde, und gründete 1849 ein homöopathisches Krankenhaus in London.

Gegen Ende des 19. Jahrhunderts gewann die Schulmedizin jedoch starken Einfluß. Die Mikrobe war entdeckt worden, und die gefährlichen Medikamente, die Pflanzenheilkundler und Homöopathen gleichermaßen ablehnten, wurden durch neue ersetzt, die gut wirkten, aber weniger offensichtliche Nebenwirkungen hatten. Mit dem Aufkommen der Pharmakologie und der Biochemie nahm das öffentliche und

Der medizinische Wert des Fingerhuts wurde von William Withering (1741–1779) entdeckt. Er beobachtete die Verbesserung bei unter Hydrops leidenden Patienten, nachdem ihnen die weise Frau ihres Ortes Fingerhutextrakte verabreicht hatte.

wissenschaftliche Interesse an Homöopathie und Pflanzenheilkunde in der Wissenschaft schnell ab. Heilkräuter wurden mit den Geschichten »alter Weiber« in einen Topf geworfen, und Homöopathie wurde als unwissenschaftlich abgetan. Gleichzeitig entwickelten Naturwissenschaftlicher Verfahren, um Bestandteile bestimmter Pflanzen zu isolieren und dann synthetisch herzustellen. Aus dem bekannten Herzheilmittel Digitalis (Fingerhut) gewann man später Digoxin, die Mohnblume stellte Morphium bereit (1803), die Yamswurzel enthielt Steroide, und die Weidenborke lieferte die chemische Basis für Aspirin.

Die Heiltradition in Amerika

Es gab aber immer auch eine Handvoll traditioneller Kräuterheilkundler, die eine ganzheitliche Sichtweise vertraten. Sie behandelten die Person und

Der Peyote-Kaktus, eine bewußtseinsverändernde Pflanze, die von Schamanen in Nord- und Südamerika verwendet wurde.

nicht die Krankheit und verwendeten für ihre Heilmittel die ganze Pflanze und nicht die wirksameren isolierten oder synthetisch hergestellten chemischen Bestandteile mit den begleitenden Nebenwirkungen.

Mitte des 19. Jahrhunderts wurde in Großbritannien die National Association of Medical Herbalists (jetzt das National Institute of Medical Herbalists) gegründet, ein kleiner Zusammenschluß professioneller Kräuterheilkundler. Den Anstoß dafür gab ein ähnlicher Zusammenschluß von Kräuterheilkundlern in Nordamerika, den Physiomedikalisten. Sie verbanden die Tradition der europäischen Kräuterheilkunde, die mit den Pilgervätern nach Amerika gebracht worden war, mit dem Kräuterwissen der amerikanischen Ureinwohner.

Die Kräuterheilkunde der amerikanischen Ureinwohner und der Südamerikaner hatte ihre Wurzeln in der schamanischen Tradition. Rituelle Tänze, Trommeln, Rasseln und bewußtseinsverändernde Pflanzen, wie der Peyote-Kaktus und der Stechapfel, wurden verwendet, damit sich der Schamane, der Medizinmann oder die Medizinfrau in einen tranceartigen, visionären Zustand versetzen konnte. Dadurch konnten sie mit der Pflanzenwelt und der Seele des Kranken kommunizieren, um eine Heilung zu erreichen. Pflanzen wurden nicht nur wegen ihrer heilenden Wirkung bei körperlichen Krankheiten verehrt, sondern auch aufgrund ihrer heilenden Kräfte bei einem Ungleichgewicht des Geistes, der Gefühle und der Seele. Sie waren untrennbarer Bestandteil von Religion und Mythologie und wurden in Zeremonien und Ritualen eingesetzt. Die Ursachen für Krankheiten sah man in menschlichen, übernatürlichen oder natürlichen Gründen, und der Medizinmann oder die Medizinfrau wurde herbeigerufen, um Kräuter bei verschiedenen Problemen zu verabreichen, von Wunden und gebrochenen Knochen bis hin zu unerfüllten Träumen, spiritueller Leere und dem Verlust der Seele.

Die Indianer kamen bei ihren gemeinsamen Aktivitäten stets in einem Kreis zusammen, und laut Schwarzer Elk der Teton Lakota hatte die »Kraft der Welt« immer diese Form. »Unsere Kraft kam zu uns aus dem geheiligten Ring des Stammes«, sagte er, und seinem Volk ging es gut, solange dieser Kreis nicht unterbrochen war. »Der Pflanzenzyklus der vier Jahreszeiten ernährte sie. Der Osten gab ihnen Frieden und Licht, der Süden gab Wärme, der Westen gab Regen und der Norden mit seinen kalten, kräftigen Winden gab Stärke und Ausdauer.«

Der Physiomedikalist Samuel Thomson (1769–1843) war der erste, der die medizinische Welt auf die Lobelie, ein indianisches Heilmittel, aufmerksam machte. Er vertrat traditionelle Ideen: Zum Beispiel solle man dem Körper ermöglichen, sich selbst zu heilen. Dafür müßten durch die Verwendung von Kräutern ideale Bedingungen geschaffen werden. Auch kombinierte er diese Tradition mit dem Wissen, das er von nordamerikanischen Medizinmännern erhalten hatte, wie zum Beispiel die Bedeutung des Schwitzens, um den Körper von Giftstoffen zu reinigen.

Thomson, der altes Gedankengut mit modernem verband, erkannte die Existenz einer vitalen Kraft, einer Energie, die durch die ganze Natur fließt und alles mit Leben erfüllt. Bei den alten Griechen und in den alten amerikanischen Kulturen wurde sie als Geist der Pflanzen beschrieben. In der chinesischen Medizin und Philosophie gab man ihr den Namen Qi, und im Ayurveda gilt sie als Prana. Sie ist die uns angeborene Heilkraft, die sich täglich in unglaublichen Kraftakten des Körpers manifestiert. Zu diesen heilenden Energien zählen der Hustenreiz, um die Luftwege von Schleim zu befreien, das Ausschneuzen, um Reizstoffe aus der Nase zu befördern, das Erbrechen, um den Magen von einer Infektion zu reinigen, und der Durchfall, um Giftstoffe aus dem Darmtrakt zu entfernen. In der modernen Wissenschaft bezeichnet man diesen Selbstheilungsmechanismus als Homöostasie.

Thomson vertrat auch die Auffassung, daß sich alle Körper aus vier Elementen zusammensetzen: Erde, Luft, Feuer und Wasser. Gesundheit resultiere aus ihrem harmonischen Zusammenspiel. Kräuter wurden in erster Linie eingesetzt, um das Gleichgewicht aufrechtzuerhalten oder zu korrigieren. Mit ihrer Verschreibung wollte man eine der folgenden vier Wirkungen erreichen: adstringieren (Spannkraft verleihen) oder entspannen, stimulieren oder beruhigen.

Kräuter, die der Muskulatur mehr Spannkraft verleihen, sind das Hirtentäschelkraut, Odermennig und die Drillingspflanze, zu den entspannenden Kräuteranwendungen gehören die getrocknete Schneeballrinde und der Zitronenbalsam. Ingwer und Cayennepfeffer wirken anregend, während Kamille und gelber Jasmin beruhigen.

Thomsons Modell führte zur Gründung des Physiomedikalismus durch Ärzte wie Curtis und Cook. Dieser Gründung folgten in Amerika weitere botanische Schulen, von denen besonders die Vereinigung der Eklektiker hervortrat, die in den dreißiger Jahren des 19. Jahrhunderts von Wooster Beech gegründet wurde. Die Eklektiker waren sowohl zahlenmäßig als auch was ihr Vermächtnis angeht eine bedeutende Gruppe. Beech kombinierte Traditionen der amerikanischen Ureinwohner und europäisches Wissen mit Bereichen aus der Schulmedizin. Der Physiomedikalismus wurde 1838 von Albert Coffin nach England gebracht, und Wooster Beech brachte die eklektische Medizin um 1850 nach Europa.

Die Pflanzenheilkunde heute

Trotz der enormen Fortschritte der modernen wissenschaftlichen Medizin, der Entwicklung stark wirkender Medikamente und den Wundern der Mikrochirurgie gibt es etwas, das viele von uns zu den alten ganzheitlichen medizinischen Systemen zieht. Durch die Verbindung alter Überlieferungen und moderner wissenschaftlicher Entwicklungen und Erkenntnisse gewann auch die Pflanzenheilkunde wieder enorm an Popularität. Die moderne Medizin brachte die Pflanzenheilkunde letztendlich nicht in Verruf, sondern sie lieferte durch pharmakologische Analysen der Bestandteile wissenschaftliche Erklärungen für deren heilende Wirkung.

Inzwischen ist die Pflanzenheilkunde so anerkannt, daß 1994 an der Middlesex Universität in London ein entsprechender Studiengang eingeführt wurde. Durch den heutzutage möglichen Austausch kultureller Ideen werden die alten Systeme des Ostens, deren medizinische Tradition nie wie im Westen unterbrochen war, zunehmend in die modernen Heilmethoden integriert.

Die ayurvedische Medizin

Der Name Ayurveda kommt von den altindischen Wörtern *ayur,* was man mit Leben übersetzen kann, und *veda,* was vollständiges Wissen bedeutet. Ayurveda ist die Lehre vom Leben und damit mehr als eine Heilmethode; Ayurveda ist eine Lebensauffassung, die Wissenschaft, Religion und Philosophie verbindet, um das Wohlbefinden zu steigern und ein langes Leben und letztendlich die Selbstverwirklichung zu ermöglichen.

Die ayurvedische Medizin wurde vor mehr als 5000 Jahren in Indien aus einem tiefen Verständnis der Schöpfung begründet, das geistig erleuchtete Wesen, sogenannte Rishis, in abgelegenen Regionen des Himalajas entwickelt hatten. Bis zum heutigen

Die drei Doshas

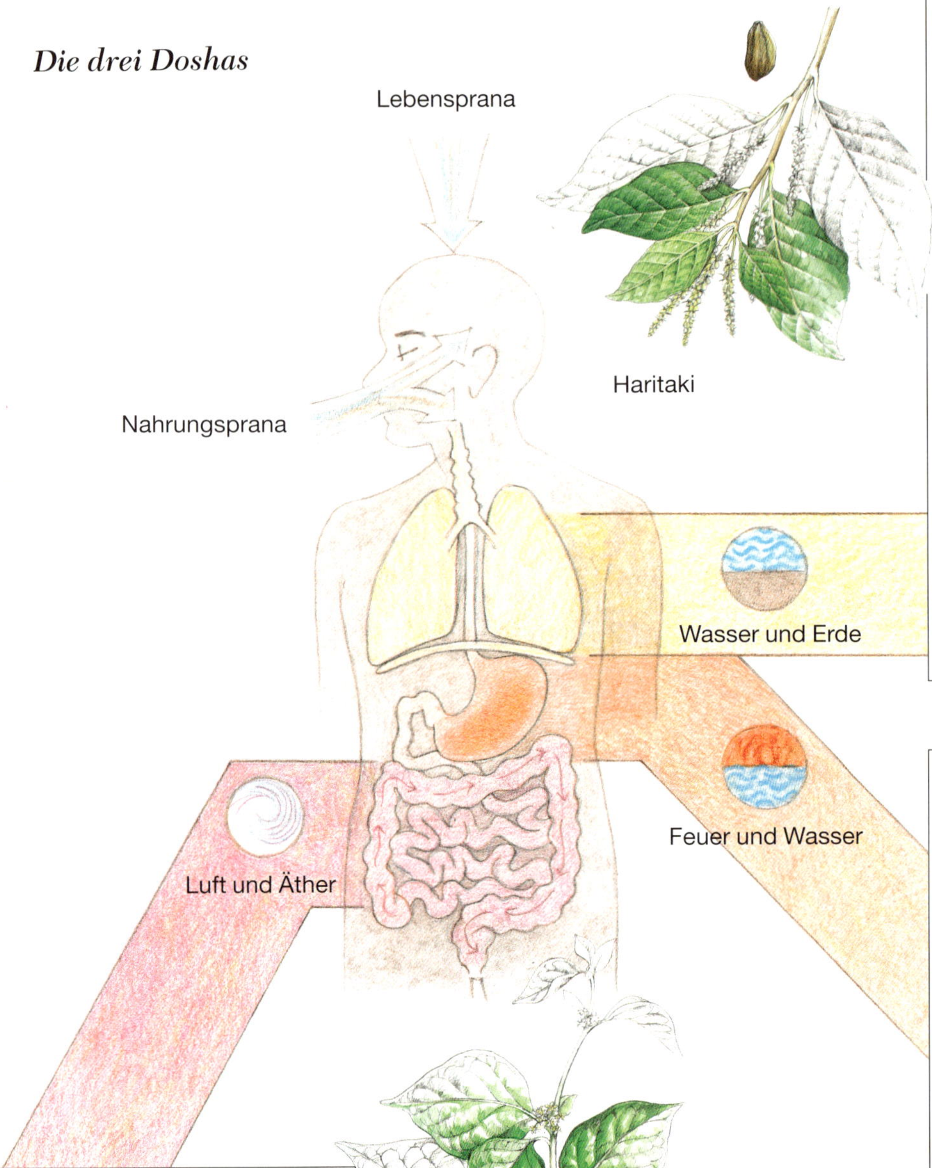

Haritaki

Kapha

Kapha ist das Wasserprinzip, das aus den beiden Elementen Erde und Wasser gebildet wird. Es liefert das Material, aus dem unser physikalischer Körper aufgebaut ist und mit dem er zusammengehalten wird. *Kapha* sorgt für körperliche Stärke, Stabilität und Festigkeit der Körpergewebe. Es schmiert Gelenke, sorgt für die Feuchtigkeit der Haut, füllt Körperhohlräume und unterstützt den Heilungsprozeß von Wunden und die Abwehrkräfte. Es beeinflußt Gefühle, wie Liebe, Verzeihen und Ruhe, ebenso wie Anhänglichkeit, Gier und Unsicherheit. Kapha befindet sich in den flüssigen Absonderungen des Körpers, wie dem Schleim, und im Zytoplasma. Man findet es im Brustkorb, im Rachen, in den Nebenhöhlen, in Nase und Mund, im Magen und in den Gelenken. Der Sitz des *Kapha* ist der Brustkorb. Haritaki zählt zu den wichtigsten ayurvedischen Kräutern und unterstützt die Regulation des *Kapha*.

Pitta

Pitta ist das Feuerprinzip, das aus den Elementen Feuer und Wasser gebildet wird. Im Körper ist *Pitta* die Energie der Hitze, die sich im Stoffwechsel manifestiert. *Pitta* beeinflußt die Verdauung, die Resorption und die Assimilation, die Intuition, den Stoffwechsel, die Körpertemperatur, die Hautfärbung, den Glanz des Haares und das Scheinen der Augen. Es beeinflußt auch Intelligenz und Verständnis und verursacht Gefühle wie Ärger, Neid und Eifersucht. Das *Pitta* sitzt im Dünndarm, in Magen, Blut, Augen, Haut und Schweißdrüsen. Shatavari ist eines der besten Kräuter bei einer *Pitta*-Konstitution.

Vata

Vata ist das Luftprinzip und wird von den Elementen Äther und Luft gebildet. *Vata* ist die feine Energiestruktur, die Bewegungen im Körper und Veränderungen des Stoffwechsels bewirkt. *Vata* beeinflußt die Bewegung der Muskeln, den Herzschlag, die Atmung, das Zucken der Lider, die Bewegungen des Zytoplasmas, der Zellmembranen und die Bewegungen von Nervenimpulsen im Körper. Gefühle wie Angst und Sorgen und Symptome wie Nervenschmerzen, Zittern und Krämpfe werden vom *Vata* beeinflußt. Dickdarm, Beckenhöhle, Knochen, Haut, Ohren und Schenkel sind der Sitz von *Vata*. Ashwagandha ist das beste verjüngende Kraut für die *Vata*-Konstitution.

Ashwagandha

Shatavari

Tag wurde sie in erster Linie mündlich überliefert. Eine besondere Bedeutung kommt ihrer Zeitlosigkeit und ihrer Anwendbarkeit in allen Situationen des täglichen Lebens zu, heute genauso wie vor vielen Jahrhunderten.

Im Ayurveda liegt der Ursprung aller Aspekte des Daseins im Bereich des reinen Intellekts oder Bewußtseins. Das wird wahrscheinlich jene ansprechen, die von den Theorien der modernen Quantenphysik beeinflußt sind und die Basis des physikalischen Universums in einem einzigen einheitlichen Feld sehen, das den fortwährenden Fluß der Materie dirigiert und koordiniert. Energie und Materie sind eins. Ayurveda trennt die äußere Welt nicht von der inneren. Alles was im Makrokosmos existiert, hat seine Entsprechung im Mikrokosmos des inneren Universums des Menschens. Kosmische Energie manifestiert sich in den fünf Grundelementen, die die Basis der gesamten Materie formen: Äther, Luft, Feuer, Wasser und Erde. Im Körper befindet sich Äther in den Hohlräumen, wie dem Mund, dem Bauch, dem Brustkorb, den Gefäßen und den Zellen. Die Bewegung des Raumes ist Luft und manifestiert sich beispielsweise in den Bewegungen der Muskeln, dem Pulsieren des Herzens, der Peristaltik des Verdauungstraktes und den Impulsen des Nervensystems. Feuer findet man im Verdauungssystem, den wichtigen Enzymsystemen, beim Stoffwechsel sowie bei der Körpertemperatur, dem Sehvermögen und dem Geisteslicht und der Intelligenz. Wasser kommt in Sekreten, wie den Verdauungssäften, Speichel, Schleimhäuten, Plasma und Zytoplasma vor. Erde bildet die festen Strukturen, die den Körper zusammenhalten: Knochen, Knorpelgewebe, Muskeln, Sehnen und Haut.

Die fünf Elemente manifestieren sich auch in den fünf Sinnen: hören, fühlen, sehen, tasten und riechen, daher sind sie eng mit unserer Fähigkeit verbunden, die Umwelt wahrzunehmen und mit ihr zu interagieren. Aus den fünf Elementen lassen sich drei Grundkräfte, die *Tridoshas,* ableiten, die überall existieren und alle geistigen und körperlichen Prozesse beeinflussen. Äther und Luft bilden *Vata*, das Luftprinzip, aus Feuer und Wasser entsteht *Pitta,* das Feuerprinzip, und *Kapha*, das Wasserprinzip, läßt sich von Erde und Wasser ableiten.

Das Gleichgewicht der *Doshas* im Menschen fördert die Gesundheit und das Wohlbefinden, während ein Ungleichgewicht zu schlechter Gesundheit und Krankheiten führt. Wir werden alle mit einem bestimmten Gleichgewicht der *Doshas* geboren, das in erster Linie auf dem Gleichgewicht der *Doshas* unserer Eltern zur Zeit der Empfängnis basiert. Dies ist unser Konstitutionstyp *(Prakruti),* der das ganze Leben unverändert bleibt. Das dominante *Dosha* bestimmt den Körperbau, das Temperament und jene Krankheiten, für die man anfällig sein kann. *Vkruti,* d.h. das augenblickliche Gleichgewicht der *Doshas,* reflektiert die Auswirkungen des Lebensstils auf *Prakruti* und die resultierenden Unausgewogenheiten, die einen Menschen für Krankheiten und gesundheitliche Beschwerden empfänglich machen.

Sowohl *Prakruti* als auch *Vkruti* lassen sich durch eine sorgfältige Diagnose bestimmen, die die genaue Krankengeschichte, Beobachtungen des Körpers und die Diagnose der Zunge und des Pulses beinhaltet. Nachdem das *Dosha*-Gleichgewicht diagnostiziert wurde, kann die richtige Behandlung einsetzen und es können Ratschläge zur Lebensführung gegeben werden. Am Anfang der Behandlung steht gewöhnlich eine Reinigung des Körpers, damit die Giftstoffe, die zum Ungleichgewicht beigetragen haben, ausgeschieden werden. Danach werden Mittel auf pflanzlicher oder mineralischer Basis verordnet und Empfehlungen zur Ernährung und zum Lebensstil gegeben, die zu der Person und ihrem *Dosha*-Gleichgewicht passen.

Chinesische Medizin

Die traditionelle chinesische Medizin ist ebenfalls eine sehr alte Gesundheitslehre, die sich bis 2500 v. Chr. zurückverfolgen läßt. Wie beim Ayurveda werden die alten Texte, wie der ungefähr 1000 v. Chr. verfaßte Text: *Huang di nei jing* (das bedeutet »des gelben Kaisers Klassiker des Inneren«), immer noch studiert und ihre Lehren von modernen Ärzten befolgt.

Wie die Indianer betrachten die Chinesen den menschlichen Körper mit all seinen Funktionen als einen Mikrokosmos im Makrokosmos. Alle Formen des Lebens werden von derselben essentiellen Lebenskraft, dem Qi, mit Leben erfüllt. Beim Atmen nehmen wir Qi aus der Luft auf und leiten es in die Lungen weiter, während des Verdauungsprozesses wird Qi der Nahrung und den Getränken entzogen und in den Körper geleitet. Wenn diese Qis im Blutkreislauf zusammenkommen, werden sie zu menschlichem Qi, das als Lebensenergie im Körper zirkuliert.

Die Qualität, Quantität und das Gleichgewicht von Qi im Menschen bedingt den Gesundheitszustand und die Lebensdauer und wird selbst wiederum von

Die fünf Elemente und das Netz ihrer Beziehungen zueinander

Hagebutten

Feuer

JAHRESZEIT: Sommer
GESCHMACK: bitter
GEFÜHL: Freude
KÖRPERTEIL: Herz, Blutgefäße, Zunge, Dünndarm
FARBE: Rot

Feuer ruft Bitterkeit hervor, und bittere Kräuter gehören zu Yin, sind kühlend entwässernd und trocknend. Sie haben entgiftende und entzündungshemmende Eigenschaften und wirken häufig antibiotisch, antiparasitisch und antiviral. Der bittere Geschmack fördert die Sekretion von Verdauungssäften im Magen-Darm-Trakt und die Produktion von Galle in der Leber; er fördert den Appetit, die Verdauung und die Resorption und unterstützt die Ausscheidung von Giftstoffen über das Verdauungssystem. Kletten, Löwenzahn und Strauchpfingstrosen sind Beispiele für bittere Kräuter.

Klette

Holz

JAHRESZEIT: Frühjahr
GESCHMACK: sauer
GEFÜHL: Ärger
KÖRPERTEIL: Leber, Gallenblase, Augen, Sehnen
FARBE: Grün

Holz ruft einen sauren Geschmack hervor. Saure Kräuter kräftigen Yin; sie sind adstringierend und verhindern ungewollten Verlust von Körperflüssigkeiten oder Qi, indem sie schlaffe Gewebe zusammenziehen und abnormale Sekretion stoppen. Der saure Geschmack ist kühlend und erfrischend und fördert die Verdauung, die Synthese von Enzymen und die Leberfunktion. Kräuter mit einem sauren Geschmack sind Hagebutten, Beeren des Weißdorns und des chinesischen Hartriegels.

Erde

JAHRESZEIT: Spätsommer
GESCHMACK: süß
GEFÜHL: Begehren, Sorgen
KÖRPERTEIL: Magen, Milz, Muskeln, Mund
FARBE: Gelb

Erde ruft Süße hervor; Kräuter mit süßem Geschmack gehören zum Yang, sind wärmend, beruhigend, nahrhaft, aufbauend und belebend. Die meisten Nahrungsmittel werden als süß klassifiziert. Ungeschrotetes Getreide, Bohnen, Milchprodukte und Fleisch bezeichnet man als »voll«süß, während Nahrungsmittel mit viel einfachem Zucker, wie Honig, Zucker, süße Früchte und Säfte als »leer«süß bezeichnet werden, da sie das Verlangen nach dem süßen Geschmack eher verstärken als befriedigen. Kräuter mit einem süßen Geschmack sind Rehmannie, Ginseng und die Chinesische Angelika.

Wasser

JAHRESZEIT: Winter
GESCHMACK: salzig
GEFÜHL: Angst
KÖRPERTEIL: Nieren, Blase, Ohren, Knochen, Nägel
FARBE: Schwarz

Wasser ruft einen salzigen Geschmack hervor; salzige Kräuter gehören zum Yin und sind kühlend und feuchtigkeitsspendend. Sie nähren die Nieren und helfen, die Flüssigkeiten im Gleichgewicht zu halten. Die meisten Meeresalgen und Gerste sind salzig.

Metall

JAHRESZEIT: Herbst
GESCHMACK: scharf
GEFÜHL: Trauer
KÖRPERTEIL: Lungen, Dickdarm, Haut, Nase
FARBE: Weiß

Metall ruft einen würzigen oder scharfen Geschmack hervor. Würzige Kräuter gehören zum Yang, sie sind wärmend, verteilend und trocknend. Häufig leiten sie die Energie vom Körperinneren an die Oberfläche, stimulieren die Durchblutung, vertreiben Erkältungen, fördern die Energie und verbessern die Verdauung. Zimt, Ingwer, Pfeffer und Klee sind wärmende Kräuter, die die Körpertemperatur erhöhen können und Linderung verschaffen bei festsitzendem Schleim, Erkältungen und Grippe sowie Schmerzen durch Arthritis und Rheuma; außerdem helfen sie, die Menstruation zu regulieren.

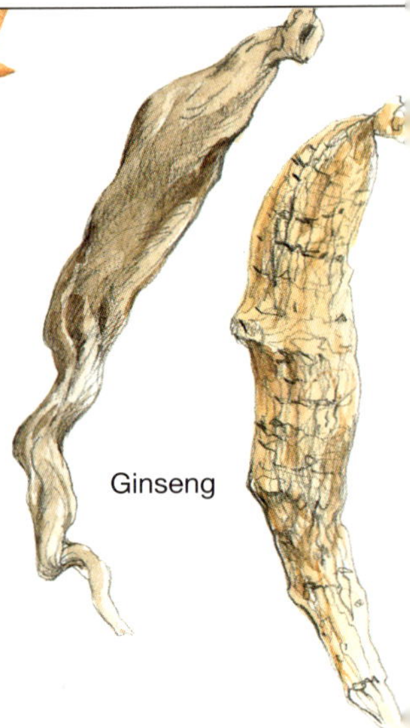

Ginseng

Gerste

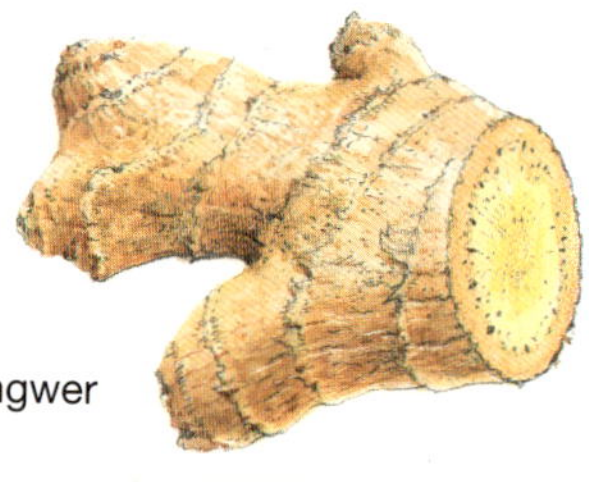

Ingwer

Faktoren wie Jahreszeit, Klima, Lebensstil, Ernährung und der eingeatmeten Luft beeinflußt. Qi fließt im Körper durch ein System aus Kanälen oder Meridianen und kann durch Akupunktur, Akupressur, Ernährung und Kräutermedizin angeregt oder ausgeglichen werden.

Die Prinzipien der chinesischen Medizin gehen auf die traditionelle taoistische Philosophie, Chinas älteste geistige Schule, zurück. Grundlegend ist für diese Philosophie die Idee von Schwankung und Veränderlichkeit; natürliche Phänomene werden als konstantes Auf und Ab der kosmischen Kräfte erklärt. Yin und Yang, die beiden primordialen kosmischen Kräfte, sind Vorstellungen, mit denen viele vertraut sein werden.

Yin symbolisiert die passive, nachgebende Kraft, die kalt, dunkel, negativ, zusammenziehend und weiblich ist. Sie wird durch das Wasser repräsentiert. Yang ist aktiv, positiv, heiß, leicht, expansiv und männlich und wird durch das Feuer symbolisiert. Das permanente Wechselspiel zwischen diesen beiden gegensätzlichen und wechselseitig abhängigen Kräften ist für alle Veränderungen und Bewegungen im Universum verantwortlich. Auch die verschiedenen Körperteile werden danach eingeteilt, ob sie überwiegend Yin oder Yang sind. Yin findet man im inneren, unteren und vorderen Teil des Körpers, in den Körpersäften und im Blut. Es regiert die angeborenen Instinkte. Yang bestimmt Qi, Lebensenergie und erlernte Fähigkeiten und sitzt in den oberen, äußeren und hinteren Teilen des Körpers. Um gesund zu bleiben, müssen sich Yin und Yang im Gleichgewicht befinden.

Wie beim Ayurveda ist die Theorie der fünf Elemente entscheidend für das chinesische Verständnis des Lebens in all seiner Mannigfaltigkeit. Holz, Feuer, Erde, Metall und Wasser sind die Elemente, die alle Bereiche des Lebens aufbauen und verbinden, einschließlich der Körperteile, lebenswichtiger Organe, der Gefühle, Jahreszeiten, Farben und Geschmacksrichtungen. Holz gehört beispielsweise zum Frühjahr, zur Farbe Grün, zur Leber und zur Gallenblase, zum Ärger und zum sauren Geschmack. Feuer gehört zum Sommer, dem Herzen und dem Dünndarm, der Freude und dem bitteren Geschmack.

Das permanente Wechselspiel der fünf Elemente sowie das von Yin und Yang bedingen alle Veränderungen und Vorgänge in der Natur. Die grundlegenden Verhältnisse zwischen den fünf Elementen sind der Schlüssel für das Verständnis, wie unser Körper und die Umwelt ineinandergreifen und sich gegenseitig beeinflussen. Um bei guter Gesundheit zu bleiben, müssen die Elemente in Harmonie miteinander sein – wird ein Element zu dominant, kann das zu einem Ungleichgewicht und zu Krankheit führen.

Durch die Ernährung, Kräuter und manchmal auch mittels der Akupunktur kann man in diese natürlichen Beziehungen eingreifen, um das Energieungleichgewicht auszugleichen, das durch ein Zuviel oder ein Zuwenig dieser Kräfte im Körper ausgelöst wurde. Vorher ist allerdings eine genaue Diagnose erforderlich, die die wichtigsten Indikatoren für Gesundheit und Krankheit, wie zum Beispiel die Gesichtsfarbe, den Glanz der Augen und der Haare, die Farbe und Beschaffenheit der Zunge sowie ihren Belag und den Puls, bewertet. Weder Diagnose noch Behandlung sind dabei statisch, der Arzt wird im Laufe der Behandlung regelmäßig die Gesamtsituation überprüfen.

Aromatherapie

Mit dem Aufleben der natürlichen Heilmethoden, die als Alternative oder Ergänzung zur Schulmedizin entstanden sind, ist die Verwendung von ätherischen Ölen, die aus Blüten, Kräutern und Bäumen gewonnen werden, sehr populär geworden. Dies ist nur zu verständlich, wenn man bedenkt, daß Menschen den Duft von Pflanzen seit jeher lieben. Womit kann man sich mehr verwöhnen, als in einem warmen Bad zu liegen und den feinen Duft von Orangenblüten zu inhalieren oder sich mit dem sinnlichsten aller Duftöle, dem der Rose, massieren zu lassen?

Die meisten alten Kulturen haben Duftöle und duftende Pflanzen verwendet. Kräuter, Blüten und aromatische Hölzer wurden in Tempeln verbrannt, um die Atmosphäre zu reinigen und die Götter zu erfreuen. Man glaubte, daß die Düfte über die Decke des Tempels hinausstiegen bis zum Himmel und das Paradies mit Wohlgeruch erfüllten. In biblischen Zeiten wurden ätherische Öle zur Salbung und als Weihrauch für den Tempel verwendet – wir lesen vom Duft des Lavendelöls und über den Rauch von Myrrhe, Weihrauch, Kampfer und Zimt, mit denen in den Räumen ein angenehmer Duft verbreitet wurde. Myrrhe und Weihrauch waren so hoch geschätzt, daß die Heiligen Drei Könige sie als wertvolle Geschenke für das Jesuskind mitbrachten. Die alten Ägypter hatten viel Erfahrung in der Verwendung ätherischer Öle in ihren Heilsalben und bei der Mumifizierung, und sie verwendeten Parfüms bei der Brautwerbung. Man berichtete, daß von dem Boot der Königin Kleopatra die exotischsten Düfte ausgingen, als sie den Nil hinuntersegelte, um Marcus Antonius zu treffen. Man

sagt auch, Kleopatra habe mehrmals täglich in Rosenessenzen und Orangenblüten gebadet.

Die Römer liebten aromatische Öle; am beliebtesten war die Rose zur Herstellung von Weinen und Parfüms sowie für ihre berühmten Bäder. Römische Kaiser füllten ihre Schwimmbecken und Fontänen mit Rosenwasser und saßen während ihrer Feste oder Orgien auf Teppichen aus Rosenblättern. Zu Zeiten, in denen es als »überholt« galt, sich zu baden oder auch bei Wasserknappheit gab man aromatische Öle direkt auf die Haut oder auf die Kleidung, um unangenehme Gerüche zu überdecken. In England war dies besonders während der Tudorzeit und der Elisabethanischen Ära beliebt. Während der Zeit von Elisabeth I. waren parfümierte Handschuhe der letzte Schrei, und die Königin selbst besaß ihren eigenen Destillationsraum, um Öle und königliche Blütenparfüms herzustellen.

Die Wirkung von Düften, mit ihren sinnlichen und häufig bewußtseinsverändernden Eigenschaften, war so gewaltig, daß die Geistlichen im Mittelalter äußerst beunruhigt waren und die Düfte, welche die Kreuzritter bei ihrer Rückkehr aus dem heiligen Land mitbrachten, als Machwerk des Teufels ansahen. Später im 18. Jahrhundert erwog das britische Parlament, die Gesetze gegen Hexerei auch auf Frauen auszudehnen, die versuchten, einen königlichen Untertan mit Düften zur Heirat zu verführen. Pflanzliche Düfte wurden seit Menschengedenken mit dem Übernatürlichen verbunden. Man setzte sie in magischen oder religiösen Zeremonien zur Steigerung der Wahrnehmung ein, in der Wahrsagerei und bei der Herstellung von Liebestränken.

Schon seit langem werden Duftöle für Heilzwecke verwendet. Seit der Zeit Hippokrates' wurden aromatische Bäder, Massagen oder Inhalationen eingesetzt, um sehr unterschiedliche gesundheitliche Beschwerden zu heilen. Zu allen Zeiten der Geschichte bekämpfte man Epidemien, ja selbst die Pest, mit aromatischen Kräutern. Rosmarin, Kiefern und Wacholder wurden verbrannt, und man trug Parfümkugeln bei sich, um die Übertragung der Krankheit zu verhindern.

Durch die Entwicklung wissenschaftlicher Analysen von Pflanzen und ihren Bestandteilen wurde mehr über die faszinierende Anzahl biochemischer Komponenten bekannt, die diese sich schnell verflüchtigenden Öle mit den wunderbaren Düften bildeten. In den zwanziger Jahren des 20. Jahrhunderts machte der französische Chemiker René Gattefossé die konventionelle wissenschaftliche Welt auf die heilende Wirkung der Öle aufmerksam. Zu diesem Zeitpunkt wurde der Nutzen der Pflanzenwelt weitgehend ignoriert, und man bevorzugte stärkere Medikamente, die synthetisch in den Laboren hergestellt wurden. Gattefossés Familie besaß einen Parfümbetrieb. Als der Chemiker einmal im Labor experimentierte, verbrannte er sich sehr stark seinen Arm und hielt ihn instinktiv in einen Bottich mit Lavendelöl. Zu seiner großen Freude verheilte der Arm schnell und ohne irgendwelche Narben. Dies veranlaßte Gattefossé, viel Zeit in die Erforschung ätherischer Öle und ihrer medizinischen Anwendung zu investieren, insbesondere im Hinblick auf ihren Nutzen für die Haut.

1937 veröffentlichte er ein Buch mit dem Titel *Aromathérapie*. Dieser von ihm eingeführte Begriff wird bis zum heutigen Tag zur Beschreibung der heilenden Wirkung ätherischer Öle verwendet. Gattefossés Forschungsunterlagen wurden von dem französischen Militärarzt Jean Valnet gelesen, den das Thema so stark interessierte, daß er eigene klinische Forschungen anzustellen begann. Er verwendete Öle bei Soldaten als Antiseptika und zur Wundheilung und war von ihrer Wirksamkeit stark beeindruckt. Er versuchte daraufhin, die emotionalen und psychologischen Probleme von Kriegsveteranen zu behandeln und beschäftigte sich ausführlich mit der Aromatherapie. Jean Valnets 1964 veröffentlichtes Buch *Aromathérapie* ist heutzutage ein Standardwerk für alle professionellen Aromatherapeuten.

Die heutige Praxis der Aromatherapie mit ihren ätherischen Ölen und Massagen zur Verbesserung der Gesundheit und für das allgemeine Wohlbefinden geht jedoch auf die österreichische Biochemikerin Marguerite Maury zurück, die mit einem Homöopathen verheiratet war. Maury war besonders an den heilenden und verjüngenden Eigenschaften der ätherischen Öle interessiert und führte umfangreiche Forschungsreihen über die Effektivität der Öle bei Aufnahme über die Haut durch. Sie legte ihre Erkenntnisse über ätherische Öle schriftlich nieder und veröffentlichte 1961 *La Capital Jeunesse.*

Marguerite Maury eröffnete, wie viele andere Aromatherapeuten nach ihr, mehrere Kliniken für Aromatherapie, in denen Massagen mit ätherischen Ölen eingesetzt wurden, um eine Vielzahl von körperlichen Beschwerden zu behandeln. Sie vertrat

Lavendelfelder in der Provence, Frankreich. Die Pflanze besitzt einen wunderbaren Duft, der beruhigend und ausgleichend auf die Gefühle wirkt, und hat eine antiseptische Wirkung.

beim Einsatz von Ölen aber gleichzeitig einen ganzheitlichen Ansatz und nutzte die Öle, um die unter den körperlichen Beschwerden liegenden emotionalen und seelischen Ungleichgewichte anzusprechen. Massagen verbinden die körperliche Berührung, die einen großen therapeutischen Wert hat, mit den vielfältigen Wirkungen ätherischer Öle.

Blütenheilmittel und Essenzen

Die Homöopathie hat viel von ihrer alten Popularität zurückgewonnen und ist in Europa, Nord- und Südamerika, Australien, Neuseeland und inzwischen auch in Asien erfolgreich. In der Zwischenzeit gab es weitere Entwicklungen im Bereich der »Schwingungs«-medizin. Darunter versteht man Heilmethoden, die im Gegensatz zum rein physiologischen Niveau der Schulmedizin auf einem feinstofflichen Niveau oder über Schwingungen wirken. Die Geschichte der Blütenheilmittel beginnt mit Edward Bach.

Edward Bach (1886–1936) hatte ein tiefes Mitgefühl für alle lebenden Wesen, insbesondere diejenigen, die unter Schmerzen oder Pein litten. Er fühlte sich zur Medizin berufen und bestand das Studium mit Auszeichnung. Während der ersten Jahre seines Berufslebens entwickelte er sich zu einem anerkannten Immunologen, Pathologen und Bakteriologen. Er war allerdings unzufrieden mit der Tatsache, daß Medikamente die Krankheiten nur linderten und nicht wirklich heilten; so entschloß er sich, seine Studien fortzusetzen.

Er wußte, wie schon Hippokrates, Paracelsus und Hahnemann vor ihm, daß wahre Gesundheit und Wohlbefinden von innen kommen und von der Harmonie des Körpers, des Geistes, der Gefühle und der Seele abhängen. Während seiner Forschungen als Bakteriologe entdeckte er den Zusammenhang zwischen der Darmflora, chronischen Erkrankungen und dem Einsatz von Impfstoffen dieser Bakterien.

1919, während er im homöopathischen Krankenhaus in London arbeitete, fielen ihm die Arbeiten von Samuel Hahnemann in die Hände, in denen er einen großen Teil seines eigenen medizinischen Ansatzes wiederfand – die Behandlung des Patienten, nicht der Krankheit. Er fing an, seine Impfstoffe homöopathisch herzustellen und setzte die jetzt als Nosoden bezeichneten Mittel mit großem Erfolg ein. Er hatte jedoch immer noch das Gefühl, daß er sich mit den körperlichen Symptomen beschäftigte, ohne an die darunterliegenden Ursachen heranzukommen. Seiner Auffassung nach entstanden Krankheiten aufgrund einer inneren Disharmonie, negativen Gedanken und Gefühlen, die sich dann häufig auf der körperlichen Ebene äußerten. Er erkannte, daß Streß als Folge von Angst, Sorgen, Panik, Ärger, Intoleranz und Ungeduld Menschen belastet und die Vitalität und Widerstandskraft gegenüber Krankheiten herabsetzt.

Bach liebte die Natur sehr und wußte intuitiv – wie so viele andere vor ihm –, daß man unglückliche Gedanken und Gefühle mit Blüten, Kräutern und Bäumen »heilen« kann. Auf der Höhe seiner medizinischen Karriere gab er seine Stelle auf, um für den Rest seines Lebens durch Wales und Südengland zu reisen, auf der Suche nach Heilmitteln, die geistigen Frieden und Glück wiederherstellten, die er für das Wesen unseres Daseins hielt.

Während dieser Zeit entdeckte er 38 Pflanzen, die Antworten auf viele menschliche Leiden gaben. Bei diesen Pflanzen handelte es sich bis auf eine um Blütenpflanzen und blühende Bäume. In der Natur entwickelte Bach seine Intuition weiter und seine sinnliche Wahrnehmung schärfte sich. Selbsterfahrene körperliche und geistige Disharmonien führten ihn innerhalb weniger Tage nach Auftreten der Symptome zu den richtigen Blüten in den Feldern oder auf den Hügeln in seiner Umgebung, denn er konnte die Blüten mit der Hand berühren oder sie auf die Zunge legen und so die heilende Wirkung auf Körper und Geist spüren. Er entdeckte auch, daß der Morgentau von Pflanzen, die in der Sonne standen, die pflanzlichen Eigenschaften viel besser aufgenommen hatte als bei Pflanzen mit schattigen Standorten. Daraufhin entwickelte er eine für jeden anwendbare Methode, mit der man die Eigenschaften der Pflanze gewinnen konnte, ohne der Pflanze zu schaden.

Bei der Sonnen-Methode legt man die gepflückten Blütenköpfe in eine mit Quellwasser gefüllte Glasschüssel, so daß sie auf der Oberfläche schwimmen. Die Schüssel stellt man für einige Stunden auf die Erde neben die Mutterpflanze in die Sonne. Danach werden die Blüten vorsichtig mit einem Blatt oder einem Zweig entfernt. Die Essenz wird dann in Flaschen abgefüllt, die zur Konservierung halb mit Alkohol gefüllt sind. Bei der Alternative, der Koch-Methode, wird die Pflanze in einem mit Quellwasser

Roseneibisch (Hibiscus rosa-sinensis): Die Blütenessenz unterstützt Frauen beim positiven Erleben ihrer Sexualität, insbesondere Frauen mit traumatischen Erfahrungen, denen es unmöglich ist, Wärme und Liebe auszudrücken.

gefüllten Emailletopf etwa 30 Minuten gekocht. Nachdem sie abgekühlt ist, wird die Essenz gefiltert und mit dem gleichen Anteil an Alkohol konserviert.

Edward Bach sagte: »Es sind unsere Ängste, unsere Sorgen und unsere Kümmernisse, die den Angriff von Krankheiten ermöglichen.« Mit den von ihm entdeckten Blütenheilmitteln kann man die Sorgen und Befürchtungen behandeln und sich dadurch »nicht nur von der Krankheit befreien, sondern auch, da uns die Kräuter von Gott dem Schöpfer des Himmels und der Erden geschenkt wurden, die Ängste und Sorgen ablegen und so glücklicher und zufriedener werden.« Er veröffentlichte seine Entdeckungen in den wichtigsten homöopathischen Zeitschriften und schrieb mehrere Broschüren für Laien, um seine Heilmittel jedermann zugänglich zu machen. Dazu gehörten »Heile Dich Selbst«, »Befreie Dich selbst« und »Die zwölf Heiler«.

Obwohl die Menschen mit zunehmender Popularität der Blütenheilmittel diese schnell mit Edward Bach verbanden, waren sie tatsächlich schon im 16. Jahrhundert von Paracelsus beschrieben worden. Er hatte Heilmittel aus auf Blüten gesammeltem Tau hergestellt, mit denen er die emotionalen Probleme seiner Patienten behandelte. Mit der Hippiebewegung der frühen siebziger Jahre wurde »Flower Power« für viele zu einem feststehenden Begriff, insbesondere in Kalifornien, und die Anhänger sprachen von »guten Schwingungen«, der Weisheit des Ostens und der Kraft der Liebe und der Meditation. Blumen wurden zur Mode, und es ist nicht verwunderlich, daß verschiedene Menschen, die sich mit der Heilung und der Seele beschäftigten, intuitiv eine Fülle neuer Blütenessenzen entdeckten.

Die Fülle an Blütenheilmitteln führte zu Zweifeln an ihren heilenden Eigenschaften, gerade vor dem Hintergrund bewußtseinsverändernder Substanzen und verbreiteter New-Age-Konzepte. Richard Katz und Patricia Kaminski gehörten zu denjenigen, die Blütenheilmittel entwickelten, nachdem sie viele Jahre mit Bach-Blüten gearbeitet hatten. Sie hatten die Befürchtung, daß Scharlatane die Heilung durch Pflanzen in Verruf bringen könnten. 1979 gründeten sie daher die Flower Essence Society, um spekulative und belegte Wirkungen zu trennen, Fallbeispiele von Praktikern weltweit zusammenzutragen und die Wirkungen von Blütenessenzen zu bestätigen. Sie leiten auch Ausbildungskurse für Studenten und Seminare für Ärzte.

Nachdem Katz und Kaminsky ihre Heilmittel in vielen Versuchen an Kollegen ausprobiert hatten, produzierte die Flower Essence Society (FES) ein Sortiment an Blütenessenzen, die Kalifornischen Essenzen, die aus organisch angebauten Blüten um die kalifornische Sierra Nevada gewonnen werden. Während Bachs Heilmittel den Geist ihrer Zeit, d.h. der Weltwirtschaftskrise, widerspiegeln und die Blüten vorrangig gegen negative Emotionen eingesetzt werden, wie zum Beispiel Angst, Wut, Unmut, Depression und Entmutigung, wurde die Entwicklung der Kalifornischen Blütenessenzen durch den Zeitgeist in Kalifornien um 1970 beeinflußt. Unter den Essenzen gibt es Blüten für die spirituelle Entwicklung, zum Abbau sexueller Hemmungen, zur Beseitigung kreativer Blockaden und bei Problemen in der Partnerschaft. Von diesem Zeitpunkt an entwickelte sich die Welt der Blütenessenzen ständig weiter, und es gibt heute Blütenessenzen aus allen Teilen der Welt – Neuseeland, Hawaii, Alaska, Schottland, dem Himalaja, Afrika, dem Amazonas und Australien.

Die Australischen Busch-Blütenessenzen wurden von dem Naturheilkundigen Ian White entdeckt, der selbst Bach-Blüten verwendet hatte und daraufhin das Heilpotential der Pflanzen seiner Heimat erkunden wollte. Er ist im australischen Busch aufgewachsen, und während der Wanderungen mit seiner Großmutter, die als Heilerin nach medizinischen Kräutern suchte, entwickelte er tiefe Verbundenheit mit und Respekt vor der Natur. Als Erwachsener erhielt Ian White die Informationen über Busch-Essenzen, ein Bild der Blüte, ihren Standort und häufig auch ihren Namen über einen Channel während der Meditation.

Aufgrund der Zusammenarbeit mit anderen Ärzten, die von seiner neuen Entdeckung begeistert waren, machte White sich daran, die Wirkungen seiner Heilmittel nicht nur durch seine Arbeit mit den Patienten, sondern auch mit Hilfe der Kirlianfotografie, der Kinesiologie, von Vega-Maschinen und anderen Medien zu belegen. In seinem Buch »Die Australischen Busch-Blütenessenzen« werden 50 australische Essenzen und ihre Anwendung beschrieben. Seit der Veröffentlichung wurden zwölf weitere Heilmittel entdeckt und untersucht (siehe Seiten 260–265).

Unter physikalischen oder chemischen Gesichtspunkten sind Blütenheilmittel stark verdünnt und wirken nicht aufgrund ihrer chemischen Bestandteile, sondern aufgrund der aus den Pflanzen gewonnenen Lebenskraft, die sich in der auf Wasser basierenden Flüssigkeit befindet. Wie die homöopathischen Heilmittel wirken sie eher feinstofflich als physikalisch. Sie sprechen grundlegende Bereiche des spirituellen

Wohlbefindens an, der emotionalen und geistigen Harmonie und fördern die Heilung emotionaler und geistiger Schwierigkeiten, die die spirituelle Entwicklung und Ausschöpfung des vollen Potentials blockieren. Sie können als Katalysatoren wirken, so daß Menschen sich selbst heilen können, ihre Aufgabe und Richtung im Leben sehen und sich von den geistigen oder emotionalen Leiden befreien, die eventuell ihren Weg behindern. Edward Bach beschrieb dies so: »Die Wirkung dieser Heilmittel besteht darin, daß sie unsere Schwingungsrate erhöhen und uns innerlich für die Wahrnehmung unseres spirituellen Selbst öffnen (...). Wie schöne Musik oder andere wundervolle Erfahrungen verfügen sie über die Fähigkeit, uns innerlich zu erheben und uns mit unserer Seele in Kontakt zu bringen. Und indem sie derart auf uns wirken, schenken sie uns Frieden und befreien uns von unseren Leiden.«

Diese Wörter fassen die Beschreibungen und Erfahrungen von Menschen zusammen, denen sich die tiefere Bedeutung der Welt der Blüten offenbarte. Das den Blüten eigene Wesen inspiriert Heilung auf allen Ebenen schon allein durch ihre Anwesenheit. Literatur und Dichtung liefern dafür viele Beispiele.

Yes! in the poor man's garden grow
far more than herbs and flowers
kind thoughts, contentment, peace of mind
And joy for wary hours.
MARY HOWITT (1799–1888)

Flowers ... have a mysterious and subtle influence
upon the feelings, not unlike some strains of music.
They relax the tenseness of the mind.
HENRY WARD BEECHER (1813–1887)

O, see a world in a grain of sand,
and heaven in a wild flower.
WILLIAM BLAKE (1757–1827)

Die gleiche Kraft feinstofflicher Energie, die schon in der Antike als der Geist der Blüte beschrieben wurde, das Qi bei den Chinesen und Prana bei den Indern, ist ein zentraler Punkt in der Geschichte der Medizin. Die einer Pflanze innewohnende Heilkraft – unabhängig ob als ganze Pflanze, als Kräuteraufguß, als destilliertes Öl, hochverdünntes homöopatisches Heilmittel oder als Blütenessenz – erkennt man deutlich, wenn man die einzelnen Blüten und ihr Heilpotential betrachtet. In Kapitel 2, »Die Pflanzen von A–Z«, werden die heilenden Eigenschaften für die einzelnen Verwendungsarten beschrieben, aber es ist die Geschichte der Pflanze, die alles verbindet.

Nehmen wir zum Beispiel die Schafgarbe, das bekannte Wundheilmittel des griechischen Kriegers Achilles. Sie ist ein großartiges Adstringens und Heilkraut, vor allem für das Blut und den Kreislauf, ein ätherisches Öl mit adstringierenden Eigenschaften, das den Kreislauf unterstützt, ein homöopathisches Heilmittel für venöse Blutungen und ein Blütenheilmittel für den Zweck, die Grenzen um die Person zu ziehen und zu verhindern, daß ihre Energie in der Umgebung »ausblutet«. Beifuß, dessen lateinischer Name Artemisia von der griechischen Mondgöttin abgeleitet wurde, der Patronin und Beschützerin der Frauen, ist ein ausgezeichnetes Kraut für Frauen, es fördert die innere Stärke, die Empfängnisfähigkeit, und in der Vergangenheit wurde Beifuß in Traumkissen verwendet, um wichtige spirituelle Erkenntnisse zu erlangen. Als homöopathisches Heilmittel lindert Beifuß Menstruationsbeschwerden und kann bei der Gefahr einer Fehlgeburt, ebenso wie bei Spasmen und Epilepsie aufgrund von Gefühlsausbrüchen eingesetzt werden. Als Blütenessenz fördert Beifuß, die Aufnahmebereitschaft der Psyche, verschafft der Traumwelt mehr Beachtung und ist vorrangig ein Heilmittel für Frauen, das man bei vielen körperlichen Unausgewogenheiten des Zyklus einsetzen kann, ebenso wie in der Schwangerschaft und bei der Geburt.

Nun könnte man annehmen, daß Kräuter und ätherische Öle die körperliche und emotionale Welt beeinflussen, während Homöopathie und Blütenheilmittel die tiefergelegenen emotionalen und spirituellen Bereiche ansprechen. Man muß jedoch nur eine Blüte in ihrer Schlichtheit ansehen, um zu begreifen, daß allein schon ihre Anwesenheit heilend wirkt. Natürlich kann man inzwischen die körperlichen Wirkungen von Blüten als Heilkräuter oder ätherische Öle teilweise mit ihrem unglaublichen Reichtum an biochemischen Komponenten erklären. Aber auch ihre subtileren Eigenschaften finden sich in dieser physikalischen Form, genau wie unsere Seele unseren Körper mit Leben erfüllt.

Bei den verschiedenen Heilmethoden werden unterschiedliche Teile der Blütenpflanzen verwendet – die Wurzel, der Stengel, die Rinde oder die Samen – aber dies sind nur Teile des Ganzen, deren vitaler Ausdruck die Blüte ist. Es ist die Blüte, die sich selbst in all ihrer Pracht zeigt, nicht nur um Bestäuberinsekten anzulocken, sondern auch um die Menschheit, die dieses Geschenk so dringend benötigt, auf ihre heilenden Eigenschaften aufmerksam zu machen.

Kapitel 2

Die Pflanzen von A–Z

Achillea millefolium

Schafgarbe

Die Blüte der Unverwundbarkeit

Die Schafgarbe gehört zu den Korbblütlern und ist somit mit dem Löwenzahn und dem Gänseblümchen verwandt; sie ist mehrjährig und besitzt aromatische Blätter. Man findet sie überall auf der Welt in Hecken und an Feldern; sie bevorzugt leichte, sandige Böden. Schafgarbe ist eine der besten und vielseitigsten Heilpflanzen, die schon von den alten Griechen und Ägyptern geschätzt wurde. Der griechische Arzt Dioskurides erwähnte bereits im 1. Jahrhundert n. Chr. die heilenden Eigenschaften der Schafgarbe bei Kriegsverletzungen. Der lateinische Name Achillea erinnert an den griechischen Helden Achilles, der mit Schafgarbe die Wunden seiner Freunde heilte. Achilles war für seine Unverwundbarkeit bekannt.

Der englische Name »Yarrow« wurde vermutlich von *hieros*, »heilig«, abgeleitet, da man die Pflanze mit zeremonieller Magie verband. Der Schafgarbe wurden sehr viele spirituelle Eigenschaften zugeschrieben; man bewahrte sie in Tempeln auf und behandelte sie mit besonderer Verehrung. Ihre heilende Wirkung auf das Blut schrieb man ihrem Einfluß auf den »Lebenssaft« zu, dem Wesen oder Ego, das mit dem Blut zirkulierte. Man verwendete sie als Amulett, als Zauber, der negative Energien und den Teufel abhalten sollte, die Kräfte der Dunkelheit überwinden und die gütigen Mächte steuern konnte. Schafgarbe galt auch als Mittel für den Liebeszauber, der dem Planeten Venus zugeordnet war.

In China verwendet man Schafgarbenstengel, um die spirituellen Kräfte bei den rituellen Prophezeiungen des *I-Ging-Orakels* zu erwecken.

Kräuterheilmittel

In der heutigen Verwendung der Schafgarbe spiegelt sich ihre religiöse, mythologische und folkloristische Tradition wider, denn sie wird immer noch vorrangig für Blut- und Kreislaufbeschwerden eingesetzt. Schafgarbe ist ein hervorragendes Heilmittel für Wunden; die ätherischen Öle sind entzündungshemmend und antiseptisch; die Gerbsäuren wirken adstringierend und stillen Blutungen; die Harze sind ebenfalls adstringierend und antiseptisch, während Siliziumdioxid die Gewebeheilung fördert. Einen Aufguß kann man gut als Vaginaldusche, für Augenspülungen und als Hautlotion bei Krampfadern und Hämorrhoiden verwenden. Schafgarbe entfaltet ihre adstringierende Wirkung im ganzen Körper; sie stillt Blutungen der Nase, des Verdauungssystems und der Gebärmutter. Sie reguliert den Menstruationszyklus und stärkt die Nerven. Schafgarbe ist ein ausgezeichnetes Heilmittel für den Verdauungstrakt; sie fördert den Appetit und verbessert Verdauung und Resorption. Ein Aufguß stimuliert den Kreislauf und wirkt schweißtreibend. Schafgarbe senkt Fieber und reinigt den Körper von Giften, Hitze und Blutstauung, da sie die Ausscheidung über Haut und Nieren aufgrund ihrer harntreibenden Wirkung unterstützt.

Ätherisches Öl in der Aromatherapie

Der Einsatzbereich der ätherischen Öle der Schafgarbe in der Aromatherapie entspricht mehr oder weniger dem des Kräuterheilmittels. Ihre entzündungshemmenden und entgiftenden Eigenschaften lindern Arthritis und Gicht. Als Antispasmodikum lösen sie Krämpfe und lindern Koliken und Menstruationsschmerzen. Als Adstringens stimulieren sie den Kreislauf und fördern die Verdauung, auch wirken sie regulierend bei starken Monatsblutungen.

Homöopathisches Heilmittel: Achillea

In der Homöopathie wird Schafgarbe vor allem bei venösen Blutungen und Krampfadern eingesetzt, zu denen Menschen mit rötlichem Teint nach sportlicher Betätigung, großen Strapazen, Überanstrengungen oder Verletzungen neigen.

Die Blütenessenz

Als die Blütenessenz Yarrow schützt Schafgarbe vor negativen äußeren Einflüssen. Sie bietet einen psychischen Schutz, indem sie der Person die Unverwundbarkeit von Achilles verleiht. Insbesondere hilft sie jenen Personen beim Abstecken von Grenzen, die sich leicht beeinflussen und von anderen Menschen und ihrer Umwelt »aussaugen« lassen. Schafgarbe ist für Menschen, die leicht negative Einflüsse aufnehmen und zu Allergien und umweltbedingten Krankheiten neigen. Indem die Pflanze der Person hilft, klare Grenzen zu ziehen und so zu verhindern, daß sie ihre Energien in die Umgebung »ausblutet«, wird deren Selbst gestärkt und gefestigt, was wiederum ihre Fähigkeit fördert zu heilen, zu lehren, sich Rat zu holen oder dem gewählten Weg zu folgen.

Agrimonia eupatoria, A. gryposepela, A. parveflora

Odermennig

Die Blüte der Wahrnehmung

Man findet Odermennig in Sommerhecken, auf Feldern und Brachflächen; er läßt sich leicht an seiner zarten langen Ähre mit gelben, nach Aprikosen duftenden Blüten und an seinen schön geformten Blättern erkennen. Der im Volksmund verwendete Name Osterkerze bezieht sich auf die hohe Ähre gelber Blüten, während sich Namen wie Schafklette und Klettenblume auf die Samen beziehen, die sich an die Kleidung von Menschen und das Fell von Tieren heften, die an der Pflanze vorbeigehen.

Odermennig wurde von den alten Griechen und Römern für seine heilenden Eigenschaften gerühmt. Der lateinische Name Agrimonia stammt von dem griechischen Wort *agremone* für ein weißes Pünktchen im Auge, da er Augenleiden heilen kann. Eupatoria bezieht sich auf Mithridates VI. Eupator, König von Pontus zwischen 120–63 v. Chr., einen Kräuterheilkundigen, der Odermennig als erster bei Leberbeschwerden und als Gegengift einsetzte.

Im Mittelalter pflanzten Mönche Odermennig in ihren Klostergärten an, sie verwendeten ihn als Mittel gegen Magendrücken und bei offenen Wunden. Culpeper empfahl die Einnahme und äußere Anwendung bei Gicht, Prellungen, Verstauchungen, Wunden und Schlangenbissen. Gerard schrieb, Odermennig sei »gut bei einer schlimmen Leber«. In Nordamerika verwendeten Indianer und Kanadier Odermennig zur Fiebersenkung, und man verglich ihn mit der Chinarinde, da er Fieber und Malaria lindern konnte. Die Franzosen trinken Odermennig als Kräutertee und verwenden ihn bei Verstauchungen und Prellungen. In der Blumensprache symbolisiert Odermennig Dankbarkeit.

Kräuterheilmittel

Heutzutage verwendet man Odermennig als Verdauungstonikum und als Adstringens. Die Gerbsäuren stärken die Schleimhäute des Darms, verbessern Sekretion und Resorption und schützen gleichzeitig vor Reizung und Infektionen. Odermennig wirkt vorbeugend und heilend bei Magengeschwüren und bei Dickdarmentzündungen und ist ein gutes Mittel bei Durchfall. Die Bitterstoffe stimulieren die Sekretion der Verdauungssäfte und der Gallenflüssigkeit von Leber und Gallenblase und fördern so Verdauung und Resorption sowie die Darmfunktion. In Deutschland behandelt man Gallensteine und Leberzirrhose mit Odermennig. Er ist auch ein gutes Heilmittel bei Gicht und Arthritis, da er harntreibend wirkt und überschüssige Harnsäure ausspült.

Man kann Odermennig auch als ausgezeichnetes Adstringens bei starken Menstruationsblutungen einsetzen oder äußerlich anwenden, um Blutungen zu stillen und die Heilung von Schnitten und Wunden zu beschleunigen. Bei Halsschmerzen oder entzündetem Zahnfleisch kann man den Mund damit spülen oder gurgeln. Als Augenbad lindert er Augenentzündungen, und als Vaginaldusche kann man ihn bei Ausfluß oder Infektionen verwenden.

Homöopathisches Heilmittel: Odermennig

Odermennig wird bei Menstruations- oder Verdauungsbeschwerden eingesetzt. Er löst Katarrhe im Verdauungs- und Urogenitalsystem sowie in den Atemwegen.

Die Blütenessenz

Agrimony eignet sich für Personen, die sorglos und fröhlich wirken; sie sind beliebt und haben viel Witz. Doch verdecken ihre mutigen Gesichter die inneren Qualen oder Turbulenzen, mit denen sie andere nicht belasten wollen. Sie bemühen sich um Harmonie, möchten daher andere nicht beunruhigen und leiden unter Spannungen und Konflikten. Sie versuchen, Konfrontationen zu vermeiden und andere Menschen glücklich zu machen. Wenn sie krank sind, überspielen sie die Beschwerden. Gewöhnlich sitzen sie nicht gern ruhig herum und sind nicht gern allein, aus Angst, ihre unterdrückten Emotionen könnten hochkommen und sie müßten sich ihrer dunkleren Seite oder ihren Problemen stellen. Agrimony-Menschen halten an ihrer rosaroten Brille fest. Solche Menschen können sich dem Alkohol, Drogen oder einer breiten Palette aufregender Aktivitäten hingeben, um sich von ihrem inneren Selbst abzulenken.

Agrimony hilft diesen Menschen, ihr wahres, manchmal dunkleres Ich anzunehmen. Die Essenz erzeugt eine innere Stärke, damit man sich den tagtäglichen oder auch zurückliegenden Problemen stellen kann. So gesehen ist Agrimony ein Heilmittel für die Wahrnehmung. Die Griechen verwendeten die Pflanze als Heilmittel für die Augen. Als Blütenessenz hilft sie, die Dinge so zu sehen, wie sie in Wirklichkeit sind.

Aesculus hippocastanum

Roßkastanie

Die Blüte des Jupiters

Der Kastanienbaum mit seinen pyramidenförmigen Blütenständen in Weiß, Rosa oder Gelb stammt aus Indien und kam erst um die Mitte des 17. Jahrhunderts nach Europa. Er ist in Nordamerika verbreitet und ist nicht nur wegen seiner hübschen Blütenrispen beliebt, sondern auch aufgrund seiner glänzenden rotbraunen Früchte, den Kastanien.

Der Name Roßkastanie läßt sich von der ursprünglichen Verwendung des Baumes in der Türkei ableiten. Die pulverisierte Frucht wird anscheinend heute noch mit Hafer vermischt und dämpfigen Pferden gegeben. Außerdem findet man an den kleineren Ästen hufeisenförmige Blattspuren von abgefallenen Blättern.

Frucht und Kapsel enthalten Aescin, das im rohen Zustand giftig ist. Die Indianer kochten die Kastanien und wuschen das Fleisch, damit das Gift seine Wirkung verlor. Während des Krieges hat man Kastanien in Europa geröstet und gemahlen; man erhielt so einen recht bitteren Kaffee-Ersatz. Die Blütenknospen verliehen anderen Getränken Geschmack und ersetzten den Hopfen beim Bier. Die Früchte sind reich an Saponinen, die im Wasser schäumen. In der Vergangenheit wurde damit die Wäsche gewaschen, und man lagerte sie mit der Wäsche, um Schimmel- oder Tierbefall zu verhindern. Auf dem Land hatten Frauen Kastanien in ihren Taschen als Schutz vor Rheuma, Hämorrhoiden, Schwindel, Erkältungen und Rückenschmerzen. Auch sollten sie der Person, die sie bei sich trug, Geld und Erfolg sichern. Der Überlieferung zufolge standen sie unter dem Einfluß Jupiters.

Kräuterheilmittel

Die Rinde des Baumes ist reich an Gerbsäuren und wird gegen Durchfall und zur Fiebersenkung eingesetzt. Bei Malaria und Wechselfieber wurde sie häufig anstelle von Chinarinde verwendet. Sie beeinflußt den Pfortaderkreislauf und schafft Linderung bei Blutstauungen des venösen Blutkreislaufes, die zu Hämorrhoiden und Krampfadern führen können.

Sowohl aus den Blütenknospen als auch aus der Rinde und den Früchten kann man hervorragende Salben, Cremes und Lotionen zur Kräftigung der Venen herstellen. Sie sind gut bei Krampfadern, Furunkeln und Hämorrhoiden. Extrakte der Roßkastanie lindern auch Neuralgie, Sonnenbrand, Prellungen und Verstauchungen.

Homöopathisches Heilmittel: A. hippocastanum

Aesculus hippocastanum schafft Erleichterung bei schmerzhaft geschwollenen hämorrhoidalen Venen, Rückenschmerzen, schwachen Beinen, Verstopfung und dem Gefühl eines Prolapses im Mastdarm. Das Homöopathikum wirkt auch ausgezeichnet bei Krampfadern, venösen Stauungen und Blutstauungen im Verdauungstrakt.

Die Blütenessenz

Die Blütenessenz Chestnut Bud eignet sich für Menschen, die dazu neigen, die gleichen Fehler immer wieder zu begehen. Sie gehen immer wieder ähnliche Beziehungen ein, die zum Scheitern verurteilt sind, oder haben immer wieder dieselben körperlichen Beschwerden, ohne jedoch die Gründe zu analysieren. Die Unfähigkeit, aus den Fehlern zu lernen, kann in einer gewissen Gleichgültigkeit oder in mangelnder Aufmerksamkeit und Beobachtung begründet sein. Häufig liegt dem Verhalten der Wunsch zugrunde, vor sich selbst zu fliehen, die Vergangenheit nicht an sich heranzulassen. Chestnut Bud ist ein ausgezeichnetes Heilmittel bei geistesabwesenden und unaufmerksamen Kindern. Die Blütenessenz hilft Menschen, die Gegenwart aufmerksamer und bewußter wahrzunehmen, ihre Fehler zu sehen und zu erinnern und daraus Wissen zu gewinnen. Auch sich selbst sieht man dadurch klarer.

Die Blütenessenz White Chestnut der weißen Kastanie ist ein wunderbares Heilmittel für Menschen, die unter ständig wiederkehrenden Gedanken leiden. Dies kann nach einem Streit der Fall sein oder wenn man aufgeregt oder beunruhigt ist. Diese Gedanken können so einnehmend sein, daß man die Gegenwart nicht mehr wahrnehmen kann. Wenn das Interesse an der Gegenwart stark ist, können solche Gedanken zeitweilig verschwinden, allerdings nur, um wieder hochzukommen und der betreffenden Person die Entspannung vorzuenthalten. White Chestnut hilft, den Geist zu beruhigen, die Gedanken zu kontrollieren und die geistige Energie nutzbringend einzusetzen. So können die Gedanken zwar weiterhin aufkommen, aber den Geist nicht mehr ausschließlich in Beschlag nehmen.

Allium sativum

Knoblauch

Die Blüte der Kraft

Knoblauch zählt zu den Liliengewächsen und ist ein ausgesprochen wirksames jahrtausendealtes Heilmittel. Eine ägyptische Papyrusrolle aus der Zeit um 1500 v. Chr. enthielt über 200 Rezepturen, in denen Knoblauch bei Beschwerden wie Kopfschmerzen, körperlicher Schwäche und Halsentzündungen eingesetzt wurde. Offensichtlich aßen die alten Griechen große Mengen von Knoblauch. Galen sah ihn als Allheilmittel bei Beschwerden jeglicher Art an, während Dioskurides ihn lediglich als Heilmittel bei Asthma, Gelbsucht, Zahnschmerzen, Hautproblemen, Würmern und als Gegengift einsetzte. Im 1. Jahrhundert verwendeten ayurvedische Ärzte in Indien Knoblauch zur Vorbeugung von Herzerkrankungen und Rheumatismus, und er wurde jahrhundertelang in China und Japan gegen zu hohen Blutdruck genommen.

Beim Einsatz von Knoblauch für Heilzwecke zeigen sich vor allem seine drei Hauptwirkungen: Er stärkt und verleiht Energie, er entgiftet, wirkt als Gegenmittel bei Vergiftungen und schützt vor einer Vielzahl böser Einflüsse, sowohl physischer als auch metaphysischer Natur.

Die alten Ägypter kannten bereits die stimulierenden und energiespendenden Eigenschaften von Knoblauch. Auch die Römer gaben ihn ihren Arbeitern und Soldaten zur Kräftigung und Ermutigung. Im alten Griechenland war Knoblauch ein Symbol der Stärke – bei den Olympischen Spielen kauten Athleten Knoblauch, der ihre Chancen auf einen Sieg erhöhen sollte. Culpeper vertrat die Ansicht, Knoblauch sei dem Mars zugeordnet. Der englische Name des Knoblauchs, *garlic*, stammt von den altenglischen Wörtern *gar*, Speer, und *lac*, Pflanze. Damit war entweder die Form der Blätter gemeint oder die Annahme, daß Knoblauch kriegerische Eigenschaften verlieh.

Knoblauch gilt auch als Jungbrunnen und Aphrodisiakum, was angesichts der unglaublichen Vielfalt therapeutischer Wirkungen nicht besonders verwunderlich ist. Seit Jahrhunderten wurde er als Stärkungsmittel eingesetzt und in unendlich vielen Verjüngungselixieren verwendet. Die Tatsache, daß Knoblauch Energie und Vitalität verleiht, erklärt vielleicht seinen Ruf als Aphrodisiakum. Die Pflanze wurde in Griechenland in Tavernen und an Straßenecken verkauft, und laut Überlieferung boten die Straßenhändler Knoblauch im 5. Jahrhundert v. Chr. feil, indem sie sangen: »Knoblauch hat die Tugend, er gibt dem Menschen Jugend.« Knoblauch ist für seinen starken Schutz vor Infektionen bekannt. Galen beschrieb ihn als einfaches Theriak, ein Allheilmittel oder Gegenmittel bei Vergiftungen. (Inzwischen ist er bekannt als Allheilmittel der einfachen, ärmeren Leute.) Knoblauch wurde bei Vergiftungen, Durchfall, Ruhr, Cholera und Typhus eingesetzt.

Um die Wende vom 19. zum 20. Jahrhundert waren Knoblauchrezepturen immer noch das wichtigste Heilmittel gegen Tuberkulose. Im Ersten Weltkrieg nahm man Knoblauch gegen Ruhr, Typhus und zur Behandlung eiternder Wunden; im Zweiten Weltkrieg verhinderten britische Armeeärzte mit Knoblauch erfolgreich Wundsepsis und Wundbrand.

Knoblauch steht in dem Ruf, vor dem Teufel zu schützen und Vampire zu vertreiben – vielleicht weil er Infektionen abzuwehren hilft. Wie vielen anderen stark riechenden Kräutern schrieb man auch dem Knoblauch geheimnisvolle magische Kräfte zu. Im alten China sollte er vor dem bösen Blick schützen, und in vielen Ländern gab es den Brauch, Knoblauch in Strängen vom Hausdach oder am Achterschiff herunterhängen zu lassen, um vor Hexen, Zauberern, Dämonen und bösen Geistern zu schützen. In Homers »Odyssee« empfahl Hermes Odysseus, Knoblauch zu nehmen, um sich so vor der Zauberin Circe zu schützen, die Männer in Schweine verwandelte. Knoblauch war Hekate gewidmet, der griechischen Göttin für Zauberei und Spukwesen, die für ihre Pflanzenkenntnisse und ihren magischen Garten in Colchis am Schwarzen Meer bekannt war. Im alten Griechenland legte man Knoblauch als Abendessen für Hekate auf Steinhaufen an Kreuzungen.

Kräuterheilmittel

Die anspruchslose Knoblauchzwiebel, die wegen ihres starken und lang anhaltenden Geruchs verpönt ist, stellt eine wunderbare Medizin dar. Sie ist ein wirkungsvolles antibakterielles, antimykotisches, antivirales und antiparasitisches Heilmittel. Wenn man rohen Knoblauch preßt, wird Allicin frei: ein stärkeres Antibiotikum als Penizillin und Tetrazyclin. Knoblauch wirkt im ganzen Körper antimikrobiell. Wenn er über den Verdauungstrakt aufgenommen wird, zirkuliert er im Blut und wird über die Lungen, den Darm, die Haut und die Harnorgane ausgeschieden, wobei alle Organe während des Prozesses desinfiziert werden. Man kann Knoblauch bei Halsschmerzen, Erkäl-

tung, Grippe, Lungen- und Bronchialentzündungen und Entzündungen des Darms einsetzen, außerdem unterstützt er die Wiederherstellung der natürlichen Darmflora nach einer Infektion oder der Einnahme herkömmlicher Antibiotika. Er ist ein wirksames Mittel gegen Würmer, wenn man ihn auf nüchternen Magen nimmt, sowie gegen Candidiasis, Mundsoor und vaginalen Soor bei lokaler Anwendung.

Wie andere scharf schmeckende Heilmittel wirkt Knoblauch abschwellend und löst Katarrhe, wobei seine stärkste antiseptische Wirkung in den Atemwegen entfaltet. Seine schleimlösenden Eigenschaften machen Knoblauch zu einem ausgezeichneten Heilmittel bei akuter und chronischer Bronchitis, Keuchhusten und bronchialem Asthma sowie bei Nebenhöhlenentzündungen, chronischen Katarrhen, Heuschnupfen und Nasenschleimhautentzündungen. Er wirkt schweißtreibend und senkt Fieber.

Knoblauch fördert die Verdauung, stimuliert die Sekretion von Verdauungsenzymen und Galle und beschleunigt die Passage der Nahrung durch den Darm. Aufgrund seiner antiseptischen Wirkung reinigt er die Leber und das Verdauungssystem, unterstützt die Ausscheidung schädlicher Bakterien und verbessert so das allgemeine Wohlbefinden, da viele Krankheiten auf eine Ansammlung von Giftstoffen im Verdauungstrakt zurückzuführen sind. Knoblauch verbessert die Verdauung, lindert Blähungen und Aufblähung und fördert die Resorption und Assimilation der Nahrung. Auch wirkt er positiv auf die Bauchspeicheldrüse, fördert die Produktion von Insulin und ist damit ein ausgezeichnetes Mittel zur Senkung des Blutzuckerspiegels bei Diabetes.

Es ist erwiesen, daß Knoblauch ein starkes Antioxydans ist und seine Schwefelkomponenten hemmend auf die Bildung von Tumoren wirken. Gleichzeitig schützt er den Körper gegen die Auswirkungen von Umweltverschmutzung und Nikotin. So verlangsamt Knoblauch den Alterungsprozeß. Da der Körper von Giftstoffen und Krankheiten gereinigt ist, kann er seine jugendlichen Kräfte erhalten, wodurch der Mensch nicht nur Krankheiten, sondern auch viele andere negative Einflüsse abwehren kann.

Neueste Untersuchungen haben wissenschaftlich bestätigt, daß Knoblauch den Spiegel an schädlichem Cholesterin deutlich senken kann, was insbesondere für Patienten wichtig ist, die an Arterienverkalkung und Bluthochdruck leiden. Knoblauch senkt den Blutdruck und die Tendenz zur Blutgerinnung, was Herzinfarkten und Schlaganfällen vorbeugt. Außerdem wirkt er gefäßerweiternd, öffnet die Blutgefäße und verbessert die Durchblutung der Gewebe und der peripheren Bereiche des Körpers. Dies fördert auch die Durchblutung, löst Krämpfe, lindert Kreislaufprobleme und schafft so ein angenehmes Wärmegefühl und Wohlbehagen, was besonders an kalten Winterabenden angenehm ist.

Für die äußere Anwendung wird Knoblauch gepreßt und in Öl aufgelöst oder zu einer Salbe verarbeitet und zur Behandlung von Schnitten und Wunden, entzündeten Gelenken, Gicht und Rheumatismus, Verstauchungen, ungeöffneten Frostbeulen, Fußpilz, Tinea, Stichen, Bissen und Warzen eingesetzt. Ein Ölaufguß kann als Ohrtropfen zur Linderung von Ohrinfektionen oder Ohrenschmerzen verwendet werden. Verreibt man das Öl auf der Brust, hilft es bei Infektionen des Brustkorbs und Husten. Mit Knoblauchessig kann man Geschwüre und infizierte Wunden desinfizieren und behandeln.

Homöopathisches Heilmittel: Allium sativum

Allium sativum hilft jenen, die ein schönes Leben gewöhnt sind, einen Riesenappetit haben und mehr essen als trinken. Es wirkt auf die Darmschleimhaut und lindert Dickdarmentzündungen und Durchfall, der von einer pathologischen Darmflora verursacht und mit dumpfen Schmerzen im Unterleib verbunden ist. Knoblauch-Menschen neigen dazu, besorgt und unruhig zu sein, und stecken voller Ängste, zum Beispiel der Angst, nicht wieder gesund zu werden oder der Angst, vergiftet zu sein. Sie können sensibel und traurig sein, im Schlaf weinen und den Impuls haben wegzulaufen.

Knoblauch hilft auch bei Verstopfung, Blähungen und Winden, die beim Entweichen brennen sowie bei empfindlichem Magen und Verdauungsstörungen.

Die Blütenessenz

Garlic verleiht Stärke und Widerstandskraft, sowohl körperliche als auch emotionale und psychische. Die Essenz wird jenen Menschen empfohlen, die von Ängsten und Sorgen geplagt werden und sich emotional ausgelaugt fühlen. Sind sie erschöpft, neigen sie zu chronischer Nervosität und sind für negative Einflüsse anfällig. Dieses kann sich in einem schlechten Abwehrsystem manifestieren, das schnell durch Parasiten oder Viren befallen wird, oder der Tendenz, Opfer emotionaler oder psychischer Parasiten im Leben zu werden. Dabei geht unweigerlich weitere Lebenskraft verloren; das Gesicht kann blaß sein, die Augen leer, und man kann sich isoliert vorkommen. Knoblauch hilft diesen Menschen, sich wieder ganz und stark zu fühlen, verleiht Mut, die Ängste zu überwinden, und steigert die Abwehrkräfte. Knoblauch hat eine stabilisierende und harmonisierende Wirkung.

Artemisia vulgaris

Beifuß

Die Blüte der Artemis

Beifuß und die anderen Artemisias-Arten Eberraute und Wermut sind nach Artemis, der griechischen Göttin des Mondes, benannt, die mit der römischen Diana identifiziert wird. Jede Nacht erquickte Artemis die Pflanzen mit ihrem erfrischenden Tau, und ihr Zwillingsbruder Apollo, der Sonnengott, entsandte die Sonnenstrahlen, beides entscheidend für Wachstum und Wohlbefinden der Pflanzenwelt. Als Mondgöttin wurde Artemis als Patronin und Beschützerin der Frauen angesehen; sie beeinflußte die Fruchtbarkeit, regulierte den Menstruationszyklus und wachte über sie während der Geburt. Über Jahrtausende haben Frauen sie während der Geburt um Hilfe angerufen, ihr Gebete und Gaben gewidmet, um eine sichere Geburt zu gewährleisten, und sich hinterher bei ihr bedankt.

Pflanzen, die nach Artemis benannt sind, spiegeln Artemis' Einfluß auf die weibliche Gesundheit wider. Dies erklärt, weshalb Beifuß seit der Zeit Hippokrates', Plinius' und Dioskurides' als erstklassiges Frauenheilmittel gilt.

Für Heilzwecke nutzt man Beifuß, um Störungen des Menstruationszyklus auszugleichen und ein breites Spektrum von Frauenkrankheiten zu behandeln. Es ist daher nicht überraschend, bei Culpeper zu lesen, daß Beifuß unter dem Einfluß des Planeten Venus steht, ein Hinweis auf die Verbindung der Pflanze einerseits zur emotionalen Welt der Frauen, da sie Klarheit und innere Stärke fördert, und andererseits zur weiblichen Wahrnehmung, zur Welt der Psyche und der Träume. Man legte Beifuß in die Kissen, auf denen man schlief; so wollte man Zukunftsvisionen und wichtige spirituelle Einblicke erhalten.

Seit Urzeiten galt Beifuß als magisches Kraut. Man verwendete es als Talisman gegen Müdigkeit. In seiner *Naturalis Historia* riet Plinius Reisenden, Beifuß bei sich zu tragen. Es gibt ein altes französisches Sprichwort, das lautet: »Wer Artemisia auf Reisen bei sich trägt, wird sich nie erschöpft fühlen.« Man schrieb Beifuß auch große Kräfte bei der Abwehr von Gefahr und dem Teufel zu. Er wurde in Zaubersprüchen gegen eine Vielzahl tödlicher Gefahren verwendet, einschließlich böser Geister, Hitzschlag, Gift, wilder Bestien, Feuer und Krankheit. Gegen Infektionen legte man Beifuß in den Hauseingang und als Schutz vor Blitzschlag ins Haus.

Im Mittelalter wurde Beifuß *cingulum sancti Johannis* genannt oder Johannisgürtel, da der Überlieferung nach Johannes der Täufer einen Gürtel aus Beifuß getragen haben soll, als er sich in der Wildnis aufhielt. Traditionell trug man in der Johannisnacht (Sommersonnenwende) einen Kranz aus Beifuß im Haar oder als Gürtel um die Taille, wenn man um das Feuer tanzte. Hinterher wurde der Kranz ins Feuer geworfen, um den Träger im kommenden Jahr vor Gefahren und Krankheit zu bewahren.

Beifuß wächst wild auf Brachflächen, an Ufern, Straßen, zwischen Schutt und auf steinigem Untergrund in Amerika, Europa und Nordasien.

Kräuterheilmittel

Beifuß wurde seit den Zeiten der alten Griechen und Römer bei Menstruationsbeschwerden verwendet, bei unregelmäßiger, starker, schmerzhafter oder ausbleibender Periode und bei Beschwerden während der Menopause. Er reguliert den Zyklus und fördert insgesamt die Gesundheit und das Wohlbefinden.

Beifuß wurde zur Steigerung der Fruchtbarkeit und zur Erleichterung der Geburt empfohlen. Das erste englische gynäkologische Handbuch empfahl Beifuß zusammen mit den anderen Artemisias-Arten bei schwierigen Geburten. »Bereiten Sie ihr ein Bad aus in Wasser aufgekochten Malven, Griechischem Heu, Leinsamen, Wermut, Eberraute, Pellitory[1] und Beifuß und lassen Sie sie darin eine gute Zeit baden.« Da Beifuß als Emmenagogum wirkt, sollte er in der Schwangerschaft vermieden und erst kurz vor oder während der Geburt verwendet werden. In China wird Beifuß jedoch eingesetzt, um Gebärmutterblutungen zu stoppen statt auszulösen und wenn die Gefahr einer Fehlgeburt besteht, insbesondere bei Frauen, denen es an Energie mangelt und denen schnell kalt ist.

Als harntreibendes Mittel ist Beifuß hilfreich bei Flüssigkeitsretention, insbesondere um die Zeit der Menstruation. Er unterstützt die Ausscheidung von Giftstoffen über den Urin und wirkt dabei gleichzeitig blutreinigend, weshalb er auch zur Behandlung von Arthritis und Gicht eingesetzt wird. Wie Wermut ist Beifuß ein ausgezeichnetes bitteres Tonikum, das

[1] Pellitory wird übersetzt mit: 1. Glas-, Mauerkraut (*Parietaria officinalis*), 2. Mutterkraut (*Chrysanthenum parthenium*), 3. Röm. Bertram, Speichelwurz (*Anacyclus pyrethrum*). (Anm. d. Übers.)

den Appetit fördert und die Verdauung durch eine gesteigerte Sekretion der Verdauungsenzyme und der Gallenflüssigkeit von Leber und Gallenblase anregt. Er wird auch bei Wurmkuren eingesetzt. Beifuß ist ein gutes Heilmittel für Menschen mit einer schwachen, trägen Verdauung, mit Giftstoffen oder Kongestion im Darm, Leberbeschwerden und für Menschen, die sich erschöpft und schwach fühlen oder von einer Krankheit genesen.

Als Antispasmodikum löst er Krämpfe der Darmmuskulatur und lindert Koliken, Durchfall, Verstopfung, Darmkrämpfe und Indigestion. Beifuß hat leicht beruhigende Eigenschaften und wirkt daher insgesamt positiv auf das Nervensystem. Seit Jahrhunderten wird er bei Epilepsie, Nervosität, Angst und Krämpfen eingesetzt. Im 13. Jahrhundert verschrieben die Ärzte von Myddfai Beifuß gegen Hysterie. Beifuß wird auch bei nervositätsbedingten Beschwerden eingesetzt, wie zum Beispiel bei Übelkeit, Erbrechen, Koliken, Verdauungsstörungen oder Durchfall.

Da Beifuß den Kreislauf stimuliert, wirkt er wärmend und stärkend. Er verbessert die Durchblutung der Haut, wirkt schweißtreibend und fiebersenkend. Seine antiseptischen, blutreinigenden Eigenschaften machen ihn zu einem guten Heilmittel bei fiebrigen Infektionen sowie bei chronischen Infektionen, wie zum Beispiel Adnexitis und Soor. Auch ist er hilfreich bei Blasenentzündungen, Erkältungen und Husten. In China werden Beifußblätter gegeneinander gerieben, zu einer zylindrischen Form zusammengebunden und über bestimmten Akupunkturpunkten verbrannt. Dies soll die Durchblutung fördern und den jeweiligen Punkt erwärmen.

Homöopathisches Heilmittel: Artemisia

Die Wurzel von Artemisia vulgaris wird vor allem bei Krämpfen und Epilepsie verwendet, die durch extreme Gefühle, Aufregung oder Angst ausgelöst wurden. Das Heilmittel ist auch bei Petit-mal (kurzem Verlust des Bewußtseins), Schlafwandeln, Katalepsie und bei durch farbige Lichter ausgelösten Schwindelanfällen angezeigt, wenn sie mit Nervosität verbunden sind. Artemisia wird vor allem als Frauenheilmittel eingesetzt, insbesondere bei unregelmäßiger, schwacher Periode, bei schmerzhafter Menstruation, der Gefahr einer Fehlgeburt verbunden mit starken Unterleibskrämpfen und bei Gebärmuttervorfällen.

Die Blütenessenz

Für die Blütenessenz wird *Artemisia douglasiana* verwendet, eine aus Amerika stammende nahe Verwandte von *Artemisia vulgaris*. Wie das Kräuterheilmittel unterstützt sie die Wahrnehmung unserer Psyche und schafft so eine größere Klarheit und ein größeres Bewußtsein für die Traumwelt. Sie hilft, die aus den Träumen und durch das gesteigerte psychische Bewußtsein gewonnenen Einblicke in unser tägliches Leben einzuordnen und zu deuten.

Beifuß wirkt ausgleichend beim Bewußtseinsübergang zwischen Tag und Nacht und hilft denen, die zu einem überaktiven psychischen Leben neigen, das sie von der physischen Welt der Realität abschneidet, mit den praktischen, weltlichen Aspekten des Lebens verbunden zu bleiben. Die Blütenessenz wird Menschen empfohlen, die zu irrationalen, überemotionalen und hysterischen Reaktionen neigen und deren Nachtruhe von einem überaktiven Traumleben gestört wird.

Beifuß ist in erster Linie ein Frauenheilmittel, das die »Fließprozesse« im Körper, wie Menstruation und Geburt, unterstützt. Es verbindet den Menstruationszyklus enger mit dem Mondzyklus.

Die Blütenessenz kann einem Beifußöl beigemengt werden und in Massagen zur Linderung von Menstruationsbeschwerden und zur Erleichterung der Geburt eingesetzt werden. Das Öl fördert auch die Durchblutung und erzeugt ein Gefühl der Wärme.

NB: Da Beifuß ein Emmenagogum ist, sollte er nicht während der Schwangerschaft, sondern höchstens erst kurz vor oder während der Geburt eingesetzt werden.

Wermut
Beifuß

Alchemilla vulgaris

Frauenmantel

Die Blüte der Alchemie

Der Name Alchemilla stammt von *alkemelych*, dem arabischen Wort für Alchemie, denn diese hübsche Pflanze mit ihren eleganten Blättern und den spitzenartigen gelben Blüten war unter mittelalterlichen Alchemisten besonders beliebt. Vielleicht lag es an ihren wunderbaren Heilkräften, daß die Alchemisten sie als magisch ansahen. Bei der Suche nach dem Stein der Weisen, der durch Magie unedles Metall in Gold verwandeln sollte, sammelten die Alchemisten die perlenförmigen Tropfen, die sich auf den Blättern des Frauenmantels bildeten und nannten sie »Himmelswasser«. Man glaubte, daß die Tautropfen, die tatsächlich aus der Pflanze selbst austreten, die heilende und magische Wirkung der Blätter enthielten, weshalb sie in vielen Zaubertränken verwendet wurden.

Im Mittelalter war der Frauenmantel der Jungfrau Maria gewidmet. Wie der Name schon vermuten läßt, sah man in den muschelförmigen Blättern eine Ähnlichkeit mit Marias Mantel. Die Heilkraft der Pflanze läßt eine besondere Affinität zu Frauen und den weiblichen Fortpflanzungsorganen erkennen. Culpeper schrieb, sie sei der Venus zugeordnet.

Man kann Frauenmantel im Frühjahr und im Herbst durch Teilung der Wurzel vermehren. Er wächst auf armen, leicht sauren Böden und bevorzugt sonnige oder halbschattige Standorte.

Kräuterheilmittel

Die ganze Pflanze ist ein Heilmittel, das dem alten Namen »der Frauen bester Freund« alle Ehre erweist. Ihre adstringierenden Gerbsäuren helfen, starke Menstruationsblutungen abzuschwächen, was insbesondere um die Menopause nützlich ist. Da sie die Gebärmutter kräftigt und als Emmenagogum wirkt, kann sie die Monatsblutungen verstärken und während der Geburt die Wehen fördern. Frauenmantel lindert Menstruationsbeschwerden und reguliert die Periode. Zur Förderung der Empfängnis empfahl Culpeper, 20 Tage lang herabgetropftes Frauenmantelwasser zu trinken.

Als allgemeines Stärkungsmittel der Fortpflanzungsorgane kann man das Heilmittel nach einem Trauma, wie zum Beispiel einer Abtreibung, einer Fehlgeburt oder einer Geburt einsetzen sowie bei Bindegewebsgeschwulst, Adnexitis, nachgeburtlichen Blutungen und urogenitalen Infektionen. Es unterstützt die normale Rückbildung der Gebärmutter nach der Geburt, mindert die Gefahr eines Prolapses und fördert die Straffung der Brust nach der Stillzeit.

Die adstringierenden Eigenschaften insbesondere der frischen Wurzel eignen sich zur Behandlung von Durchfall und Magen-Darm-Entzündungen, während die Salizylsäure hemmend auf Entzündungen des Verdauungs- und des Fortpflanzungsapparates wirkt. Die harntreibenden Eigenschaften verschaffen bei Flüssigkeitsretention Erleichterung.

Man kann Frauenmantel äußerlich als Dusche oder Lotion bei Fluor, Reizungen oder Infektionen anwenden. Ein Aufguß ist eine gute Hautlotion bei Hautausschlag, Schnitten und Wunden, Entzündungen und Insektenstichen. Als Mundspülung oder zum Gurgeln lindert er Zahnfleischbluten, Aphthen und Halsentzündungen.

In der Vergangenheit verwendete man die funkelnden Tautropfen der Blätter in Kosmetikpräparaten zum Erhalt der weiblichen Schönheit.

Die Blütenessenz

Die Anwendungsbereiche der Blütenessenz Frauenmantel knüpfen an das Thema Alchemie und Frauen an. Der »Stein der Weisen« in der Alchemie ist etwas, das nie verlorengeht oder sich auflöst, etwas Ewiges, die mystische Erfahrung des Göttlichen in der eigenen Seele. Frauenmantel ist ein Heilmittel für Frauen, die eine größere Nähe zur göttlichen weiblichen Kraft in sich selbst wünschen und für jene, die die Inspiration oder den Schutz Marias oder der inneren Göttin suchen. Insbesondere wird die Essenz Frauen empfohlen, die sich anderen Frauen oder ihrer weiblichen Seite entfremdet fühlen, vielleicht aufgrund negativer Erfahrungen mit Frauen, die für sie während ihrer Kindheit Autoritäten darstellten. Als alchemistische Pflanze hilft Frauenmantel, jene prosaischen oder überflüssigen Bereiche, die den inneren »Stein« verdecken, abzustreifen. Sie unterstützt Übergänge im Leben, hilft, die Vergangenheit hinter sich zu lassen und die Fesseln zu lösen, die uns gefangenhalten.

Frauenmantel ist besonders hilfreich in Zeiten der Veränderung, die mit Angst verbunden sind, wie zum Beispiel eine Geburt, ein Umzug, das Ende einer Partnerschaft oder ein schmerzlicher Verlust.

NB: In der Schwangerschaft vermeiden.

Aloe vera

Aloe

Die Blüte der Regeneration

Diese sukkulente, mehrjährige, zu den Liliengewächsen zählende Pflanze stammt ursprünglich aus Ost- und Südafrika, gedeiht aber auch prächtig in anderen tropischen Regionen. Bei uns kennt man sie als Zimmerpflanze. Für Heilzwecke werden der am Blattgrund gewonnene Saft (getrocknet auch als Pulver) und das saftige Gel aus dem Inneren der Blätter genutzt.

Aloe war schon im antiken Griechenland bekannt, und von Dioskurides und Plinius wissen wir, daß sie seit dem 4. Jahrhundert v. Chr. für medizinische Zwecke eingesetzt wurde. Sie wuchs auf der Insel Sokotra. Im Islam verehrte man die Aloe-Pflanze als religiöses Symbol.

Auf Sanskrit lautet der Name für Aloe *kumari*, was junges Mädchen oder Jungfrau bedeutet, da die Pflanze offenbar jugendliche Energie verleiht und weibliche Energien auffrischt. *Aloe vera* ist eine bemerkenswert widerstandsfähige Pflanze. Ihre sukkulenten Blätter schützen sie vor Dürre. Selbst wenn sie verwelkt ist, wird ein Blatt wieder prall und frisch, wenn man es einige Stunden in Wasser legt.

Kräuterheilmittel

Aloe-Saft ist ein wirkungsvolles Abführmittel oder Purgativum, sollte allerdings nur zusammen mit einem Mittel gegen Blähungen, wie zum Beispiel Ingwer oder Kurkuma, genommen werden, da er sonst zu schweren Krämpfen führen kann. Der Saft unterstützt die Kontrolle der Mikroorganismen im Darm.

Aloe-Gel läßt sich therapeutisch sehr vielseitig einsetzen. Es ist ein bitteres Tonikum für die Leber und den gesamten Verdauungstrakt. Es fördert die Sekretion der Verdauungsenzyme, wirkt ausgleichend auf die Magensäure, unterstützt die Verdauung und reguliert Zucker- und Fettstoffwechsel. Aloe-Gel hat herausragende, reizlindernde Eigenschaften und beruhigt und schützt die Darminnenwand. Man kann damit Dickdarmentzündungen, Magengeschwüre und Reizkolon behandeln. Es hat eine kühlende, feuchtigkeitsspendende Wirkung und kann bei Beschwerden, die mit einem Übermaß an Hitze und mit Entzündungen verbunden sind, eingesetzt werden. Es eignet sich besonders für hitzige, temperamentvolle Menschen, die zu Entzündungen und zu Ärger, Reizung und Selbstkritik neigen.

Äußerlich angewendet verfügt Aloe-Gel über bemerkenswerte Heilkräfte bei Verbrennungen, einschließlich Sonnenbrand, und nach einer Strahlentherapie. Es lindert Schmerzen, beruhigt Entzündungen und hat eine leicht antibiotische Wirkung. Zur Verjüngung der Haut und zur Glättung von Falten verwendet man eine Lotion, die sich gut für empfindliche, zu Allergien neigende Haut eignet. In Haarwaschmitteln verbessert Aloe die Beschaffenheit von trockenem, brüchigem Haar. Aloe-Gel wird auch bei Hämorrhoiden zur Beruhigung der Schmerzen und der Reizung sowie zur Beschleunigung des Heilungsprozesses eingesetzt.

NB: Verwenden Sie nicht die Außenhaut des Blattes, da sie Reizungen verursachen kann. Aloe sollte während der Schwangerschaft und während starker Menstruationsblutungen vermieden werden.

Homöopathisches Mittel: Aloe socotrina

Aloe hat eine Affinität zum Verdauungstrakt, der Leber und den Fortpflanzungsorganen. Aloe-Menschen haben die Tendenz, sich über sich selbst zu ärgern, und neigen zu Unzufriedenheit und schlechter Laune. Sie sind erschöpft, haben keine Lust zur Arbeit, sind besorgt oder unruhig. Ihre körperlichen Symptome bestehen in Hitze und Verstopfung. Hautentzündungen sind bei Wärme und wenn die Personen unter Verstopfung leiden gewöhnlich größer. Den Betroffenen geht es in der Regel in einer kühlen Umgebung oder bei kühlen Anwendungen besser. Sie können ein Völlegefühl in der Lebergegend verspüren oder unter brennenden und gereizten Hämorrhoiden leiden. Das Mittel kann auch schmerzhafte Menstruationen lindern.

Die Blütenessenz

Das Thema Erneuerung der Energie und Verjüngung findet sich auch bei der Verwendung von Aloe als Blütenessenz. Sie eignet sich besonders für hitzige, kreative Menschen, die schnell unter Lethargie oder Erschöpfung leiden, nachdem sie selbst dafür gesorgt haben, daß sie »ausgebrannt« sind. Sie ist ein ausgezeichnetes Heilmittel für »Workaholics«, die sich selbst so hart antreiben, daß sie ihre körperlichen und emotionalen Bedürfnisse vernachlässigen. Ihre Selbstkritik kann ihr Motor sein, aber irgendwann ist ihre innere Energie aufgebraucht. Aloe vera gibt »Wasser« auf einen Überschuß an »Feuer«.

Althaea spp.

Echter Eibisch, Stockrose

Die Blüten der Sanftheit

Der Echte Eibisch wächst auf Salzwiesen und an feuchten, fruchtbaren Standorten. Seine Blätter sind weich wie Samt. Man kann ihn aus Samen ziehen oder die Wurzeln teilen; er liebt die pralle Sonne. Den Blüten folgt ein Ring aus Samen. Die lange Stockrose wächst auf fast allen Böden. Sie stammt ursprünglich aus China, wo sie als Fruchtbarkeitssymbol galt.

Der Echte Eibisch und die Stockrose gehören zur Familie der Malvengewächse. Das Wort Malve stammt von *malakos,* griechisch für weich oder beruhigend, und bezieht sich auf die reizlindernden und beruhigenden Eigenschaften dieser Pflanzen. Wahrscheinlich ist der Echte Eibisch aufgrund seines hohen Mucilagogehalts die Pflanze mit den stärksten reizlindernden Eigenschaften. Althaea kommt von *althane*, dem griechischen Wort für heilen.

Die alten Griechen und Römer nutzten Malven sowohl als Gemüse wie auch als Heilkräuter. Die pythagoreischen Philosophen hielten Malven für heilig, da sich die Blüten immer zur Sonne ausrichteten. Für sie waren die Malven ein Symbol der Mäßigung und Kontrolle menschlicher Leidenschaft, ihrer Ansicht nach eine unbedingte Voraussetzung für das Erlangen von Weisheit und Gesundheit. Malven sind auch als Symbol der Süße und Weichheit bekannt. Die zarten Blätter und die jungen Spitzen des Echten Eibisch sind eßbar und können sparsam einem Salat beigemischt werden.

Im antiken Griechenland war Eibisch ein Nahrungsmittel der Armen. Auf englisch heißt der Echte Eibisch *marshmallow* und war Namensgeber für die Süßigkeit gleichen Namens.

Kräuterheilmittel

Der Echte Eibisch ist ein ausgezeichnetes Heilmittel für jede Art von Reizung und Entzündung innerhalb und außerhalb des Körpers, da er sehr beruhigende und heilende Eigenschaften besitzt. Die reizlindernde Mucilago beruhigt das Verdauungssystem, die Atemwege und die Harnorgane, während die Gerbsäuren Entzündungen und Eiterung der Schleimhäute heilen. Der Echte Eibisch lindert Sodbrennen und Magenbeschwerden. Sowohl als leichtes Expektorans als auch zur Stärkung der Immunabwehr ist er hilfreich bei trockenem Reizhusten und Infektionen des Brustkorbs.

In den Harnorganen wirkt Eibisch als beruhigendes Diuretikum bei Blasenentzündungen und einer gereizten Blase; er diente früher dazu, das Ausscheiden von Harngrieß und Harnsteinen zu erleichtern. Auch die Stockrose wurde zur Beruhigung von Beschwerden des Verdauungstraktes, der Atemwege und der Harnorgane eingesetzt. Beide Pflanzen haben eine kühlende Wirkung, und man sollte ihre Anwendung bei einem Übermaß an Hitze und bei Entzündungen in Betracht ziehen.

Früher mischte man den Echten Eibisch einer Kräutermischung für Frauen bei, die Geburten erleichtern sollte; er wurde auch zur Steigerung der Milchproduktion eingesetzt. Zahnenden Babys gab man zur Kühlung des entzündeten Gaumens Eibischwurzeln zum Kauen. Erwachsene verwendeten die Wurzel zur Reinigung der Zähne.

Man kann den Echten Eibisch und die Stockrose zum Gurgeln bei Halsentzündungen, Beschwerden in der Mundhöhle und bei Zahnfleischentzündungen verwenden. Die Blätter eignen sich zur Behandlung von Wespen- und Bienenstichen sowie bei Insektenbissen, Verbrühungen und Verbrennungen, Sonnenbrand und entzündlichen Hautproblemen, wie Ekzemen und Akne. Man verwendete sie bei Prellungen, Verstauchungen und Zerrungen sowie Muskel- und Gelenkschmerzen. Mit den Blättern oder der pulverisierten Wurzel entfernte man Dornen, oder man verwendete sie als ziehende, wärmende Kräuterpackung bei Eiterbeulen und Karbunkeln.

Die Blütenessenz

Die Blütenessenz Mallow erzeugt Wärme und Offenheit. Die für die Blütenessenz verwendete Pflanze ist eine andere Malvenart, *Sidalcea glauscens,* die aber derselben Familie angehört. Sie unterstützt insbesondere jene Menschen, die sich isoliert, einsam und abgeschnitten fühlen und denen es nicht möglich ist, Wärme und Freundschaft zu geben oder zu empfangen. Dies kann mit Unsicherheit, Angst oder mangelndem Vertrauen verbunden sein, das sich auf vergangene Erlebnisse zurückführen läßt. Aufgrund dieser Probleme kann es für solche Personen schwer sein, Freunde zu finden und zu behalten oder sich auf eine Beziehung einzulassen. Malven helfen, diese Barrieren für Freundschaften und Beziehungen zu überwinden, und erleichtern die Kommunikation.

Echter Eibisch

Stockrose

Anemone[1] pulsatilla, Pulsatilla vulgaris

Küchenschelle

Die Blüte der Verlassenen

Man bezeichnet die Küchenschelle mit ihren seidigen violetten Blüten auch als Pulsatilla, da sie im Frühjahr und in der nördlichen Hemisphäre häufig zu Ostern *(Pascha)* blüht. Sie ist auch als Blüte des Windes bekannt, da das Wort Anemone von *anemos*, dem griechischen Wort für Wind, stammt.

Die Küchenschelle untersteht der Venus, und so gibt es noch eine weitere Geschichte, nach der die Blume aus einer Träne von Venus, der Göttin der Liebe, entstand, als diese neben der Leiche von Adonis weinte, der erstochen worden war. Wie zart diese Blume auch erscheinen mag, sie widersteht den harten Winden des Frühjahrs und hat erstaunliche Heilkräfte. Man glaubte, die erste im Frühjahr gefundene Küchenschelle habe besondere Heilkraft, daher wickelte man sie in ein rotes Stück Stoff und band sie um die Arme der Kranken.

Kräuterheilmittel

Aus den getrockneten Blüten und Blättern kann man ein wunderbares Stärkungsmittel für das Nervensystem herstellen. Da es Entspannung und Schlaf fördert, verschafft es jenen Menschen Erholung, die nervlich am Ende sind. Besonders effektiv ist die Anwendung der Küchenschelle bei Frauen und Kindern, die nervös sind und leicht weinen.

Ein spezieller Anwendungsbereich der Küchenschelle sind Schmerzen, Krämpfe und Entzündungen in den Fortpflanzungsorganen, sowohl bei Männern als auch bei Frauen. Ihre schmerzstillenden Eigenschaften kommen ebenso wie ihre entspannende und tonische Wirkung in der Gebärmutter bei der Geburtshilfe zur Anwendung. Nach der Geburt können sie bei jeder Art emotionaler Überreaktion oder Depressionen eingesetzt werden.

Ein weiterer Wirkungsbereich der Küchenschelle sind die Schleimhäute, insbesondere der Atemwege und des Verdauungssystems. Da Küchenschellen das Blut an die Oberfläche bringen und schweißtreibend wirken, senken sie Fieber und können ebenso bei Infektionen eingesetzt werden, die von Ausschlag begleitet sind.

Homöopathisches Heilmittel: Pulsatilla

Pulsatilla hat einen ähnlichen Anwendungsbereich, auch wenn die verwendete Pflanze Anemone pratensis ist. Der Name »Blüte des Windes« ist besonders passend für die homöopathische Anwendung, da ein Pulsatilla-Mensch unbeständig, nachgiebig, sanft und wankelmütig ist. Körperliche Beschwerden kommen und gehen, sie lassen sich alle durch die Unbeständigkeit charakterisieren. Hinter ihrem Wankelmut verbirgt sich eine tiefe Angst, allein zu sein oder verlassen zu werden, wie die Nymphe Anemone.

Pulsatilla ist besonders für die weiblichen Fortpflanzungsorgane geeignet und ist bei verschiedenen Menstruationsbeschwerden angezeigt, einschließlich dem verspäteten Einsetzen der Menstruation. Man kann sie während der Schwangerschaft und der Geburt nehmen, ebenso wie bei Nachwehen und nachgeburtlichen Depressionen.

Wie das Kräuterheilmittel wirkt Pulsatilla insbesondere auf die Schleimhäute und wird bei Katarrhen mit dickem, gelblich-grünem Auswurf eingesetzt.

Pulsatilla hilft auch bei Krampfadern, einem schlechten venösen Kreislauf, Verfrorenheit, Anämie, Nasenbluten, Fieber, Masern mit Katarrh, Lethargie und ruhelosem Schlaf mit beunruhigenden Träumen. Der Patient fühlt sich schlechter in einer stickigen Atmosphäre und besser an der frischen Luft.

Die Blütenessenz

Wie die Blüte des Windes durch den Frühlingswind hin- und hergeweht wird, neigen Menschen, die dieses Blütenheilmittel benötigen, zur Unbeständigkeit, erst glücklich, dann traurig, in einem Augenblick voller Energie und im nächsten erschöpft. Wie die zarte Anemone können sie weinerlich, einsam und verletzlich und im Grunde doch widerstandsfähig sein. Die Blütenessenz ermöglicht das Aufblühen der sanften, emotionalen Seite der Person, fördert aber gleichzeitig ein Gefühl der inneren Sicherheit und Erdung. Pulsatilla fördert innere Stärke und Stabilität, ermöglicht es der Person, sich emotional und spirituell besser auszudrücken und wirkt ausgleichend auf die Lebensenergie.

[1] Küchenschellen bilden inzwischen eine eigene Gattung (Pulsatilla): *Pulsatilla vulgaris* (Echte Küchenschelle), *Pulsatilla vernalis* (Frühlingsküchenschelle), *Pulsatilla pratensis* (Wiesen-Küchenschelle), *Pulsatilla patens* (Finger-Küchenschelle). Anemonen sind Windröschen, die eng mit den Küchenschellen verwandt sind. (Anm. d. Übers.)

Angelica archangelica

Erzengelwurz

Die Blüte der göttlichen Eingebung

Die Erzengelwurz ist ein großer Doldenblütler, der bis zu 3 Meter hoch wird. Die Pflanze hat einen stechenden, süßen Duft und einen strengen Geschmack.

Die Erzengelwurz hat eine lange Geschichte als Heilkraut gegen Infektionen, Gifte und Krankheiten sowie gegen böse Geister und Zauberkraft. In mehreren nordeuropäischen Ländern wurde die Pflanze vorchristlichen Göttern gewidmet und spielte bei heidnischen Festen eine wichtige Rolle.

Im Christentum verband man Angelika mit dem Erzengel Michael, da sie an seinem Tag, dem 8. Mai, erblühte. Die Pflanze wurde auch mit Mariä Verkündigung in Verbindung gebracht. Angelika wurde so hochgeschätzt, daß man die Pflanze auch als »Wurzel des heiligen Geistes« bezeichnete. Man nahm sie als Mittel gegen berauschende Getränke. Darüber hinaus wurde sie zum Symbol göttlicher Eingebung.

Heutzutage ist Angelika in kandierter Form sehr bekannt. Kocht man die frischen Blätter mit Rhabarber und Stachelbeeren, mindert dies das herbe Aroma. Man kann die jungen Stiele schälen und in kleinen Mengen als Salatzutat verwenden oder als Gemüse wie Sellerie kochen. Die Samen werden verwendet, um Liköre wie Chartreuse und Benediktiner herzustellen. Für Gin dienen sie als Aromastoff.

Erzengelwurz läßt sich im Spätsommer oder Herbst aus Samen ziehen oder über Wurzelstecklinge vermehren. Die Pflanze bevorzugt feuchte, leicht schattige Standorte. Wenn man die Blüte unterdrückt, lebt sie mehrere Jahre, ansonsten ist sie zweijährig. Pflanzt man Nesseln und Erzengelwurz zusammen, erhöht sich der Anteil der Öle der Erzengelwurz um 80 Prozent.

Kräuterheilmittel

Erzengelwurz hat einen strengen Geschmack und eine wärmende Wirkung. Culpeper behauptete, sie werde von der Sonne im Sternzeichen des Löwen bestimmt. Angelika fördert die Durchblutung und eignet sich für Menschen, die leicht frieren und deren Zustand durch Kälte und Nässe verschlimmert wird. Sie wärmt und kräftigt den Magen, sorgt bei Blähungen, Krämpfen und Magenverstimmungen für Erleichterung. Man kann sie bei Unwohlsein, Appetitlosigkeit und Verdauungsschwäche verwenden. Früher kaute man die Stiele, um Flatulenz zu erleichtern. Die reinigende Wirkung im Verdauungstrakt entgiftet den Körper und schützt so vor Krankheiten und Infektionen. Das ätherische Öl der Wurzel hat antibakterielle und antimykotische Wirkung.

Die gesamte Pflanze ist ein wärmendes Expektorans und kann bei Erkältungen, Katarrh, Husten, Bronchitis und Asthma verwendet werden. Als heißer Aufguß verbessert sie die Atmung und senkt das Fieber. Angelika kann die Durchblutung der Gebärmutter fördern und Menstruations- sowie prämenstruelle Beschwerden lindern. Angelika unterstützt die Regulation des weiblichen Zyklus und gilt als ausgezeichnetes Stärkungsmittel für Frauen.

Die stärkende und anregende Wirkung erstreckt sich auch auf das Nervensystem. Die Pflanze läßt sich gut bei Erschöpfungs- und Anspannungszuständen nutzen. Man verwendete sie, um sowohl Athleten, aber auch Genesenden neue Kräfte zu geben, und glaubte, sie habe verjüngende Wirkung. Die Lappen kauten sie, um länger zu leben. Erzengelwurz wurde auch bei verschiedenen Harnproblemen, bei Arthritis und Rheumatismus angewandt.

Äußerlich aufgetragen ist Erzengelwurz ein nützlicher Bestandteil in Lotionen für Schnitte und Wunden, Arthritis sowie bei Hautproblemen, wie zum Beispiel Furunkeln und Geschwüren.

Homöopathisches Heilmittel: Angelica

Anscheinend fördert Erzengelwurz, wenn sie regelmäßig als homöopathisches Mittel oder als Kräuterheilmittel genommen wird, eine Abneigung gegen Alkohol und ist daher nützlich für Alkoholiker.

Die Blütenessenz

Die Blütenessenz Angelica hilft Menschen, die sich von ihrem eigenen Mittelpunkt abgeschnitten fühlen, denen spiritueller Schutz und Führung fehlen. Dies kann insbesondere in schwierigen Zeiten, während einer Übergangsphase oder kurz vor dem Tod der Fall sein.

NB: Nicht während der Schwangerschaft verwenden. In großen Mengen kann sie zu Lichtempfindlichkeit führen. Der Saft kann die Augen reizen.

Anethum graveolens

Dill

Die Blüte des Schlummers

Dill ist eine aromatische einjährige Pflanze aus dem Mittelmeerraum, die nach Anis duftet. Es ist möglich, daß der Name Dill von dem altenglischen Wort *dilla* für einlullen stammt, da er Babys und Kinder in den Schlaf »lullen« kann. Der Gattungsname Anethum stammt von dem griechischen Wort *aitho,* verbrennen, da Dill verbrannt wurde, um einen angenehmen Geruch zu verbreiten. Im Mittelalter gab man Dill in Liebestränke und hängte ihn an Fenster und Türen, um den »bösen Blick« abzuhalten.

Kräuterheilmittel Das ätherische Öl in den Samen und im Kraut entspannt die glatte, nicht dem Willen unterworfene Muskulatur im gesamten Körper. Im Verdauungstrakt beruhigt es Koliken und Magenverstimmungen und mildert Übelkeit und Erbrechen. In den Atemwegen wirkt Dill krampf- und schleimlösend und ist gut bei Husten und Asthma. Im Bereich der Fortpflanzungsorgane lindert Dill schmerzhafte Menstruationen und reguliert den Zyklus. In Asien gibt man Frauen Dill kurz vor der Geburt, um diese zu erleichtern. Dill erhöht die Milchproduktion während der Stillzeit und vermindert als Tonikum des Nervensystems Müdigkeit aufgrund gestörter Nachtruhe. Die Blätter wurden häufig mit Fisch gekocht, nicht nur wegen des Geschmacks, sondern auch, um den Geist anzuregen. Man kann mit Dill Schlaflosigkeit behandeln, weiterhin ist er gut bei streßbedingten Verdauungsstörungen. Neuere Untersuchungen zeigen, daß seine ätherischen Öle antineoplastische Eigenschaften besitzen.

Ätherisches Öl in der Aromatherapie Das ätherische Öl hat beruhigende und verdauungsfördernde Wirkung und wird traditionell in Mitteln gegen Magenschmerzen und Koliken verwendet. Die Öle sind Bestandteile von wärmenden Einreibemitteln und Massageölen.

Die Blütenessenz Die Blütenessenz Dill ist ein gutes Heilmittel für alle, die sich nervlich erschöpft fühlen. Menschen, die die vielen täglichen Sinneseindrücke nicht »verdauen«, können körperliche Zeichen von Streß, wie zum Beispiel Verdauungsprobleme, zeigen. Diesen Menschen kann Dill Entspannung und innere Kraft geben. Durch Dill kann man die Welt der Sinne nützen, um das innere Ich zu verstehen – statt sie als Ablenkung von unserem höheren Zweck zu sehen.

Arnica montana

Arnika

Die Blüte der Genesung

Arnika wächst wild auf den torfigen Böden von Hochweiden in Europa, an den Hängen der Anden, in Nordasien und Sibirien. Im Westen der USA und in Kanada kann man sie überall im Gebirge finden. Die Pflanze wird erstmals in den Schriften der heiligen Hildegard von Bingen (1099–1179) erwähnt. Seit Jahrhunderten wird sie als Heilkraut bei Verletzungen, Stürzen, Unfällen und Traumata eingesetzt.

Kräuter- und homöopathisches Heilmittel Arnika erhöht die Widerstandskraft gegenüber Infektionen und beschleunigt den Heilungsprozeß nach Operationen, Verletzungen und Zahnextraktionen. Man sollte sie allerdings nur in homöopathischen Dosierungen einnehmen oder als Verrührung von einem Tropfen der Tinktur in einem Glas Wasser. Arnika ist empfehlenswert bei Schockzuständen, bei Prellungen, Zerrungen, Schmerzen, Schwellungen und Brüchen, lindert rasch den Schmerz, Anschwellungen gehen zurück. Arnika kann auch bei Vorfällen, die mehrere Jahre zurückliegen und dauerhafte Beschwerden verursacht haben, eingesetzt werden.

Außerdem läßt sich Arnika gegen die Nachwirkungen von Gehirnerschütterungen, Schlaganfällen, Bewußtseinsverlust oder -veränderungen und nach ernsthaften Infektionen einsetzen.

Man kann Arnika-Tinktur äußerlich in Lotionen oder Cremes verwenden, um die Heilung von Wunden, Prellungen und Anschwellungen zu beschleunigen. Auf unverletzter Haut lindert Arnika Schmerzen und verschafft Erleichterung bei rheumatischen Gelenkbeschwerden und schmerzenden, geschwollenen Füßen.

Die Blütenessenz Arnica bringt die Lebenskraft, z. B. nach einem Unfall, einer Verletzung oder einem Schock, zurück und stellt nach einem Trauma wieder eine Verbindung zum Selbst her. Die Blütenessenz kann als Erste-Hilfe-Mittel über eine kurze Zeit verwendet werden, um eine Heilung nach traumatischen Erlebnissen oder nach Verletzungen zu beschleunigen. Sie wirkt auch ausgezeichnet bei Fällen, in denen frühere Unfälle, Verletzungen und tiefer Schock im Körper festsitzen und eine vollständige Genesung verhindern. Die Essenz kann besonders bei Menschen angezeigt sein, die auf eine herkömmliche Behandlung nicht ansprechen, da die Ursache ihrer Symptome in einem zurückliegenden Schock oder Trauma liegt, entweder emotionaler oder körperlicher Art.

Bellis perennis

Gänseblümchen

Die Blüte der Unschuld

Das Gänseblümchen blüht vom frühen Frühjahr bis in den späten Herbst hinein. An seinen weiteren Namen Tausendschön und Maßliebchen kann man erkennen, mit wieviel Freude Kinder die Blüten für kleine Sträuße und Gänseblümchenketten pflücken. »Er liebt mich, er liebt mich nicht«: Junge Mädchen zupften die Blüten einzeln heraus und versuchten so, eine Antwort auf diese wichtige Frage zu erhalten. Und wenn sie Gänseblümchenwurzeln unter ihr Kopfkissen legten, so hieß es, träumten sie von ihrem Liebsten.

Im Mittelalter trugen Ritter Gänseblümchen als Symbol ihrer Treue und zum Zeichen ihrer Liebe. Der englische Name, Daisy, kommt von *day's eye*, da sich die Blüte bei Sonnenaufgang öffnet und bei Sonnenuntergang schließt. Der lateinische Name kann von *bellis*, »schön«, abgeleitet sein oder von *bellum*, dem lateinischen Wort für Krieg, da das Gänseblümchen Blutungen stillen sowie Prellungen und Schock lindern kann. Ein alter Name für das Gänseblümchen ist Kleinstes Wundkraut.

Das fröhliche kleine Gänseblümchen gilt aufgrund seiner Nähe zu Kindern als Symbol der Unschuld und des Überlebens. Gänseblümchen können sich fast jeder Landschaft und jedem Bodentyp anpassen und überleben.

Kräuterheilmittel

Bei den Römern war das Gänseblümchen als Wundkraut bekannt. Plinius zufolge verwendete man es, um tuberkulöse Tumore zu erweichen. Das Kräuterheilmittel aus den Blüten und Blättern wurde entweder eingenommen oder bei Prellungen lokal äußerlich aufgetragen. Laut Culpeper untersteht das Gänseblümchen der Venus. Es sei in Wundtees verwendet worden und eigne sich erwiesenermaßen gut, um geronnenes und verklumptes Blut aufzulösen, bei Rippenfellentzündung und Pleuropneumonie.

Gegenwärtig verwenden Kräuterheilkundige das Gänseblümchen nur wenig, obwohl es nützliche harntreibende Eigenschaften hat, die Ausscheidung von Giftstoffen unterstützt und somit ein einfaches Mittel zur Entgiftung des Körpers darstellt, das man gut bei Arthritis, Gicht und Hautproblemen wie Akne und Eiterbeulen verwenden kann. Seine adstringierenden Eigenschaften lindern Durchfall und Blutungen und können bei starken Menstruationsblutungen genutzt werden. Das Gänseblümchen war ehemals sogar ein beliebtes Frauenheilmittel, das man gegen geschwollene Brüste sowie Schwellungen und Hitze in den Fortpflanzungsorganen anwendete.

Gemäß der Signaturenlehre ähnelt das Gänseblümchen einem Auge. Man verwendete das Gänseblümchen daher in Augenbädern zur Behandlung von entzündeten oder gereizten Augen sowie durch Stoß oder Schlag »blauen« Augen. Dabei wurden die adstringierenden Eigenschaften des Gänseblümchens genutzt. Wenn man den Gänseblümchen-Tee als Lotion verwendete, war es auch bei entzündlichen Hautleiden hilfreich. Außerdem lassen sich mit dem Tee Krampfadern und Hämorrhoiden behandeln. Das Gänseblümchen stillt Blutungen von Schnitten und Wunden und sollte immer berücksichtigt werden, wenn ein Schock oder eine Prellung aufgrund eines Schlages oder eines Sturzes vorliegt. Auf dem Gänseblümchen wird permanent herumgetreten, und es steht doch immer wieder auf. So kann es uns auch helfen, die Schläge des Lebens zu überstehen.

Homöopathisches Heilmittel: Bellis perennis

Bellis perennis läßt sich bei Beulen aufgrund von Schlägen oder Stürzen, bei Prellungen, Wunden und Schwellungen einsetzen und gegen den Schock, den diese auslösen können. Wie das Kraut wird Bellis verschrieben bei Hautproblemen wie Akne und Eiterbeulen, Gicht, rheumatischen Beschwerden, Krampfadern und Frauenbeschwerden wie die Schwellung der Gebärmutter und der Brüste. Das Mittel ist auch angezeigt, wenn man sich, nachdem man geschwitzt hat, erkältet, oder nach einer Verletzung, einem Unfall, einer Operation, Geburt oder körperlichen Überanstrengung.

Die Blütenessenz

Die Essenz des Gänseblümchens fördert die Klarheit des Geistes und die Fähigkeit, Informationen aufzunehmen und einzuordnen. Das Gänseblümchen unterstützt die Konzentration. Die Blütenessenz ist insbesondere für Menschen geeignet, die unter immer wiederkehrenden Problemen leiden, zum Beispiel in bezug auf Geld, Beziehungen oder Lernfähigkeiten, aber die Ursachen nicht kennen. Sie ist auch ein gutes Mittel für Menschen, die mit Planung und Organisation befaßt sind.

Borago officinalis

Borretsch

Die Blüte des Mutes

Der aus dem Mittelmeerraum stammende Borretsch wurde von den Römern nach Großbritannien gebracht. Seit der Antike wird er hochgeschätzt, da er Mut verleiht und Melancholie vertreibt. Man nimmt an, daß das Wort *Borago* eine Verballhornung von *cor-ago* ist, wobei *cor* für »Herz« und *ago* für »ich bringe« steht, da Borretsch eine lange Tradition als belebendes Mittel hat, das Herz stärkt und die Stimmung hebt. Er wurde auch zur Beruhigung von Palpitation verwendet und sollte dem Körper während der Genesung und nach Erschöpfungszuständen wieder neue Kräfte geben.

Die alten Römer und Griechen legten die leuchtend blaue Borretschblüte in ihre Weingläser. Die frische Pflanze hat einen kühlen, gurkenähnlichen Geschmack; gab man sie zusammen mit Zitrone, Zucker und Wasser in Cidre oder Wein, erhielt man ein Getränk, das als »kühler Humpen« bezeichnet wurde. Die jungen Blätter sind reich an Kalium und Kalzium und stellen eine reinigende sowie nahrhafte Zutat in Salaten dar. Die Blüten sind ein Blickfang an Salaten – und oft kandiert – auf Nachspeisen und Kuchen. Borretsch ist eine wertvolle Begleitpflanze von Tomaten und Erdbeeren und zieht Bienen an.

Kräuterheilmittel

Borretsch hat allgemein eine entspannende Wirkung, und soll Kummer und Traurigkeit vertreiben. Jüngere Untersuchungen belegen, daß Borretsch die Nebennieren anregt, die Organe des Mutes, indem er die Sekretion des Hormons Adrenalin erhöht, das den Körper in gefährlichen oder schwierigen Situationen auf Handlungen vorbereitet. Dies kann wichtig sein, um die Nebenwirkungen von Steroiden zu reduzieren oder wenn man eine Steroidtherapie schrittweise beendet, um so die Nebennieren zur Produktion eigener Steroidhormone anzuregen.

Die hormonellen Eigenschaften von Borretsch findet man auch in den Samen, die Gammalinolsäure enthalten. Das aus den Samen gepreßte Öl kann bei Menstruationsbeschwerden, Allergien wie zum Beispiel Ekzemen und Heuschnupfen, und bei Arthritis verwendet werden. Aus Blättern und Samen wird ein Sud hergestellt, der die Milchproduktion bei stillenden Müttern anregen soll.

Borretsch wird als kühlendes, reinigendes Kraut geschätzt, das zur Reinigung des Blutes und bei sämtlichen Beschwerden im Zusammenhang mit Hitze und Blutstauungen eingesetzt werden kann. Er fördert die Schweißproduktion und beschleunigt die Ausscheidung von Giftstoffen über die Haut und die Harnorgane. Man kann Borretsch-Tee zur Reinigung von Eiterbeulen und Hautausschlag verwenden, bei Arthritis, Rheuma, bei Infektionen und zur Fiebersenkung. Er ist auch gut bei von Ausschlag begleiteten Kinderkrankheiten sowie bei fiebrigen Erkältungen, Husten- und Grippeerkrankungen. In den Atemwegen wirkt er abschwellend und schleimlösend.

Die Mucilago im Borretsch wirkt beruhigend; sie lindert Halsentzündungen und jede andere Reizung des Halses und der Brust und beruhigt den Hustenreiz bei trockenem Reizhusten und bei Keuchhusten. Sie zeigt die gleiche Wirkung im Verdauungstrakt und bei den Harnorganen. Das im Borretsch enthaltene Asparagin hat harntreibende, antiseptische Wirkung, so daß Borretsch bei Flüssigkeitsretention und Infektionen der Harnorgane ebenso verwendet werden kann wie bei Reizungen und Entzündungen von Nieren und Blase.

Ein äußerlicher Kräuterumschlag aus Blättern und Blüten beruhigt wunde, gereizte Haut. Ein Aufguß lindert Juckreiz, Hautentzündungen und wunde Stellen, Geschwüre und Wunden sowie als Augenspülung schmerzhafte Entzündungen der Augen. Den frischen Saft der Blätter kann man auf Verbrennungen, Insektenstiche und -bisse auftragen, um das Gift und bei Eiterbeulen den Eiter herauszuziehen. Wickelt man einen Kräuterumschlag um entzündete Gelenke, lindert er Arthritis und Gicht. Der Tee und die Tinktur eignen sich gut zum Gurgeln und für Mundspülungen.

Die Blütenessenz

Auch als Blütenessenz verleiht Borretsch, hier Borage genannt, Mut und Optimismus. Wie das stärkende Kraut ist auch sie ein gutes Herzmittel. Besonders nützlich ist sie bei Personen, die unter Kummer, einem Verlust, Traurigkeit und Mutlosigkeit leiden, denn sie hebt die Stimmung, hilft die empfundenen Schmerzen zu überwinden und beugt Depressionen vor. Borage erhöht das Stehvermögen, verleiht Schwung in schwierigen Situationen und ist daher nützlich, wenn man sich nach einer Krankheit oder aus Altersgründen schwach fühlt.

Calendula officinalis

Ringelblume

Die Blüte der Sonne

Mit ihren orangen Blüten ist die Ringelblume ein vertrauter Anblick in Vorgärten. Sie ist mindestens seit der Zeit der Römer beliebt, die aus der Pflanze einen fiebersenkenden Tee bereiteten und den Saft der gepreßten Pflanze auf Warzen strichen. Die Blüten wurden in Kosmetika und zum Färben von Lebensmitteln wie Suppen und Konserven verwendet.

Laut Culpeper sind Ringelblumen Kräuter der Sonne und stehen unter dem Einfluß des Löwen. Schon immer hat man sie mit dem Lauf der Sonne am Himmel in Verbindung gebracht, da sie sich bei Sonnenaufgang öffnen und bei Sonnenuntergang schließen. Einige Menschen vertreten die Ansicht, die Verbindung beruhe darauf, daß die Blüte jeden Tag den Untergang der Sonne betrauere, wenn sie ihre Blütenblätter schließen müsse. Andere meinen, die Verbindung ginge auf eine südamerikanische und mexikanische Sage zurück. Nachdem die spanischen Eroberer bei ihrer Goldsuche viele Azteken ermordet hatten, glaubte man, die kleinen roten Punkte auf manchen Ringelblumen symbolisierten das Blut dieser Toten. Eine andere Geschichte aus der griechischen Mythologie handelt von dem Mädchen Caltha, das sich in Apollo, den Sonnengott, verliebt hatte, aber unter der Kraft seiner Strahlen schmolz. An ihrer Stelle wuchs eine einzelne Ringelblume. Die traurige Verbindung zwischen Ringelblumen, Schmerz und Kummer lasse sich lösen, so heißt es, wenn man Ringelblumen mit Rosen mischt – zusammen symbolisieren die beiden Blumen die süßen Leiden der Liebe.

Die Kräuterheilkundigen kannten seit jeher die heilenden Eigenschaften der Ringelblume. Man betrachtete sie als magische Pflanze, denn wenn man Ringelblumen bei sich trug, sollte man wissen, wer einen beraubt hatte. Die Ringelblume sollte auch vor bösen Einflüssen und Krankheiten, einschließlich der Pest, schützen. Obwohl sie als Symbol des Kummers galt, bezeichnen Culpeper und Gerard die Ringelblume als »Trost für Herz und Gemüt«. Im Mittelalter verwendeten die heilige Hildegard von Bingen und Albert der Große Ringelblumen bei Verdauungsproblemen, Leberobstruktion, Insekten- und Schlangenbissen. Im 16. und 17. Jahrhundert wurde Ringelblumen-Tee bei Augenbeschwerden, Kopfschmerzen, Gelbsucht und Zahnschmerzen eingesetzt.

Der englische Name Marigold bezieht sich auf die Verwendung der Ringelblume bei kirchlichen Festen im Mittelalter, da sie eine der Blumen war, die der Jungfrau Maria gewidmet waren. Sie wurde am Maifeiertag vor die Haustür gestreut und zu Girlanden gebunden. Der lateinische Name *calendula* stammt von *calendae* und bedeutet »erster Tag« jedes Monats, da sie in Ägypten und im Mittelmeerraum, ihrer ursprünglichen, warmen Heimat, das ganze Jahr hindurch immer am ersten Tag des Monats in Blüte stand. Interessanterweise gilt die Ringelblume in einigen Kulturen als Symbol der Ausdauer.

Kräuterheilmittel

Die Blüten der Ringelblume haben durch ihre ätherischen Öle, Tannine und ihr gelbes Harz namens Kalendulin antiseptische und adstringierende Eigenschaften. Sie stimulieren das Immunsystem und unterstützen die Immunabwehr. Untersuchungen belegen die Wirksamkeit der Ringelblume bei der Abwehr von Grippe- und Herpesviren, bei der Verminderung lymphatischer Kongestion, Infektionen und geschwollenen Lymphdrüsen. Die Ringelblume wirkt antibakteriell, kann Darminfektionen durch Amöben und Würmer bekämpfen und ist eine der besten Pflanzen bei der Behandlung von Pilzinfektionen wie Soor. Ringelblumen werden bei Becken- und Darminfektionen, einschließlich Dünndarmentzündung, Ruhr und bei Virushepatitis verwendet.

Als heißer Aufguß stimulieren Ringelblumen die Durchblutung, wirken schweißtreibend und unterstützen den Körper so beim Ausscheiden von Giftstoffen. Weiterhin bringen sie Ausschläge, wie Masern und Windpocken, zum Ausbruch. Sie verbessern schlechte Durchblutung, helfen bei Krampfadern und sind insbesondere bei Kindern ein gutes Mittel zur Behandlung von Fieber und Infektionen, wie Erkältungen und Grippe.

Die Ringelblume verdient besondere Aufmerksamkeit bei Beschwerden im Zusammenhang mit den weiblichen Fortpflanzungsorganen. Sie reguliert die Menstruation, löst Spannungen der Gebärmuttermuskulatur und lindert Krämpfe während der Menstruation. Durch ihre östrogene Wirkung lindert sie ebenfalls Beschwerden in den Wechseljahren und reduziert Spannungen in der Brust, die zu Druckempfindlichkeit und Brustentzündungen führen können. Ihre adstringierenden Eigenschaften reduzieren sehr starke Blutungen und Blutstauungen in der Gebärmutter. Die Ringelblume ist bekannt für ihren

Einsatz bei der Behandlung von Tumoren und Zysten der weiblichen Fortpflanzungsorgane, wie Fibrome und Eierstockzysten, ebenso wie bei Zysten in der Brust und im Darm. Während der Geburt unterstützt sie die Wehen und die Nachgeburt. Aus diesem Grund sind Ringelblumen während der Schwangerschaft zu vermeiden.

Für den Verdauungstrakt ist die Ringelblume ein gutes Mittel bei Gastritis und Magengeschwüren, bei Entzündungen und Reizungen der Mageninnenwand und der Darminnenseite. Sie trocknet Magenschleimhautentzündungen aus, stoppt Durchfall und stillt Blutungen. Die Bitterstoffe regen Leber und Gallenblase an, lindern Kongestion und wirken vorbeugend bei Gallensteinen. Das Mittel fördert die Sekretion von Gallenflüssigkeit und Verdauungsenzymen, verbessert die Verdauung und die Resorption. Es unterstützt die Verdauungstätigkeit und lindert auf die Leber zurückzuführende Symptome, wie Kopfschmerzen, Übelkeit, Lethargie und Reizbarkeit. Da Ringelblumen die Funktion der Leber, des wichtigsten Entgiftungsorgans des Körpers, unterstützen, fördern sie die Reinigung des Körpers von Giftstoffen. Sie haben eine harntreibende Wirkung und erhöhen die Ausscheidung von Giftstoffen mit dem Urin. Ringelblumen wurden eingesetzt, um Rheuma, Arthritis und Gicht zu lindern – diese Wirkung wird durch ihren kleinen Anteil an Salizyl gefördert, der die entzündungshemmende Wirkung unterstützt.

Äußerlich aufgetragen sind Ringelblumen ein erstklassiges Erste-Hilfe-Mittel, um Blutungen bei Schnitten und Abschürfungen zu stillen, und ein antiseptisches Heilmittel bei Hautentzündungen und Geschwüren sowie zur Vorbeugung von Fäulnis bei Schnitten und Wunden. Als Tinktur, Aufguß oder auch in Form von zerdrückten Blüten fördert die Ringelblume die schnelle Heilung des Gewebes und minimiert die Narbenbildung, löst Entzündungen, Anschwellungen und Exsudate aufgrund von Verletzungen auf und lindert venöse Blutstauungen. Behandelt man Prellungen, Zerrungen und Verstauchungen mit Kompressen, lassen Schwellungen und Schmerzen rasch nach. Auch auf Insektenbissen, Wespen- oder Bienenstichen kann man eine zerdrückte Blüte verreiben. Ein Aufguß kann als Mundspülung bei entzündetem Zahnfleisch verwendet werden, als Vaginaldusche bei Scheideninfektionen oder als Augenbad bei schmerzenden, entzündeten Augen.

Homöopathisches Heilmittel: Calendula

Calendula wird bei Verletzungen eingesetzt, bei denen die Schmerzen im Verhältnis zur Verletzung überproportional groß sind. Die Tinktur wird zur Beschleunigung des Heilungsprozesses eingenommen. Besonders nützlich ist sie bei Wunden, die eitern könnten, da sie verhindert, daß Schnitte und andere äußere Verletzungen infiziert werden können. Das Homöopathikum kann nach Operationen und Zahnextraktionen, bei Hautbeschwerden, insbesondere Wundrose, bei Katarrhen und auch Taubheit eingesetzt werden.

Wie das Kräuterheilmittel hat Calendula eine besondere Bedeutung bei Beschwerden im Zusammenhang mit weiblichen Fortpflanzungsorganen. Man kann das homöopathische Mittel bei starker oder unregelmäßiger Periode nehmen, bei chronischer Zervixentzündung, bei Schmerzen in der Gebärmutter, die mit einem Ziehen im Unterleib verbunden sind, bei einer vergrößerten Gebärmutter und bei vaginalen Warzen.

Die Blütenessenz

Für die Azteken repräsentierte die Ringelblume den Lebenszyklus. Genauso wie sie dem Lauf der Sonne am Himmel folgte, entwickelten sich aus dem Samen Blätter und Stengel, dann bildete sie Knospen und Blüten, die sich mit der Sonne öffneten und ihrerseits wiederum Samen, die pflanzlichen Keimzellen, produzierten. Dies ist der Kreislauf des ewigen Lebens. Als Blütenessenz ist die Ringelblume mit dem Wort verbunden, der Quelle der Entstehung. »Am Anfang war das Wort, und das Wort war bei Gott …«, so steht es im Evangelium des Johannes. So gibt es auch eine Verbindung zwischen dem Wort und der Bedeutung der Ringelblume für den Schoß, sowohl in der Kräuterheilkunde als auch in der Homöopathie. Der Anwendungsbereich dieser Blütenessenz bezieht sich auf die kreative Kraft des geschriebenen und des gesprochenen Wortes. Man kann mit ihr die sprachliche Kommunikation verbessern. Die Essenz wird insbesondere Menschen empfohlen, denen im Gespräch mit anderen Wärme und Aufnahmebereitschaft fehlen, die zu scharfen, bissigen Worten neigen, und bei denen das gesprochene Wort zu Streit und Mißverständnissen führen kann. Die Ringelblume unterstützt sie, anderen voller Mitgefühl zuzuhören, deren Botschaft zu verstehen und ihnen Wärme und Verständnis entgegenzubringen. Dies ist besonders wichtig bei Personen im Gesundheitswesen, in Schulen, Kindergärten oder Beratungseinrichtungen; auch unterstützt die Blütenessenz Autoren, sich der Macht des geschriebenen Wortes bewußt zu sein. Die Ringelblume fördert das Gleichgewicht zwischen dem weiblichen Aspekt der Aufnahmebereitschaft und dem männlichen Aspekt der dynamischen Aktivität.

Capsicum frutescens

Cayennepfeffer

Die Blüte des Feuers

The greedy merchants, led by lucre, run
To the parched Indies and the rising Sun;
From thence hot pepper and rich drugs they bear,
Bartering for spices their Italian ware.
JOHN DRYDEN (1631–1700)

Der Name Cayenne oder Capsicum kommt aus dem Griechischen und bedeutet »beißen«, wegen des scharfen, stechenden Geschmacks und anderer Eigenschaften des Cayennepfeffers. Ursprünglich stammt der Cayennepfeffer aus Sansibar, Mexiko und Südamerika, wird jetzt aber in den meisten tropischen und subtropischen Ländern angebaut. Christoph Kolumbus soll ihn entdeckt haben, als er eine neue Bezugsquelle für Pfeffer suchte. Demgegenüber wird aber auch die Meinung vertreten, daß Cayenne 1548 aus Indien in den Westen kam, wie es in obigem Gedicht beschrieben ist.

Abgesehen davon, daß Cayennepfeffer ein wichtiges Gewürz für Currygerichte, Pickles usw. darstellt, ist er auch eine wertvolle Medizin. In der Vergangenheit wurde er sehr erfolgreich als Alkoholersatz eingesetzt, um stark Abhängige zu entwöhnen. Dafür wurde Cayennetinktur mit Orangenhauttinktur und etwas Wasser vermischt; mit nachlassendem Verlangen nach Alkohol wurde der Anteil der Cayennetinktur nach und nach reduziert. Auch bei der Behandlung der Entzugssymptome war er sehr wertvoll, da Zittern und körperliche Unruhe innerhalb weniger Stunden nachließen und der Pfeffer einen langen, ruhigen Schlaf bewirkte. Anfang dieses Jahrhunderts war mit Salz vermischter Cayennepfeffer bekannt für seine Wirkung bei schwerer Grippe mit übelriechender Halsentzündung.

Kräuterheilmittel

Cayenne ist ein wirkungsvolles Stimulans, dessen Schärfe auf das Alkaloid Kapsizin zurückgeht. Es stimuliert Herz und Kreislauf, wirkt wärmend bei Menschen, die leicht frieren und einen schwachen Kreislauf haben, und schützt vor winterlichen Depressionen, Trägheit und Erkältungen. Trinkt man Cayennepfeffer heiß, sobald man spürt, daß eine Erkältung oder Fieber im Anzug ist, wirkt er schweißtreibend und unterstützt den Kampf des Körpers gegen die Infektion. Er hat bakterientötende Eigenschaften und ist reich an Vitamin C. Er galt als Stärkungsmittel und sollte Senilität abwehren – wahrscheinlich wirkt er im Gehirn ebenso durchblutungsfördernd wie in anderen Körperteilen.

Cayennepfeffer ist ein ausgezeichnetes Heilmittel für die Lunge. Die Schärfe, die Tränen in die Augen treiben kann, fördert die Flüssigkeitssekretion in den Bronchien. So wird der Schleim im Brustkorb verdünnt und der Auswurf erleichtert. Cayennepfeffer wirkt auch als Expektorans (dabei handelt es sich um eine Reflexwirkung aufgrund seiner anregenden Wirkung im Magen). Als abschwellendes Mittel lindert er ein dumpfes Gefühl im Kopf und Katarrhe in den Nebenhöhlen, hilft, die Atemwege freizuhalten und läßt sich zur Vorbeugung und zur Heilung von Husten, Erkältung und Bronchitis einsetzen. Neuere Untersuchungen in Schweden belegen, daß Cayennepfeffer Reizungen und Bronchokonstriktionen stoppt, die durch Zigarettenrauch und andere in der Luft schwebende Reizstoffe hervorgerufen wurden.

In der Vergangenheit wurde Cayennepfeffer als Heilmittel bei Müdigkeit, Lethargie, Nervenschwäche und Depressionen verwendet. Der brennende Geschmack, den Cayennepfeffer auf der Zunge hinterläßt, veranlaßt das Gehirn dazu, Endorphine – natürliche Opiate – zu produzieren, die Schmerzen ausschalten und ein Gefühl des Wohlbefindens, manchmal sogar Euphorie, auslösen. Als Soforthilfe kann man einige Tropfen der Tinktur bei Zahnschmerzen auf den betreffenden Zahn geben. Jüngere Untersuchungen lassen vermuten, daß Cayennepfeffer auch die mit Gürtelrose und Migräne verbundenen Schmerzen lindern kann.

Im Verdauungstrakt stimuliert Cayennepfeffer das »Feuer« der Verdauung, fördert den Appetit, die Sekretion der Verdauungssäfte und verbessert Verdauung und Resorption. Man kann ihn beim Kochen verwenden zur Verbesserung einer trägen Verdauung, die zu Blähungen, Unwohlsein und Indigestion führt, und zur Linderung kältebedingter Symptome, wie Unterleibsschmerzen und Blasenentzündungen.

In Südamerika wird Cayennepfeffer seit langem als Essenszutat verwendet, um durch ihren Genuß Darmparasiten abzutöten. Die Erwärmung des Verdauungstrakts fördert insgesamt die Gesundheit: Der Darm wird von Giftstoffen gereinigt, Nahrungsreste werden entfernt und das Immunsystem gestärkt. Neigt man allerdings zu Überhitzung oder Übersäuerung des Magens, kann Cayennepfeffer die Symptome verschlimmern, man sollte dann auf ihn verzichten.

Jüngere Untersuchungen belegen, daß Cayennepfeffer die Neigung zu Blutgerinnseln verringert und den Cholesterinspiegel senkt, da er die Produktion an Cholesterin und Triglyceriden in der Leber herabsetzt.

In den Fortpflanzungsorganen lindert die wärmende Wirkung Krämpfe und Schmerzen infolge einer schlechten Durchblutung und leitet verspätete oder ausbleibende Perioden ein. Cayennepfeffer wurde bei Unfruchtbarkeit und als Aphrodisiakum eingesetzt, und man sagt ihm Kräfte zur Verjüngung und Verlangsamung des Alterungsprozesses nach.

Äußerlich angewendet ist Cayennepfeffer ein starkes örtliches Stimulans und Gegenreizmittel. Er wird Salben, Einreibemitteln und Pflastern als Gegenreizmittel beigegeben, um Arthritis, Muskelschmerzen, Neuralgie, Prellungen und Hexenschuß zu behandeln und wird auf nicht aufgebrochene Frostbeulen gestrichen. Cayennepfeffer läßt Entzündungen abklingen und lindert Schmerzen, indem er die Haut betäubt. An kalten Wintertagen kann man Cayennepfeffer in Wollsocken streuen, um die Füße zu wärmen. 10–20 Tropfen Cayennetinktur in Wasser sind gut zum Gurgeln und ein wirksames Mittel bei Erkältungen.

Homöopathisches Heilmittel: Capsicum

Capsicum eignet sich gut für schwache, erschöpfte Menschen, denen Hitze und reaktive Energie fehlen. Das Heilmittel wirkt auf Schleimhäute und Knochen und ist besonders bei Menschen angezeigt, die bei Entzündungen eine Tendenz zur Eiterbildung haben: Geschwollene Mandeln entzünden sich, Hautausschlag schwärt, eine Kongestion des Mittelohrs entwickelt sich zu einer Entzündung.

Das Brennen, das man empfindet, wenn man zuviel scharfen Pfeffer ißt, deutet auf dessen homöopathische Einsatzbereiche hin. Die Symptome werden mit Hitze und Brennen sowie Beklemmung beschrieben. Dabei kann es sich um ein rotes, heißes Gesicht, brennenden Hautausschlag, Brennen und Stechen in den Ohren, ein brennendes Gefühl im Hals, Brennen auf der Zungenspitze und im Magen, Brennen beim Wasserlassen und schmerzende Hämorrhoiden handeln.

Wie das Kräuterheilmittel wird das homöopathische Mittel Capsicum Alkoholikern zur Entwöhnung und gegen Entzugserscheinungen verschrieben. Es unterstützt deren schwache Verdauung und mildert ihre »hitzige« Art. Es wird auch verabreicht bei starken Kopfschmerzen, Schwellungen und Schmerzen in und hinter dem Ohr, Halsschmerzen bei Rauchern und Trinkern, Lippenherpes, wundem Mund, Flatulenz, Beschwerden während der Menopause, einschließlich heftiger Blutungen verbunden mit Unwohlsein, Einschnürung der Brust in Verbindung mit trockenem Reizhusten und Mundgeruch, bei schmerzenden Beinen, Ischiassyndrom, das durch Husten verschlimmert wird, und bei Fieber mit Schüttelfrost, insbesondere nachdem man getrunken hat.

Symptome sind Brennen und gleichzeitiges Frieren. Die Person ist sehr empfindlich gegenüber Feuchtigkeit und Kälte, insbesondere Zugluft. Capsicum ist gut für ältere Menschen, deren Lebensenergie in erster Linie durch geistige Anstrengung erschöpft ist. Sie haben ein starkes Verlangen nach Aufputschmitteln, wie Kaffee, sowie großen Durst und neigen dazu, sich nach dem Trinken zu schütteln.

Die Blütenessenz

Diese wunderbare wärmende Pflanze steigert auch hier das Feuer und die Energie und fördert Bewegung sowie Veränderungen im Leben. Feuer hat nicht nur wärmende Eigenschaften, sondern fördert auch Wandel, Mobilität und Kreativität. Es ist das Feuer in Magen und Darm, das die Nahrung in Energie, das Leuchten in den Augen und Gedankenblitze umwandelt. Als Blütenessenz wird Cayenne jenen Menschen empfohlen, deren Leben in festgefahrenen Bahnen verläuft, die träge sind, stagnieren, unkreativ sind und sich nicht wirklich selbst fordern, die an alten Gewohnheiten festhalten und sich Veränderungen widersetzen.

Die Blütenessenz fördert die kreative Energie und verwandelt sie in Handlungen. Sie unterstützt den entschlossenen Schritt in eine neue Lebensphase, indem sie den Willen mobilisiert und neue Motivation schafft, und liefert den entscheidenden Funken, durch den man Blockaden überwindet, die Veränderungen im Wege standen.

Castanea sativa

Eß- oder Edelkastanie

Die Blüte der Tugend

The chestnut casts his flambeaux and the flowers
stream from the hawthorn on the wind away,
The doors clap to, the pane is blind with showers
Pass me the can, lad; there's an end of May.
A. E. HOUSMAN (1859–1936)

Der hübsche Kastanienbaum wächst überall in Europa, kommt vermutlich aber ursprünglich aus Sardes in Kleinasien. Die Römer brachten ihn nach Großbritannien. Der englische Schriftsteller John Evelyn liebte Kastanienbäume und ließ viele prächtige Kastanienalleen anpflanzen. Er beschrieb Kastanien als »Delikatessen für Prinzen, kräftiges, männliches Essen für Bauern und als Essen, das Frauen eine gesunde Hautfarbe verlieh«.

Im antiken Griechenland bezeichnete man Edelkastanien als *Dios balanos* (Eicheln Zeus') und widmete sie Zeus. Der Name Castanea stammt von einer Stadt namens Kasthanaia in Thessalien, da in diesem Gebiet Kastanienbäume in Hülle und Fülle wuchsen. Im Christentum ist die Edelkastanie ein Symbol der Tugend, der Unschuld und, wegen der stachligen Schale, die die Nuß umschließt, ein Symbol des Sieges über die Versuchung.

Edelkastanien enthalten mehr Stärke und weniger Öl als andere Nüsse und ergeben ein gutes mit Getreidemehl vergleichbares Mehl, aus dem man Brot backen kann. Geröstete Kastanien und Kastanienfüllungen sind seit langem im Winter sehr beliebt. Sie sind ausgesprochen nahrhaft, reich an Mineralien, wie Kalzium, Magnesium, Phosphor und Eisen, und leicht verdaulich. Edelkastanien galten als hinreißender Liebeszauber, wenn man seinem Liebsten oder seiner Liebsten davon zu essen gab. *Maronen* sind eine besonders große Sorte Edelkastanien, die in Frankreich, Italien und in der Schweiz angebaut werden und als wohlschmeckende kandierte Kastanien bekannt sind.

Kräuterheilmittel

Die Blätter der Edelkastanie haben eine krampflösende Wirkung, deren man sich bei der Linderung von Krämpfen – insbesondere im Brustbereich – bedient, die Hustenanfälle bei Keuchhusten und anderen krampfartigen Reizhusten auslösen. Die Blätter wirken auch fiebersenkend und wurden in der Vergangenheit bei der Behandlung von Malaria eingesetzt. Die Blätter haben eine beruhigende und adstringierende Wirkung auf die Schleimhäute des gesamten Körpers und wurden in Mitteln zur Heilung von Katarrhen, Durchfall und Blutungen verwendet. Zu Culpepers Zeit nutzte man die Blätter, um Blutungen zu stillen, wenn jemand Blut hustete und zur Linderung starker Menstruationen.

Die Früchte wirken stärkend und sind ein Tonikum für das Nervensystem. Es ist gut, sie im Winter zu essen, insbesondere wenn einem kalt ist, man sich schwach fühlt oder wenn man körperliche Arbeit verrichtet.

Homöopathisches Heilmittel: Castanea vesca

Castanea vesca wird aus den Blättern hergestellt und im Anfangsstadium von Keuchhusten verwendet, wenn der Husten trocken, heftig und krampfartig ist. Das Mittel wird auch bei Durchfall verabreicht, wenn er mit starken Unterleibsschmerzen und Magengeräuschen verbunden ist, die durch Darmentleerung abnehmen.

Die Blütenessenz

Die Blütenessenz Sweet Chestnut eignet sich für Menschen, die so gestreßt sind, daß sie die Grenzen ihrer Belastbarkeit erreicht haben und vollkommen verzweifelt sind. Von der permanenten klaglosen Abwehr geistiger oder körperlicher Schwierigkeiten sind Körper und Geist dermaßen erschöpft, daß sich ein Gefühl der Hoffnungslosigkeit und der vollkommenen Dunkelheit breitmacht. In dieser »dunklen Nacht der Seele« können sich die Leidenden eventuell sehr genau erkennen, und dies kann als Katalysator dafür wirken, in einen neuen Lebensabschnitt einzutreten.

Die Stärke des Leidensdrucks kann uns an die Schwelle einer inneren Wandlung und auf eine höhere Bewußtseinsstufe bringen. Sweet Chestnut hilft in solchen Lebenskrisen; sie fördert den Wandel, der im Zustand solcher Verzweiflung möglich ist, und verhindert, daß man daran zerbricht und wenig oder keinen Gewinn aus dieser Erfahrung ziehen kann.

Chelidonium majus

Schöllkraut

Die Blüte des Sehvermögens

Das Schöllkraut gehört zur Familie der Mohngewächse und hat eine dem Mohn vergleichbare Heilwirkung. Es ist in Europa beheimatet und gilt als extrem widerstandsfähig. Man findet es auf Brachflächen, an Mauern und Zäunen. An Schnitt- oder Bruchstellen scheidet es einen leuchtend gelb-orangen Milchsaft aus, der wie der Saft der Mohnblume bitter und scharf schmeckt.

Der Name Chelidonium stammt von *chelidon*, dem griechischen Wort für Schwalbe, denn eine Überlieferung besagt, daß eine Schwalbe die Pflanze zu ihrem Nest brachte, um die Augen ihrer Jungen zu öffnen. Einer anderen Auffassung nach basiert der Name auf der Tatsache, daß das Schöllkraut zeitgleich mit der Ankunft der Schwalben zu blühen beginnt und verblüht, wenn die Schwalben wieder wegfliegen. Die Alchemisten gaben ihr den Namen *coelidonum,* Himmelsgabe.

Kräuterheilmittel

Seit der Antike wird das Schöllkraut für Heilzwecke verwendet. Die Pflanze wurde als Heilmittel bei einer Vielzahl von Augenbeschwerden eingesetzt, die zu Sehbehinderungen führten. Francis Bacon beschrieb die Wirkung so: »Chelidonium hat einen gelben Saft, der viel Bitterkeit enthält, denn er reinigt die Augen und ist gut bei grauem Star.« Gerard zufolge schärft der Saft dieses Krauts die Sehkraft, »denn er reinigt die Augen von Schleim, der sich über dem Augapfel festsetzt und das Sehvermögen einschränkt«. Heilpraktiker verwenden den Saft immer noch bei Infektionen oder Entzündungen der Augen.

Der leuchtend orange-gelbe Saft deutet nach der Signaturenlehre auf die Heilwirkung bei Leber- und Gallenblasenbeschwerden hin. Schöllkraut wurde bei Leber- und Gallenblasen-Obstruktionen, Gelbsucht, Infektionen, Gallensteinen und Schmerzen im Bereich der Leber empfohlen. Die Pflanze hat einen sehr bitteren Geschmack; durch Stimulation der bitteren Geschmackspapillen im Mund fördert Schöllkraut die Produktion der Verdauungssäfte und der Galle.

Paracelsus kannte die heilenden Eigenschaften der Pflanze. Er klassifizierte sie als »Blut-Kraut« für Kreislaufprobleme und als »gelbes Kraut« für Leberbeschwerden und Gelbsucht. Indem Schöllkraut die Leber reinigt und die Nieren stimuliert, entgiftet es den Körper. Als Diuretikum unterstützt es die Ausscheidung von Giftstoffen über den Urin und schafft Erleichterung bei Flüssigkeitsretention. Man kann es bei Rheuma und Gicht verabreichen sowie bei Allergien und Vergiftungen, die zu Hautproblemen führen. Wie der Mohn hat das Schöllkraut berauschende Eigenschaften und darf nur in geringen Dosen, die von einem Heilpraktiker verabreicht werden, genommen werden. Als Beruhigungsmittel fördert es den Schlaf, mindert Anspannung und Angst und lindert Schmerzen. Seine krampflösenden Eigenschaften wirken besonders auf die Atemwege. Die äußere Anwendung der Pflanze im Hausgebrauch ist absolut sicher. Wird der frische Saft direkt auf die Haut aufgetragen, ist die Pflanze ein ausgezeichnetes Heilmittel bei Warzen und warzenähnlichen Hautveränderungen.

Homöopathisches Heilmittel: Chelidonium

Das Homöopathikum Chelidonium zeigt eine ähnliche Wirkung wie das Kräuterheilmittel. Es ist in erster Linie ein Heilmittel für die Leber.

Wie der Schlafmohn wird Schöllkraut bei Schwäche und Benommenheit verabreicht sowie bei Lähmungen. Es wirkt auch in den Atemwegen bei trockenem, quälendem Husten, der mit wenig Auswurf und keinen Schmerzen verbunden ist und wird auch bei Rheuma und Arthritis gegeben, bei denen Ödeme, Hitze, Druckempfindlichkeit und Steifheit angezeigt sind.

Die Blütenessenz

Genau wie das Kraut zur Schärfung des Sehvermögens eingesetzt wurde, wird die Blütenessenz empfohlen, um den Geist zu schärfen und den Austausch von Informationen zu fördern. Sie ist das Heilmittel der Kommunikation und wird mit dem Hals und der Schilddrüse verbunden. Sie ist ein gutes Mittel für Sänger, Lehrer und Dozenten, da sie die Artikulation fördert. Sie ist auch gut für Menschen, die engstirnig oder voreingenommen sind, nicht zuhören oder sich nur kurze Zeit konzentrieren können. Man sagt, die Essenz erhöhe die Möglichkeit von telepathischer Kommunikation und fördere das Verständnis von im Traum erhaltenen Informationen. Somit beeinflußt sie nicht nur die Sehkraft und den Geist, sondern auch das innere Sehvermögen.

NB: Im Hausgebrauch nur äußerlich anwenden.

Chrysanthemum parthenium, Tanacetum parthenium

Mutterkraut

Die Blüte der Erleichterung

Mutterkraut gehört zu den Korbblütlern, den Compositae. Man ordnet es jetzt in die Gattung Tanacetum ein, früher zählte es zur Korbblütlergattung Chrysanthemum.

Culpeper schrieb, Mutterkraut unterstehe der Venus, die es ihren Schwestern zur allgemeinen Stärkung der Gebärmutter empfahl und um Beschwerden zu beheben, die eine unachtsame Behandlung durch eine Hebamme verursacht. Wenn man das Kraut in Weißwein kocht und den Absud trinkt, reinige es die Gebärmutter, treibe die Nachgeburt aus und tue einer Frau so gut, wie man es sich von einem Kraut nur wünschen könnte.

Das Mutterkraut hat noch weitere Namen, die auf seine Bedeutung für Frauen hinweisen. Parthenium kommt von dem lateinischen Wort für Jungfrau; man nannte die Pflanze auch Meidtblumen, da man sie bei der Behandlung der Gefühle junger Mädchen und bei leichten Hysterien, zu denen junge Frauen neigen, als wertvoll ansah. Der Name Hemdenknöpfchen geht darauf zurück, daß junge Männer, die das Herz einer Dame gewinnen wollten, die Blumen in ihrer Jackentasche trugen. Der Name Fieberkraut bezieht sich auf die fiebersenkende Wirkung des Krauts.

Mutterkraut wächst auf allen Böden und sät sich selbst aus.

Kräuterheilmittel

Zu Zeiten Culpepers und Gerards wurde das Mutterkraut sehr geschätzt, da es Malaria sowie Erkältungen und Katarrhe lindern konnte. Es wurde häufig bei Menstruationsbeschwerden und anderen Frauenleiden eingesetzt. Man verwendete es auch bei verschiedenen nervösen Beschwerden, einschließlich der Hysterie, wobei interessant ist, daß diese Gefühlsäußerung allgemein Frauen zugeschrieben wird und daß sich der Begriff auf die Gebärmutter bezieht (was man an Wörtern wie Hysterektomie für das Entfernen der Gebärmutter erkennen kann). Mutterkraut wurde insbesondere bei hypernervösen Menschen eingesetzt, die auf Schmerzen überempfindlich reagierten und zu plötzlichen Wutanfällen und zu Reizbarkeit neigten. Auch gab man es bei Krämpfen und zur Beruhigung verärgerter Kinder.

In jüngerer Vergangenheit erlangte Mutterkraut Bedeutung als Mittel gegen Kopfschmerzen und Migräne. Die Forschung kam u. a. mit klinischen Tests zu dem Ergebnis, daß hartnäckige Migräneanfälle bei 70 Prozent der Betroffenen nachließen, wenn diese Mutterkraut nahmen, und daß gut 30 Prozent keine weiteren Anfälle hatten. Die Blätter kann man täglich frisch zwischen zwei Scheiben Brot als Sandwich essen (ißt man sie pur, können bei empfindlichen Personen Aphthen auftreten).

Mutterkraut schmeckt bitter und hat eine positive Wirkung auf Leber und Verdauung; es fördert den Appetit, vertreibt Unwohlsein und Erbrechen und unterstützt die Reinigung des Körpers von Hitze und Giftstoffen. Es lindert die Schmerzen und Entzündungen von Arthritis und mindert die Symptome, die auf eine träge Leber zurückgehen. Es stärkt das Nervensystem, löst Spannungen, vertreibt Depressionen und fördert den Schlaf. Man verwendete es auch zur Linderung von Nervenschmerzen, z. B. bei Trigeminusneuralgie und Ischiassyndrom.

Trinkt man einen heißen Mutterkraut-Aufguß, wirkt dies schweißtreibend und fiebersenkend. Außerdem ist Mutterkraut ein abschwellendes Mittel; es löst Schleim, chronische Katarrhe und Nebenhöhlenentzündungen. Es wird auch zur Behandlung von Asthma und anderen Allergien, wie z. B. Heuschnupfen, eingesetzt. Man vermutet, daß Mutterkraut die Freisetzung von Substanzen verhindert, die Allergien und Migräne auslösen.

Die Tinktur der frischen Pflanze kann äußerlich auf Insektenstiche und -bisse aufgetupft werden, damit Schmerzen und Schwellung abklingen. Die verdünnte, auf die Haut aufgetragene Tinktur soll Insekten abhalten und gut gegen Pickel, eitrige Entzündungen und Hämorrhoiden sein.

Die Blütenessenz

Die Blütenessenz Mutterkraut hilft bei Kopfschmerzen und Migräne, insbesondere wenn sie bei Frauen in Zusammenhang mit ihrem Hormonhaushalt auftreten und ein regelmäßiges Muster aufweisen.

NB: Nicht in der Schwangerschaft verwenden.

Cheiranthus cheiri

Goldlack

Die Blüte der Treue

Der mehrjährige Goldlack stammt ursprünglich aus dem östlichen Mittelmeerraum und wächst wild an alten Mauern und auf Felsen. Die Wildpflanze ist gelb, wurde aber wegen ihrer einfachen Schönheit und dem süßen Duft kultiviert. Heute reicht ihr Farbenspektrum von Orange über Rot bis Violett.

Der Name Cheiranthus kommt aus dem Griechischen und bedeutet »Hand und Blumen«, da im antiken Griechenland bei Feierlichkeiten und Festen Goldlacksträuße getragen wurden. In der Blumensprache ist Goldlack mehr mit Herzensangelegenheiten verbunden. Er bedeutet hier »Treue in schwierigen Zeiten« oder »ewige Treue«. Trug ein Ritter im Mittelalter einen Goldlackzweig, signalisierte er seiner Angebeteten Treue.

Das Kräuterheilmittel Goldlack wird seit der Antike als Kräuterheilmittel eingesetzt; vom Hausgebrauch wird allerdings abgeraten. Culpeper schrieb, Goldlack unterstehe dem Mond, was auf seine Bedeutung zur Regulation des weiblichen Zyklus hinweist. Rudolf Steiner sah Goldlack als ein Frauenheilmittel an, das Menses und Geburt fördere. Goldlack war ein beliebtes Heilmittel bei Leber- und Herzbeschwerden sowie bei Nierensteinen und Harngrieß.

Homöopathisches Heilmittel: Cheiranthus Cheiranthus ist hauptsächlich bei Beschwerden angezeigt, die bei der Extraktion von Weisheitszähnen auftreten können, wie z. B. nasale Kongestion und Taubheit mit Ohrenfluß.

Die Blütenessenz Die Blütenessenz Goldlack erhöht das Selbstvertrauen und fördert die Fähigkeit, Schönheit in der eigenen Persönlichkeit zu erkennen. Die Essenz ist besonders bei Personen angezeigt, die sich selbst mit anderen vergleichen, sei es in bezug auf Aussehen, Erfolg, Bildung, berufliche Karriere, Finanzen oder Besitz, und die sich aufgrund mangelnden Selbstwertgefühls unter Druck setzen, anders sein oder auch mehr erreichen zu müssen.

Cichorium intybus

Wegwarte, Wilde Zichorie

Die Blüte der Anpassung

Die Blüten der Wegwarte öffnen sich morgens zwischen vier und fünf Uhr und schließen sich gegen zehn Uhr, daher wurden sie von der Landbevölkerung als Zeitmesser genutzt. Am besten ist die Zichorienwurzel als Kaffee-Ersatz oder -zusatz bekannt, da sie den stimulierenden Effekt von Koffein kompensiert. **Kräuterheilmittel** Die Wegwarte hat eine bittere Wurzel und bittere Blätter, die den Appetit anregen, Verdauung und Resorption fördern und Leber- und Gallenblasenfunktion steigern. Als harntreibendes Mittel kann man die Wegwarte zur Behandlung von Flüssigkeitsretention einsetzen; auch unterstützt sie die Ausscheidung von Giftstoffen über die Nieren. Da sie die Ausscheidung von Harnsäure fördert, ist die Wegwarte ein gutes Heilmittel bei Rheuma und Gicht. Sie läßt sich auch gut bei Diabetes einsetzen, da sie den Blutzuckerspiegel senkt. Untersuchungen belegen ihre antibakterielle Wirkung und deuten auf ihren Nutzen bei Herzbeschwerden hin.

Homöopathisches Heilmittel: Cichorium Cichorium wird bei träger Verdauung und Druckgefühlen im Magen bei gleichzeitiger Abneigung gegen körperliche und geistige Anstrengung eingesetzt. Man verschreibt das Homöopathikum bei nachlassender Darmtätigkeit, die zu Verstopfung und Kopfschmerzen führt.

Die Blütenessenz Die Bach-Blütenessenz Chicory ist für Menschen geeignet, die besitzergreifend und beherrschend sind. Sie sind extrem fordernd und benötigen Liebe, Mitgefühl und sehr viel Aufmerksamkeit. Ohne dies können sie in Selbstmitleid versinken und ihr Umfeld mit Krankheit oder Gefühlen erpressen. Dahinter verbirgt sich eine unsichere Person, die Angst hat, allein zu sein oder Freunde, Familie oder Besitz zu verlieren. Diese Menschen sind leicht gekränkt. Chicory hilft, sich von innen heraus sicherer zu fühlen, so daß man in der Lage ist, Liebe selbstlos zu geben.

Cimicifuga racemosa

Wanzenkraut, Traubensilberkerze

Die Blüte der Medizinfrau

Wanzenkraut ist eine Pflanze mit einer Höhe von 1 bis 2 Metern, deren kleine weiße federartige Blüten in einer schlanken Blütenähre stehen. Sie ist eine harte Staude, die aus den schattigen Wäldern Nordamerikas und Kanadas stammt. Der Name Cimicifuga wurde von den lateinischen Wörtern *cimex,* Käfer und *fugo,* vertreiben, abgeleitet, da der unangenehme Geruch dafür bekannt war, Insekten zu vertreiben, worauf auch der deutsche Gattungsname Wanzenkraut hindeutet.

Wanzenkraut war eine verbreitete Medizin bei den Indianern, die es aufgrund seiner großen Wirksamkeit bei der Behandlung von Gebärmutterbeschwerden und während der Geburt »Wurzel der Squaw« nannten. Wanzenkraut wurde in Amerika zum bevorzugten Mittel bei akutem Rheumatismus, Arthritis und Neuralgie. Sowohl in Amerika als auch in China galt das Wanzenkraut als wirksames Mittel, um das Gift der Klapperschlange zu neutralisieren, den Alterungsprozeß hinauszuzögern und um Krankheiten generell vorzubeugen. Es war auch als Nerventonikum bekannt und zur Linderung von Depressionen. Aus den Wurzeln zubereiteter Tee wurde in einen Raum gesprenkelt, um böse Geister am Eintreten zu hindern.

Kräuterheilmittel

Die Wurzel des Wanzenkrauts gilt als spezifisches Heilmittel bei Nerven- und Muskelschmerzen. Das Anemonin der Pflanze unterdrückt das zentrale Nervensystem, was sie zu einem ausgezeichneten Schmerzmittel bei unterschiedlichen Beschwerden macht, einschließlich Rheuma und Gelenkarthrose, Kopfschmerzen, Schmerzen in den Eierstöcken und in der Gebärmutter, bei Wehen während der Geburt und Schmerzen in der Brust. Bei der Schmerzlinderung spielen auch die Salizylate mit ihrer entzündungshemmenden Wirkung eine Rolle. Wanzenkraut ist auch ein gutes Heilmittel bei Tinnitus und Schwindel.

Als Antispasmodikum lindert Wanzenkraut Krämpfe und Muskelanspannung und kann genommen werden, um Asthma, Keuchhusten, Menstruationskrämpfe und schmerzhafte Wehen während der Geburt zu erleichtern. Nimmt man es einige Wochen vor der Geburt, bereitet es die Gebärmutter auf die Geburt vor. Es normalisiert die Funktion der Gebärmuttermuskeln und hilft ihnen, so effektiv wie möglich zu arbeiten, um eine leichte und sichere Geburt zu gewährleisten. Wanzenkraut entspannt und erweitert ferner die Muskulatur der Blutgefäße und senkt so einen erhöhten Blutdruck. Da es beruhigend auf die Nerven und entspannend auf die Muskeln wirkt, kann Wanzenkraut auch die Herzfunktion normalisieren. Die Pflanze stärkt einen langsamen und unregelmäßigen Puls. Wanzenkraut wirkt insgesamt sehr wohltuend auf die weiblichen Fortpflanzungsorgane. Man kann es auch bei unregelmäßigen oder starken Blutungen und bei Schmerzen und Schwellungen in der Brust einsetzen. Es stärkt die Gebärmuttermuskulatur und lindert aufgrund seiner östrogenen Eigenschaften Wechseljahrsbeschwerden, wie Depressionen, Hitzewallungen und eine geringe Libido.

NB: Die frische Wurzel ist giftig, verwenden Sie nur getrocknete Wurzeln. Nicht vor dem letzten Drittel der Schwangerschaft verwenden.

Homöopathisches Heilmittel: Cimicifuga

Cimicifuga eignet sich besonders für Frauen, die zu Depressionsanfällen neigen. Diese Fälle treten vor allem während der Schwangerschaft oder nach der Geburt auf und können von so großen Ängsten begleitet sein, daß man dadurch seinen Verstand verlieren oder sogar sterben kann. Dem Depressionsanfall folgt ein Zustand, in dem man leicht erregbar, fast schon manisch ist.

Wie das Kräuterheilmittel wird Cimicifuga bei Muskel- und Nervenschmerzen empfohlen. Es ist auch ein gutes Mittel bei Frauenbeschwerden, wie Schmerzen in den Eierstöcken, unregelmäßigem Zyklus, starken Monatsblutungen, Schmerzen nach der Geburt, Schmerzen in der Brust.

Die Blütenessenz

Black Cohosh ist eine Blütenessenz für Frauen, insbesondere für diejenigen, die zu dunklen, morbiden Gedanken neigen und dazu tendieren, sich in selbstzerstörerische Partnerschaften zu verstricken, in denen sie sich machtlos fühlen. Diese negative Einstellung kann sich in körperlichen Beschwerden, insbesondere der Fortpflanzungsorgane, ausdrücken. Black Cohosh fördert eine positive Einstellung und verleiht Energie, um die negativen, bedrohlichen Umstände in lebensbejahende umzuwandeln.

Cnicus benedictus, Carduus benedictus

Echtes Benediktenkraut, Benediktendistel, Kardobenedikte

Die Blüte der Unabhängigkeit

Das Echte Benediktenkraut erhielt seinen Namen aufgrund seines Rufes als Allheilmittel, wie es von Mattiolus beschrieben wurde. Es wurde sogar behauptet, Echtes Benediktenkraut heile die Pest. Ebenso wie es vor körperlichen Krankheiten schützte, war es für seine schützende Wirkung vor bösen Geistern und negativen Einflüssen hoch geschätzt. Es wurde zu Weihrauch und Weinen verarbeitet, die bei religiösen Zeremonien verwendet wurden, um den Gott Pan anzurufen.

Culpeper zufolge untersteht diese Distel dem Mars und gehört zum Sternzeichen Widder. Sie sei belebend und schweißtreibend sowie gut bei jeder Art bösartigen und anhaltenden Fiebers. Echtes Benediktenkraut galt als Symbol für Unabhängigkeit, Vergeltung und für Strenge. Zweifellos kann sich die piksende, haarige Distel gut selbst verteidigen.

Früher aß man die frischen, grünen Blätter mit Brot und Butter wie Wasserkresse zum Frühstück. Echtes Benediktenkraut ist ein Indikator für einen guten Boden, und man findet es auf unbestellten Flächen. Pflanzt man Disteln und Nesseln zusammen auf einem Komposthaufen, geben sie die notwendige Hitze ab, damit sich der Kompost zersetzt.

Kräuterheilmittel

Echtes Benediktenkraut ist ein ausgezeichnetes Tonikum zur vollkommenen Genesung nach einer Krankheit oder wenn man sich anderweitig müde und erschöpft fühlt. Die Bitterstoffe fördern den Appetit und die Verdauung und stimulieren gleichzeitig die Leber und den Fluß der Galle. Es ist ein gutes Heilmittel bei Appetitlosigkeit, Verdauungsbeschwerden, Blähungen, Koliken und Beschwerden in Verbindung mit Leberträgheit, wie zum Beispiel Hautproblemen, Kopfschmerzen, Lethargie und Reizbarkeit. Seine adstringierende Wirkung nutzt man bei der Behandlung von Durchfall.

Die Bitterstoffe wirken antimikrobiell und verbessern so die Funktion des Immunsystems. Man konnte auch eine antineoplastische Wirkung des Echten Benediktenkrauts nachweisen, wodurch es in der Krebsbehandlung nützlich ist. Echtes Benediktenkraut hat harntreibende Eigenschaften; wird es als heißer Aufguß genommen, wirkt es schweißtreibend bei Fieber und auswurffördernd bei Beschwerden im Brustkorb. Echtes Benediktenkraut ist weiterhin für seine gute Wirkung als Stärkungsmittel des Nervensystems bekannt. Man verwendete es bei Kopfschmerzen, Migräne, Schwindel und einem schlechten Gedächtnis. Laut Gerard ist Echtes Benediktenkraut, wenn man es zusammen mit Fleisch oder Getränken einnimmt, gut bei Schwindel- und Taumelgefühl im Kopf, es stärkt das Gedächtnis und ist ein hervorragendes Heilmittel bei Taubheit.

Echtes Benediktenkraut wurde sowohl zur Linderung von Nerven- als auch von Rückenschmerzen verwendet. Es fördert die Durchblutung und ist gut bei Krampfadern. Als ausgesprochen nützliches Kraut für Frauen kann man Echtes Benediktenkraut zur Linderung von schmerzhaften Monatsblutungen und bei menstruationsbedingten Kopfschmerzen einsetzen. Als Emmenagogum leitet es ausgebliebene Menstruationsblutungen ein (und sollte daher nicht während der Schwangerschaft genommen werden). Es ist ausgezeichnet zur Förderung der Milchproduktion bei stillenden Müttern geeignet und kann Beschwerden während der Menopause, wie zum Beispiel starke Blutungen, lindern.

Äußerlich angewandt kann Echtes Benediktenkraut die Blutung von Schnitten stillen und den Heilungsprozeß von Wunden beschleunigen. Es wirkt auch antiseptisch.

Homöopathisches Heilmittel: Carduus benedictus

Wichtigster Anwendungsbereich des Carduus benedictus sind die Augen. Das Mittel wird eingesetzt bei Augenzucken und Augenflackern, visuellen Störungen und schmerzenden Augen verbunden mit dem Gefühl, die Augen seien zu groß. Auch Symptome, die sich durch Brennen charakterisieren lassen, sprechen gut auf das Mittel an, z. B. bitteres Brennen im Magen, Brennen der Hände, nachdem man geschwitzt hat, und Brennen der Arme nach Beanspruchung.

Die Blütenessenz

Mit ihren bedrohlich spitzen Dornen kann sich die stolze Distel ausgezeichnet verteidigen. Sie gilt daher als Symbol der Unabhängigkeit und soll vor negativen Einflüssen schützen. Echtes Benediktenkraut fördert Selbstachtung und Würde und bestärkt einen, der eigenen Urteilsfähigkeit und Eingebung zu folgen.

NB: In der Schwangerschaft vermeiden.

Crataegus oxyacantha, C. monogyna

Weißdorn

Die Blüte des Herzens

Diese zur Familie der Rosen gehörende Pflanze hat süß duftende, schneeweiße Blüten, die im Frühjahr als Vorbote des Sommers die Hecken bedecken, und trägt im Herbst leuchtendrote Beeren. Sie wurde seit langem für Heilzwecke verwendet und galt als eine heilige, schützende Pflanze. Man befestigte Weißdornzweige als Schutz vor Krankheiten und bösen Einflüssen an der Wiege eines neugeborenen Babys. Trug man Weißdorn an der Kleidung oder anderweitig bei sich, sollte er psychischen Schutz bieten, die Stimmung heben und Melancholie vertreiben. Aber es bedeutete Unglück, wenn man ihn ins Haus brachte. Geister und Feen trafen sich unter dem Weißdornbaum.

In der nördlichen Hemisphäre, wo Weißdorn im Mai blüht, wird er traditionell mit den Maibräuchen verbunden. Das alte Frühjahrsfest des Maitages wurde nach der griechischen Göttin Maia benannt. Das Mädchen, daß zur Maikönigin ausgewählt wird, repräsentiert die Göttin. Der Maibaum gilt als Symbol für neues Leben, Fruchtbarkeit und Frühling. Er repräsentiert eine *axis mundi*, um die sich das Universum dreht; der von den Blättern befreite Baum symbolisiert das unveränderliche Zentrum. Der Maibaum selbst ist ein Phallussymbol. Seit der Antike verbindet man Weißdorn mit Fruchtbarkeit und Herzensangelegenheiten. Bei griechischen Hochzeiten trugen die Gäste Weißdornzweige; diese sollten dem Brautpaar Glück und Wohlstand bringen. In Rom schwenkte der Bräutigam einen Weißdornzweig, wenn er die Braut ins Brautgemach führte, das mit Weißdornfackeln beleuchtet war.

Wie viele andere heilige Bäume weihte die christliche Kirche den Weißdorn um; er wurde der Jungfrau Maria gewidmet. Man sagt, Christus' Dornenkranz hätte aus Weißdorn bestanden. Über viele Jahrhunderte war man überzeugt, daß der Blitz nie in einen Weißdornbaum einschlagen würde: Blitze galten als Werk des Teufels und könnten, so glaubte man, keine Pflanze treffen, die Christus' Stirn berührt hatte.

Kräuterheilmittel

Weißdorn ist das beste Heilmittel für Herz und Kreislauf. Die Blüten, Blätter und Beeren ergeben ein Herztonikum mit gefäßerweiternder Wirkung; sie öffnen die Arterien und verbessern so die Blutzufuhr zu den Körpergeweben. Weißdorn ist ein ausgezeichnetes Heilmittel bei hohem Blutdruck, insbesondere wenn er mit Arterienverkalkung verbunden ist.

Weißdorn kann die Durchblutung alternder Arterien verbessern. Er öffnet die Herzkranzgefäße, verbessert den Blutfluß durch das Herz, löst Ablagerungen und reduziert die Arterienverkalkung, die zu Angina pectoris führt. Er ist somit ideal bei allen Herzbeschwerden, einschließlich Herzrhythmusstörungen, Palpitation, Kurzatmigkeit, degenerativen Herzkrankheiten und Herzfehlern.

Die Früchte haben eine adstringierende Wirkung und werden bei Durchfall verwendet. Weiterhin haben die Blätter, Blüten und Beeren eine entspannende Wirkung auf den Verdauungstrakt. Im Nervensystem lindern sie Streß und Angst, wirken besänftigend bei Aufregung und Unruhe und bringen den Schlaflosen Schlaf. Außerdem wirken sie harntreibend. Ein Absud aus Blüten und Früchten kann äußerlich als Lotion bei fleckiger Haut und bei Acne rosacea aufgetragen werden. Ein Absud der Beeren hat adstringierende Wirkung, wenn man damit bei Halsschmerzen gurgelt, und ist gut als Vaginaldusche bei Ausfluß.

Homöopathisches Heilmittel: Crataegus

Auch Crataegus ist ein wunderbares Herzstärkungsmittel. Man verwendet es bei chronischen Herzkrankheiten mit extremer Schwäche, bei Herzfehlern, bei denen die kleinste Anstrengung eine Gefahr darstellt, bei Schmerzen im Herzbereich, hohem Blutdruck und bei Arterienverkalkung von älteren Personen. Die Urtinktur der Beeren wird als Herzmittel verwendet.

Die Blütenessenz

Auf emotionaler Ebene soll Weißdorn auf das Herzchakra wirken. Die Essenz öffnet das Herz und fördert die Fähigkeit, Liebe auszudrücken. Sie ist hilfreich, wenn man Schwierigkeiten hat, Liebe zu geben und zu empfangen.

Weißdorn ist ein Mittel, um gebrochene Herzen, Enttäuschung, Ärger und Bitternis zu heilen, nachdem eine Liebesbeziehung zu Ende ging. Die Blütenessenz lindert emotionale Extreme, die ansonsten zu körperlichen Krankheiten wie Herzbeschwerden führen würden.

Cypripedium pubescens

Frauenschuh

Die Blüte der Heiterkeit

Es gibt 50 verschiedene Cypripedium-Arten, eine der schönsten wildwachsenden Orchideengattungen, die man früher in Europa, Asien und Nordamerika finden konnte. Der Frauenschuh zählt heutzutage zu den bedrohten Pflanzen, da er in der Vergangenheit zu begehrt war und zu häufig für Blumensträuße gepflückt wurde. In der Natur wächst er in Wäldern und an feuchten, schattigen Standorten, und er war einst so verbreitet, daß man ihn in Nordengland Reisenden am Straßenrand verkaufte. Der Name Cypripedium stammt von den griechischen Wörtern *kypris*, einem der Namen für die Göttin Venus, und *podion,* was »kleiner Fuß« oder »kleiner Schuh« bedeutet. Irgendwann wurde die Pflanze dann Venus' oder Aphrodites Schuh und Frauenschuh genannt, da die Form der Blüte an einen Schuh erinnert. Der Frauenschuh war ein beliebtes Kraut bei den Indianerstämmen in Nordamerika. In der Blumensprache steht der Frauenschuh für kapriziöse Schönheit.

Kräuterheilmittel

Das Kräuterheilmittel Frauenschuh war den Ureinwohnern Amerikas seit vielen Generationen bekannt und ist in der Zwischenzeit von den Kräuterheilkundigen in Europa und anderswo übernommen worden. Es lindert Nervenbeschwerden und vertreibt Schmerzen, da es als Tonikum des Nervensystems wirkt und dieses in Phasen großer Anspannung und Arbeit unterstützt. Frauenschuh ist ein gutes Mittel bei nervöser Erschöpfung, Erschöpfungszuständen nach einer Krankheit, bei Sorgen, Anspannung, Unruhe, zuviel Aufregung und bei Schlaflosigkeit, Herzrasen, Neuralgie und Depressionen. Es ist nützlich bei unruhigen Kindern, die nicht schlafen wollen. In der Vergangenheit behandelte man damit Epilepsie und Krämpfe. Man kann es bei sämtlichen streßbedingten Beschwerden einsetzen, wie Spannungskopfschmerz, Magenschmerzen, Koliken und Muskelschmerzen.

Frauenschuh besitzt krampflösende Eigenschaften, entspannt die glatte Muskulatur im gesamten Körper und lindert so Muskelschmerzen, wie Krämpfe und Menstruationsbeschwerden. Er ist ein exzellentes Mittel während der Geburt, wenn die Frau müde oder ängstlich ist. Eine Kombination aus Frauenschuh, Himbeerblättern und Ingwer unterstützt die Entspannung eines starren Gebärmutterhalses und erleichtert so die Geburt. Als schweißtreibendes Mittel kann man Frauenschuh zur Behandlung von Fieber einsetzen, die von großer Unruhe und Ängstlichkeit begleitet sind. Da Frauenschuh zu den bedrohten Arten zählt, dürfen keine Wildblumen gepflückt und nur kultivierte Pflanzen verwendet werden.

Homöopatisches Heilmittel: Cypripedium

Cypripedium wird aus der frischen Wurzel des Frauenschuhs hergestellt und ist ein ausgezeichnetes Mittel für das Nervensystem. Es wird Menschen verschrieben, die erregt, unruhig und jähzornig sind, die schlecht und unruhig schlafen. Gerade wenn man versucht einzuschlafen, zucken die Beine und der Kopf ist voller Ideen. Cypripedium ist gut bei Kindern, die mitten in der Nacht aufwachen und spielen wollen und nicht den geringsten Wunsch verspüren, wieder ins Bett zu gehen.

Das Homöopathikum wird auch bei sexueller und nervöser Schwäche und bei Depressionen empfohlen und eignet sich für Frauen, die während ihrer Menstruation unter Streß und Sorgen leiden, sowie bei Menstruationsbeschwerden.

Die Blütenessenz

Die Blütenessenz Lady's Slipper ist für Menschen geeignet, die sich nicht auf ihre innere Weisheit und Stärke stützen können, um sich leiten zu lassen und die Energie zu erhalten, die für die Bewältigung der alltäglichen Anforderungen nötig ist. Eventuell leiden sie unter nervöser Erschöpfung und sexueller Kraftlosigkeit. Frauenschuh ist ein Mittel zur Stärkung des Nervensystems und ermöglicht es der betreffenden Person, sich mit den inneren Quellen der Stärke und der Ruhe zu verbinden und diese inneren Geschenke in ihr tägliches Leben einzubringen.

NB: Frauenschuh ist eine bedrohte Art. Pflücken Sie keine wildwachsenden Pflanzen. Die frische Pflanze kann Hautentzündungen auslösen.

Datura stramonium

Weißer Stechapfel

Die Blüte der Initiation

Diese exotisch wirkende Pflanze mit den auffälligen trompetenförmigen Blüten und dem starken, berauschenden Duft gehört zu den Nachtschattengewächsen und teilt viele Wirkungen, aber auch Gefahren der Tollkirsche. Die Gattung Datura umfaßt mindestens 15 Arten, die überall in den wärmeren Regionen der Erde vorkommen, und deren Habitus zwischen Kräutern, Büschen und sogar Bäumen variieren kann. Datura läßt sich leicht aus Samen ziehen, die im Frühsommer an freien sonnigen Standorten gesät werden, oder man züchtet die Pflanze unter Glas und pflanzt sie später um. In gemäßigtem Klima ist der Stechapfel einjährig.

Die meisten Arten der Gattung Datura enthalten betäubende Alkaloide, weshalb sie über Tausende von Jahren sowohl in der alten als auch in der neuen Welt als Medizin und bewußtseinsverändernde Substanzen verwendet wurden. Schon Avicenna, ein arabischer Arzt des 11. Jahrhunderts, berichtete über die Bedeutung von Datura als Medizin und die berauschende Wirkung selbst kleiner Mengen an Samen. Der Name Datura stammt von den früharabischen Namen *datora* und *tatorah*, die wiederum von den frühen Sanskritnamen *dhustura* und *unmata* abgeleitet wurden.

Datura metel stammt aus Indien, wo pulverisierte Datura-Samen und Wasser zu einem berauschenden Getränk vermischt wurden, das untreue Ehefrauen einsetzten, um ihre Ehemänner elegant für einige Stunden von der Bildfläche verschwinden zu lassen, und das Diebe und Kriminelle nutzten, um ihre Opfer zu betäuben. Man betäubte mit Datura auch junge Mädchen und beutete sie als Prostituierte aus; »Tänzerinnen« setzten ein Datura-Getränk ein, um ihre Kunden anzuregen oder zu betäuben, während sie sie übervorteilten, wohl wissend, daß sich das arme Opfer hinterher an nichts mehr erinnern konnte. Dadurch kam Datura in Indien in Verruf; man bezeichnete die Pflanze als »Trinker«, »Verrückter« und »Betrüger«.

In China war Datura jedoch heilig; man glaubte, die Pflanze erhielte Wassertropfen, wenn Buddha sprach, und sie sei zur Zeit Buddhas vom Himmel auf die Erde gekommen. In Indien wurde Datura als Medizin bei einer Reihe von Krankheiten eingesetzt, einschließlich Herzkrankheiten, Hysterie, Epilepsie, Lungenentzündung und Mumps. In China, wo sie *man-t'o-lo* genannt wurde, behandelte man damit geschwollene Füße, Prolapse, Erkältungen, Cholera, Hautprobleme und nervöse oder mentale Ungleichgewichte. Kochte man die zu gleichen Teilen mit Cannabis vermischte und pulverisierte Pflanze in Wein auf, erhielt man ein Betäubungsmittel, das für Operationen und Kauterisationen verwendet wurde. Die dornige Samenkapsel von Datura (die dem Stechapfel seinen Namen gab) enthält schwarze Samen, die viele Jahre ruhen können. Sie wurde wahrscheinlich durch fahrendes Volk in Europa und Asien oder im Ballast der Handelsschiffe transportiert. Im alten Griechenland verwendeten die Priester Apollos Datura, um sich in einen anderen prophetischen Zustand zu versetzen. Reste von Samen, die man im Sonnentempel in Sagomozo in Kolumbien fand, belegen, daß man sich mit *Satura sanguinea* in rituellen Handlungen in einen Zustand versetzte, in dem der Prophet mit der Welt der Geister kommunizieren und die Seelen der Verstorbenen erkennen konnte. Die Tempelpriester der peruanischen Inkas betäubten ihre Patienten vor einer Operation mit *Datura fatuosa.*

Datura spielte sowohl in Nord- als auch in Südamerika eine große Rolle bei Initiationsriten; die Pflanze gab den Menschen in der Trauerphase nach dem Tod eines Stammesmitglieds Kraft und stand in Ritualen des Medizinmannes für Tod und Wiederauferstehung. Man glaubte, daß es in dem Trancezustand, den man durch Datura erreicht, zu einer Vereinigung zwischen Mensch und Gott kommt. Zunipriester kauten die Wurzel, um mit den Göttern zu kommunizieren, die den Regen brachten. Einmal im Leben – in der Pubertät – erhielten Jungen Datura. Während dieser Zeit sollten ihre prophetischen Träume und jenseitigen Erfahrungen sie auf das Mannesalter vorbereiten. In einem Ritual starben sie symbolisch als Kind und wurden als Mann wiedergeboren. Man glaubte, daß sie nach einigen Tagen in diesem veränderten Zustand ihre Kindheit vergessen hätten.

Kräuterheilmittel

Bis 1968 erhielt man Datura in den USA in jedem Drugstore; dann wurde es allerdings verschreibungspflichtig, da es zunehmend als Halluzinogen verwendet wurde. Es wird vor allem wegen seiner krampflösenden Wirkung bei der Behandlung von Asthma

NB: Bitte lesen Sie die Fußnote auf Seite 100.

und der Parkinson-Krankheit verwendet, da es die Freisetzung von Acetylcholin hemmt. Atropin kann die Endungen des Vagusnerves lähmen und so Krämpfe in den Bronchien lindern. Unter medizinischer Aufsicht kann man es inhalieren oder rauchen.

In Indien verwenden ayurvedische Ärzte Datura in Medikamenten für Patienten, die an Störungen des Hirns oder des Geistes leiden, bei bronchialem Asthma, Hustenanfällen bei Keuchhusten oder bei Blasenkrämpfen. Die Samen wurden genommen, um das sexuelle Verlangen zu unterdrücken. Datura wird in Indien auch bei Hydrophobie eingesetzt, und die Erfolge in diesem Bereich veranlaßten weitere Studien im Westen. Gerard machte Datura in England bekannt. Er kochte die Pflanze mit Schweinefett, um eine Salbe herzustellen, die man für sämtliche Entzündungen sowie jede Art von Verbrennung oder Verbrühung verwenden konnte.

Auch heute ist Datura Bestandteil von Salben, Einreibemitteln und Pflastern zur Linderung von Neuralgie, rheumatischen Beschwerden und Hämorrhoiden. Die schmerzlindernden und beruhigenden Eigenschaften wirken am besten, wenn Datura eingenommen oder auf Prellungen, Zerrungen und Verstauchungen aufgetragen wird.

Homöopathisches Heilmittel: Datura

Daturas wichtigste Wirkungsbereiche sind der Geist und die Muskulatur, wo das Homöopathikum – wie das Kräuterheilmittel – krampflösend wirkt. Es ist ein gutes Heilmittel bei unterdrückter Sekretion und Exkretion, wie zum Beispiel unterdrückter Blasenentleerung. Interessanterweise wird Datura auch bei Hydrophobie eingesetzt, die mit akuter Angst beim Anblick von Wasser oder anderen glänzenden Objekten verbunden ist und Spasmen auslöst, die dazu führen können, daß Personen nicht mehr schlucken oder urinieren können oder die zu Krämpfen und Asthma führen können.

Ein Datura-Mensch kann in einem Augenblick glücklich und im nächsten traurig sein; er hat Angst in der Dunkelheit und vor dem Alleinsein. Eventuell leiden diese Menschen unter einem beängstigenden Delirium oder Halluzinationen, wie es beim Delirium tremens von Alkoholikern der Fall ist. Vielleicht haben sie einen religiösen Wahn oder sind bösartig oder anzüglich. In Zuständen großer Panik, wie beim Anblick von Hunden oder Wasser, möchten sie am liebsten weglaufen.

Körperliche Symptome können bei Datura-Menschen bohrende Kopfschmerzen mit vorausgehenden Sehstörungen sein, der Verlust des Sehvermögens, ein starrer Blick, erweiterte Pupillen; kleine Objekte erscheinen groß, das Gesicht kann heiß und rot werden, wenn das Blut in den Kopf strömt. Es kann zu Zuständen panischer Angst und großer Blässe kommen, Mund und Hals sind trocken, die Person verspürt großen Durst, hat aber eine Abneigung gegen Wasser und kann nicht schlucken. Durch die Einstrahlung von hellem Licht kann es zum Erbrechen von Schleim oder grüner Galle kommen, oder es kommt zu Krämpfen, Zittern, Hitzeschüben, rotem Ausschlag, starken Schmerzen in der linken Hüfte und hohem Fieber mit Ausschlag, das von einem Delirium und von Krämpfen begleitet ist.

Der Zustand von Datura-Menschen ist am schlimmsten, wenn sie allein in einem dunklen Raum sind, wenn sie auf helle, leuchtende Objekte blicken (wie die Sonne) und nachdem sie geschlafen haben. Es geht ihnen besser in Gesellschaft, bei Wärme, Bewegung, Berührung und Druck.

Die Blütenessenz

Datura meteloides ist für Menschen, die desorientiert sind und denen Erdung fehlt, die sich in einem traumartigen Zustand befinden. Vielleicht leiden sie unter Täuschungen oder einer veränderten Wahrnehmung, und sie haben große Angst, den Kontakt zur Realität und die Kontrolle zu verlieren. Aufgrund ihrer selbstgeschaffenen Realität können sie sich sehr einsam und isoliert fühlen. Manchmal kommen sie sich in dieser Welt wie Fremde vor. Datura hilft auch Menschen, deren Leben Veränderungen im Beruf oder in der Beziehung unterworfen ist. Die Essenz ist geeignet bei zerstörten Träumen und Enttäuschungen. Sie mildert die Verwirrung und die Angst, die häufig mit solchen Veränderungen des Lebens oder der Wahrnehmung verbunden sind, und verleiht der Person Mut, das Vertraute und Sichere loszulassen.

NB: Datura, insbesondere ihr Samen, ist stark giftig und darf nur nach therapeutischer Dosierung und unter ärztlicher Aufsicht genommen werden. Eine Überdosis kann Schwindel, Doppelsehen, Durst, die Unfähigkeit, Wasser zu lassen, Herzklopfen, Unruhe, Verwirrung und Halluzinationen auslösen. Nicht während der Schwangerschaft und bei Prostataerkrankung, Herzjagen, grünem Star und bei gleichzeitiger Einnahme von Antidepressiva verwenden. Bei Überdosis löst sie Erbrechen aus.

Eucalyptus globulus

Eukalyptus

Die Blüte der Reinigung

Der Eukalyptusbaum ist ein hübscher immergrüner Baum mit blaugrünen lederartigen Blättern, die in ihren zahlreichen Drüsen ein wohlriechendes ätherisches Öl enthalten. Er ist in Australien und Tasmanien beheimatet und kann dort eine Höhe von bis zu 112 Metern erreichen, was ihn zu einem der größten Bäume der Welt macht. Es gibt Hunderte von Eukalyptus-Arten, aber medizinisch wird nur eine verwendet, und zwar die mit dem höchsten Anteil an Eukalyptol (Cineol) in ihrem ätherischen Öl.

Der Eukalyptusbaum ist auch als Fieberbaum bekannt. Er scheidet einen aromatischen Duft aus, der in seiner Umgebung eine antiseptische Wirkung ausübt. Man pflanzte ihn in tiefergelegenen Marschgebieten und in Sümpfen, weil er große Mengen Wasser aufnimmt. Da diese Orte auch Brutstätten für Krankheiten wie Malaria waren, pflanzte man dort die Eukalyptusbäume auch, um diese Gebiete zu reinigen. Aus denselben Gründen brachte Baron Ferdinand von Müller, deutscher Botaniker und Entdecker, Direktor des botanischen Gartens in Melbourne, den Baum 1856 nach Europa. Er wollte die starken antiseptischen Eigenschaften des Eukalyptusbaums überall auf der Welt bekanntmachen, und er spielte eine wichtige Rolle bei der Kultivierung des Baums in Nord- und Südafrika, Kalifornien und den außerhalb der Tropen liegenden Teilen Südamerikas. Von Müller schlug als erster den Einsatz des Öls als Desinfizierungsmittel in Fiebergebieten vor.

Kräuterheilmittel

Als antiseptisches Fiebermittel ist Eukalyptus ein traditionelles Heilmittel der Aborigines bei Fieber und Infektionen. Die ätherischen Öle der Blätter stimulieren den Kreislauf, wirken schweißtreibend und fördern die Durchblutung der Haut. Dieser Vorgang reinigt den Körper von Giften, senkt Fieber, vertreibt Ausschlag und beschleunigt das Abklingen von mit Fieber verbundenen Ausschlägen, wie Windpocken und Masern. Eukalyptus ist ein altes Volksmittel bei Fleckfieber und Scharlach, bei remittierenden Fiebern, Malaria und Cholera. Es ist auch ein hervorragendes Dekongestionsmittel und Expektorans. Es wird bei Erkältungen, Grippe, Krupp, Husten, Asthma und Infektionen der Brust, wie Keuchhusten, Lungenentzündung und Bronchitis, bei Katarrhen, Nebenhöhlenentzündungen und Ohrinfektionen eingesetzt. Am besten nimmt man es gleich bei den ersten Anzeichen, wie Halsschmerzen, Fiebrigkeit und Unwohlsein.

Russische Untersuchungen über verschiedene Eukalyptusarten ergaben, daß einige von ihnen effektive antivirale Heilmittel sind, während andere gegen Malaria wirken oder antibakterielle Eigenschaften besitzen.

In der chinesischen Medizin wird ein Absud der Blätter zur Behandlung von Lungentuberkulose verwendet. Getrocknete Blätter werden bei Asthma geraucht. In südamerikanischen Ländern werden sie zur Reinigung der Atmosphäre verbrannt. Gibt man einen Absud der Blätter in heißes Wasser, kann man damit die Luft in einem Krankenzimmer oder während einer Grippeepidemie reinigen. Läßt man den Absud den ganzen Tag in einem Topf köcheln, wird so permanent die Luft desinfiziert, und man verhindert die Verbreitung ansteckender Krankheiten.

In China behandelt man schmerzende Gelenke mit einem Absud aus Eukalyptusblättern. Das Kräuteröl wird äußerlich auf schmerzenden, entzündeten Gelenken bei Arthritis und Gicht verrieben, man lindert damit Neuralgien, und an den Schläfen hilft es bei Kopfschmerzen und Migräne.

Zu Zeiten unserer Großmütter machte man aus Eukalyptus einen Wein, der als Aperitif oder Verdauungsschnaps getrunken wurde. Er entfaltet im gesamten Verdauungstrakt seine antiseptische Wirkung. Als Absud verwendete man Eukalyptusblätter bei Bakterienruhr, Fleckfieber, Durchfall und Erbrechen. Das in den Blättern enthaltene Gummi und die Gerbsäuren wirken adstringierend, was Durchfall und Ruhr abklingen läßt und Blutungen stillt. Die ätherischen Öle der Blätter werden über den Urin ausgeschieden, so daß ein Absud Infektionen der Harnwege, wie Blasenentzündung und Pyelonephritis, eindämmen kann. In jüngeren Untersuchungen wird die These aufgestellt, daß Eukalyptus eventuell auch den Blutzuckerspiegel senkt.

Äußerlich angewandt wirkt Eukalyptus antiseptisch und beschleunigt den Heilungsprozeß, wenn man ihn als Kompresse auf Wunden, Verbrennungen, Geschwüre, Beulen und Abszesse legt. Er stillt Blutungen von Schnitten und Hautabschürfungen und fördert die Heilung des Gewebes. Ein mit ein wenig Wasser verdünnter flüssiger Extrakt war eine Volksmedizin bei Nasenbluten. In der traditionellen

Medizin der Aborigines machte man aus Eukalyptusblättern Kräuterumschläge für Wunden und Entzündungen. Mit dem Absud aus den Blättern kann man bei Halsschmerzen gurgeln oder bei entzündetem Zahnfleisch, Soor und Aphthen den Mund ausspülen. Den Absud kann man als Vaginaldusche bei Ausfluß und Infektionen wie Vaginalsoor sowie zum Waschen von Hämorrhoiden verwenden.

Ätherisches Öl in der Aromatherapie

Das durch Dampfdestillation aus den Eukalyptusblättern gewonnene Öl ist ein ausgezeichnetes neutrales Antiseptikum. Jean Valnet (ein bekannter französischer Arzt, der sehr ausführlich über die Aromatherapie geschrieben hat) berichtet, daß eine zweiprozentige Lösung als Spray 70 Prozent der in der Luft befindlichen Staphylococci tötet und empfiehlt es immer noch zur Behandlung von Cholera, Malaria, Fleckfieber sowie Scharlachfieber, Masern und Erkältungen.

Äußerlich ist das verdünnte Öl gut bei Fieberbläschen, Gürtelrose, Windpocken und anderen Hautinfektionen sowie bei entzündlichen Beschwerden, wie Eiter- und Frostbeulen und Ulcus varicosum. Auch schützt es wirksam vor Insekten.

Da die Wirkung des Kräuterheilmittels vorrangig auf dem hohen Anteil an ätherischen Ölen beruht, ähnelt die Verwendung von Eukalyptusöl in der Aromatherapie dieser weitgehend. Es fördert die Durchblutung und Perspiration und senkt so Fieber. Inhaliert man das Öl, wirkt es abschwellend und reinigt die Atemwege von Schleim, was man sich bei der Behandlung von Erkältungen, Grippe, Verstopfung der Nebenhöhlen, Kopfschmerzen, Infektionen des Brustkorbs und Asthma zunutze macht.

Lokal aufgetragen fördert Eukalyptusöl die Durchblutung und wirkt betäubend. Es ist gut bei Muskelschmerzen, Verstauchungen, arthritischen oder rheumatischen Schmerzen, insbesondere wenn es mit Rosmarin-, Lavendel- oder Majoranöl kombiniert wird. Es fördert die Blasenentleerung und lindert Infektionen der Harnwege, wie Blasenentzündungen. Es verbessert die Verdauung, hilft bei Durchfall und ist nützlich bei Diabetes, da es den Blutzuckerspiegel senkt. Seine stimulierenden Eigenschaften fördern die Konzentration und stärken und erfrischen Geist und Körper.

Homöopathisches Heilmittel: Eukalyptus

Auch das Homöopathikum wird bei akuten Infektionen, wie Malaria, Fleckfieber und Grippe, verschrieben. Es wird sowohl präventiv als auch kurativ eingesetzt. Eukalyptus senkt Fieber, insbesondere remittierende, lindert mit Ausschlag verbundene Infektionen, wie Masern und Scharlach, und Katarrhe im gesamten Körper sowie Stauungskopfschmerzen. Das Mittel ist angezeigt bei Asthma mit dickflüssigem Schleim, Bronchitis, Keuchhusten, Emphysemen, Halsschmerzen und vergrößerten, entzündeten Mandeln.

Das Homöopathikum kann auch bei Magen- und Darmbeschwerden gegeben werden, insbesondere bei träger Verdauung, die zu Dyspepsie, unangenehmen Blähungen und einem leeren Gefühl im Magen führt. Die Magenbeschwerden können durch Nahrungsaufnahme gelindert werden. Es ist ausgezeichnet bei akutem Durchfall und mit Koliken verbundener Ruhr, bei der der Stuhl von Schleim und Blut durchsetzt ist und die von Hitzegefühlen im Rektum begleitet ist.

Symptome der Harnorgane, die auf Eukalyptus hindeuten, sind Blut im Urin, funktionelle Striktur der Harnröhre, Schmerzen beim Wasserlassen und nach Veilchen riechender Urin. Eukalyptus wird auch bei akuter Nierenentzündung infolge einer Grippe verabreicht.

Das homöopathische Heilmittel wird ferner bei steifen, schmerzenden Gelenken, bei Schmerzen in den Beinen beim Gehen, bei einem Gefühl von Müdigkeit und Steife, Gicht und Stechen in den Muskeln mit nachfolgenden Schmerzen eingesetzt. Auch Herpes und Ulcus varicosum sprechen gut darauf an. Eukalyptus wird Menschen gegeben, die geistig und körperlich müde und träge sind, häufig die Folge eines chronischen Katarrhs im Kopf. Solche Menschen verlangen nach körperlicher Betätigung; gewöhnlich sind die Symptome nachts am schlimmsten.

Die Blütenessenz

Eukalyptus hat eine befreiende Wirkung und hilft, das Leben so zu nehmen, wie es ist.

Drosera rotundifolia

Sonnentau

Die Blüte der Tautropfen

Queen of the marsh imperial Drosera treads,
Rush-fringed banks, and moss embroidered beds;
Redundant folds of glossy silk sourround
Her slender waist, and trail upon the ground.
ERASMUS DARWIN (1731–1802)

Sonnentau ist eine fleischfressende Pflanze, eine von 90 Arten der Gattung Drosera, die an feuchten, sumpfigen Ufern von Teichen oder Flüssen in Nord- und Südamerika, Europa und Asien wächst. Früher war sie weit verbreitet, doch jetzt wird es immer schwerer, sie zu finden. Die fast runden Blätter (daher der Beiname rotundifolia) bilden eine flache Rosette um den Stengel der weißen Blüte und haben lange rote Haare, die an Tentakeln erinnern. Diese Haare haben an ihrer Spitze kleine Sekretionsdrüsen, die eine klebrige Substanz ausscheiden, an der unvorsichtige Insekten hängenbleiben, wenn sie, sich auf der Pflanze niederlassen. Die Blätter enthalten dem Pepsin vergleichbare Verdauungssäfte, die das Opfer auflösen und absorbieren. Bei Sonnenschein ist die Sekretproduktion der Drüsen gesteigert, und wenn die Sonne auf die Blätter scheint, sieht es aus, als glänzten Tautropfen in der Sonne – daher der Name Sonnentau. Der Name Drosera stammt von dem lateinischen Wort *drosos* und bedeutet Tau.

Kräuterheilmittel

Sonnentau ist besonders für Hals und Lunge von Bedeutung und wird schon lange als Heilmittel bei Husten, Bronchitis und Asthma eingesetzt. Als Antispasmodikum löst Sonnentau Krämpfe in den Bronchien, wodurch er sich ausgezeichnet bei den krampfartigen Hustenanfällen von Keuchhusten und Krupp eignet. In den Atemwegen führt er zum Abklingen von Schleimhautreizungen. Dies ist nützlich bei Halsschmerz, Kehlkopfentzündung und bei rauhem, trockenem Reizhusten, wie er bei einer beginnenden Bronchitis oder Tuberkulose auftritt. In der Vergangenheit hat man Sonnentau häufig zur Behandlung von Tuberkulose und Lungenentzündungen eingesetzt.

Die entspannende und beruhigende Wirkung von Sonnentau erstreckt sich auch auf den Verdauungstrakt, wo man ihn bei Magen- oder Darmreizungen, bei Koliken, Unwohlsein und Indigestion verwenden kann.

Sonnentau wurde auch von Culpeper benutzt, der ihn wie folgt beschrieb: »Er untersteht der Sonne und gehört zum Zeichen des Krebses. Trägt man die zerdrückten Blätter auf die Haut auf, zerfressen sie diese und lassen so Entzündungen abklingen, denen anders schwer beizukommen ist. In geringen Mengen regelmäßig aufgetragen zerstört der Saft Warzen und Hühneraugen.«

Homöopathisches Heilmittel: Drosera

Drosera wird aus der ganzen frischen Pflanze gewonnen, die während der Blütezeit gesammelt wird. Das Homöopathikum wird fast ausschließlich bei Keuchhusten und trockenem, abgehacktem Husten verwendet, der tief und bellend klingt und mit heftigen Anfällen verbunden ist. Er kann mit Atemnot und Schmerzen in der Brust gekoppelt sein, so daß der Patient während eines Hustenanfalls seine Brust halten möchte. Da das Atmen schwierig ist, kann das Gesicht während eines Hustenanfalls blau anlaufen, nach dem Hustenanfall kommt es häufig zu Brechreiz und Nasenbluten. Der Anfall kann dadurch ausgelöst werden, daß man sich hinlegt oder daß man etwas getrunken hat. Drosera wird auch bei Halsschmerzen, Heiserkeit und Kehlkopfentzündung verabreicht. Bei Babys setzt man Drosera bei Bauchschmerzen ein, die mit Blähungen und Magengeräuschen verbunden sind.

Die Blütenessenz

Der australische Sonnentau *Drosera spathulata* eignet sich für vage, unkonzentrierte Menschen, die unentschlossen sind und zu Tagträumen neigen, insbesondere wenn Arbeit erledigt werden muß.

Die Blütenessenz hilft einem, sich zu konzentrieren und in der Gegenwart zu bleiben; sie fördert die Motivation und die Aufmerksamkeit für Details und reduziert bei solchen Menschen das Bedürfnis, den Realitäten des Alltags zu entfliehen.

Echinacea angustifolia

Sonnenhut

Die Blüte der Ganzheit

Die Echinacea sind wunderschöne Pflanzen mit rosafarbenen bis lila Blüten, die den Gänseblümchen ähneln. Wenn die Blütenblätter abfallen, geben sie schwarze und stachelige Köpfchen mit Samen frei. Der Name Echinacea kommt von dem griechischen Wort *echinos* und bedeutet Igel. Drei von den neun in Nordamerika beheimateten Echinaceae werden in der Medizin verwendet. Es handelt sich um *E. purpurea*, den Roten Sonnenhut; *E. angustifolia*, den Schmalblättrigen Sonnenhut und *E. pallida*, den Blassen Sonnenhut. Die Pflanze erhielt ihren Namen aufgrund der konischen Blütenköpfe. Andere Volksnamen für sie sind Purpursonnenhut, Igelblume, Stachelkopf und Igelkopf. Sonnenhut gehörte zu den wichtigsten Heilpflanzen der Indianer.

Kräuterheilmittel

Wissenschaftliche Informationen über den medizinischen Nutzen von Echinacea gehen auf zwei Quellen zurück. Zwischen 1895 und 1930 bewiesen amerikanische Mediziner die Wirkung von *E. angustifolia* bei einem großen Spektrum von Beschwerden, einschließlich Eiterbeulen und Abszessen, Blutvergiftung, postpartaler Infektion, Malaria, Typhus und Tuberkulose.

In Deutschland konnte in Versuchen über die letzten 50 Jahre der Wert von *E. purpurea* als Heilmittel bei Sepsis, rheumatischer Arthritis, Antibiotikaresistenz, Keuchhusten bei Kindern, Grippe, Katarrh, chronischen Atemwegsinfektionen, gynäkologischen Infektionen, Adnexitis, Infektionen der Harnorgane und einer Vielfalt von Hautproblemen nachgewiesen werden.

Sonnenhut hat antibiotische und antimykotische Eigenschaften und wirkt – vergleichbar mit Interferon – antiviral und antiallergisch. Man kann ihn daher bei den ersten Anzeichen von Halsentzündungen, Erkältungen, Infektionen des Brustkorbs, Mandelentzündung, Drüsenfieber sowie bei Candida und postinfektiöser Erschöpfung einsetzen. Als heißer Aufguß fördert er Durchblutung und Perspiration und wirkt dadurch fiebersenkend. Er reinigt das Blut und hilft so, die Haut von Infektionen zu befreien, und lindert Allergien, wie Nesselfieber und Ekzeme. Er ist besonders geeignet für Menschen, die aufgrund eines schwachen Immunsystems häufig unter Infektionen leidet. Die entzündungshemmende Wirkung lindert Arthritis, Gicht, Hautprobleme und Adnexitis.

Äußerlich aufgetragen stellt er ein gutes entzündungshemmendes und antiseptisches Heilmittel bei Hautproblemen, Wunden, Geschwüren, Verbrennungen, Stichen und Bissen dar. Er ist gut zum Gurgeln bei Halsentzündung und als Mundspülung bei entzündetem Zahnfleisch sowie als Dusche bei einem großen Spektrum vaginaler Infektionen.

Homöopathisches Heilmittel: Echinacea angustifolia

Echinacea angustifolia wird wie das Kräuterheilmittel eingesetzt. Das Homöopathikum ist ein spezifisches Heilmittel bei Blutvergiftungen, vergifteten Wunden, Brand, Eiterbeulen und Karbunkel, Diphtherie und den Folgen einer Impfung. Es wird verschrieben bei Katarrh, Unterleibsschmerzen und Koliken, lockerem, gelblichem Stuhl, Durchfall, unangenehmen Blähungen und Übelkeit.

Echinacea-Menschen können mürrisch und gereizt sein und mögen es nicht, wenn man ihnen widerspricht. Sie sind so nervös, daß sie weder lernen noch sich konzentrieren können, ihr Kopf ist leer, die Sinne betäubt. Sie können depressiv sein und sich nicht auf dem Damm fühlen, insbesondere am Nachmittag. Gewöhnlich geht es ihnen nach dem Essen und nach körperlicher und geistiger Anstrengung schlechter und nach einer Pause besser.

Die Blütenessenz

Echinacea wird besonders bei Menschen eingesetzt, die aufgrund eines schweren Traumas in ihrem Leben innerlich zersplittert sind. Sie können sich vollkommen entfremdet fühlen und sind nicht in der Lage, aus sich heraus innere Stärke und Ruhe zu gewinnen. Echinacea hilft, ein Gefühl der Ganzheit zu gewinnen und ein größeres Standvermögen in Zeiten enormer Belastung.

Eriodyction glutinosum, E. californicum

Bergbalsam

Die Blüte der emotionalen Befreiung

Bergbalsam wurde von den Eingeborenenstämmen in den trockenen, felsigen Gebirgsregionen des heutigen Westens der USA, insbesondere Kaliforniens und Nordmexikos, wo er wächst, als Allheilmittel angesehen. Die spanischen Siedler beobachteten die Verwendung und den Respekt, den die Eingeborenen der Pflanze entgegenbrachten, und gaben ihr den Namen Heiliges Kraut.

Bergbalsam ist ein aromatischer immergrüner Strauch mit wolligen Blättern, die glutinöse Harze ausscheiden. Die trichterförmigen, lavendelfarbenen bis weißen Blüten stehen in Büscheln, die von Bienen umschwärmt werden. Der aus dem Nektar des Bergbalsams gewonnene Honig hat aufgrund des strengen Geschmacks der Pflanze einen leicht würzigen Geschmack. Die amerikanischen Ureinwohner kochten die frischen oder getrockneten Blätter des Bergbalsams, um mit der so erhaltenen Medizin Erkältungen, Husten, Katarrh, Halsschmerzen, Magenbeschwerden, Erbrechen und Durchfall zu behandeln. Die Blätter wurden gegen Asthma gekaut und geraucht und äußerlich bei Rheuma, Gliederschmerzen, wunden Stellen und Schwellungen eingesetzt. Die Siedler im 19. Jahrhundert hielten ihn für ein gutes Mittel zur Blutreinigung und verwendeten ihn bei Rheuma, Tuberkulose und Fieberkrankheiten.

Kräuterheilmittel

Die Blätter des Bergbalsams haben einen wärmenden, scharfen Geschmack und sind ein gutes, trocknendes Heilmittel zum Lösen chronischen Auswurfs bei Erkältungen, Heuschnupfen und Nebenhöhlenentzündungen. Sie wirken als stimulierendes Expektorans, denn sie befreien den Brustkorb bei Husten, Bronchitis, Asthma und vielen anderen Infektionen von Schleim. Die entspannende Wirkung der Pflanze lindert die mit Asthma verbundenen Spasmen in den Bronchien und das pfeifende Atmen bei Infektionen des Brustkorbs. Sie wird auch bei der Behandlung von Krupp, Kehlkopfentzündung und rauhem Reizhusten genutzt.

Der bittere Geschmack stimuliert die Speichelbildung und die Produktion von Verdauungssäften. Dies steigert den Appetit, verbessert Verdauung und Resorption und lindert so Verdauungsbeschwerden.

Bergbalsam enthält Phenole, Harze und aromatische Öle und wirkt daher antiseptisch in den Harnwegen und als Heilmittel bei Blasen- und Niereninfektionen. Als harntreibendes Mittel unterstützt er die Ausscheidung von im Körper befindlichen Giftstoffen über die Harnorgane und reinigt so den Körper. Daher schätzt man ihn bei Rheuma und Arthritis. Seine stimulierende Wirkung auf die Durchblutung fördert die Perspiration, wodurch man ihn zur Senkung von Fieber einsetzen kann.

Äußerlich angewendet ist Bergbalsam ein ausgezeichnetes Antiseptikum bei Schnitten, Wunden und Insektenbissen. Man verwendete ihn zur Beruhigung von Ausschlag, zum Beispiel durch Giftsumach oder Gifteiche, oder zum Abklingen von Schwellungen und Entzündungen bei Blutergüssen und Verstauchungen. Man kann ihn auch zur Heilung von Hämorrhoiden und zum Gurgeln oder als Munddusche bei Infektionen des Munds und des Halses einsetzen.

Homöopathisches Heilmittel: Eriodyction

Das Homöophatikum Eriodyction wird aus der ganzen Pflanze hergestellt und hat, wie das Kräuterheilmittel, eine besondere Bedeutung für Erkrankungen des Brustkorbs. Man verschreibt das Mittel bei Asthma, das mit reichlich Verschleimung verbunden ist, Bronchitis und Tuberkulose mit Nachtschweiß. Es wird auch bei Symptomen von Heuschnupfen und Erkältungen, wie Niesen, einer laufenden Nase, Fieber, Halsschmerzen und einem stechenden Schmerz in der rechten Lunge eingesetzt. Es kann bei Übelkeit verabreicht werden, die sich durch Bewegung verstärkt.

Die Blütenessenz

Man verwendet die Blütenessenz Yerba Santa bei Schmerz und Trauer, die unverarbeitet im Herzen vergraben wurden und jetzt zu Depressionen führen und Melancholie verursachen, die das Leben stark beeinflussen. Atemprobleme, wie zum Beispiel bei Asthma, Tuberkulose oder Lungenentzündung, können durch eine Kongestion im Brustkorb verursacht sein und durch das Verlangen zu rauchen verschlimmert werden. Yerba Santa fördert das Herauslassen unverarbeiteter Emotionen und gibt dem Herzen wieder Leben und Freude, da die natürlichen Gefühle frei fließen können und man ohne Beengung atmen kann.

Erythraea centaurium, Centaurium erythraea

Tausendgüldenkraut

Die Blüte des Chiron

Diese kleine ein- bis zweijährige Pflanze mit ihren weißen oder rosafarbenen Blüten wächst wild auf kalkhaltigen Hügeln, sandigen Weiden und in Hecken überall in Europa. Man sagt, sie lasse sich nicht gern kultivieren. Der Name stammt von Chiron, dem Kentauren und Arzt der griechischen Mythologie, von dem die Menschheit ihr Wissen über Heilpflanzen erhalten haben soll. Chiron unterrichtete Äskulap, den Gott der Heilkunst, und den Krieger Achilles. Der griechische Arzt Dioskurides behandelte mit dem »großen Kentauren« Verletzungen. Der Name Erythraea stammt von *erythros*, dem griechischen Wort für rot, und bezieht sich auf die rosa bis rötliche Farbe der Blüten, vielleicht aber auch auf die Wirksamkeit als Heilmittel bei der Behandlung von Hautausschlag.

Seit 2000 Jahren wird das Tausendgüldenkraut in vielen Kulturen verehrt. Die Römer glaubten, es habe magische Kräfte und könne Schlangen vertreiben. Dieser Meinung waren auch die Gallier im frühen Mittelalter und verwendeten das Kraut als Gegengift bei Schlangenbissen. Im Süden Englands war es als »Kraut der Sonne« bekannt, und die Angelsachsen verwendeten es bei Schlangenbissen und Wechselfieber – daher auch der Name »Fieberkraut«. Ein weiterer Name für das Tausendgüldenkraut war »Allerweltsheil«, da es den Körper von Giften und Infektionen und die Psyche von negativen Einflüssen befreite. Im Mittelalter verwendeten Hexen es zur Stärkung ihrer übersinnlichen Kräfte und um sich in einen tranceartigen Zustand zu versetzen. Man glaubte auch, es schütze vor dem Bösen.

Die Blüten des Tausendgüldenkrauts öffnen sich früh, allerdings nur bei gutem Wetter, und schließen sich gegen Mittag. Culpeper schrieb, das Kraut stünde unter dem Einfluß der Sonne. Die Anwendung des Krauts sei so sicher, daß man nichts falsch machen könne, wenn man es bei inneren Beschwerden einnimmt und bei äußeren Beschwerden auf die Haut aufträgt. Die Pflanze sei zwar ausgesprochen gesund, allerdings nicht besonders wohlschmeckend.

Kräuterheilmittel

In der Antike nannte man Tausendgüldenkraut auch *fel terrae*, Erdgalle, ein Hinweis auf den sehr bitteren Geschmack. Man verwendet es in Wermut und in anderen bitteren Aperitifen und Likören. Seine medizinische Bedeutung basiert – ebenso wie bei seinem Verwandten, dem Enzian – zum großen Teil auf dieser Bitterkeit. Es wirkt als Verdauungstonikum und als Mittel für die Leber und fördert die Produktion von Verdauungssäften und Galle in Leber und Gallenblase. Man kann es einsetzen bei allgemeiner Verdauungsschwäche, Appetitlosigkeit, Sodbrennen, Übelkeit, Darmparasitenbefall, Gelbsucht, Gallensteinen und Leberbeschwerden. Tausendgüldenkraut reinigt das Blut, befreit den Körper von Giftstoffen und erhöht die Verdauungstätigkeit. Heiß eingenommen senkt es sehr effektiv Fieber, und man verwendet es als Ersatz für Chinin. Eines seiner bitteren Glykoside, das Gentiopikrin, wirkt erwiesenermaßen gegen Malaria. Es bekämpft sowohl Bakterien- als auch Virusinfektionen und hilft bei postinfektiösen Syndromen. Da Tausendgüldenkraut das Blut reinigt und entzündungshemmend wirkt, kann man es bei Rheuma und Gicht ebenso einsetzen wie bei Hautproblemen, wie Ekzemen und Eiterbeulen. Es hat ferner eine besondere Bedeutung für das Nervensystem, es hebt die Stimmung und beruhigt die Nerven. Insgesamt wirkt Tausendgüldenkraut stärkend, fördert die Erholung nach Krankheiten oder Belastungen und wirkt als Bluttonikum bei Anämie. Äußerlich angewendet wirkt Tausendgüldenkraut als entzündungshemmendes Antiseptikum bei Schnitten und Abschürfungen, Eiterbeulen und anderen Hautleiden, und man setzt es zur Heilung von Geschwüren ein.

Die Blütenessenz

Centaury ist ein Heilmittel für Menschen, die sehr empfindlich auf ihre Umgebung reagieren. Sie sind leicht verletzlich und schnell aus der Fassung zu bringen und können als Folge von Disharmonie und negativen Einflüssen krank werden. Centaury-Menschen sind gutmütig und freundlich, lassen sich aber leicht von stärkeren Persönlichkeiten ausnutzen. Sie ordnen dem Verlangen nach Anerkennung ihre eigene Aufgabe im Leben unter. Centaury hilft, den eigenen Willen zu entwickeln und seine Individualität und eigene Persönlichkeit als wertvoll anzusehen. Aus Unterwürfigkeit wird die Fähigkeit, sich mit anderen gleichberechtigt auseinanderzusetzen, nein zu sagen, falls erforderlich, und Gefälligkeiten anderen gegenüber als Teil der eigenen Veränderung zu begreifen.

Eschscholzia californica

Kalifornischer Kappenmohn

Die Blüte des Goldes

Doch Freuden blühen wie der Mohn,
Greift man danach, sind Staub sie schon.
ROBERT BURNS (1759–1796)

Der Mohn symbolisiert die kurzlebigen Freuden des Lebens. Der Kalifornische Kappenmohn mit seiner grell gelborangen Blüte ist die Blume des Staates Kalifornien und im Westen Nordamerikas beheimatet. Er wurde erst im letzten Jahrhundert in Europa als Zier- und Heilpflanze eingeführt und gewann rasch an Bedeutung als nicht abhängig machende Alternative zum Schlafmohn. Die amerikanischen Ureinwohner und die ersten Siedler verwendeten die Pflanze bei kolikartigen Schmerzen und bei Zahnschmerzen.

Nach der Signaturenlehre ähnelt der Kalifornische Kappenmohn einem goldenen Becher, und das Sprichwort: »Es ist nicht alles Gold, was glänzt« sollten sich vielleicht einige Menschen in Kalifornien zu Herzen nehmen, die sich von bewußtseinsverändernden Drogen und glamourösen spirituellen Praktiken angezogen fühlen.

Kräuterheilmittel

Der Kalifornische Kappenmohn ist ein naher Verwandter des Schlafmohns, allerdings lange nicht so stark, wodurch er ein sicheres Beruhigungsmittel bei Aufregung, Unruhe, Angstgefühlen, Spannung und Schlaflosigkeit ist. Er wirkt als leichtes Sedativum und kann zur Beruhigung von Kindern genommen werden. Seine krampflösende Wirkung entspannt die Muskulatur im gesamten Körper. Er läßt sich daher gut zur Behandlung von Magen- und Gallenblasenkoliken sowie zur Beruhigung verkrampfter, schmerzender Muskeln und zur Linderung von Spannungskopfschmerzen einsetzen.

Als schmerzlinderndes Mittel kann man den Kalifornischen Kappenmohn innerlich und äußerlich anwenden, zum Beispiel zur Linderung von Kopfschmerzen, Migräne, Neuralgie, Rückenschmerzen, arthritischen Schmerzen, Ischiasbeschwerden, Schmerzen durch Gürtelrose.

Äußerlich kann man das Heilmittel bei örtlich begrenzten Schmerzen, zum Beispiel Zahnschmerzen, auftragen. Aufgrund seiner beruhigenden Wirkung auf das Nervensystem beeinflußt der Kalifornische Kappenmohn auch das Herz und den Kreislauf. Er verlangsamt einen schnellen Herzschlag, lindert Herzklopfen und senkt einen zu hohen Blutdruck.

Insgesamt wirkt der Kalifornische Kappenmohn ausgleichend auf Gefühle und beruhigend in Zeiten großer Anspannung. Man sollte seine Anwendung auch in Betracht ziehen, wenn man versucht, sich von einer Abhängigkeit zu lösen, unabhängig ob es sich um Alkohol, Drogen, Medikamente oder Tabak handelt.

Homöopathisches Heilmittel: Eschscholtzia

Eschscholtzia wird als Tinktur bei Schlaflosigkeit, niedrigem Blutdruck und allgemeiner Schwäche verabreicht.

Die Blütenessenz

Die Blütenessenz California Poppy ist für Menschen geeignet, die spirituelle Höhen durch äußere Quellen erlangen wollen, die sich von dem Glamour und der Leuchtkraft psychedelischer Drogen, charismatischer Lehrer und okkulter Rituale angezogen fühlen. In ihrem spirituellen Leben fehlt es an Disziplin und Basis, und sie können anfällig sein für Techniken und Einflüsse, die die Psyche zu schnell öffnen und so zu innerer Disharmonie führen können. California Poppy fördert die Entwicklung eines gefestigten Seelenlebens, bringt das innere Licht zum Leuchten und stärkt das Selbstvertrauen.

Euphrasia officinalis

Echter Augentrost

Die Blüte der Einsicht

Augentrost ist eine zarte Blume, die auf trockenen, sonnigen Wiesen blüht und von Bienen umschwärmt wird. Er ist eine einjährige, teilweise parasitisch lebende Pflanze, die Nahrung aus Gräserwurzeln aufnimmt. Augentrost gehört zur Familie der Rachenblütler, stammt ursprünglich aus Europa und Asien, wächst inzwischen aber überall in den USA.

Augentrost ist seit Jahrhunderten für die Fähigkeit bekannt, die Sehkraft zu erhalten und wiederherzustellen. Sein lateinischer Name ist von dem griechischen Wort für Hänfling abgeleitet, da es im antiken Griechenland eine Sage gab, nach der Augentrost zuerst von einem Hänfling entdeckt wurde, der damit seine Jungen im Nest fütterte. Der Hänfling gab sein Wissen über den Augentrost an die Menschen weiter und drückt seine Dankbarkeit fortwährend mit seinem Gesang aus. Der griechische Name des Augentrosts *Euphrosyne* war auch der Name einer der Musen, die Glück und Freude repräsentierten. Die Pflanze macht den Blick frei, sie »erfreut das Auge« und hebt die Stimmung derjenigen, deren Sehvermögen sich verbessert hat. Man hielt Augentrost für ein seherisches Kraut, das die Einsicht fördert und das innere Sehvermögen, d.h. die Fähigkeit, Dinge so zu sehen, wie sie wirklich sind, stärkt. Man verschrieb ihn auch bei geistigen Beschwerden. In der Signaturenlehre erkannte man in dem dunklen Fleck in der Mitte der Blüte eine Ähnlichkeit mit dem menschlichen Auge, und die violetten und gelben Flecken in der Blüte deuteten auf eine Vielzahl entzündlicher Augenbeschwerden hin.

Kräuterheilmittel

Die Pflanze gilt immer noch als ein gutes Heilmittel bei einer Vielzahl von Augenbeschwerden. Ihre adstringierenden Eigenschaften sind gut zur Linderung entzündlicher Augeninfektionen, wie Gerstenkorn, Bindehaut- und Lidentzündungen, Tränenträufeln und Katarrh. Augentrost eignet sich besonders bei schmerzhaft juckenden und tränenden Augen, die häufig bei Heuschnupfen oder Masern auftreten, und bei Katarrhen, bei denen Nase, Hals, Nebenhöhlen, Ohren und der obere Brustkorb betroffen sind und die zu Nebenhöhlenentzündungen, Kopfschmerzen und Husten führen können. Er hilft auch Menschen mit überempfindlichen Augen, die bei Wind oder Kälte tränen oder durch Rauch und stickige Luft gereizt werden. Man kann ihn als Augenlotion örtlich auftragen oder einnehmen: 30 Tropfen der Tinktur in einem Glas Rosenwasser sind eine ausgezeichnete Augenspülung. Augentrost läßt sich auch zum Gurgeln bei einem wunden und katarrhalischen Hals und als Mundwäsche bei Aphthen verwenden.

Die Bitterstoffe des Augentrosts regen die Verdauung an und fördern die Gallenproduktion der Leber, was ihn zu einem guten Mittel zur Stärkung und Reinigung macht. Verschiedene Pflanzen, die die Leberfunktion verbessern, werden auch für die Augen empfohlen, wie zum Beispiel Schöllkraut, Ringelblume, Kamille und Tausendgüldenkraut. Laut Culpeper stehen alle diese Kräuter, einschließlich Augentrost, unter dem Einfluß der Sonne, die den Kreislauf, die Lebensenergie und das Sehvermögen bestimmt. Indem er den Körper über die Leber entgiftet, macht Augentrost den Blick frei, und durch eine verbesserte Durchblutung der Augen verbessert er ein schwaches Sehvermögen bei Menschen, deren Augen durch zuviel Arbeit überanstrengt sind. Da er den Körper von Schleim befreit, hält Augentrost die Schleimhaut des Auges klar und gesund.

Homöopathisches Heilmittel: Euphrasia

Wie das Kräuterheilmittel verabreicht man das Homöopathikum bei tränenden, schmerzenden Augen, bei Absonderungen des Auges, bei empfindlichen Augen, deren Zustand sich durch Licht und Wind verschlimmert, bei geschwollenen und entzündeten Augenlidern und Augenbeschwerden, wie man sie bei Lid- und Bindehautentzündungen antrifft. Es ist gut bei Katarrhen, Halsschmerzen, Erkältungen, katarrhalischem Hals, Heuschnupfen und Husten und bei Augen- und katarrhalischen Beschwerden in Verbindung mit Masern.

Die Blütenessenz

Auch als Blütenessenz ist Eyebright die Blüte des Sehens, der Einsicht, des inneren Sehvermögens und der Wahrnehmung. Sie eignet sich für Menschen, deren Geist schwach und müde und deren Erinnerungsvermögen schlecht ist. Augentrost erhöht das Verständnis für und die Wahrnehmung von anderen Personen und deren Befinden, wodurch sich die Essenz für Personen in pflegenden Berufen anbietet.

Filipendula ulmaria

Echtes Mädesüß

Die Blüte der Sommerwiesen

Mädesüß mit seinem an Mandeln erinnernden Geruch wächst an feuchten Standorten. Die Pflanze macht dem Namen Wiesenkönigin, wie sie im Volksmund genannt wird, alle Ehre. Man verwendete Mädesüß zum Süßen von Honigwein, daher stammt auch der Name. Während der Tudorzeit streute man das Kraut gern aus. Gerard schrieb, daß der Duft von ausgestreutem Mädesüß das Herz heiter und fröhlich mache und die Sinne erfreue. Wie Eisenkraut und Wasserminze gehörte Mädesüß zu den heiligsten Kräutern der Druiden. Man sagte, es gäbe einen Dieb preis, wenn es am Johannistag gesammelt würde.

Kräuterheilmittel

Die medizinische Wirkung von Mädesüß ist der von Aspirin sehr ähnlich. Zerdrückt man die Pflanze, wird der charakteristische Geruch von Salizylaldehyd freigesetzt, das in Verbindung mit Sauerstoff zu Salizylsäure wird, aus der man Azetylsalizylsäure oder Aspirin gewinnen kann. Der Name Aspirin stammt von dem alten lateinischen Namen für Mädesüß, *Spiraea ulmaria.* Im Gegensatz zu Aspirin enthält Mädesüß jedoch Tannine und Mucilago, die die Magenschleimhaut schützen und entzündungshemmende Eigenschaften besitzen.

Mädesüß ist eines der besten säureneutralisierenden Heilmittel bei erhöhter Salzsäureproduktion, Sodbrennen, Gastritis, Magengeschwüren und Hiatushernie. Es lindert Winde und Flatulenz, und man kann es bei sämtlichen entzündlichen Beschwerden des Magens oder des Darms einsetzen. Die adstringierenden Gerbsäuren schützen und heilen die Darmschleimhaut, wodurch es besonders bei Kindern und älteren Menschen ein ausgezeichnetes Mittel bei Dünndarmentzündung und Durchfall ist. Die leicht antiseptische Wirkung hilft bei Entzündungen, und die entspannenden Eigenschaften wirken beruhigend bei Krämpfen und Koliken.

Mädesüß bietet Linderung bei allgemeinen Schmerzen, Rheuma, Arthritis und Gicht. Die in den Blüten enthaltenen Salizylate und Gaultherine wirken stark entzündungshemmend bei heißen, geschwollenen Gelenken, und die harntreibenden Eigenschaften der Pflanze unterstützen die Ausscheidung von toxischen Abbauprodukten und Harnsäure aus dem Körper. Die schmerzstillenden Eigenschaften von Mädesüß beruhigen arthritische Schmerzen, Kopfschmerzen und Neuralgie, und die entspannende Wirkung lindert Krämpfe und fördert erholsamen Schlaf.

Aufgrund seiner reinigenden, harntreibenden Wirkung erwarb Mädesüß den Ruf, die Haut zu reinigen und Ausschlag zu lindern. Angesichts seiner milden antiseptischen Wirkung ist es ein gutes Heilmittel bei Blasen- und Harnröhrenentzündung, Flüssigkeitsretention und Nierenbeschwerden. Das Salizylat (das Salz der Salizylsäure) weicht Ablagerungen, wie Nierensteine und Harngrieß, ebenso wie Atherosklerose in den Arterien auf. Mädesüß ist ein kühlendes Diaphoretikum; es bringt das Blut an die Körperoberfläche und wirkt schweißtreibend, was bei Erkältungen und Grippe sowie bei allen mit Ausschlag verbundenen Infektionen nützlich ist.

Äußerlich angewendet fördert die Pflanze, die reich an Vitamin C, Eisen, Magnesium und Kieselerde ist, den Heilungsprozeß des Bindegewebes und läßt Entzündungen abklingen. Das erklärt vielleicht auch die auf dem Land verbreitete Verwendung von Mädesüß bei Schnitten und Wunden, Geschwüren und Hautreizungen. Die adstringierenden Gerbsäuren fördern die Heilung und stillen Blutungen. Als Kompresse kann man einen Absud der Pflanze zur Förderung der Gewebeheilung und bei schmerzhaften arthritischen Gelenken einsetzen. Man kann ihn auch als Mundspülung bei Aphthen und blutendem Zahnfleisch verwenden.

Homöopathisches Heilmittel: Spiraea ulmaria

Spiraea ist angezeigt bei örtlichen oder allgemeinen Hitzesymptomen. Bei Fieber, Schwindelgefühlen, Kopfschmerzen oder dem Gefühl, das Blut »schieße ins Gesicht«, können die Wangen heiß sein. Das Homöopathikum wird auch verabreicht bei Krämpfen und schweren Gliedmaßen, die mit Müdigkeit und einem Gefühl der Leere oder Schwere im Kopf verbunden sind.

Die Blütenessenz

Die Blütenessenz Meadowsweet hilft Menschen, die ängstlich und angespannt sind und daher unter Verspannungen im Kopf und in der Nackenmuskulatur leiden. Sie hilft, sich entspannt und friedlich fließen zu lassen, als liege man an einem Sommertag an einem der Ufer, an denen die Pflanze wächst.

Gentiana lutea

Gelber Enzian

Die Blüte der Bitterkeit

Der gelbe Enzian ist eine große mehrjährige Staude, die in Zentral- und Südeuropa sowie in Kleinasien beheimatet ist. Mit seinen gelben sternförmigen Blüten ist er eine sehr dekorative Pflanze. Gelber Enzian wächst auf den meisten tiefen, lehmigen Böden an sonnigen Standorten und läßt sich leicht aus Samen ziehen.

Laut Dioskurides wurde der Enzian nach Gentius benannt, dem König von Illyrien, einem antiken Staat an der Adria. Gentius lebte im 2. Jahrhundert v. Chr. und entdeckte als erster den medizinischen Wert des Enzians bei der Pest. Als Medizin wurde Enzian mindestens seit der Zeit des alten Ägypten verwendet. Pythagoras verwendete die Pflanze im 6. Jahrhundert v. Chr. als Gegenmittel gegen Gift. Im Mittelalter schätzte man Enzian als Allheilmittel. Vor der Einführung von Chinin wurde er bei Malaria verwendet.

Culpeper sagte, Enzian unterstehe dem Mars und widerstehe Fäulnis und Giften; man könne kein besseres Mittel gegen die Pest finden als dieses.

Kräuterheilmittel

Die Wurzel des Enzians enthält das Glykosid Amarogentin, den bittersten Naturstoff überhaupt. Sobald die Rezeptoren für Bitterstoffe im Mund mit Enzian in Kontakt kommen, setzt die Produktion von Verdauungssäften und Enzymen im gesamten Verdauungstrakt ein. Er fördert Appetit, Verdauung und Resorption und verbessert die Ausscheidung von Abbauprodukten. Enzian unterstützt die Gallenproduktion der Leber und beschleunigt die Bewegung von Nahrung und Abbauprodukten durch das Verdauungssystem.

Enzian ist bei einer Vielzahl von Verdauungsbeschwerden sowie bei Entzündungen angezeigt. Aufgrund seiner ausgezeichneten Wirkung auf die Verdauung gebührt ihm ein Ehrenplatz als Stärkungsmittel, das bei allgemeiner Schwäche, Schwäche während des Genesungsprozesses, Lethargie durch schlechte Resorption und bei Verdauungsschwäche nützlich ist. Seit jeher wurde Enzian alkoholischen Getränken beigemischt, und bis heute enthalten verschiedene bittere Aperitife Enzianextrakt. Traditionell nahm man ihn im Frühjahr als Bittertonikum zur Reinigung des Blutes.

Er ist hilfreich zur Reinigung des Körpers von Würmern und Infektionen. Ein Bestandteil des Enzians ist Gentiopikrin, das für Plasmodien äußerst giftig ist und die weite Verbreitung von Enzian als Malaria-Mittel erklärt.

Aufgrund seiner entgiftenden Wirkung wurde Enzian auch zur Behandlung von Rheuma, Arthritis und Gicht eingesetzt. Er ist ein Fiebermittel, da er das Fieber senkt und gleichzeitig kühlt. Enzian hat eine stimulierende Wirkung auf die weiblichen Fortpflanzungsorgane, leitet die Monatsblutung ein und reguliert die Menstruation. Er galt als wertvolle Medizin bei »weiblicher Unpäßlichkeit« und Hysterie, und man verabreichte ihn als Nerventonikum.

Homöopathisches Heilmittel: Gentiana

Auch Gentiana wird als allgemeines Stärkungsmittel und als Mittel bei Verdauungsbeschwerden genommen. Es hilft bei Übelkeit, Übersäuerung und Koliken. Ein Gentiana-Mensch ist leicht niedergeschlagen und mürrisch.

Wie das Kräuterheilmittel wird Gentiana bei rheumatischen Beschwerden, Kopfschmerzen und Schwindelgefühlen eingesetzt. Es wird auch bei Fieber verschrieben, das mit einem Zittern ähnlich dem bei Elektroschocks verbunden ist, dem Erschöpfung, Depressionen und Spannung in den Gliedern folgen.

Die Blütenessenz

Die für die Bach-Blütenessenz Gentian verwendete Blüte ist Gentiana amarella (Herbstenzian), eine Enzian-Art mit kleinen lavendelfarbenen bis rötlichen Blüten. Sie hilft Menschen, die zu Mutlosigkeit und Depressionen neigen. Im negativen Zustand ist ein Gentian-Mensch ein »ewiger Pessimist«. Gentian-Menschen sind permanent besorgt und prüfen alles, was für sie von Vorteil sein könnte so genau, daß sie beginnen, die Vorteile anzuzweifeln.

Gentian unterstützt Menschen in ihrem Glauben an sich selbst und an andere und gibt ihnen mehr Vertrauen und Zuversicht in die eigenen angeborenen heilenden Fähigkeiten sowie auch in die der anderen. Mit Gentian wird man besser mit Rückschlägen und Schwierigkeiten umgehen können und weniger anfällig für Mutlosigkeit und Verzweiflung sein, da man erkennt, daß Konflikte und Herausforderungen zum Leben dazugehören.

G. lutea

G. amarella

Geranium maculatum

Gefleckter Storchschnabel

Die Blüte der Beständigkeit

... how gay
with his red stalks upon this summer's day!
And, as his tufts of leaves he spreads, content
with a hard bed and scanty nourishment
mixed with the green, some shine not lacking power
To rival summer's brightest scarlet flower.
WILLIAM WORDSWORTH (1770–1850)

Es gibt viele verschiedene Arten wilder Storchschnabelgewächse. Der Amerikanische Storchschnabel ist eine hübsche winterharte, mehrjährige Pflanze mit rosa-violetten Blüten und gesprenkelten Blättern, die man wild in Waldgebieten überall in Nordamerika findet. Der bekannteste Storchschnabel in England und Europa ist das Ruprechtskraut, das man wegen seines unangenehmen Geruchs auch als Stinkenden Storchschnabel bezeichnet. Er wächst in Wäldern und auf offenen Flächen, ja sogar in Mauer- oder Stufenritzen.

Die Pflanze erhielt ihren Namen aufgrund der schnabelförmigen Frucht, die dem Schnabel eines Kranichs ähnelt. Er ist auch von dem griechischen Wort *geranos* abgeleitet, was Kranich bedeutet. Für Verwandte des Amerikanischen Storchschnabels und des Ruprechtskrauts hat der französische Botaniker L'Herifer die Namen Erodium, abgeleitet von *ero dios* (Reiher), und Pelargonium, von *pelargos* (Storch), eingeführt. Die nicht winterharte Gartengeranie stammt von einer südafrikanischen Pelargonienart ab und wurde im 17. Jahrhundert in Europa eingeführt. Aufgrund ihrer leuchtenden Blüten und der Vielfalt an Farben gewann sie rasch an Beliebtheit, so daß man sie zur Zeit Königin Viktorias in fast jedem englischen Sommergarten fand. Auch der schöne Duft ihrer Blätter, der sich von Art zu Art unterscheidet, von Mandel über Zitrone bis hin zu Muskatnuß und Rose, brachte ihr viele Bewunderer.

Einer alten arabischen Legende zufolge stammt die Geranie von der Malve ab: Als der Prophet Mohammed einmal sein Hemd im Fluß wusch, hängte er es über einer Malvenpflanze zum Trocknen in der Sonne auf. Die bescheidene Malve errötete angesichts dieser Ehre, und ihre Farbe wurde zu einem dunklen Violett, womit sie sich in die prachtvolle Geranie verwandelt hatte.

Ruprechtskraut ist nach dem französischen Abt Robert benannt, der im 11. Jahrhundert den Zisterzienserorden gründete; vielleicht symbolisiert der Storchschnabel deshalb in der Blumensprache unerschütterliche Frömmigkeit. In der Sprache der Liebe bedeutet er Beständigkeit und Verfügbarkeit. Träumte man allerdings von Geranien, stellte dies einen Wandel der Interessen dar. Im Mittelalter verwendete man Storchschnabelgewächse zum Schutz vor schlechtem Einfluß und Krankheiten. Nach Culpeper stand der Storchschnabel unter dem Einfluß der Venus, und zu dessen Lebzeiten galt er als Symbol der Liebe und dem Wunsch zu gefallen. Man verwendete die Blüten im Liebestrank und auch als Stärkungsmittel, das die Stimmung hob und das Herz tröstete.

Kräuterheilmittel

Sowohl der Amerikanische als auch der Stinkende Storchschnabel sind aufgrund ihres hohen Anteils an Gerbsäuren stark wirkende Adstringentia. Deshalb sind sie sehr gut bei Durchfall und Ruhr, jeder Art innerer Blutungen sowie starken Monatsblutungen. Äußerlich angewendet sind sie zur Heilung von Schnitten und Wunden, Geschwüren und wunden Stellen geeignet. Wegen seiner heilenden Eigenschaften war der Amerikanische Storchschnabel bei den amerikanischen Ureinwohnern und den ersten Siedlern gut bekannt. Die Schwarzfußindianer trugen immer ein wenig der pulverisierten Wurzel als Erste-Hilfe-Mittel zum Stillen von Blutungen bei Schnitten und anderen Wunden in einem Beutel bei sich, die Meskwakis des Mittleren Westens verwendeten die Wurzel zur Heilung von wundem Zahnfleisch und Eiterfluß, bei Zahnschmerzen und Hämorrhoiden, die Tscherokesen spülten mit einem Absud der Wurzel den Mund und verwendeten ihn bei Kindern mit Mundsoor. Die Irokesen behandelten mit Storchschnabel Halsschmerzen, Aphthen und Infektionen sowie wunde Stellen der Haut und gaben ihn auf den Nabel eines Babys, wenn dieser nicht heilte. Die ersten Siedler kochten die Wurzel in Milch und erhielten so ein beliebtes Heilmittel bei Verdauungsbeschwerden von Kindern, einschließlich Durchfall und Ruhr, denn Storchschnabel schmeckte angenehm, wirkte sanft und hatte keine Nebenwirkungen.

Man kann den Amerikanischen und den Stinkenden Storchschnabel verwenden, um schlaffe Muskulatur zusammenzuziehen, die zu Beschwerden wie

Ruprechtskraut

Amerikanischer Storchschnabel

Streßinkontinenz, Prolaps und Verstopfung führen kann, und um eine übermäßige Sekretion bei Katarrhen und vaginalem Ausfluß zu mindern. Verwendet man die Pflanze zum Waschen der Haut, kann man sie nicht nur bei Schnitten und Abschürfungen, wunden Stellen und Geschwüren einsetzen, sondern auch bei Verbrennungen, fettiger Haut und verstopften Poren, die dann Pickel verursachen. Außerdem eignet sie sich gut zum Waschen von Brustwarzen, wenn diese wund und empfindlich werden (nicht die ganze Brust waschen, da dann die Milchproduktion versiegen könnte).

Homöopathisches Heilmittel: G. maculatum

Auch Geranium maculatum wird bei Durchfall, Ruhr, starken Monatsblutungen, Hämorrhoiden, Geschwüren, wunden Brustwarzen, vaginalem Ausfluß und Halsschmerzen eingesetzt. Andere Symptome, die auf die homöopathische Verwendung hindeuten, sind Schwindel mit Doppelsehen, der gelindert wird, wenn man sich hinlegt und die Augen schließt, erweiterte Pupillen, Schwierigkeiten, mit offenen Augen zu gehen (die mit geschlossenen Augen abnehmen), trockener Mund, eine brennende Zungenspitze, Schmerzen an der linken Stirnseite und der permanente Drang, auf Toilette gehen zu müssen, ohne daß es zum Stuhlgang kommt. Es können auch Symptome auftreten, die auf ein Magengeschwür hindeuten, einschließlich des Erbrechens von Blut.

Ätherisches Öl in der Aromatherapie

In der Aromatherapie wird wegen ihres rosigen, süßen Duftes Rosengeranium, *Pelargonium graveolens*, eine Verwandte des Storchschnabels, verwendet. Sie hat eine positive Wirkung auf das Nervensystem und besitzt adstringierende Eigenschaften. Rosengeranium ist besonders gut bei streßbedingten Erkrankungen, wie Kopf- und Magenschmerzen, Menstruationskrämpfen und Kraftlosigkeit. Das Öl lindert Anspannungen und Ängste und hebt die Stimmung, da es Melancholie und Depressionen vertreibt. Seine ausgleichende Wirkung auf die Gefühle mildert Stimmungsschwankungen, wodurch man es mit viel Erfolg beim prämenstruellen Spannungssyndrom (PMS) und bei Beschwerden während der Menopause einsetzt. Hier sind auch seine hormonregulierenden Eigenschaften sehr hilfreich.

Als Adstringens verleiht Rosengeranium schlaffen Muskeln Spannkraft, lindert Durchfall und starke Menstruationsblutungen, stillt Blutungen von Abschürfungen und Schnitten und läßt sich gut als Gesichtswasser bei übermäßiger Talgproduktion, Pikkeln, fettiger Haut und Akne einsetzen. Man kann das Öl auch als Spülung bei Hämorrhoiden, Krampfadern, Frostbeulen, Verbrennungen, Zellulitis und Hautbeschwerden wie Ekzemen verwenden. Seine antiseptischen Eigenschaften beugen Entzündungen von Schnitten vor und können zur Behandlung von Eiterbeulen, Abszessen und Kopfläusen genutzt werden. Es ist ein gutes Mittel gegen Insekten und ein gutes Deodorant. Auf die Brust aufgetragen reduziert Rosengeranium Anschwellungen und eignet sich dadurch gut zur Vorbeugung und Behandlung von Brustentzündungen.

Die Blütenessenz

Die Blütenessenz Geranie ist für Menschen geeignet, die sich niedergeschlagen und depressiv fühlen und in deren Leben es an Farbe fehlt. Geranium hebt die Stimmung und bringt Glück und Freude in die alltäglichen Aktivitäten. Die Essenz eignet sich auch gut für Menschen, die Stärke und Motivation zur Umsetzung ihrer Pläne und Projekte benötigen. Sie hilft, Dinge geordnet anzugehen, indem sie die erforderliche Energie und Klarheit verleiht.

Helianthemum nummularium, H. canadense

Gemeines Sonnenröschen

Die Blüte der Helden

Der Name Helianthemum wurde von den griechischen Wörtern *helios* (Sonne) und *anthemon* (Blume) abgeleitet, da diese Blume nur blüht, wenn die Sonne scheint. *Helianthemum canadense*, wächst auf trockenen, sandigen Böden. Das europäische Gemeine Sonnenröschen, *Helianthemum nummularium*, wächst wild auf kalkhaltigen, sandigen oder kiesigen Böden auf Bergwiesen.

Kräuterheilmittel *Helianthemum canadense* ist ein Adstringens und kann in kleinen Dosen zur Behandlung von Durchfall und Ruhr eingesetzt werden (in großen Dosen kann die Pflanze Brechreiz auslösen). Wenn man mit einem Aufguß gurgelt, lindert das Mittel einen wunden Mund, Aphthen und Halsschmerzen. Bei entzündlichen Augenbeschwerden kann man sie als Augenspülung verwenden oder als Hautlotion bei Hautbeschwerden, wie Akne, Ekzemen, Krampfadern, Geschwüren, Insektenbissen und -stichen, einsetzen.

Homöopathisches Heilmittel Cistus oder Helianthemum canadense wird aus einer Tinktur der ganzen Pflanze gewonnen. Es wird verschrieben gegen Durchfall und Ruhr, bei Gürtelrose und den sie begleitenden schmerzvollen Blasen auf der Haut und Schmerzen entlang der Nervenbahnen. Das Homöopathikum ist auch angezeigt bei geschwollenen Drüsen und skrofulösen Beschwerden sowie bei juckender Haut und Halsschmerzen, einschließlich jener in Verbindung mit Scharlach. Das Symptombild ist gekennzeichnet von einer Empfindlichkeit gegenüber kalter Luft, worauf das ungewöhnliche Verhalten der Pflanze hinweist, die im Winter Eiskristalle an ihren Wurzeln bildet. Ein Cistus- oder Helianthemum-Mensch neigt zu Ängstlichkeit und zittert bei Fieber. Die Symptome verschlimmern sich durch jede Art von psychischer Aufregung.

Die Blütenessenz Rock Rose (*H. nummularium*) ist ein Heilmittel für Notfallsituationen. Die Essenz ist eine Komponente der Rescue-Remedy-Kombination aus der Bach-Blüten-Reihe und kann in jeder mit Angst verbundenen Lage genommen werden, in der man das Gefühl hat, man könne mit der Situation nicht umgehen. Rock Rose befreit aus der Panik und kann die Angst um die eigene Person in Mut verwandeln.

Helianthus annuus

Sonnenblume

Die Blüte der Inkas

Die prachtvolle Sonnenblume ist in Mexiko und Peru beheimatet und wurde im 16. Jahrhundert wegen ihres außergewöhnlichen wirtschaftlichen Wertes in Europa eingeführt. Jeder Teil der Pflanze kann wirtschaftlich genutzt werden: Aus den Blättern und Stengeln wurden Futter, Kleidung, Papier und ein Tabakersatz hergestellt; die Blüten enthalten einen vielseitigen gelben Farbstoff; die Samen sind äußerst nahrhaft, man kann aus ihnen Brot herstellen oder sie geröstet zu einem Getränk verarbeiten, und das aus den Samen gewonnene Speiseöl eignet sich ausgezeichnet für Salate und zum Kochen, da es einen hohen Anteil mehrfach ungesättigter Fette enthält. Aus dem Öl werden Margarine, Farbe und Seife hergestellt. Das Mark des Stengels gehört zu den leichtesten in der Natur vorkommenden Substanzen, und man fertigte daraus Rettungsgürtel.

Der Name Helianthus stammt von den griechischen Wörtern *helios* (Sonne) und *anthos* (Blume), da die Blüten immer der Sonne zugekehrt sind. In Italien nennt man die Pflanze *girasole* und in Frankreich *tourne sol*. Weil sich auch die Ringelblume zur Sonne dreht, bezeichnet man sie auch als *marigold of Peru*, die peruanische Ringelblume. Vielleicht erhielt die Sonnenblume ihren Namen auch deshalb, weil die goldstrahligen Blüten der Sonne ähneln.

Die Sonnenblume wurde von den peruanischen Inkas und später von den Indianern als Symbol der Sonne und Emblem des Sonnengottes Atahualpa verehrt. Sie meißelten sie in ihre Tempelskulpturen und webten sie in Gold in ihre Kleiderstoffe. Die Priesterinnen trugen goldene Kronen, die die Form von Sonnenblumen hatten. Die ersten spanischen Eroberer fanden wunderschöne Darstellungen der Sonnenblume aus Gold und erachteten die Goldschmiedearbeit wesentlich wertvoller als den Wert des verwendeten Goldes.

Der legendäre Ursprung der Sonnenblume geht auf die griechische Mythologie zurück. Die wunderschöne Wassernymphe Clytie hatte sich in den Sonnengott Apollo verliebt. Doch Apollo liebte eine andere, Calliope. Clytie verging vor Gram und starb an gebrochenem Herzen. An der Stelle, an der sie starb, wurden ihre Beine zu Wurzeln, ihr Körper verwandelte sich in einen schlanken Stengel und ihr hübsches Gesicht in die Sonnenblume.

Kräuterheilmittel

Mit ihrer weltweiten Verbreitung als Feldfrucht erwarb die Sonnenblume den Ruf als gutes Hausmittel bei Halsentzündungen, Erkältungen, Husten, Bronchitis, Asthma, Keuchhusten und Tuberkulose.

Die Samen wurden bei Wechselfieber und Malaria eingesetzt, und man hielt sie bei der Behandlung von Malaria für wirksamer als Chinin. Im 19. Jahrhundert pflanzten die Siedler in Amerika Sonnenblumen als Schutz vor Krankheiten um ihre Häuser. Sie sind sehr nützlich zum Trocknen feuchter Böden, da sie eine bemerkenswerte Fähigkeit besitzen, Wasser aufzunehmen. Daher können sie das Auftreten von Krankheiten reduzieren, die in Feuchtgebieten stark verbreitet sind, einschließlich der von Moskitos übertragenen Malaria. Aus diesem Grund waren sie auch in Rußland, der Türkei und Persien sehr gängig.

Die Samen der Sonnenblume, die Sonnenblumenkerne, wurden wissenschaftlich sehr genau untersucht, und man fand heraus, daß sie ausgesprochen nahrhaft sind, reich an Mineralien, wie Phosphor, Kalzium, Eisen, Fluor, Jod, Kalium, Magnesium und Natrium. Sie enthalten auch viel Eiweiß und sind reich an Vitamin B und D. Man hat herausgefunden, daß das im Öl enthaltene Inulin wirksam bei der Behandlung von Asthma ist.

Sonnenblumenkerne wirken auch harntreibend, und da sie die Ausscheidung von Giftstoffen unterstützen, hat man sie zur Behandlung von Gicht und Rheuma eingesetzt. Das Öl wird äußerlich bei Arthritis und Rheuma aufgetragen.

Die Blütenessenz

In der Blumensprache symbolisiert die Sonnenblume Hochmut, vielleicht aufgrund der Größe, die sie erreichen kann. Als Blütenessenz kann Sunflower bei Menschen eingesetzt werden, die zu Egoismus, Arroganz, Hochmut und Eitelkeit neigen.

Die Essenz eignet sich auch für Menschen, die unter mangelnder Selbstachtung oder fehlendem Selbstvertrauen leiden, was auf Konflikte mit den Eltern, besonders den Vätern oder Vaterfiguren, in der Kindheit zurückgehen kann. Als Symbol der Sonne, die Licht, Wärme und Kraft spendet, steht die Essenz in Beziehung zu dem Licht in unserem Leben, das von unserem inneren Ich ausgeht.

Hamamelis virginiana

Virginische Zaubernuß

Die Blüte der Prophezeiung

Die Virginische Zaubernuß ist ein laubwechselnder Strauch, der im Osten Nordamerikas beheimatet ist. Wegen ihrer leuchtend gelben Blüten, die im Herbst blühen, ist sie als Gartenpflanze beliebt. Sie bevorzugt halbschattige Standorte. Der Name Hamamelis stammt aus dem Griechischen und deutet auf die Ähnlichkeit mit einem Apfelbaum hin. Einer der im Volksmund verbreiteten Namen, Hexenhasel, bezieht sich auf das kraftvolle Herausschleudern der reifen Samen. Rinde, Zweige und Blätter ähneln sich in ihrer therapeutischen Wirkung. Die Äste eigneten sich gut als Wünschelruten, um unterirdische Wasseradern oder Metalle aufzuspüren.

Kräuterheilmittel

Früher verwendete man Extrakte der Zaubernuß bei Verbrühungen und Verbrennungen, Schwellungen, Entzündungen der Haut und zum Stillen von Blutungen. Aufgrund des hohen Anteils an Gerbsäuren wirkt die Pflanze in erster Linie adstringierend. Daher eignet sie sich bei inneren und äußeren Blutungen; man verwendete sie zum Stillen von Blutungen der Lunge, des Magens, der Gebärmutter und des Verdauungstraktes. Virginische Zaubernuß ist ein hervorragendes Heilmittel bei Durchfall, Ruhr, Colica mucosa und Katarrhen der Atemwege. Man verschrieb sie bei Gebärmuttervorfällen und Schwächezuständen nach Geburten oder Fehlgeburten und zur Stärkung der Gebärmuttermuskulatur. Sie läßt sich auch gut bei sehr starken Monatsblutungen und Blutstauungen in der Gebärmutter einsetzen, die mit einem Völle- und Schweregefühl und Unwohlsein zum Zeitpunkt der Periode verbunden sind.

Äußerlich kann man die Virginische Zaubernuß als Absud, Tinktur oder in destillierter Form bei Schnitten und anderen Wunden, als Mundspülung bei Zahnfleischbluten oder als Lotion oder Salbe bei blutenden Hämorrhoiden anwenden. Die Gerbsäuren stillen nicht nur die Blutungen, sie beschleunigen auch den Heilungsprozeß, lindern Schmerzen, Entzündungen und Schwellungen und bilden auf Wunden eine schützende Schicht, die das Entstehen von Entzündungen verhindert. Sie drosseln schleimige Ausscheidungen im ganzen Körper und wirken tonisch und zusammenziehend auf die Muskulatur und die Blutgefäße, wodurch der Virginischen Zaubernuß ein wunderbar breites Spektrum an therapeutischen Einsatzmöglichkeiten zukommt. Als Lotion oder Salbe lindert sie Schmerzen und Schwellungen von Krampfadern und Venenentzündungen, juckende Hämorrhoiden; außerdem beschleunigt sie den Heilungsprozeß von Ulcus varicosum. Als Kräuterpackung oder Kompresse hilft sie bei Verbrennungen, geschwollener, entzündeter Haut, angeschwollenen Brüsten, wundgelegenen Stellen, Prellungen, Verstauchungen und Zerrungen.

Die Lotion kann Schmerzen, Reizungen und Schwellungen von Insekten- oder Moskitobissen und -stichen beruhigen und schmerzhaft verspannte Muskeln lösen. Als Hautlotion verleiht sie dem Gewebe Spannkraft und reduziert das Platzen von Äderchen. Mit Rosenwasser vermischt, erhält man eine erfrischende Augenspülung, und in Virginischer Zaubernuß getränkte Kosmetik-Pads verschaffen Linderung bei schmerzenden, müden oder entzündeten Augen und bei Bindehautentzündung.

Als Lotion, Absud oder Tinktur kann man die Pflanze als Dusche bei vaginalem Ausfluß oder Reizungen einsetzen, zum Gurgeln bei Halsschmerzen und Infektionen, wie Mandel- und Kehlkopfentzündung, und als Mundspülung bei einem entzündeten Mund und Aphthen.

Homöopathisches Heilmittel: Hamamelis

Auch das homöopathische Heilmittel Hamamelis wirkt auf die Nervenbahnen und die Schleimhäute. Die tiefrote Farbe der Tinktur weist auf ihre therapeutische Wirkung hin: Es gibt kein besseres Heilmittel bei Blutungen und Beschwerden der Blutgefäße.

Man verschreibt es bei venösen Blutungen im gesamten Körper und bei venösen Stauungen, Krampfadern, Geschwüren und bei Hämorrhoiden, bei denen die betroffenen Bereiche wundgerieben sind. Es ist sehr wertvoll zur Beschleunigung der Wundheilung nach Operationen und bei Schwäche aufgrund von Blutverlust.

Die Blütenessenz

Witch Hazel ist für Menschen geeignet, die sich selbst unter Druck setzen, um den Erwartungen der anderen zu entsprechen.

Humulus lupulus

Hopfen

Die Blüte für einen erholsamen Schlaf

Hopfen ist eine Schlingpflanze, die überall in Europa, Zentralasien, Nordamerika und Australien wild wächst. Sie windet sich im Uhrzeigersinn um Baumstämme oder Stützen und hält sich an ihnen mit winzigen Stacheln fest. Deshalb glaubten die Römer irrtümlicherweise auch, daß die Pflanze so Leben aus dem Baum saugen würde und nannten sie daher *lupulus*, was »kleiner Wolf« bedeutet. Der Name *humulus* basiert wahrscheinlich auf der Tatsache, daß Hopfen feuchte, humusreiche Böden bevorzugt. Der Name Hopfen stammt von *hoppan*, dem angelsächsischen Wort für klettern.

Die Bekanntheit des Hopfens resultiert aus seiner Bedeutung beim Bierbrauen. Im 14. Jahrhundert wurde er in den meisten Teilen Europas eingesetzt, um dem Bier Geschmack zu verleihen. Die kleinen gelben Drüsen auf den Früchten des Hopfens sondern eine klebrige Substanz namens Lupulin ab, die verschiedene bittere Komponenten enthält. Sie konservieren das Bier, machen es schaumiger und verleihen ihm den bitteren Geschmack.

Kräuterheilmittel

Die getrockneten Blüten oder Zapfenfrüchte des Hopfens wirken beruhigend, weshalb man sie bis zum heutigen Tag in Ruhekissen verwendet. Sie helfen nicht nur bei Schlaflosigkeit, sondern auch bei Anspannung und Angst und beruhigen Schmerzen, Unruhe und Aufregung. Hopfen wirkt krampflösend und hilft dadurch bei Muskelverspannungen im ganzen Körper, einschließlich Darmkrämpfen, und bei anderen eventuell streßbedingten Verdauungsbeschwerden, wie nervöse Indigestion und Reizkolon. Die Bitterstoffe im Hopfen unterstützen die Verdauung, fördern die Tätigkeit der Leber und die Produktion von Galle und Verdauungssäften. Die enthaltenen Gerbsäuren begünstigen die Heilung von Reizungen und Entzündungen und lindern Durchfall, während die antiseptische Wirkung von Hopfen zur Linderung von Infektionen beiträgt.

Obwohl Hopfen aufgrund seiner Verwendung beim Bier ein eher männliches Image besitzt, ist er ein gutes Heilmittel für Frauen. Wie das ätherische Öl hat das Kräuterheilmittel eine östrogene Wirkung, die es zu einem ausgezeichneten Mittel bei Beschwerden in der Menopause macht. Man setzte Hopfen auch zur Förderung der Milchproduktion während der Stillzeit und bei ausgebliebenen und schmerzhaften Monatsblutungen ein. Hopfen unterdrückt die Libido des Mannes, zeigt bei Frauen aber die entgegengesetzte Wirkung.

Das im Hopfen enthaltene Asparagin ist ein beruhigendes Diuretikum, das Flüssigkeitsretention mindert und die Ausscheidung von Giftstoffen aus dem Körper beschleunigt. Diese Tatsache in Verbindung mit seiner Wirkung auf die Leber verhalf Hopfen zu dem Ruf, Hautprobleme, wie Ekzeme und Akne, beseitigen zu können. Hier wirken auch die entspannenden und antihistaminischen Eigenschaften unterstützend.

Äußerlich wird Hopfen in Cremes verwendet, die die Haut weich und elastisch halten und die Faltenbildung verzögern. Seine antiseptische Wirkung ist hilfreich bei Schnitten und anderen Wunden und bei Geschwüren.

Ätherisches Öl in der Aromatherapie

Man kann Hopfenöl dem abendlichen Bad zur Linderung schmerzhafter Muskelverspannung und zur Förderung eines erholsamen Schlafes beigeben. Inhalationen und Bäder lindern Schmerzen und verringern Anspannung, Angst, Reizungen und Unruhe. Wie das Kräuterheilmittel setzt Hopfenöl das sexuelle Verlangen bei Männern herab und fördert die Libido bei Frauen; die östrogene Wirkung ist hilfreich bei Beschwerden während der Wechseljahre.

Homöopathisches Heilmittel: Lupulus

Lupulus wird bei großer Müdigkeit eingesetzt, wie sie durch die narkotisierende Wirkung von Hopfen in großen Mengen hervorgerufen wird.

Die Blütenessenz

Die Hopfenessenz ist ein gutes Heilmittel für Heranwachsende, wenn sich die spielerische Energie der Kinder in sexuelle Energie und größere körperliche Stärke verwandelt. Sie erleichtert den Übergang und fördert körperliches und geistiges Wachstum. Sie unterstützt ein gutes Gruppenverhalten.

NB: Bei Depressionen vermeiden.

Hypericum perforatum

Johanniskraut

Die Blüte des Lichtes

Seit jeher wurden die leuchtend gelben Blüten dieser wild am Waldrand wachsenden Pflanze mit Licht verbunden. Die Blüten symbolisierten die Sonne, die alles Böse vertreibt, indem sie die Kräfte der Dunkelheit verjagt. Der Name Hypericum stammt von dem griechischen *huper eikon* (über einer Erscheinung), da Johanniskraut offensichtlich vor bösen Geistern schützen kann. Mit der Christianisierung wurde das Kraut Johannes dem Täufer gewidmet, und die Sommersonnenwende wurde zum Johannistag. Das rote Pigment, das aus der zerquetschten Blüte austritt, symbolisierte das Blut Johannes' des Täufers. Man bezeichnete es auch als »Jesustränen«. In vielen Ländern sammelte man bei Anbruch des Johannistages den Tau, der sich auf den Blüten gesammelt hatte. Er sollte die Augen im kommenden Jahr vor allem Übel schützen. In der Blumensprache bedeutet Johanniskraut Aberglauben.

Kräuterheilmittel

Johanniskraut ist ein wunderbares Heilmittel für das Nervensystem; es löst Spannung und Angstzustände und hebt die Stimmung. Wissenschaftliche Untersuchungen belegen seine Wirkung als Antidepressivum und Beruhigungsmittel. Es dauert zwei bis drei Monate, bis die stimmungshebenden Eigenschaften eine dauerhafte Wirkung zeigen; sie basiert darauf, daß die Pflanze die Wirkung der Neurotransmitter im Gehirn steigert. Johanniskraut erhöht die Empfindlichkeit gegenüber Sonnenlicht und kann Menschen im lichtarmen Winter helfen. Es kann auch bei einem Jetlag sehr hilfreich sein. Es ist ein gutes Heilmittel bei emotionalen Problemen während der Menopause, es senkt den Blutdruck und die Kapillarfragilität und wirkt positiv auf die Gebärmutter. Man kann Johanniskraut bei schmerzhaften, starken und unregelmäßigen Monatsblutungen sowie bei prämenstruellem Syndrom einsetzen.

Seine harntreibende Wirkung mindert Flüssigkeitsretention und beschleunigt die Ausscheidung von Giftstoffen über den Urin. Da es tonisch auf die Harnwege wirkt, hilft es bei bettnässenden Kindern und bei Inkontinenz. Es ist außerdem ein gutes Mittel bei Gicht und Arthritis.

Johanniskraut wirkt schleimlösend und fördert die Genesung nach Husten und Infektionen des Brustkorbs. Seine antibakterielle und antivirale Wirkung unterstützt den Kampf gegen Tuberkulose und Grippe A und kann bei der Behandlung von Aids und Krebs dienlich sein. Man vermutet, daß Hypericin die Reproduktion von Retroviren beeinträchtigt. Im Verdauungstrakt wirkt Johanniskraut adstringierend und antimikrobiell und lindert so Magen-Darm-Entzündung, Durchfall und Ruhr.

Sowohl innerlich als auch äußerlich ist Johanniskraut ein ausgezeichnetes Heilmittel gegen Nervenschmerzen und jedwedes Trauma des Nervensystems. Man kann es einsetzen bei Trigeminusneuralgie, Ischiasbeschwerden (Muskelrheumatismus), Rückenschmerzen, Gürtelrose, Kopfschmerzen und rheumatischen Schmerzen. Auch lohnt sich seine Verwendung nach einer Operation und bei Verletzungen des Nervengewebes. Johanniskraut beruhigt und heilt Verbrennungen, Schnitte und andere Wunden und Geschwüre. Es ist auch dienlich bei Verstauchungen, Hämorrhoiden und Krampfadern.

Homöopathisches Heilmittel: Hypericum

Das Homöopathikum wurde bei jeder Art von Trauma oder Verletzung von Körperteilen verwendet, die reich an Nervengewebe sind, wie die Wirbelsäule, Finger, Augen, Lippen, Mund und Zehen. In vielen Fällen empfiehlt es sich, zuerst Arnika zu geben, um Schwellungen und Blutergüsse zu vermeiden, und dann Hypericum, sowohl gegen reißende Schmerzen, die empfindlich auf Berührung und Druck reagieren, als auch gegen Schock.

Die Blütenessenz

Auch als Blütenessenz ist Saint John's Wort ein Mittel des Lichtes. Die Essenz ist für empfindsame Menschen geeignet, die zu Ängsten neigen, häufig vor Dunkelheit oder körperlichen Angriffen, wodurch sie unruhig schlafen. Sie eignet sich auch für Menschen, die überempfindlich auf Sonnenlicht und Hitze reagieren. Sie können zu Allergien tendieren und auf ihre Umgebung übersensibel ansprechen. Saint John's Wort schützt diese Personen vor negativen Einflüssen und vertreibt die Ängste, indem es ihnen das Gefühl gibt, stark und voller Licht zu sein.

NB: Die im Johanniskraut enthaltenen Phototoxine können, wenn sie eingenommen werden, bei hellhäutigen Menschen zu Lichtempfindlichkeit führen.

Hyssopus officinalis

Ysop

Die Blüte des Vergebens

Ysop ist eine hübsche, zur Familie der Lippenblütler gehörende immergrüne Pflanze, die einen süßen, kräftigen und lang anhaltenden Duft ausströmt, der häufig in Duftwassern, Potpourris und Kräuterkissen verwendet wird. Die weißen, rosa oder lila Blüten werden von Bienen und Schmetterlingen umschwärmt. Ysop wurde in mittelalterlichen Klostergärten angepflanzt, und seit dem 17. Jahrhundert war er als Zierpflanze in englischen Gärten verbreitet.

Der Name Ysop stammt von dem hebräischen Wort *ezob*. Seit der Frühzeit galt Ysop in vielen Kulturen als Symbol der Reinheit, der rituellen Reinigung, Taufe und der Vergebung von Sünden.

Auch die Griechen verehrten Ysop auf diese Weise. Er war Bestandteil einer bei Reinigungszeremonien verwendeten Duftmischung. Die Römer schätzten seinen Schutz vor Krankheiten, einschließlich der Pest. Später reinigte man mit Ysop Kirchen und Häuser von Kranken, selbst die von Leprakranken. Im Mittelalter gehörte Ysop zu den Kräutern, die man auf dem Fußboden ausstreute, und man stellte Sträußchen her, die Ansteckung und schlechte Gerüche abhalten sollten.

Man kann Ysop im Frühjahr aus Samen ziehen oder im Sommer aus Stecklingen. Er bevorzugt sonnige Standorte und trockene Böden.

Kräuterheilmittel

Ysop ist ein ausgezeichnetes Kraut zur Stärkung der Abwehrkräfte gegen Infektionen. Er hat eine besondere Bedeutung für die Atemwege und ist ein gutes stimulierendes Dekongestionsmittel und Expektorans bei Erkältungen, Grippe, Katarrh, Nebenhöhlenbeschwerden, Husten, Bronchitis, Asthma und Rippenfellentzündung. Besonders nützlich ist er bei Kindern. Die antiseptische und schleimlösende Wirkung beruht vor allem auf seinen ätherischen Ölen. Die Wirkung von Ysop gegen den Tuberkulosebazillus konnte ebenso nachgewiesen werden wie seine antiviralen Eigenschaften, die bei der Behandlung von Erkältungen, Grippe und Herpes simplex mit Fieberbläschen nützlich sind. Man kann Ysop zum Gurgeln bei Hals- und Mandelentzündungen verwenden oder zum Inhalieren bei Heuschnupfen und Katarrhen.

Ysop ist wärmend und hat einen kräftigen Geschmack. Er stimuliert den Kreislauf und wirkt schweißtreibend, was Fieber senkt und das Blut reinigt. Er wärmt und stärkt den Magen, erhöht den Appetit und fördert die Verdauung. Man kann ihn bei Indigestion und Flatulenz einsetzen, bei jeder Art von Krämpfen und bei Verstopfung. In der Vergangenheit nahm man Ysop bei Epilepsie, heute wird davon jedoch abgeraten; aufgrund seiner stärkenden Eigenschaften gilt er als Nerventonikum und ist geeignet bei Schwäche und während der Rekonvaleszenz.

Äußerlich kann man Ysop auf Prellungen, Verstauchungen, Schnitte und andere Wunden auftragen; er läßt Schwellungen abklingen und beschleunigt die Heilung. Zur Linderung von Rheuma und Arthritis kann man ihn ins Badewasser geben.

Ätherisches Öl in der Aromatherapie

Ysopöl ist ein Nerventonikum zur Linderung von Ängsten, Spannungszuständen, Erschöpfung und Depressionen. Gibt man es in einen Zerstäuber, reinigt es die Atmosphäre. Dies ist besonders nützlich bei infektiösen Krankheiten in der Umgebung oder auch bei der Vorbereitung auf eine Prüfung, da es den Kopf frei macht und die Nerven stärkt.

Inhaliert man das Öl, löst es Infektionen der Atemwege und Katarrhe und stärkt die Immunabwehr, wodurch es besonders empfehlenswert bei Asthma, Infektionen des Brustkorbs, Bronchitis, Fieber, Grippe und Heuschnupfen ist.

Wie das Kräuterheilmittel fördert Ysopöl die Verdauung und wirkt appetitanregend. Auf schmerzende, geschwollene Gelenke aufgetragen, wirkt es schmerzlindernd. Es wird auch eingesetzt bei schwachen Perioden, vaginalem Ausfluß und als Diuretikum bei Infektionen der Harnwege und bei Steinen.

Die Blütenessenz

Auch als Blütenessenz wird Ysop zur emotionalen und spirituellen Reinigung und Läuterung eingesetzt. Die Essenz hilft, Spannungen im Körper abzubauen, die auf emotionale Probleme, insbesondere auf Schuldgefühle, zurückgehen. Durch Ysop kann man diese Schuldgefühle loslassen und sich selbst vergeben. Die Essenz bietet sich für Kinder an, die sich für den Streit zwischen ihren Eltern verantwortlich fühlen, und für Eltern, die sich schuldig fühlen, weil sich ihre Kindererziehung nicht mit ihren Idealen deckt.

NB: Epileptiker sollten das Öl vermeiden.

Ilex aquifolium

Stechpalme

Die Blüte der guten Absicht

Die Stechpalme ist eine immergrüne Pflanze, die in Zentral- und Südeuropa beheimatet ist und vor allem als Weihnachtsschmuck in Europa und in den USA kultiviert wird. Die Verbindung zwischen der Stechpalme und der Wintersonnenwende reicht viele Jahrhunderte zurück. In der römischen Mythologie war die Stechpalme Saturn geweiht, und während des römischen Festes Saturnalien zwischen dem 17. und dem 23. Dezember schenkte man sich gegenseitig Stechpalmenzweige als ein Symbol von Gesundheit und Glück. In der heidnischen Mythologie tötet der Eichenkönig (der Herrscher des zunehmenden Jahres) den Stechpalmenkönig (den Herrscher des abnehmenden Jahres) am Julfest und wird selbst an der Sommersonnenwende vom Stechpalmenkönig getötet. Im christlichen Kalender bezeichnet man die Sommersonnenwende als Johannistag; Johannes der Täufer wurde mit dem Eichenkönig gleichgesetzt. Julzeit ist Weihnachten, die Geburt Christi, daher wurde Christus mit dem Stechpalmenkönig identifiziert; die Stechpalme wurde dadurch zum Symbol für Freude und gute Absichten. Andere Legenden besagen, daß die Stechpalme zuerst dort wuchs, wo Jesus zu Lebzeiten gegangen war. Die stacheligen Blätter und die roten Beeren galten als Symbole der Leiden Christi; deshalb erhielt die Stechpalme den Namen Christdorn.

Die Stechpalme galt als Baum des guten Omens. Ihre immergrünen Blätter symbolisierten Leben im scheinbar toten Winter. Zu Plinius' Zeiten war die Stechpalme ein schützender Baum. Pflanzte man sie nahe dem Haus oder hängte einen ihrer Zweige über die Tür, schützte sie den Ort und die Bewohner vor Gift, bösen Geistern, Blitz und Hexerei. Männer trugen sie als Glücksbringer bei sich (Frauen trugen Efeu), und werfe man einen Ast der Stechpalme nach einem wilden Tier – so hieß es –, lege sich das Tier ruhig hin. Stechpalmen-Wasser wurde als Schutz über neugeborene Babys gesprenkelt. Die Druiden verwendeten die Stechpalme zur Dekoration ihrer Hütten im Winter, damit sich die Waldgeister darin wohl fühlten. Die Stechpalme war einer der sieben heiligen Bäume der irischen Klanoberhäupter, und es war verboten, sie zu fällen.

Kräuterheilmittel

In mehreren Ländern verwendete man die Blätter verschiedener Stechpalmenarten zur Zubereitung von Tee. Am bekanntesten ist *Ilex paraguayensis* aus Brasilien, der unter dem Namen »Yerba maté« bekannt ist und überall in Südamerika als belebendes Tonikum getrunken wird (der Tee ist reich an Koffein). Im Schwarzwald war Tee aus Stechpalmenblättern weit verbreitet; er ersetzte herkömmlichen Tee und wirkte als Tonikum.

Die adstringierenden Eigenschaften der Blätter kräftigen die Schleimhäute im ganzen Körper und sind daher ein gutes Mittel bei katarrhalischen Beschwerden. Sie wirken auch schleimlösend, weshalb sie bei hartnäckigem Husten eingesetzt werden. In der Vergangenheit wurden sie auch bei Bronchitis, Rippenfell- und Lungenentzündungen verabreicht.

Als Diuretikum lindert die Stechpalme Flüssigkeitsretention und beschleunigt die Ausscheidung von Giftstoffen aus dem Körper. Aus diesem Grunde wird sie seit langem bei Arthritis, Gicht und Rheuma genommen. Man kann sie auch bei Infektionen der Harnwege und zur Vorbeugung von Harnstein nehmen.

Als heißer Aufguß wirken Stechpalmenblätter schweißtreibend, da sie das Blut an die Körperoberfläche bringen. Dies senkt Fieber und bringt Ausschläge zum Ausbruch.

Homöopathisches Heilmittel: Ilex

In dem homöopathischen Heilmittel werden die frischen Blätter, die Beeren und die jungen Triebe verwendet. Es wird genommen bei Katarrhen, entzündlichen Augenbeschwerden, Schmerzen in der Milz, Durchfall mit Schleim und Wechselfieber.

Die Blütenessenz

Die Essenz Holly ist für Menschen geeignet, die voller Haß, Eifersucht, Neid, Rachegedanken und Groll sind. Diese Gefühle resultieren aus einem Mangel an Liebe. Die Menschen sind unsicher, anderen gegenüber mißtrauisch und bösartig. Edward Bach zufolge öffnet Holly das Herz und vereinigt uns mit der göttlichen Liebe. Die Essenz versetzt uns in die Lage, anderen und uns selbst gegenüber Liebe zu empfinden, so daß wir glücklich sein können, ohne uns von anderen, ihren Erfolgen und Eigenschaften bedroht zu fühlen.

NB: Die Beeren der Stechpalme sind leicht giftig. Sie verursachen Erbrechen und Durchfall.

Iris versicolor

Verschiedenfarbige Schwertlilie

Die Blüte des Regenbogens

Die Pflanze wurde von Linné nach Iris, der Botin Junos, benannt, die in der griechischen Mythologie vom Olymp herabstieg und den Sterblichen als Regenbogen erschien. Im Griechischen bedeutet *iris* »Auge des Himmels«, und man verwendete das Wort sowohl für das Innere des Auges als auch für den Regenbogen. Die Geschwindigkeit der Botin Iris spiegelt sich in der kurzen Blütezeit der Iris wider, während der Regenbogen für die vielen verschiedenen Farben der Iris steht. Iris begleitete die Seelen der Verstorbenen auf dem Pfad des Regenbogens zu ihrem ewigen Ruheplatz. Man legte deshalb Irisblüten auf die Gräber: ein Symbol der Hoffnung und der Unsterblichkeit der Seele. Die Tradition moslemischer Länder, Gräber mit weißen Irisblüten zu schmücken, da Weiß in diesem Teil der Welt die Farbe der Trauer ist, hat sich auf der ganzen Welt durchgesetzt. In der Blumensprache bedeutet die Iris »Botschaft«.

Seit dem antiken Ägypten gilt die Iris als Symbol der Könige. Man findet sie in Grabzeichnungen im Tal der Könige, die vor mehr als 4000 Jahren entstanden sind und Irisblüten schmücken die Stirn der Sphinx. Die Form der Iris ähnelt einem Zepter, dem Symbol von Macht und Majestät. Seit ungefähr 496 n. Chr. hat die Iris eine besondere Bedeutung in der Geschichte Frankreichs: In diesem Jahr ließ sich Clovis, der König der Franzosen, zusammen mit 3000 seiner Anhänger taufen und wählte die Iris als Wappenblume aus. Im 12. Jahrhundert wählte auch Ludwig VII. während der Kreuzzüge die Iris für sein Wappen; dadurch wurde sie unter dem Namen *fleur de Louis* bekannt, woraus sich *fleur de luce* oder *lys* bzw. *lis* entwickelte. Die *fleur de lis* blieb bis heute das königliche Symbol Frankreichs; ihre Blütenblätter symbolisieren Glauben, Weisheit und Tapferkeit.

Es gibt ungefähr 250 wilde Iris-Arten, die überall auf der nördlichen Halbkugel verbreitet sind. Sie bevorzugen feuchte Böden. *I. versicolor* stammt aus Nordamerika und wurde seit langem von den amerikanischen Ureinwohnern und den ersten Siedlern für Heilzwecke eingesetzt.

Kräuterheilmittel

Iris fördert den lymphatischen Kreislauf und stärkt das Immunsystem. Daher ist sie als blutreinigendes und entgiftendes Kraut hochgeschätzt und hat sich als nützlich bei der Behandlung von Hautkrankheiten erwiesen. Ihre harntreibende Wirkung unterstützt die Ausscheidung von Giftstoffen über die Harnwege.

Iris wirkt auch auf Leber und Gallenblase; sie fördert den Gallenfluß, was wiederum eine reinigende Wirkung hat, da die Leber das wichtigste Entgiftungsorgan des Körpers ist. Sie ist gut für die Verdauung, fördert die Produktion der Verdauungssäfte, lindert Winde und Flatulenz, Verstopfung, Sodbrennen, Indigestion sowie Übelkeit und kann bei Kopfschmerzen, Hautproblemen und Lethargie in Verbindung mit einer schlechten Verdauung verabreicht werden.

Iris kann zum Lösen von Katarrhen genommen werden, bei Kongestionen im Brustbereich, im Hals und in der Nase und bei geschwollenen Drüsen sowie Halsentzündungen. Man setzte sie auch zur Behandlung der Schilddrüse und der Bauchspeicheldrüse ein.

Äußerlich verwendete man die Wurzel der Iris in Umschlägen zur Heilung von Entzündungen der Extremitäten; man kann sie auch bei Prellungen einsetzen.

Homöopathisches Heilmittel: Iris

Die Tinktur aus frischen Iriswurzeln wird vor allem bei Verdauungsbeschwerden und Hautproblemen verschrieben, insbesondere wenn sie mit Brennen verbunden sind. Ein Iris-Mensch fühlt sich niedergeschlagen und läßt sich leicht entmutigen.

Die Blütenessenz

Die Essenz steigert Kreativität und Inspiration bei Menschen, die der Meinung sind, ihre eigenen Schwächen hätten sie in die irdische, materialistische Welt niedergedrückt. Sie ist für Menschen geeignet, die sich nicht inspiriert fühlen oder blockiert sind und die ihre Fähigkeit, kreativ und glücklich zu sein, anzweifeln. Iris-Menschen können unsicher und besorgt in die Zukunft blicken und haben das Bedürfnis, immer für alle Eventualitäten zu planen. Vielleicht sind sie über ihre mangelnde Inspiration und ihre Unvollkommenheit verärgert oder frustriert. Die Blütenessenz hilft, diese kreativen Blockaden zu beseitigen und ermöglicht es solchen Menschen, Inspirationen aus sich selbst und aus anderen zu ziehen und somit lebendiger zu werden.

NB: Frische Iriswurzeln sind giftig. Die getrocknete Wurzel wird nur in geringen Dosen verwendet.

Jasminum officinale, J. grandiflorum

Jasmin

Die Blüte des Luxus

Der Echte Jasmin, *J. officinale*, stammt ursprünglich aus Nordindien und Persien. Der Spanische Jasmin, *J. grandiflorum,* ist im Himalaja beheimatet und hat etwas größere, stark duftende Blüten, die für die Parfümherstellung angebaut werden. Es gibt zwischen zwei- und dreihundert Jasminarten, von denen die meisten aus Asien stammen.

Die alten Namen Jessamine und Jasmin sind von dem persischen Namen *yasmin* und vom chinesischen Wort *yeh-hsi-ming* abgeleitet. In China gilt Jasmin als Symbol weiblicher Süße und Schönheit, der Indische Jasmin ist eine geheiligte Pflanze.

Seit Jahrhunderten verbindet man luxuriöse Jasmin-Parfüms in Hindu- und Moslemgesellschaften mit Weiblichkeit, Liebe und Fruchtbarkeit. Öl und Blüten sind seit jeher wesentlicher Bestandteil in Liebestränken und wurden mit dem Mond, der Göttin Diana und dem mütterlichen, kreativen Aspekt des Universums verbunden. Mit dem Aufkommen des Christentums wurde Jasmin der Jungfrau Maria geweiht, und die sternförmigen Blüten symbolisierten himmlische Glückseligkeit. Weiße Jasminblüten waren auch unter dem Namen »Stern der göttlichen Hoffnung« bekannt; man verband sie mit der Jungfrau Maria. In der Blumensprache symbolisiert der weiße Jasmin tiefe Zuneigung, Glück und Eleganz.

Kräuterheilmittel

Jasmin wird seit Jahrhunderten in der Frauenheilkunde verwendet. In der ayurvedischen Medizin nutzt man Jasmin zur Beruhigung der Nerven und zur Besänftigung emotionaler Probleme, zur Linderung schmerzhafter Menstruationen, bei prämenstruellem Syndrom und Spannungskopfschmerzen. Seine adstingierenden Eigenschaften stillen Blutungen; daher wird er bei starken Monatsblutungen und örtlich bei vaginalem Ausfluß und Infektionen eingesetzt. Er wirkt menstruationsregulierend, entspannt aufgrund seiner krampflösenden Wirkung die Gebärmutter und lindert Schmerzen während der Geburt. Auch ist seine aphrodisierende Wirkung weithin bekannt. Die antiseptischen Eigenschaften von Jasmin werden bei der Behandlung verschiedener Infektionen, einschließlich jener der Atemwege, und bei Beschwerden des Urogenitalsystems, einschließlich Blasen- und Eileiterentzündung, genutzt. Der adstringierenden Eigenschaften der Pflanze bedient man sich bei der Behandlung von Augen- und Hautentzündungen und zum Gurgeln oder als Mundspülung zur Linderung von Halsentzündungen und Aphthen. Jasmin wirkt abschwellend in der Gebärmutter und in den Atemwegen, löst Katarrhe und lindert Nebenhöhlenentzündungen und Husten.

Ätherisches Öl in der Aromatherapie

Jasmin hat eine stimmungshebende, fast schon euphorisierende Wirkung auf die Gefühle und ist für Frauen von besonderer Bedeutung. Das Öl wird häufig zur Behandlung emotionaler Probleme in Zusammenhang mit der Sexualität, wie Impotenz und Frigidität, eingesetzt. Sein wärmender, sinnlicher Duft wirkt entspannend und beruhigend, weshalb man das Öl bei einer Vielzahl streßbedingter Probleme, wie Trauer, großem Kummer, Wut und Depressionen, verwendet. In Verbindung mit Muskatellersalbei und Bergamottöl lindert es postnatale Depressionen. Seine aphrodisierende Wirkung kann durch eine Kombination mit Rose, Ylang Ylang oder Muskatellersalbei unterstützt werden. Es wirkt antiseptisch, antiviral und antimykotisch, was man bei der Behandlung von Herpes und Soor nutzt. Außerdem stärkt und entspannt es die Gebärmutter und läßt sich daher ausgezeichnet während der Geburt einsetzen. Während der Menopause bestätigt es Frauen in ihrer Weiblichkeit und Sinnlichkeit und vermittelt ein Gefühl von Optimismus, Wärme und Wohlbehagen.

Homöopathisches Heilmittel: Jasminum officinale

Jasminum officinale wird aus einer Tinktur der Beeren hergestellt und bei den Symptomen von Tetanus, wie Krämpfen, Erbrechen und Koma, verschrieben.

Die Blütenessenz

Jasmin wird Menschen empfohlen, bei denen ein Übermaß an Schleim Nase, Hals und Brust verstopft und zu einer getrübten Wahrnehmung und Trägheit führt. Die Essenz reinigt die Durchgangswege, stimuliert das Gehirn, erhöht die Wahrnehmung und läßt tiefergehende Fragen nach dem Sinn des Lebens und unserer Aufgabe auf diesem Planeten zu.

Juglans regia

Walnuß

Die königliche Blüte

Der hübsche Walnußbaum mit seinen großen, ausladenden Ästen stammt wahrscheinlich ursprünglich aus dem Iran, wächst aber heute überall in Asien und Europa. Walnußbäume können bis zu 1000 Jahre alt werden. Viele der heute in Europa wachsenden Walnußbäume wurden von Mönchen wegen ihrer nahrhaften Nüsse sowie dem medizinischen Wert der Blätter und der grünen äußeren Nußschalen gepflanzt. Es gibt ungefähr 50 Walnußarten, von denen einige, wie die Schwarze Walnuß und verschiedene Hickoryarten, in Nordamerika beheimatet sind.

Juglans regia bedeutet »königliche Nuß des Jupiter«, abgeleitet von *glans* (Eichel) und *Jovis* (Jupiter), und ist ein Hinweis auf lang zurückliegende Zeiten, als die Menschen von Eicheln und die Götter von Walnüssen lebten. Der Begriff »Walnuß« stammt von dem Ausdruck *welsche nuss*, was »ausländische Nuß« bedeutet.

Im antiken Griechenland war die Walnuß der Göttin Artemis gewidmet. Der Baum symbolisierte Weisheit, Fruchtbarkeit und ein langes Leben sowie Stärke in schwierigen Zeiten. In Rumänien steckten Frauen, die kinderlos bleiben wollten, an ihrem Hochzeitstag für jedes Jahr, das sie keine Kinder empfangen wollten, eine geröstete Walnuß in ihr Mieder. Man sagte auch, der Walnußbaum symbolisiere Selbstsucht, da unter ihm keine anderen Pflanzen wachsen können. Auf der anderen Seite hieß es, daß eine Tüte Walnüsse als Geschenk alle Wünsche wahr werden ließe.

Kräuterheilmittel

Die Blätter, die man am besten vor Mitte Juli pflückt, haben eine positive Wirkung auf die Schleimhäute im ganzen Körper. Im Verdauungssystem wirken sie adstringierend und bekämpfen so Reizungen und Entzündungen der Darminnenwand und lindern Indigestion, Magen-Darm-Entzündung, Übelkeit und Durchfall. In den Atemwegen lösen sie Katarrhe und katarrhalischen Husten; sie wirken harntreibend und reinigend und unterstützen so die Ausscheidung von Giftstoffen über die Harnwege. Sie helfen bei Hautproblemen wie Akne und lindern Kongestion im lymphatischen System sowie geschwollene Drüsen. Man sagt ferner, daß sie den Blutzuckerspiegel senken.

Äußerlich kann ein Aufguß oder Absud aus Walnußblättern als Lotion bei Hautproblemen, wie Fieberbläschen oder Blasen der Gürtelrose, bei Frostbeulen und übermäßiger Schweißbildung an Händen und Füßen verwendet werden. Die Blätter sind gut bei Hämorrhoiden, Krampfadern und Geschwüren, Gerstenkörnern und Halsentzündungen.

Die Rinde des Walnußbaums hat eine blutreinigende und abführende Wirkung, und ein Essig aus gesalzenen Walnüssen ist äußerst wirksam zum Gurgeln bei Halsentzündungen. Walnußöl ist eine gute Quelle für Leinölsäure, die das Immunsystem, das Herz und den Kreislauf stärkt, indem sie den Körper vor degenerativen Krankheiten und Beschwerden in Verbindung mit dem schädlichen Cholesterin schützt.

Homöopathisches Heilmittel: Juglans regia

Juglans regia ist ein gutes Heilmittel bei Akne, Milchschorf, Eiterbeulen, juckender und entzündeter Kopfhaut und Geschwüren. Im Verdauungstrakt hilft es bei Winden, Magenblähungen und Durchfall und lindert bei Menschen, die entweder stark überreizt oder mürrisch und unzufrieden sind, Katarrhe im Hals, in der Brust und in den Ohren.

Die Blütenessenz

Walnut ist ein Heilmittel für Zeiten der Veränderung im Leben, in denen man einen großen Schritt nach vorn machen, ein neues Leben beginnen und sich von Restriktionen und alten Gewohnheiten lösen muß, indem man sich von Konventionen lossagt. Alte Auffassungen, Familienbande und die Macht der Gewohnheit lassen sich nur schwer ablegen und können die Veränderung und Entwicklung behindern. Walnut bricht diese Kette auf und schützt uns vor mächtigen äußeren Einflüssen, wie zum Beispiel der Meinung von wichtigen Personen, die unsere Freiheit einschränkt und das Potential zur Selbstverwirklichung begrenzt. Die Essenz eignet sich ausgezeichnet für biologische Veränderungsphasen, wie Pubertät, Schwangerschaft und Menopause, mit denen man sich nur schwer abfindet. Sie ist aber fast genauso gut, wenn man eine neue Beziehung eingeht, eine neue Arbeit annimmt, wenn man umzieht, in Rente geht oder wenn man nach einer Scheidung oder einem schmerzlichen Verlust emotional noch immer mit der Vergangenheit verbunden ist. Walnut fördert unsere innere Stärke und Stabilität und ist das Sprungbrett zu echten Veränderungen.

Larix decidua

Lärche

Die Blüte der Widerstandsfähigkeit

Die Lärche ist eine Konifere, die in den hügeligen Regionen der großen Wälder in Zentraleuropa beheimatet ist. 1639 wurde sie wegen ihres großen Wertes beim Haus- und Schiffbau in England eingeführt. Das Holz ist härter und langlebiger als das der meisten anderen Koniferen und nahezu unbrennbar. Die Römer bauten Burgen aus Lärchenholz, die während einer Belagerung fast nicht zu zerstören waren. Augustus verwendete Lärchenholz zum Bau des Forum Romanum, und Tiberius baute daraus Brücken. Die Lärche ist auch wegen ihres schnellen Wachstums wertvoll; sie wächst sechsmal schneller als die Eiche. Einige der Balken, die man in Häusern in Venedig fand, haben eine Länge von 30 Metern und mehr. Deshalb wird die Lärche in vielen Teilen der Welt als Symbol für Unsterblichkeit und Unzerstörbarkeit verehrt sowie als Symbol des Mutes und der Kühnheit. Sie sollte in der Vergangenheit vor bösen Einflüssen, Zauberei und Krankheiten schützen.

Im Gegensatz zu den anderen Koniferen ist die Lärche keine immergrüne Pflanze, und die hellgrünen, im Frühjahr erscheinenden Nadeln symbolisieren Erneuerung des Lebens, Regeneration der Energie, Tod und Wiedergeburt. Von ausgewachsenen Lärchen werden große Mengen Terpentin, dem Harz der Lärche, gesammelt, das seit Jahrhunderten in der Medizin und zur Herstellung von Lacken verwendet wird. Lacke mit der Bezeichnung Lärchenharzöl, im Englischen *Venice turpentine*, stammten früher ausschließlich aus Venedig. Harz und Saft galten als Seele des Baumes, als Quelle von Feuer und Regeneration. Harz symbolisiert Unsterblichkeit und eine unvergängliche Seele. Man sagt, die Lärche unterstehe dem Mars.

Kräuterheilmittel

Lärche wird hauptsächlich als stimulierendes Expektorans bei katarrhalischem Husten und Bronchitis eingesetzt. Ihre adstringierenden Eigenschaften sind besonders nützlich bei der Behandlung starker Monatsblutungen, bei Durchfall und Blutungen. Als Diuretikum kann Lärche Flüssigkeitsretention lindern und die Ausscheidung von Giftstoffen über die Nieren unterstützen, was sie zu einem nützlichen Heilmittel bei Arthritis und Gicht macht. Ein schwacher Absud ist eine gute Augenspülung bei entzündlichen Augenbeschwerden und eine Lotion bei Hautproblemen, wie Ekzemen und Schuppenflechte, sowie bei Hämorrhoiden und Krampfadern. Lärche wirkt stimmungshebend, vertreibt Melancholie und Mutlosigkeit.

Äußerlich kann man Terpentin in Kompressen bei rheumatischen Gelenken und Gicht anwenden. Kocht man die jungen Zweige und die Rinde, erhält man ein antiseptisches Inhalationsmittel für Katarrhe und Infektionen der Atemwege. In der Vergangenheit verwendete man Terpentin als Massageöl bei Lähmungen und in Krankenhäusern auch zur Verhinderung von Brand.

Die Blütenessenz

Die Bach-Blütenessenz Larch wird verwendet, um Melancholie und Mutlosigkeit zu vertreiben, die auf einem Gefühl des Versagens und der Minderwertigkeit beruhen. Larch-Menschen leiden unter mangelndem Selbstvertrauen und an einem verinnerlichten, fast unbewußten Gefühl, daß sie weniger können als andere. Sie probieren die Dinge häufig gar nicht erst aus, da sie von ihrem Versagen überzeugt sind und bringen sich so um Chancen im Leben und um die Möglichkeit, das Leben voll auszuschöpfen. Je mehr diese Menschen von ihrem Unvermögen überzeugt sind, desto eher entsprechen sie dieser Vorahnung, und ein Teufelskreislauf entsteht. Sie fühlen sich zunehmend nutzlos und unfähig.

Larch-Menschen sind auf andere weder ärgerlich noch neidisch. Sie bewundern die anderen für ihren Erfolg in Bereichen, die ein Larch-Mensch selbst nie ausprobieren würde. Tatsächlich sind diese Menschen aber trotz ihrer Bescheidenheit, genauso fähig wie andere.

Man kann die Essenz verwenden, um negative Vorstellungen von sich selbst aufgrund vergangener Ereignisse aufzugeben, die einer richtigen Entfaltung der Persönlichkeit im Wege stehen. Erwachsene wie Kinder können sie gleichermaßen nehmen. Die Essenz ermöglicht es diesen Menschen, ansonsten verborgene Fähigkeiten zu erkennen und erhöht ihr Selbstvertrauen sowie die Selbstachtung. Dadurch ist sie in Zeiten besonderer Anforderungen, wie zum Beispiel bei Prüfungen, besonders nützlich wie auch für Kinder, die bestimmte Aufgaben allein und ohne elterliche Hilfe zum ersten Mal angehen. Die Essenz hilft, trotz Rückschlägen am Ball zu bleiben und Projekte mit einer positiveren oder offeneren Haltung hinsichtlich des Ergebnisses anzugehen.

Lavandula officinalis

Lavendel

Die Blüte der Jungfrau Maria

Seit Jahrtausenden zählt Lavendel zu den beliebtesten Duftkräutern. Sein Duft, der freigesetzt wird, wenn man die Blüte berührt, wirkt stimmungshebend und lockt Bienen an. Lavendel ergibt einen wohlschmeckenden Honig. Lavendel wurde auch für seine reinigenden und läuternden Eigenschaften verehrt. Die Römer verwendeten Lavendel als Badezusatz, daher auch der Name, der von *lavare* (waschen) abgeleitet wurde. Man benutzte ihn für einen frischen Atem sowie für Duftwässerchen, zur Geburtsvorbereitung und zur Abwehr von Infektionen.

Im Mittelalter und in der Renaissance zählte Lavendel zu jenen Kräutern, die man auf die Fußböden streute, um die Pest fernzuhalten. Hausfrauen legten Lavendel in Wäsche- und Kleiderschränke und in Schubladen; er verlieh der Kleidung einen angenehmen Duft und hielt Motten ab. Man hängte ihn zur Abwehr von Fliegen und Moskitos auch in Zimmerecken. Im 16. Jahrhundert erkannten Kräuterheilkundige seinen medizinischen Wert und empfahlen Lavendel zur Behandlung verschiedenster Beschwerden und Krankheiten.

Kräuterheilmittel und ätherisches Öl in der Aromatherapie

Die medizinische Wirkung von Lavendel beruht vor allem auf seinem ätherischen Öl, weshalb sich die Verwendungen in der Kräuterheilkunde und in der Aromatherapie sehr ähneln. Ein Lavendelblüten-Aufguß, eine Tinktur oder eine Inhalation der ätherischen Öle wirken entspannend auf Geist und Körper. Lavendel ist ein gutes Heilmittel bei Angstzuständen und Nervosität und den körperlichen Begleitsymptomen, wie Anspannung, Kopfschmerzen, Migräne, Zittern, Herzklopfen und Schlaflosigkeit.

In der Aromatherapie wirkt Lavendel ausgleichend auf die Gefühle. Er ist stimmungshebend und hat als Nerventonikum eine stimulierende Wirkung. Menschen, die unter nervöser Erschöpfung leiden, verleiht das Öl wieder neue Kraft und Vitalität.

Lavendel entspannt das Verdauungssystem und beruhigt Krämpfe und Koliken, die in Anspannung und Angst begründet sind. Seine stark antiseptisch wirkenden ätherischen Öle bekämpfen Bakterien, wie Diphtherie, Typhus, Streptokokken und Pneumokokken. Als Tee, Inhalation oder Einreibemittel für die Brust lindert er Erkältungen, Husten, Bronchitis, Lungenentzündung, Grippe, Mandel- und Kehlkopfentzündung. Seine abschwellende und auswurffördernde Wirkung beschleunigt die Expulsion von Schleim der Brust, wodurch er ein gutes Asthmamittel ist. Man kann den Tee oder die Tinktur auch bei mit Erbrechen und Durchfall verbundenen Magen- und Darminfektionen einnehmen. Als heißer Tee wirkt Lavendel schweißtreibend und fiebersenkend und fördert dadurch die Ausscheidung von Giftstoffen über die Haut und den Urin.

Äußerlich aufgetragen sind die antiseptischen Öle des Lavendels ein ausgesprochen wirksames Desinfektionsmittel, das man (als verdünntes Öl, starken Aufguß oder Tinktur) bei Schnitten und anderen Wunden, wunden Stellen und Furunkeln anwenden kann. Das Öl fördert die Gewebeheilung und minimiert die Narbenbildung, wenn man es unverdünnt auf Verbrennungen aufträgt und verdünnt auf Hautentzündungen und Infektionen, wie Ekzeme, Akne und Ulcus varicosum. Das unverdünnte Öl hält Insekten ab und lindert Insektenbisse und -stiche. Verdünnt beruhigt das Öl Schmerzen und Schwellungen von Prellungen, Zerrungen und von durch Gicht und Arthritis beeinträchtigten Gelenken. Als Massageöl oder Badezusatz löst Lavendelöl Muskelverspannungen und -krämpfe. Bei Infektionen des Brustkorbs, Husten, Erkältungen und Katarrhen kann man die Brust damit einreiben oder das Öl inhalieren. Den Tee oder die Tinktur kann man bei Hals- oder Mandelentzündungen sowie bei Heiserkeit zum Gurgeln verwenden, als Mundspülung bei Aphthen und entzündetem Zahnfleisch und als Vaginaldusche bei Ausfluß.

Die Blütenessenz

Lavender wirkt ausgleichend auf die Gefühle, lindert Ängste und Depressionen und vermindert Anspannung und Konflikte. Die Essenz wird besonders Menschen empfohlen, die das Kräuterheilmittel oder das Öl über eine längere Zeit verwendet haben, wodurch sich eine gewisse Gewöhnung eingestellt hat. Mit der Blütenessenz kann man die Wirkung des Krauts und des Öls unterstützen. Sie beruhigt den Geist und hilft, emotionale Konflikte abzubauen, die das spirituelle Wachstum behindern. Lavender soll das Kronen-Chakra aktivieren. Die Essenz fördert das Bewußtsein und die Wachsamkeit und hilft Menschen, sich mit ihrem Höheren Selbst zu verbinden.

Lonicera caprifolium, L. periclymenum

Geißblatt

Die Blüte der Einheit

Seit vielen Jahrhunderten liebt man das Geißblatt wegen seines süßen Dufts. Der alte Name des Geißblatts, Waldwinde, beschreibt die Natur der Windepflanze, die mit scheinbar unerschöpflicher Energie durch Wälder oder über Gartenspaliere klettert und von Frühjahr bis Herbst blüht. Die Chinesen glauben, daß ihre Einnahme über eine längere Zeit die Lebenserwartung erhöhe. In anderen Kulturen symbolisierte das Geißblatt Unsterblichkeit, da es weiterwuchs, selbst wenn es ernsthaft verletzt war.

Sein windendes Wachstum symbolisiert in der Blumensprache die Vereinigung in Liebe und Bande hingebungsvoller Zuneigung. Das süße Aroma versinnbildlicht die Süße der Fügung, während der berauschende Duft des wilden Geißblatts, der den Kopf eines Mädchens verdrehen kann, die Unbeständigkeit der Liebe darstellt. Viele Eltern verboten ihren heranwachsenden Töchtern, Geißblatt ins Haus zu bringen, da man annahm, es löse erotische Träume aus.

Der Name Lonicera ehrt Adam Lonicer, einen deutschen Botaniker des 16. Jahrhunderts. Ziegen (lateinisch: *capra*) lieben Geißblatt, das seinerseits ebenso behende wie eine Ziege klettert, daher der Name *caprifolium*. *Periclymenum* stammt von Periclymenus, einem der Argonauten aus der griechischen Mythologie, der seine Gestalt willentlich ändern konnte. Die Blüte des Geißblatts ändert täglich ihre Form und Farbe, um Schmetterlinge und nachtaktive Motten zum Bestäuben anzulocken.

Kräuterheilmittel

Zwölf von ungefähr 100 Geißblattarten werden für Heilzwecke genutzt. Blüte und Blätter sind reich an Salizylsäure, wodurch man sie bei denselben Symptomen einsetzen kann wie Aspirin, d.h. bei Erkältungen und Grippe, Fieber, Kopf- und Gliederschmerzen, Arthritis und Rheuma. Die Blätter wirken entzündungshemmend und besitzen antibiotische Substanzen, die Staphylokokken und Kolibakterien bekämpfen, was sie zu einem guten Heilmittel bei Atemwegs- und Magen-Darm-Infektionen macht. Die krampflösende und auswurffördernde Wirkung des Geißblatts lindert Krämpfe und Schleimbildung in den Atemwegen, wie sie bei Asthma, Krupp, Keuchhusten und Bronchitis auftreten.

Bei Atemwegsbeschwerden wird normalerweise ein Sirup der Blüten verabreicht, aber man kann auch einen Tee oder eine Tinktur der Blätter einnehmen. Blätter und Blüten wirken harntreibend und helfen bei Flüssigkeitsretention, Harnstein und Gicht. Die Blätter haben eine besondere Bedeutung für Leber und Milz. Sie fördern die Verdauung und wirken leicht abführend. (Auf die Beeren sollte man verzichten, da sie abführend wirken und so bitter sind, daß sie Brechreiz hervorrufen können.) Die Pflanze hat eine beruhigende Wirkung auf das Nervensystem und läßt sich daher bei Angst und Spannungszuständen einsetzen, die zu Symptomen wie Asthma, Kopfschmerzen und Magenkrämpfen führen. In Rußland stellt man aus dem Holz der Pflanze ein Öl her, das bei Tumoren und chronischen Schmerzen eingesetzt wird.

Homöopathisches Heilmittel: Lonicera

L. periclymenum (Blätter) wird nur bei Reizbarkeit und heftigen Gefühlsausbrüchen eingesetzt, während L. xylosteum (Beeren) bei starkem Erbrechen und Durchfall sowie Krämpfen und Konvulsion verschrieben wird.

Die Blütenessenz

Honeysuckle ist eine Bach-Blütenessenz, die insbesondere für Menschen geeignet ist, die in der Vergangenheit leben, sich an schöne Erinnerungen klammern und dadurch nicht in der Lage sind, sich voll auf die Gegenwart einzulassen. Honeysuckle-Menschen neigen dazu, die Vergangenheit schönzufärben, erinnern sich nur an die guten Ereignisse und wünschen sich die »guten alten Zeiten« zurück. Es kann ihnen sehr schwer fallen, über den Verlust eines geliebten Menschen hinwegzukommen, insbesondere wenn sie älter sind, und sie verschließen sich vor der Möglichkeit einer neuen Beziehung. Vielleicht sehnen sie sich nach einem Umzug in ihr altes Zuhause, oder sie trauern ihrer Jugend hinterher, als sie noch glücklich und erfolgreich waren. Kinder können unter Heimweh leiden. Honeysuckle-Menschen können viele Dinge bedauern: verpaßte Gelegenheiten oder unglückliche Ereignisse oder das Älterwerden, und sind darin gefangen. Die Essenz hilft, diese Menschen in die Gegenwart zu bringen und unterstützt sie, die Vergangenheit loszulassen oder sie in die richtige Perspektive zu rücken, so daß sie von den Erfahrungen der Vergangenheit profitieren können.

Lilium tigrinum

Tigerlilie

Die Blüte der Auferstehung

Die Lilie zählt zu den ältesten und schönsten Blüten der Welt und inspiriert seit Jahrtausenden Dichter und Künstler gleichermaßen. Man fand gemalte Lilien an den Wänden antiker griechischer Paläste, wo die Weiße Lilie als Blüte der Hera oder Artemis, der Mondgöttin, galt. Nach der griechischen Legende fielen zwei Tropfen Milch von Herkules' Lippen, als er an der Brust von Juno, seiner Mutter, lag. Ein Tropfen verteilte sich am Himmel und wurde zur Milchstraße; der andere fiel auf die Erde, wo er als weiße Madonnalilie erblühte. In der Antike galten Lilien als Symbol der Fruchtbarkeit, Reinheit und Unschuld. Ihre perfekte Form war Ausdruck des Geistes der Schöpfung und befriedigte den ständigen Wunsch unserer Vorfahren nach Symmetrie und Harmonie. Als Homer die Haut von Ajax beschrieb, verglich er ihre Zartheit mit der einer Lilie, und in seiner Hymne auf Demeter hieß es, in der Lilie sei »ein Wunder zu erblicken«.

Mit dem Aufkommen des Christentums wurden mit der Lilie die Wunder des Paradieses illustriert. Die Weiße Lilie wurde unter dem Namen Madonnalilie bekannt, denn in Gemälden aus der Renaissance hält der Erzengel Gabriel bei Mariä Verkündigung, als er ihr offenbart, sie werde die Mutter von Christus sein, einen Zweig Weißer Lilien. Als Symbol ihrer Reinheit wurde die Blüte der Jungfrau Maria gewidmet. Lilien galten auch als Symbol der Auferstehung, mit denen zu Ostern die Kirchen dekoriert wurden. Es heißt, drei Tage nach Marias Tod habe man ihr Grab aufgesucht und es bis auf Lilien und Rosen leer vorgefunden.

Einen Gegensatz zur reinen weißen Madonnalilie bilden die leuchtenden Farben vieler anderer Arten, einschließlich der Tigerlilie, die 1804 von dem Pflanzensammler William Kerr aus Japan über China nach Europa eingeführt wurde. Die Tigerlilie ist in China, Japan und dem Iran beheimatet. Wie alle Lilien hat ihre Blüte einen starken, betörenden Duft, allerdings tritt sie in sehr unterschiedlichen Formen auf. Pflanzt man Lilien in seinem Garten, so heißt es in Überlieferungen, halten sie das Haus frei von Geistern und anderen ungebetenen Eindringlingen. Der Liebhaber sei untreu, so eine weitere Überlieferung, falls man aus Versehen auf eine Lilie tritt. In der Blumensprache bedeutet die Tigerlilie: »Einmal soll der Stolz mir behilflich sein.«

Kräuterheilmittel

Früher war die Zwiebel der Tigerlilie ein verbreitetes Heilmittel bei Beschwerden der weiblichen Fortpflanzungsorgane, entsprechend ihren alten Bedeutungen Reinheit, Jungfräulichkeit und Fruchtbarkeit. Man empfahl sie bei Übelkeit und Erbrechen sowie während der Schwangerschaft und verwendete sie bei Schmerzen und Stauungen in den Beckenorganen, bei starken und schmerzhaften Monatsblutungen und bei einem Gebärmuttervorfall. Man setzte sie auch bei Herzbeschwerden, wie einem rasenden und unregelmäßigen Puls, bei Angina, starkem Herzklopfen und bei Arthritis ein. Die kleinen Zwiebeln am Blattgrund wurden bei Darmbeschwerden, wie Blähungen und Koliken, gegeben.

Homöopathisches Heilmittel: L. tigrinum

Wie das Kräuterheilmittel hat Lilium tigrinum eine Affinität zu den weiblichen Fortpflanzungsorganen und zum Herzen. Es wird bei stechenden Schmerzen in den Eierstöcken, Senkungsschmerzen in der Gebärmutter und brennenden Schmerzen im Unterleib verschrieben. Eine Lilium-Frau kann unter schmerzhaften oder ausbleibenden Perioden, Prolaps und vaginalem Ausfluß leiden und ein verstärktes sexuelles Verlangen verspüren. Es kann bei ihr zu Herzbeschwerden kommen. Die Lilium-Frau kann depressiv, weinerlich, empfindsam und ständig in Eile sein; sie kann zum Fluchen neigen, auf andere neidisch sein, und es fällt ihr schwer, das Alleinsein zu ertragen. Wenn die emotionalen Symptome in den Vordergrund treten, lassen die körperlichen Symptome nach.

Die Blütenessenz

Tiger Lily (*Lilium humboldtii*) ist ein Frauenheilmittel, das bei extrem aggressiven und angespannten Frauen angezeigt ist, die sich schnell von anderen bedroht oder in Konkurrenz zu ihnen fühlen. Die Essenz hilft, ein Gefühl der inneren Ruhe und Sicherheit aufzubauen, erleichtert durch Harmonie und Kooperation die Beziehungen zu anderen und schafft so die Voraussetzung zur Zusammenarbeit, um ein gemeinsames Ziel zu erreichen.

Tigerlilie

Seerose
(Text siehe nächste Seite)

Nymphaea alba, N. odorata

Seerose

Die Blüte des Geheimnisses

Zwar handelt es sich bei der Seerose genaugenommen nicht um eine Rose, aber mit ihrer großen Blüte, die wie eine Krone auf dem grünen, aus Blättern gebildeten, samtenen Thron sitzt, steht sie den Rosen an Schönheit und Anmut in nichts nach. Sie blüht in langsamen Fließgewässern, Teichen und Seen und ist in Amerika und England beheimatet. Wie die Rose hat die Seerose viele Schriftsteller und Künstler inspiriert, die versuchten, die Anmut und das Gefühl der Ruhe in ihren Bildern einzufangen.

Ihr botanischer Name Nymphaea stammt von Nymphe, der griechischen Wassernymphe und der Göttin des Frühjahrs, da Seerosen an Orten wuchsen, an denen die Nymphen spielten. Für die alten Ägypter war die Seerose ebenso wie die weiße Lotosblume heilig und ein Symbol der Reinheit. In Deutschland, wo Seerosen im Mittelalter als Zeichen weiblicher Reinheit galten, hielten die Menschen Seerosen für Nymphen, die zum Schutz vor liebestollen Männern in Blüten verwandelt wurden. Frauen trugen Seerosen in den Händen, um sich vor Liebestränken zu schützen, die ihre Reinheit gefährden sollten. Einige nannten die Seerose »die einzige unschuldige Blüte«. Die Blüten öffnen sich bei Sonnenaufgang, um sich dann nach ein paar Stunden langsam wieder zu schließen, so daß sie ab mittags und über Nacht fest geschlossen sind. In diesem Muster sah man die Fähigkeit der Pflanze, ihre innersten Geheimnisse versteckt und unversehrt zu halten, absolut sicher vor erwartungsfreudigen Eindringlingen. In der Blumensprache steht die Seerose für die Reinheit des Herzens.

Kräuterheilmittel

Laut Culpeper steht die Seerose unter dem Einfluß des Mondes, wodurch sie – wie der Mond – kühlende und feuchtigkeitsspendende Wirkung habe. Weiter schrieb er, daß die Blätter bei innerer und äußerer Anwendung gut gegen Malaria seien und ein Sirup der Blüten Schlaf bewirke sowie den Geist rasender Menschen beruhige. Die traditionelle Verbindung von Seerosen, weiblicher Reinheit und den Fortpflanzungsorganen spiegelt sich in der Verwendung der Pflanze bei einer Vielzahl von Frauenbeschwerden. Bei den Indianern wurde sie eingenommen oder, bei vaginalem Ausfluß, Gebärmutterentzündung und vaginalen Beschwerden, örtlich aufgetragen. In Europa verwendete man sie zur Beruhigung eines übersteigerten sexuellen Verlangens und zur Linderung schmerzhafter und starker Menstruationsblutungen. Sie galt als ein gutes Heilmittel bei Entzündungen der Vagina, wie zum Beispiel Soor, und wurde zur Behandlung von Geschlechtskrankheiten wie Gonorrhoe eingesetzt.

Seerosen waren auch zur Herstellung von Schönheitspräparaten beliebt. Der frische Saft wurde mit Zitronensaft vermischt und auf die Haut getupft, um Sommersprossen und Muttermale zu entfernen, zur Beruhigung von Hautreizungen und Sonnenbrand und zur Reinigung von Pickeln und Entzündungen. Der Saft darf allerdings nur auf unversehrte Haut aufgetragen werden. Man massierte mit dem Saft auch die Kopfhaut, in der Hoffnung, die Haut und die Durchblutung zu stimulieren und so Haarausfall zu verhindern.

Homöopathisches Heilmittel: N. odorata

Nymphaea odorata wird aus einer Tinktur der Seerosenwurzel hergestellt. Es zählt zu den weniger bekannten Homöopathika und wird verschrieben bei Rückenschmerzen, Schwäche im Lendenbereich, Harninkontinenz oder dem Gefühl, die Blase sei nicht vollkommen entleert. Es ist ferner angezeigt bei übersteigertem sexuellem Verlangen und erotischen Träumen, bei schwachen und schmerzenden unteren Gliedmaßen, einem schweren Kopf und Halsentzündung verbunden mit einer laufenden Nase.

Die Blütenessenz

Wie die schüchterne und geheimnisvolle Seerose ist Water Lily ein Heilmittel für Menschen, die so schüchtern sind, daß soziale Kontakte für sie fast schon schmerzhaft werden. Die Essenz wird besonders Menschen empfohlen, die in bezug auf ihren Körper und ihre Sexualität scheu sind und deren Hemmungen verhindern, daß sie Intimitäten und Sex genießen. Water Lily ist das Kama Sutra der Blütenessenzen. Sie hilft nicht nur, sich im Umgang mit anderen sicherer zu fühlen und mehr aus sich herauszugehen, sondern unterstützt auch den Abbau von Ängsten, die mit der Sexualität verbunden sind. So ermöglicht sie eine gesteigerte Sinnlichkeit, die diese Menschen Nähe und Sex mehr genießen läßt.

Abbildung siehe vorige Seite

Mahonia aquifolia

Mahonie

Die Blüte der Akzeptanz

Die Mahonie ist ein immergrüner Strauch mit duftenden Blüten. Die kernlosen Beeren wurden zu Marmelade verarbeitet und waren als Mittel gegen Malaria und Wechselfieber geschätzt. Seit vielen Jahrhunderten wurde die Mahonie zur Körperreinigung genommen. Die Ägypter verwendeten die Beeren gegen ansteckendes Fieber.

Kräuterheilmittel Die Wurzel der Mahonie ist ein ausgezeichnetes Mittel für Leber und Gallenblase. Die Bitterstoffe fördern den Speichelfluß und die Produktion von Verdauungsenzymen, sie steigern den Appetit, fördern die Verdauung und die Resorption und aktivieren Leber und Gallenblase. Mahonie verbessert eine langsame, schmerzhafte Verdauung und Verstopfung, entfernt im Verdauungssystem festsitzende Nahrung und wirkt dadurch entgiftend auf den Körper. Sie steigert so das allgemeine Wohlbefinden, erhöht Stärke und Vitalität und vertreibt Müdigkeit und Lethargie, insbesondere in Verbindung mit Anämie und schlechter Resorption und während der Genesung. Mahonie hilft bei Beschwerden, die auf Vergiftungen und eine schlechte Leberfunktion zurückgehen, einschließlich Hautbeschwerden, insbesondere bei trokkener, schuppiger Haut sowie Gicht, Kopfschmerzen, Rheuma und Arthritis. Die diuretischen Eigenschaften unterstützen die Reinigung des Körpers, da die Ausscheidung von Giftstoffen über die Nieren gefördert wird.

Die Mahonie hat eine kühlende und trocknende Wirkung auf den Körper; sie lindert mit Entzündungen verbundene Hitze und löst Schleim. Das in der Mahonie enthaltene Berberin stärkt das Immunsystem, wirkt gegen ein breites Spektrum an Mikroorganismen und hemmt das Tumorwachstum. Auch hilft es bei der Behandlung von Hepatitis und Gallensteinen. Die Mahonie lindert venöse Blutstauungen und hilft bei Krampfadern, Hämorrhoiden und starken und schmerzhaften Monatsblutungen, die auf Blutstauungen in der Gebärmutter zurückzuführen sind.

Homöopathisches Heilmittel: Berberis aquifolium Man verwendet Berberis aquifolium zur Behandlung einer Reihe von Symptomen, die in Verbindung mit einer schlechten Leberfunktion auftreten, wie zum Beispiel Übelkeit, Migräne, Lethargie, Hautbeschwerden, Hitze im Gesicht, bitterer Geschmack im Mund, Heißhunger selbst nach dem Essen, Brennen im Magen und Verstopfung. Das Homöopathikum hilft auch bei Wechselfieber und Katarrhen mit Absonderung von gelbgrünem Schleim.

Die Blütenessenz Oregon Grape ist eine Essenz für Menschen, die perfektionistisch, selbstkritisch und unzufrieden sind. Sie neigen dazu, ihre Umwelt als feindlich zu empfinden und können unter Paranoia leiden. Oregon Grape hilft, Selbstkritik in Selbstliebe zu verwandeln und die eigene Person zu akzeptieren.

NB: Da Mahonie die Gebärmutter stimuliert, muß ihre Verwendung während der Schwangerschaft vermieden werden.

Matricaria chamomilla, Anthemis nobilis

Echte Kamille, Hundskamille

Die Blüte des Gleichgewichts

Seit mehr als 2000 Jahren zählt die Kamille zu den beliebtesten Gartenkräutern. Die Griechen, denen die Kamille wohlvertraut war, waren der Auffassung, sie dufte nach vom Baum gefallenen Äpfeln, und nannten sie daher *khamaimelon*, was »Erdapfel« bedeutet (von *kamas*: »auf der Erde« und *melon*: »Apfel«). Schon 900 v. Chr. empfahl der bekannte Arzt Dioskurides Kamille als Medizin bei Fieber. Auch die Spanier müssen die Kamille mit einem Apfel verglichen haben, denn sie nannten sie *manzanilla*, »kleiner Apfel«. Die Ägypter verehrten die Kamille wegen ihres medizinischen Wertes, insbesondere bei der Behandlung von Malaria, und widmeten sie dem Sonnengott Ra, da Kamille als wirksames Fiebermittel galt.

In der Blumensprache symbolisiert Kamille Energie und Geduld in schwierigen Zeiten wegen ihrer Fähigkeit, das Gleichgewicht wiederherzustellen und das Nervensystem zu stärken. Kamille hilft aber nicht nur kranken Menschen, man setzt sie auch schon seit langem zur Behandlung kranker Pflanzen ein, weshalb man sie auch als »Pflanzenarzt« bezeichnete. Gibt man Kamillentee in eine Vase mit herabhängenden Schnittblumen, erholen sie sich rasch. Man kann Kamille auch im Garten pflanzen, wo sie kranke Pflanzen heilt und Krankheiten abhält.

Im Mittelalter hat man Kamillen als Streublumen sehr geschätzt und verbrannte sie, um unangenehme Gerüche und Infektionen abzuhalten. Kamillenzweige wurden als Schutz über die Krippen von Babys gehängt, damit sie gesund blieben. Traditionell verwendete man Kamille in Liebestränken und bei Hochzeiten, und man wusch Gesicht und Haare damit, um auf eine geliebte Person anziehend zu wirken. Für unsere Vorfahren war Kamille auch eine Grabpflanze, die den Toten den Übergang in die kommende Welt erleichtern sollte.

In der Medizin werden zwei Kamillenarten verwendet: Echte Kamille (*Matricaria chamomilla* oder *Chamomilia recutita*) und Römische Hundskamille (*Anthemis* oder *Chamaemelum nobilis*). Ihre Wirkung ist fast identisch, wobei die Echte Kamille häufig bevorzugt wird, da sie weniger bitter ist. Man verwendete die Römische Hundskamille gern als Rasen und zur Bepflanzung von Wegen und Laubengängen, wo sie ihren angenehmen Geruch entfaltete.

Kamille bevorzugt gut entwässerte, leicht saure oder basische Böden und einen sonnigen Standort. Mehrjährige Kamille kann man über Wurzeltriebe vermehren, da sie zu den Kriechpflanzen zählt. Die einjährige Echte Kamille läßt sich leicht im Frühjahr aus Samen ziehen.

Kräuterheilmittel und ätherisches Öl in der Aromatherapie

Hauptbestandteil der Kamille ist ihr blaues ätherisches Öl mit Azulen, das der Kamille ihren charakteristischen Duft verleiht. Es wirkt sehr entspannend, insbesondere auf das Nervensystem und die Verdauung und ist ein gutes Mittel für Babys und Kinder. Es beruhigt Ängste und Nervosität und eignet sich ausgezeichnet für angespannte, gestreßte Menschen, die zu Hyperaktivität und Überempfindlichkeit neigen und besonders anfällig für Verdauungsbeschwerden und Allergien sind. Der Tee ist für müde und gereizte Kinder eine vorzügliche Ergänzung zum Bad; Gereiztheit und Aufregung nehmen ab und sichern so einen erholsamen Schlaf. Kamille kann über die Flasche oder einen Teelöffel Babys beim Zahnen verabreicht werden, da sie die Schmerzen lindert.

Kamille hat die wunderbare Fähigkeit, die glatte Muskulatur im gesamten Körper zu entspannen. Im Verdauungssystem lindert sie Spannung und Krämpfe und wird bei Koliken (insbesondere von Babys), bei Unterleibsschmerzen und Blähungen empfohlen. Da sie die Peristaltik reguliert, kann man sie bei Durchfall und Verstopfung nehmen. Kamille ist für ihre beruhigende Wirkung bei jeder Art von Verdauungsstörung bekannt, insbesondere wenn diese mit Streß und Anspannung verbunden ist, wie nervöse Indigestion, Sodbrennen und Übersäuerung. Die Chamazulene im ätherischen Öl wirken entzündungshemmend und lindern so Gastritis und Magengeschwüre, Dickdarmentzündung und Reizkolon. Die in der Kamille enthaltenen Bitterstoffe stimulieren den Gallenfluß und die Sekretion von Verdauungssäften, fördern den Appetit und verbessern eine träge Verdauung. Man fand heraus, daß das Bisabolol im ätherischen Öl innere und äußere Geschwüre verhindert sowie ihre Heilung beschleunigen kann, wodurch Kamille ein exzellentes Heilmittel bei Gastritis, Magengeschwüren und Ulcus varicosum an den Beinen ist.

Kamille ist sehr hilfreich bei jeder Art von Fieber und bei Infektionen. Da sie einen entspannenden Schlaf herbeiführt, fördert sie die natürliche Genesung, insbesondere bei Kindern, für die Ruhe häufig die beste Medizin ist. Das ätherische Öl ist ein starkes Antiseptikum, das gegen Bakterien, einschließlich *Staphylococcus aurens*, und gegen Pilzinfektionen, einschließlich Soor (*Candida albicans*), wirkt. Heißer Kamillentee ist fiebersenkend und kann bei Erkältungen, Grippe, Halsschmerzen, Husten, Darminfektionen, wie Magen-Darm-Entzündung, genommen werden. Die antiseptischen Öle werden über die Harnwege ausgeschieden, wo Kamille eine entzündete Blase beruhigen und Blasenentzündung lindern kann.

Der Name matricaria stammt von *matrix*, was »Mutter« oder »Gebärmutter« bedeutet und auf ihren Wert als Frauenheilmittel hinweist. Seit Jahrhunderten wird sie als Mittel gegen Übelkeit und Erbrechen während der Schwangerschaft eingesetzt, zum Lindern von Krämpfen und schmerzhaften Menstruationsblutungen, zum Herabsetzen von Beschwerden während der Menopause, bei Mastitis und prämenstruellen Kopfschmerzen und Migräne und beim Ausbleiben der Menstruation aufgrund von Streß oder psychologischen Problemen wie Magersucht. Man kann Kamillentee während der Geburt trinken; er löst Spannungen und lindert den Wehenschmerz. Verdünntes Kamillenöl kann man zur Massage oder zum Einatmen verwenden, und es kann unglaublich effektiv sein, wenn die Schmerzen während der Geburt unerträglich erscheinen.

Als Schmerzmittel kann man Kamille bei Kopfschmerzen und Migräne, Neuralgie, Zahn- und Ohrenschmerzen, Grippeschmerzen, Krämpfen und Schmerzen durch Rheuma und Gicht einsetzen. Sie wirkt entzündungshemmend und lindert somit gleichzeitig entzündungsbedingte Beschwerden wie Gicht und Arthritis. Seit langem verwendet man Kamille bei Asthma und Heuschnupfen. Jüngste Studien deuten darauf hin, daß Kamille ein natürliches Antihistamin ist. Sie wirkt als Antiallergikum, da sie die körperliche Reaktion allergischer Menschen auf Allergene, wie Pollen und Hausstaub, abmildert und somit die Gefahr eines allergischen Schocks verringert. Ihre entspannende Wirkung auf die Bronchien reduziert Bronchokonstriktionen bei Asthma. Die vollkommen entspannende und ausgleichende Wirkung hilft auch beim Umgang mit den emotionalen Schwierigkeiten, die solchen Allergien zugrunde liegen können.

Äußerlich aufgetragen ist Kamille ein ausgezeichnetes Heilmittel. Die Öle haben eine beruhigende und entzündungshemmende Wirkung auf die Haut und fördern die Gewebeheilung. Dies in Verbindung mit der antiseptischen Wirkung erklärt die lange Tradition der Kamille als Wundmittel. Verdünnte Öle oder Kamillentee-Kompressen können auf Geschwüre, Entzündungen, Verbrennungen und Verbrühungen aufgetragen werden.

Dampfinhalationen lindern Asthma, Heuschnupfen, Katarrhe und Nebenhöhlenentzündungen. Kamillentee ist auch eine ausgezeichnete Mundspülung bei Aphthen und entzündetem Zahnfleisch und kann zum Gurgeln bei Halsentzündung eingesetzt werden. Man kann den Tee bei entzündeten Brustwarzen und als Dusche bei vaginalen Infektionen wie Soor verwenden. Ein Kamillentee-Sitzbad ist sehr wohltuend bei Blasenentzündungen und Hämorrhoiden. Weiterhin ist der Tee eine ausgezeichnete antiseptische Augenspülung bei schmerzenden und entzündeten Augen, wie sie bei Bindehautentzündungen vorkommen, und eine Lotion bei entzündlichen Hautbeschwerden.

Massiert man verdünntes Kamillenöl auf schmerzende, entzündete Gelenke, verschafft es Linderung, ebenso wie es die Schmerzen von Trigeminusneuralgie und Ischiassyndrom lindert. Das Öl hält Insekten ab und beruhigt schmerzende Insektenstiche und -bisse. Spült man die Haare nach dem Waschen mit Kamillentee, erhalten sie einen Goldschimmer.

Homöopathisches Heilmittel: Chamomilla

Chamomilla eignet sich besonders für Menschen mit hoher Schmerzempfindlichkeit, die häufig durch Ärger oder Reizbarkeit ausgelöst oder verstärkt wird, sowie für zahnende Kleinkinder und bei übermäßigem Kaffee- oder Teegenuß. Insbesondere wird Chamomilla Frauen in den Wehen empfohlen, wenn die Schmerzen unerträglich sind.

Die Blütenessenz

Als Heilmittel der Sonne wirkt Chamomile ausgleichend bei emotionalen Problemen und beruhigt Ärger und Konflikte. Die Essenz ist am besten für Menschen geeignet, die trübsinnig, launisch, verärgert, reizbar, ungeduldig und leicht aus der Fassung zu bringen sind. Sie wirkt beruhigend auf Anspannungen und Ängste und verhindert, daß diese sich über den Tag aufstauen und zu Unruhe führen. Innere Anspannung und Disharmonie können zu Magenbeschwerden sowie zu Depressionen, Hyperaktivität, Konzentrations- und Lernschwierigkeiten führen. Chamomile hilft, die alltäglichen Dinge, die einen stören oder ärgern und das labile Gleichgewicht durcheinanderbringen, mit etwas Abstand zu sehen und einen Platz der Ruhe und Heiterkeit zu finden, wo das Licht, wie die Sonne hinter den Wolken, immer scheint.

Olea europaea

Olive (Ölbaum)

Die Blüte des Friedens

Der Oliven- oder Ölbaum ist eine der ältesten Kulturpflanzen des Mittelmeerraums, und man vermutet, daß er seit mindestens 5000 Jahren in Ägypten und auf Kreta wegen seines sehr wertvollen Öls angepflanzt wird. Anhand archäologischer Funde läßt sich belegen, daß die Olive eine wichtige Rolle in diesen frühen Kulturen spielte. Im Palast von Knossos auf Kreta kann man immer noch den Raum zum Olivenpressen und die riesigen Ölbehälter sehen, die aus der minoischen Zeit stammen. Die erste Pressung wurde für Speisen verwendet, die zweite für Salben und Einreibemittel und die dritte diente als Lampenöl.

Die Olive wird häufig in der christlichen Literatur erwähnt. »Gebiete den Kindern Israel, daß sie zu dir bringen das allerreinste lautere Öl von Ölbäumen, gestoßen zur Leuchte, daß man täglich Lampen aufsetze« (2. Buch Mose 27, 20). Jesus verbrachte seine Nacht im Garten von Gethsemane; der Name bedeutet »Garten mit der Olivenpresse« in der Nähe eines Olivenbaumes.

In der Antike galt das Olivenöl als das reinste aller Speiseöle und wurde dadurch zum Symbol der Reinheit. Der Ölbaum symbolisierte Frieden und gute Absichten sowie Leben und Hoffnung. Als die Taube zum zweiten Mal zur Arche Noah zurückkehrte, trug sie in ihrem Schnabel einen frischen Olivenzweig. So wußte Noah, daß die Sintflut zu Ende war und wieder Ruhe und Frieden auf der Erde eingekehrt waren.

Als Zeichen des Friedens wurde ein Olivenzweig von demjenigen getragen, der um eine Beendigung einer Kampfhandlung ersuchte, und man verwendet ihn auch heute noch für diesen Zweck. Auf der Fahne der Vereinten Nationen ist ein Olivenzweig abgebildet. Vielleicht liegt der Grund, weshalb der Ölbaum weltweit als Symbol des Friedens gilt, in seinem Anbau. Zwischen dem Einsetzen des Samens und dem Ernten der Früchte vergehen Jahrzehnte, so daß man einen Olivenhain nur anpflanzte, wenn man ein langes und friedliches Leben erwartete.

Für die Griechen ist die Olive ein Symbol der Weisheit. Man sagt, Oliven seien das Geschenk der Göttin Athene an die Menschheit. Sie gewann eine Insel von Poseidon, dem Gott des Meeres, da sie den Einwohnern das Geschenk überreichte, das für sie den größten Nutzen hatte – den Ölbaum. Die Olive ist auch ein Symbol des Sieges. Der Gewinner der Olympischen Spiele wurde mit einem Olivenzweig gekrönt. Athleten rieben sich vor einem Rennen oder einem Wettkampf von Kopf bis Fuß mit Olivenöl ein, um ihre Muskeln und Gelenke beweglich zu halten.

Kräuterheilmittel

Olivenöl ist schon sehr lange ein Hausmittel und wird bis zum heutigen Tag sehr häufig in Apotheken und zur Herstellung von Einreibemitteln, Salben und Pflastern verwendet. Das helle, grüngelbe Öl ist sehr nahrhaft und wurde Babys als zusätzliche Nahrung in die Haut massiert. Es hielt die Haut weich und frei von Reizungen.

Das süße, fruchtig schmeckende Öl ist stark klebrig. Seine reizlindernden (beruhigenden) Eigenschaften nutzte man zur Behandlung verschiedener Verdauungsbeschwerden, wie Blähungen, Verdauungsstörungen, Sodbrennen, Gastritis und Magengeschwüre. Es beruhigt die gereizten und entzündeten Innenwände des Verdauungssystems, wie zum Beispiel bei Dickdarmentzündung, und wirkt leicht abführend. Bei Vergiftungen durch Alkali oder Ätzmittel verabreichte man viel Olivenöl als Magenwäsche zur Beruhigung gereizter Schleimhäute und zur beschleunigten Ausscheidung der Gifte aus dem Körper. Bei schweren Verstopfungen war ein Einlauf mit warmen Olivenöl ein verbreitetes Heilmittel, da es den Kot zerkleinert.

Man hat Olivenöl auch zur Beruhigung von Reizungen der Atemwege eingesetzt, bei rauhem, trockenem Husten, Kehlkopfentzündung, Krupp und zur Linderung von Katarrhen. Reibt man damit den ganzen Körper ein, ist es ein bekanntes Heilmittel bei fiebrigen, mit Ausschlag verbundenen Krankheiten, wie Scharlach, ja sogar bei der Pest.

Seit langem wird Olivenöl als Heilmittel für Leber und Gallenblase eingenommen, da es den Abfluß von Gallenflüssigkeit in den Darm anregt. Es ist auch heute noch, wenn es abwechselnd mit Zitronensaft eingenommen wird, ein ausgezeichnetes Heilmittel zum Lösen und Ausscheiden von Gallensteinen. Bei einer trägen Leber, Gallensteinen und Gallenblasenkoliken sowie Verdauungsbeschwerden sollte man morgens als erstes vor dem Essen einen Teelöffel kaltgepreßten Olivenöls einnehmen. Während Nieren- oder Gallenblasenkoliken trank man früher ein Weinglas mit Olivenöl langsam schluckweise, bis die Schmerzen nachließen.

Jüngere Untersuchungen von Oliven und Olivenblättern deuten darauf hin, daß die Verwendung von Olivenöl die Lebenserwartung steigert. Die Blätter wirken gefäßerweiternd, entspannen die Blutgefäße und senken den Blutdruck. Man empfahl sie bei hohem Blutdruck, Angina pectoris und einer Vielzahl von Durchblutungsstörungen. So wurde auch nachgewiesen, daß die Blätter den Blutzuckerspiegel senken und somit nützlich bei Diabetes sind. Man kann sie als Tee einnehmen, indem man 25 Gramm Blätter für sechs bis acht Stunden in 600 Millilitern kaltem Wasser ziehen läßt, einmal kurz aufkocht und danach nochmals eine halbe Stunde ziehen läßt. Dies sollte dann über den Tag verteilt getrunken werden. Heiß getrunken, wirkt er schweißtreibend und fiebersenkend.

Das kaltgepreßte Öl ist reich an Ölsäure und gut für Herz und Kreislauf. Nimmt man es regelmäßig, vermindert es Cholesterin, das schädliche Lipoprotein mit geringer Dichte, und die Tendenz zu Arteriosklerose, Herzinfarkt und Schlaganfällen. Olivenöl hilft, den Blutdruck zu senken und reduziert die Tendenz zu Blutgerinnseln. Untersuchungen deuten darauf hin, daß Olivenöl auch die Gefahr von Krebs herabsetzen und den Alterungsprozeß verlangsamen kann. Die im Öl enthaltenen Antioxydantien stabilisieren die Zellwände und machen sie weniger anfällig für eine Zerstörung durch Freie Radikale.

Äußerlich aufgetragen schützt die lindernde Wirkung des Olivenöls die Haut vor Reizungen, beruhigt wunde und entzündete Abschnitte und macht die Haut geschmeidiger und nachgiebiger. Es hat adstringierende Eigenschaften und wird häufig zur Behandlung kleiner Schnittwunden und Abschürfungen verwendet und zum Waschen als Schutz der Haut vor Ätzmitteln. Man kann es auf Eiterbeulen und Abszesse, Ekzeme, Fieberbläschen und rissige Haut auftragen; außerdem ist das Öl Bestandteil vieler Hautkosmetika. Es lindert die Schmerzen von Verbrennungen und beschleunigt – besonders wenn es mit einem Ei vermischt wird – den Heilungsprozeß und beruhigt Insektenbisse und -stiche. Vermischt man das Öl mit Alkohol, erhält man ein wertvolles Haartonikum, mit dem man die Kopfhaut massieren kann. Auch eignet sich das Öl gut zum Erweichen der Krusten bei Milchschorf von Babys. Reibt man damit die Nägel ein, sind sie weniger brüchig.

Warmes Öl ins Ohr getropft, hilft eine Ansammlung von Ohrenschmalz aufzulösen. Man kann es als Konstituens für ätherische Öle, wie zum Beispiel Lavendelöl, verwenden und zur Linderung von Ohrenschmerzen in die Ohren tropfen. Mit Olivenöl kann man auch einen versehentlich ins Ohr gelangten Fremdkörper entfernen: Füllen Sie das Ohr mit Öl, und der Fremdkörper wird herausgeschwemmt.

Mit einem Aufguß der Blätter kann man Schnitte und Wunden sowie Entzündungen und Geschwüre säubern und den Heilungsprozeß fördern. Er eignet sich außerdem als Mundspülung bei blutendem und entzündetem Zahnfleisch.

Olivenöl läßt sich auch zur Linderung von Entzündungen im Mund- oder Halsbereich nutzen. Im Verhältnis 1:1 mit Myrrhe-Tinktur vermischt, kann man es zum Gurgeln bei Halsentzündungen und als Mundspülung bei Aphthen und Zahnfleischentzündungen verwenden. Zusammen mit zerdrücktem Knoblauch ergibt Olivenöl ein ausgezeichnetes Mittel zum Einreiben bei Gelenkschmerzen, Gicht, Neuralgie und Verstauchungen.

Die Blütenessenz

Als Symbol des Friedens und der Harmonie hat die Bach-Blütenessenz Olive die Kraft, einem beunruhigten und müden Geist Frieden zu geben und einem erschöpften Körper Kraft zu verleihen. Die Essenz eignet sich besonders für Menschen, die über einen längeren Zeitraum unter Streß, Traumata oder Krankheiten leiden. Diese Menschen fühlen sich häufig sehr erschöpft, und die notwendige Energie, um weiterzumachen, scheint aus ihnen »herausgesogen« worden zu sein.

Olive kann ebenso von Menschen verwendet werden, die ein sehr ausgefülltes und geschäftiges Leben führen und sich wenig Zeit für Ruhe und Entspannung gönnen. Graduell verlieren sie ihre Energie; sie ermüden schnell und haben keine Freude mehr an ihrer Arbeit und ihren Aktivitäten. Sie verlieren das Interesse an ihrem Leben, mit dem sie bis dato glücklich und zufrieden waren. Selbst die kleinste Aufgabe, Geschirrspülen zum Beispiel, kann einem im Olive-Zustand – wenn man am Ende seiner Kräfte ist – wie ein unüberwindbares Hindernis vorkommen.

Olive bringt die »Ruhe nach dem Sturm« und läßt diese Menschen die Ursache ihrer völligen Erschöpfung erkennen. Häufig wird die Lebenskraft falsch eingesetzt. Menschen können ihre Energie auf der Persönlichkeitsebene aufbrauchen, wo das Energiepotential begrenzt ist, statt Kraft aus höheren Quellen zu schöpfen. Menschen im positiven Olive-Zustand sind in der Lage, sich auf ihre innere Stärke und Führung zu verlassen und extreme Anforderungen mit scheinbar unerschöpflicher Energie und Freude zu meistern.

Melissa officinalis

Melisse

Die Blüte der Bienen

Diese nach Zitrone duftende Pflanze ist eine Verwandte von Minze und Salbei. Sie ist eine ausgezeichnete Pflanze, um Bienen in den Garten zu locken. Die Griechen nannten sie daher Melissa, was Honigbiene bedeutet. Imker reiben immer noch ihre Bienenstöcke mit Melisse ein, um die Bienen anzulocken.

Kräuterheilmittel

Melisse wirkt einerseits beruhigend, fördert Entspannung und bewirkt einen natürlichen Schlaf, lindert Anspannung und Ängste, verleiht aber andererseits wieder neue Kräfte. Sie hebt die Stimmung, verbessert das Gedächtnis und unterstützt die Konzentrationsfähigkeit, selbst wenn man abgespannt ist. Man kann sie über den Tag als Tee trinken, aber auch in der Nacht gegen Schlaflosigkeit. Die getrockneten Blätter sind häufig Bestandteil von Schlafkissen. Kinder beruhigen sich, wenn man dem abendlichen Bad einen starken Aufguß beimischt.

Sie beruhigt und lindert streßbedingte Beschwerden im Verdauungssystem. Die Bitterstoffe wirken stärkend und stimulieren sanft die Tätigkeit von Leber und Gallenblase. Ein dünner Aufguß eignet sich ausgezeichnet bei nervösen Magenbeschwerden von Kindern.

Melisse wirkt auch auf das Herz. Karmelitergeist, der aus Melisse, Zitronenschalen, Muskatnuß und Angelikawurzeln hergestellt wird, ist ein ausgezeichnetes Heilmittel, wenn Nervosität, Erregung oder Depressionen zu Herzbeschwerden, starkem Herzklopfen und unregelmäßigem Herzschlag führen.

Melisse entspannt krampfartige Menstruationsbeschwerden und lindert Reizbarkeit in Zusammenhang mit prämenstrueller Anspannung. Sie wirkt außerdem regulierend auf die Menstruation. In den Wochen vor einer Geburt unterstützt Melisse die Vorbereitung darauf; sie erleichtert und beschleunigt den Geburtsvorgang und lindert Schmerzen. Auch kann Melisse helfen, Depressionen während der Wechseljahre zu lindern. Sie entspannt Krämpfe in den Nieren und den Harnwegen und lindert Kopfschmerzen, Migräne, Schwindel und Ohrensausen.

Melisse hat eine kühlende und reinigende Wirkung. Als heißer Aufguß wirkt sie schweißtreibend und senkt so Fieber. Dadurch ist sie ein gutes Heilmittel bei Kinderkrankheiten, Erkältungen und Grippe, Husten und Katarrh. Ihre entspannenden und schleimmindernden Eigenschaften sind hilfreich bei akuter und chronischer Bronchitis, bei rauhem Reizhusten und Asthma. Ihrer antiviralen Eigenschaften kann man sich bei der Behandlung von Herpes simplex, Mumps und anderen Viruserkrankungen bedienen. Das Öl wirkt antibakteriell und antihistaminisch und ist gut bei Heuschnupfen und allergischer Rhinitis. Die Fähigkeit der Melisse, Bakterien zu zerstören, nutzt man auch bei chirurgischen Verbänden.

Ätherisches Öl in der Aromatherapie

Melissenöl beruhigt das Herz und verlangsamt den Herzschlag. So lindert es Herzklopfen und senkt den Blutdruck. Es wirkt einerseits entspannend, hat aber gleichzeitig eine stärkende und verjüngende Wirkung. Es kann Nervosität und Ängste beruhigen, Anspannungen lösen und Spannungskopfschmerzen und Schlaflosigkeit lindern. Melissenöl ist ein gutes Mittel zur Verdauungsförderung, insbesondere bei streßbedingten Beschwerden, wie Koliken und Indigestion. Die antihistaminischen Eigenschaften des Öls sind nützlich bei Allergikern, wodurch man Melissenöl in Cremes bei allergischen Hautbeschwerden einsetzen kann. Als antivirales Mittel kann man das verdünnte Öl bei Mumps und Fieberbläschen in die Haut massieren, außerdem lindert es Wespen- und Bienenstiche. Es wirkt kühlend bei Fieber und ist ein antimikrobielles Inhalationsmittel bei Erkältungen, Katarrhen, Husten und Infektionen des Brustkorbs. Da es Krämpfe löst, lindert es rauhen Reizhusten und Asthma. In den Unterleib einmassiert, hilft es bei Menstruationsbeschwerden, entspannt insgesamt die Muskulatur und löst Verspannungen. Es hilft auch bei Gelenkschmerzen und Neuralgie. Man kann das Öl in Ohrentropfen gegen Entzündungen verwenden und als Mundspülung bei entzündetem Zahnfleisch und Zahnschmerzen.

Die Blütenessenz

Auch die Blütenessenz der Melisse kann helfen, Gesundheit und Kraft wiederherzustellen, die Stimmung zu heben und die Gefühle auszugleichen. Die Essenz eignet sich ausgezeichnet für gestreßte und besorgte Menschen. Die Essenz entspannt und verleiht neue Kraft, dadurch hilft sie über emotionale Schwierigkeiten hinweg; sie erhöht die innere Stärke und verleiht Mut.

Mentha piperita

Pfefferminze

Die Blüte der Erfrischung

Im alten Ägypten pflanzte man die Pfefferminze als Küchenkraut, Medizin und Duft an, und auch in China und Japan war sie sehr beliebt. Minze war ein wesentlicher Bestandteil erfrischender Duftwässer im antiken Griechenland. Die Griechen und Römer parfümierten sich mit ihr und verwendeten sie als Stärkungsmittel und als Badezusatz. Sie banden sie bei religiösen Zeremonien in Kränze, und die Juden streuten Pfefferminze auf die Fußböden der Synagogen. Die Römer und Griechen waren der Meinung, daß Minzgebinde klare Gedanken, Konzentration und Inspiration förderten. Der Name Minze stammt von dem lateinischen Wort *mente* (Gedanke), woran zu erkennen ist, welchen Respekt die Römer der Minze als Tonikum des Geistes entgegenbrachten. In der Blumensprache symbolisiert Minze Erfrischung.

Grüne Minze (Spearmint), Roßminze, Feld-Minze und Polei-Minze haben eine ähnliche Wirkung, sind allerdings nicht so kräftig im Geschmack, im Geruch und in der medizinischen Wirkung wie Pfefferminze.

Kräuterheilmittel und ätherisches Öl in der Aromatherapie

Pfefferminze wirkt sowohl kühlend als auch wärmend, je nachdem wie und wann man sie verwendet. Nimmt man sie ein, wirkt sie wärmend und verbessert die Durchblutung. Als Herztonikum lindert sie starkes Herzklopfen, stimuliert das Herz und bringt das Blut an die Körperoberfläche, was schweißtreibend wirkt. Heißer Pfefferminztee ist ein ausgezeichnetes wärmendes Heilmittel zur Abwehr und Linderung von winterlichen Beschwerden und reguliert die Schleimbildung. Pfefferminzöl eignet sich wunderbar zum Inhalieren bei Erkältungen, Katarrh und Nebenhöhlenentzündung. Da das Öl insgesamt stimulierend wirkt, ist es ein universelles Stärkungsmittel, das neue Lebensenergie verleiht und Lethargie vertreibt, wodurch es bei chronischen Beschwerden und während der Rekonvaleszenz geeignet ist.

Pfefferminze hat einen erfrischenden Geschmack, der die Atemwege betäubt und kühlt, was man auf der Haut spüren kann. Mischt man Pfefferminzöl Massageölen bei, kühlt dies heiße, schmerzende Muskeln und geschwollene Füße. Es ist ein starkes Schmerzmittel. Gibt man ein frisch zerriebenes Blatt oder das einer Lotion beigemischte Öl auf eine schmerzende Stelle, verschafft es rasch Linderung. Eingenommen wirkt es entspannend, beruhigt Ängste und Anspannungen, lindert Schmerzen, einschließlich Menstruationsschmerzen, und bronchiale Krämpfe bei Asthma und hilft bei Schlaflosigkeit. Im Verdauungstrakt entspannt Minze die glatte Muskulatur und lindert so mit Schmerzen und Krämpfen verbundene Beschwerden: Magenschmerzen, Koliken, Flatulenz, Sodbrennen und Indigestion, Schluckauf, Übelkeit, Erbrechen und Reisekrankheit. Die Tannine schützen die Darminnenwand vor Reizung und Infektion, lindern kolikartige Schmerzen bei Durchfall, Krämpfe bei Verstopfung, Crohn-Krankheit und Colitis ulcerosa. Wegen ihrer Bitterstoffe setzt man Minze zur Reinigung der Leber und bei Gallensteinen ein.

Die ätherischen Öle wirken antiseptisch, antiviral und antimykotisch, können Tuberkulose-Bazillen neutralisieren und zur Behandlung von Herpes simplex und Tinea eingesetzt werden. Sie eignen sich gut zum Gurgeln bei Halsentzündungen und als Mundspülung bei Zahnfleischbeschwerden und Aphthen. Außerdem lindern sie Zahn- und Ohrenschmerzen und werden wegen ihrer antiseptischen Wirkung und wegen des Geschmacks z. B. in Zahnpasten verwendet.

Homöopathisches Heilmittel: M. piperita

Ebenso wie das Kräuterheilmittel und das ätherische Öl in der Aromatherapie wirkt Mentha piperita erfrischend und belebend. Das Homöopathikum hat eine Affinität zu den Atemwegsorganen, lindert trockenen, schmerzhaften Husten, der durch Erkältung und Rauchen verschlimmert wird, Grippe, einen trockenen und schmerzhaften Hals und Ohrenschmerzen. Es hilft auch bei Verdauungsbeschwerden, insbesondere Koliken und Winden. Außerdem lindert es Schmerzen im Nacken und bei Gürtelrose sowie Zahn-, Ohren- und Kopfschmerzen.

Die Blütenessenz

Peppermint hilft Menschen, die träge, lethargisch und geistig verwirrt oder apathisch sind; häufig tritt dies in Verbindung mit Verdauungs- oder Stoffwechselstörungen auf. Solche Menschen sehnen sich nach Essen, das sie träge und müde werden läßt. Die Essenz verbessert Verdauung und Resorption und vertreibt geistige Trägheit und Konzentrationsschwächen.

NB: Pfefferminzöl sollte nur verdünnt verwendet und in der Schwangerschaft vermieden werden. Nicht bei Babys oder Kleinkindern verwenden.

Nepeta cataria

Echte Katzenminze

Die Blüte der Katzen

Die Katzenminze kam zu ihrem Namen aufgrund der wohlbekannten Tatsache, daß Katzen ihren Duft lieben. Sie reiben sich an den Pflanzen und essen sie, angeblich weil sie ihren medizinischen Wert kennen. Katzenminze läßt sich nur schwer in Gärten halten, in denen Katzen herumstreifen, da die Pflanze, wenn sie nicht gut geschützt ist, von ihnen komplett abgefressen wird. Dies scheint allerdings nur der Fall zu sein, wenn Katzenminze als ganze Pflanze in den Garten gebracht wird. Man sagt, Katzen rühren sie nicht an, wenn die Pflanze aus Samen gezogen wird.

Die kultivierte Art dieses hübschen Lippenblütlers, einem Verwandten von Pfefferminze und Polei-Minze, wird den meisten Hobbygärtnern vertraut sein: Eine schöne krautige Pflanze zum Einfassen von Beeten, die im Frühsommer blüht. Die Wildpflanze wächst auf Feldern und in Hecken, insbesondere auf kalkhaltigem oder kiesigem Boden in Europa, Nordafrika, Nordamerika und in den klimatisch gemäßigten Zonen Asiens. Auf fast allen Böden läßt sie sich sehr einfach aus Samen ziehen oder im Frühjahr durch Wurzelstecklinge vermehren.

Der Tee der Katzenminze hat einen erfrischenden Geschmack und war unter der Landbevölkerung beliebt, lange bevor chinesischer oder indischer Tee importiert wurde. In Frankreich gehört Katzenminze zu den Küchenkräutern und wird als Gewürz verwendet. Zur Abwehr von Ratten pflanzte man Katzenminze auch um die Häuser, da Ratten die Pflanze meiden.

Durch das Kauen von Katzenminze-Wurzeln, so sagt ein alter Glaube, werde selbst der friedliebendste Mensch wild und streitsüchtig; vielleicht bezieht sich dies auf die anregenden und stärkenden Eigenschaften der Pflanze. Laut Culpeper untersteht Katzenminze der Venus, möglicherweise weil sie in der Heilkunde eine besondere Bedeutung für Frauen hat.

Kräuterheilmittel

Katzenminze ist ein ausgezeichnetes Heilmittel bei Entzündungen der Atemwege. Als heißer Tee fördert sie die Durchblutung, wirkt schweißtreibend und damit fiebersenkend. Bei Katarrhen läßt sie Schwellungen abklingen und sollte daher bei den ersten Anzeichen einer Erkältung oder Grippe regelmäßig eingenommen werden. Katzenminze hilft auch bei Bronchitis, Asthma und bei Infektionen, die mit Ausschlag verbunden sind, wie zum Beispiel Windpocken und Masern. Sie ist ein wunderbares Heilmittel für Babys und Kinder, denn sie beruhigt und entspannt und bewirkt so den heilenden Schlaf; außerdem stoppt sie Alpträume.

Die beruhigende Wirkung von Katzenminze erstreckt sich auch auf das Verdauungssystem, wo sie Spannungen und Koliken, Blähungen und Schmerzen lindert. Sie ist ein ebenso ausgezeichnetes Heilmittel für Babys, die unter Blähungen oder Koliken leiden oder schlecht schlafen. Ein starker Aufguß mildert streßbedingte Kopfschmerzen und beruhigt Schmerzen.

Katzenminze wirkt auch auf die Gebärmutter beruhigend. Man kann sie sowohl bei schmerzhaften Monatsblutungen als auch gegen Anspannung und Streß vor der Menstruation einsetzen. Außerdem kann sie bei unregelmäßigen, verspäteten oder ausbleibenden Blutungen eingenommen werden.

Äußerlich angewendet ist ein heißer Aufguß ein gutes antiseptisch wirkendes Inhalationsmittel bei Halsentzündungen, Erkältungen, Grippe und Husten, ein Dekongestionsmittel bei Katarrhen und Nebenhöhlenentzündung und ein Relaxans bei Asthma und Krupp. Die Gerbsäuren beschleunigen die Gewebeheilung und stillen Blutungen bei Abschürfungen und Schnitten. Sie unterstützen die Heilung von Verbrennungen und Verbrühungen, Hämorrhoiden und Insektenbissen sowie entzündlichen Hautbeschwerden.

Homöopathisches Heilmittel: Cataria

Cataria wird vor allem bei Babys und Kindern eingesetzt, die unter Koliken oder Unterleibsschmerzen leiden. Eventuell zieht das Baby oder das Kind die Beine an oder windet sich vor Schmerzen. Das Mittel ist auch angezeigt bei nervösen Kopfschmerzen, Angstzuständen, Weinen, selbst bei Hysterie. Die Wirkung ist vergleichbar mit jener der Kamille.

Blütenessenz

Katzenminze gehört wie die Pfefferminze zur Familie der Lippenblütler. Die Wirkung der Essenz ist mit jener der Pfefferminze vergleichbar, die auf Seite 160 beschrieben wurde.

Ocimum basilicum

Basilikum

Die Blüte von Vishnu

Diese hübsche Pflanze mit ihrem kräftig süßen Aroma kommt ursprünglich aus Indien, wird aber seit vielen Jahrtausenden im gesamten Mittelmeerraum angebaut. Erst im 16. Jahrhundert kam sie nach Westeuropa. Der Name Basilikum stammt von dem lateinischen Wort *basilisca* oder von dem griechischen Wort *basilikon*, beides bedeutet »königlich«, entweder weil man Basilikum als König der Kräuter ansah oder weil es in Indien Vishnu dem Bewahrer, einem der Götter der Hindu-Dreiheit, gewidmet war. In Griechenland galt Basilikum als Symbol der Trauer. Basilikum wurde in vielen Ländern auch mit Mut verbunden, der in Zeiten großer Schwierigkeiten erforderlich ist. Es wird verehrt, weil es Herz und Geist öffnen kann, weil es Liebe und Zuneigung fördert und den Glauben, Leidenschaft und Klarheit stärkt. In Indien wird Basilikum für drei Monate im Innenhof des Hauses angebaut und ihm danach mit Gaben wie Reis, Blumen und kleinen Lampen gehuldigt. In abgelegenen Gebieten Italiens wurde Basilikum von Bauern bei der Brautwerbung getragen; es symbolisierte Liebe und Treue. Basilikum steht häufig zur Reinigung der Luft auf Fenstersimsen.

Kräuterheilmittel

Basilikum ist ein gutes Mittel zur Reinigung, das man zur Behandlung von Infektionen und zum Lösen von Schleim in der Nase und auf der Brust einsetzen kann. Als heißer Aufguß kann man es bei Erkältungen, Fieber, Grippe, Katarrh, Nebenhöhlenentzündung und als Expektorans bei Husten einsetzen. Die ätherischen Öle wirken insbesondere im Verdauungstrakt krampflösend, wodurch Basilikum ein gutes Mittel gegen Magenkrämpfe, Blähungen, Übelkeit, Durchfall, Erbrechen und auf Spannungen zurückzuführende Verstopfung ist. Es mildert auch Reisekrankheit, wirkt krampflösend in den Bronchien und wird bei Keuchhusten und Asthma eingesetzt.

Basilikum stärkt die Nerven, löst Anspannungen und hebt die Stimmung. Es gibt dem Geist Klarheit, verbessert die Konzentration und schärft das Erinnerungsvermögen. Man kann es auch einsetzen zur Linderung von Kopfschmerzen, Neuralgie und Rheuma und bei streßbedingten Beschwerden, wie Indigestion, Rückenschmerzen und Migräne. Seit der Antike wird es zur Beruhigung und zur Verbesserung der Verdauung verwendet.

Ätherisches Öl in der Aromatherapie

Der wunderbar durchdringende süße, fast strenge Duft von Basilikum beruhigt und stärkt die Nerven, macht den Kopf frei, stimuliert den Geist und wirkt stimmungshebend. Das Öl ist erfrischend und belebend, wenn man müde ist, und gleichzeitig beruhigend, wenn man angespannt, verängstigt und geistig erschöpft ist. Es kann bei vielen streßbedingten Beschwerden eingesetzt werden, wie zum Beispiel Kopfschmerzen, Migräne, Erschöpfung, Indigestion, Übelkeit und Muskelschmerzen. Wenn man sich abgespannt, schwach und verletzlich fühlt, wirkt Basilikum stärkend und belebend, und ist man anfällig für Infektionen, können die antiseptischen Eigenschaften vor Krankheit schützen.

Man kann Basilikum auch zur Fiebersenkung einsetzen und zur Behandlung von Infektionen, wie zum Beispiel Erkältungen, Husten und Grippe. Es fördert die Verdauung und lindert Indigestion, Übelkeit, Koliken und Flatulenz. Vermischt mit Massageölen kann man mit dem Öl müde, schmerzende Muskeln und Gelenke einreiben. Außerdem hält es Insekten ab.

Homöopathisches Heilmittel: Ocimum canum

Ocimum canum wird aus den Blättern des indischen Basilikums hergestellt und vor allem bei Beschwerden der Harnwege eingesetzt. Man behandelt damit Prolapse, angeschwollene Brüste und während der Stillzeit schmerzende Brüste, Reizungen der Schamlippen sowie Fieber und Arthritis, Erbrechen und Durchfall.

Die Blütenessenz

Basil hilft Menschen, die ihre körperliche Sexualität nicht mit ihren Vorstellungen spiritueller Reinheit vereinbaren können und beides als entgegengesetzte Kräfte wahrnehmen. Sie haben einerseits Angst vor ihrer Sexualität oder empfinden Abneigung dagegen und möchten sie verstecken, fühlen sich aber andererseits häufig von gesetzeswidrigen sexuellen Praktiken angezogen. Basil unterstützt ein besseres Verständnis unseres Wesens und hilft, unser emotionales, sexuelles und spirituelles Leben in Einklang zu bringen.

Oenothera biennis

Nachtkerze

Die Blüte der stillen Liebe

Die Nachtkerze ist eine hohe, elegante Pflanze mit großen duftenden, becherförmigen gelben Blüten, die sich normalerweise in der Dämmerung öffnen (oder an stark bewölkten Tagen) und so nachtaktive Motten und Insekten zur Bestäubung anlocken. Man findet die Nachtkerze überall in Europa sowie in Nord- und Südamerika. Sie wächst wild auf aufgeworfenen Böden.

Die Nachtkerze war schon den alten Griechen bekannt, und Theophrast (350 v. Chr.) gab der Pflanze ihren wissenschaftlichen Namen, der von *oinos* (Wein) und *thera* (Jagd) abgeleitet wurde, entweder als Hinweis darauf, daß die Pflanze das Verlangen nach Wein steigert oder die Auswirkungen eines übermäßigen Genusses bekämpft. In der Blumensprache symbolisiert die Nachtkerze sowohl Unbeständigkeit als auch stille Liebe, vielleicht wegen des Öffnens und Schließens der Blüten.

Traditionell schätzt man die Nachtkerze als eßbare Wildpflanze. Die Indianer in Utah und Nevada aßen die Samen; die jungen Blätter werden für Salate verwendet. Die Nachtkerze ist zweijährig. Im ersten Jahr bildet sie eine fleischige Wurzel aus, die gekocht einen nussigen Geschmack entwickelt.

Kräuterheilmittel

Der äußere Blütenstengel und die Blätter sind sehr schleimig und ergeben eine gute Lotion gegen Hautausschlag; sie mildern, wenn eingenommen, Reizungen im Verdauungssystem und lindern Durchfall. Als leichtes Beruhigungsmittel erleichtern sie nervöse Indigestion und Koliken. Die krampflösende Wirkung nutzt man bei der Behandlung von Asthma und Keuchhusten.

Bis vor kurzem waren die Blätter und der äußere Stengel die einzigen Pflanzenteile, die medizinisch genutzt wurden, abgesehen von der Wurzel, die gegessen wurde. Seitdem hat man den medizinischen Wert des aus den Samen gewonnenen Öls wissenschaftlich sehr genau untersucht, und die Nachtkerze ist zu einem der wertvollsten natürlichen Heilmittel geworden. Das Öl ist eine gute Quelle für Omega-6-Fettsäuren, die für die Funktionen der Immun-, Nerven- und Hormonsysteme essentiell sind. Es zählt zu den wenigen Ölen, die Gammalinolsäure (GLA) enthalten, eine Fettsäure, die normalerweise vom Körper als Zwischenstufe des Linolsäure-Stoffwechsels hergestellt wird. Der Körper erhält Linol zum Beispiel aus Sonnenblumenkernen. Ist die Produktion von GLA aus Linolsäure gestört, kann dies zu Ekzemen und prämenstruellem Syndrom (PMS) führen. Somit bietet die Nachtkerze eine ausgezeichnete Möglichkeit, diesen Stoffwechselfehler zu kompensieren. Die Nachtkerze ist ausgesprochen wertvoll bei der Behandlung von PMS, Brustbeschwerden und Problemen während der Wechseljahre, Hyperaktivität bei Kindern, Ekzemen, Akne, Asthma, Migräne, Stoffwechselstörungen, Arthritis und einer Vielzahl von Allergien. Sie mindert die Auswirkungen einer Alkoholvergiftung und fördert die Regeneration einer geschädigten Leber. Außerdem kann sie den Alkoholentzug unterstützen und Depressionen aufgrund von Alkoholgenuß lindern. Weitere Studien weisen auf die Bedeutung der Nachtkerze bei der Behandlung von multipler Sklerose und Bluthochdruck hin und belegen, daß sie einem hohen Cholesterinspiegel, Blutgerinnseln und der koronaren Herzerkrankung entgegenwirkt.

Homöopathisches Heilmittel: Oenothera biennis

Für das Homöopathikum werden die frischen Blüten, Blätter und Stengel verwendet. Man setzt es zur Behandlung von wäßrigem Durchfall ein, der ohne Anstrengungen ausgeschieden wird und von Erschöpfung begleitet ist. Er kann mit Unterleibs- oder anderen Krämpfen verbunden sein. Andere Symptome, bei denen Oenothera angezeigt ist, sind Schwindel, Benommenheit, große Schwäche, Dumpfheit, Stechen der Haut, Herzflattern und von Schüttelfrost begleitetes Fieber.

Die Blütenessenz

Die Blütenessenz Evening Primrose (*O. hookeri*) wird Menschen empfohlen, die sich abgelehnt oder unerwünscht fühlen, wofür die Ursachen häufig auf die Kindheit zurückgehen. Solche Menschen neigen dazu, enge emotionale Kontakte, Intimitäten und verpflichtende Beziehungen aus Angst vor Ablehnung zu vermeiden. Die Essenz hilft, diese Gefühle der Ablehnung und des Ungeliebtseins abzulegen und ermöglicht emotionale Offenheit sowie die Fähigkeit, tiefere Beziehungen einzugehen.

Origanum marjorana

Echter Majoran

Die Blüte der Ehre

Majoran zählt zu den ältesten und vielseitigsten Heilpflanzen. Der wissenschaftliche Name Origanum stammt von den griechischen Wörtern *oros* (Berg) und *ganos* (Freude), was zusammen »Freude des Berges« ergibt und ein hübsches Bild von wildem Majoran wachruft, der wie ein Teppich den Hang bedeckt und die warme Luft mit seinem Duft erfüllt. In der griechischen Mythologie wurde Majoran von Aphrodite erschaffen, während er in der römischen Mythologie als Blüte der Venus gilt und ihr gewidmet war. Als Symbol der Ehre, Liebe und Fruchtbarkeit wurde Majoran sowohl in der griechischen als auch in der römischen Tradition in die Kränze von Neuvermählten geflochten; er sollte ihnen Glück und ein langes Leben schenken. Es gibt verschiedene Majoranarten, die alle sehr aromatisch sind und als Gewürz zum Kochen in der ganzen Welt verbreitet sind, vor allem in Griechenland und Italien ist der Majoran sehr beliebt. *O. marjorana* oder Echter Majoran ist ziemlich winterhart und duftet am süßesten. Er wächst an sonnigen Plätzen auf trockenen Böden. Dost *(O. vulgare)* und Kanadischer Majoran (*O. onites*) besitzen einen scharfen, warmen Duft. Alle Majoranarten haben eine ähnliche heilende Wirkung, je mehr Sonne eine Pflanze allerdings bekommt, desto höher ist die Konzentration an ätherischen Ölen und desto aromatischer und kräftiger ist sie.

Die Griechen verwendeten Majoran sehr viel in der Medizin, insbesondere um den Geist und die Verdauungsorgane zu stärken, bei Vergiftungen durch Betäubungsmittel, bei Krämpfen und Wassersucht. In England schätzte man Majoran während der Tudor- und Stuartzeit wegen seines starken Duftes als Streublume und weil er vor Krankheiten und Parasiteninfektionen schützte. Den scharfen Saft verwendete man als Möbelpolitur; das Öl zur Kräftigung der Haare und die getrockneten Blätter entweder als Tabak zum Schnupfen oder Rauchen oder man füllte Schlaf- und Duftkissen damit. In der Blumensprache symbolisierte Majoran Trost.

Kräuterheilmittel und ätherisches Öl in der Aromatherapie

Das ätherische Öl des Echten Majorans ist reich an Kampfer, Borneol, Terpinen und Sabinen und stellt ein ausgezeichnetes Antibiotikum gegen Bakterien und Viren dar. Es schützt im Winter vor Infektionen, wirkt schleimlösend und lindernd bei Husten, Nebenhöhlenentzündungen und Fieber.

Man kann die wärmende und entspannende Wirkung von Majoranöl spüren, wenn man es bei steifen, schmerzenden Gelenken, schmerzhaft verspannten Muskeln und bei Verstauchungen und Zerrungen in die Haut einmassiert. Da es die Durchblutung fördert und den Körper von Giftstoffen reinigt, verbessert es eine schlechte Durchblutung und lindert Frostbeulen, Arthritis und Gicht. Weiterhin fördert es die Ausscheidung von Abbauprodukten über die Harnwege.

Im Verdauungstrakt wirkt Majoran krampflösend und wärmend und hilft bei Indigestion, verbessert den Appetit, mildert Blähungen und Koliken und läßt Übelkeit, Durchfall und Verstopfung abklingen.

Die wunderbar entspannende Wirkung des Majorans lindert sowohl körperliche als auch geistige Anspannung. Traditionell setzte man Majoran ein, um ein unerwünschtes sexuelles Verlangen zu unterdrücken oder die Fortpflanzungsorgane zu behandeln. In der Aromatherapie wird das Öl vor allem wegen seiner emotional wärmenden und beruhigenden Eigenschaften bei einsamen und alleinlebenden Menschen verwendet. Es tröstet diejenigen, die kürzlich einen geliebten Menschen verloren haben, und wird seit langem eingesetzt, um das Herz zu besänftigen. Aufgrund seiner Antioxydantien kann Majoran den von Freien Radikalen verursachten Schaden begrenzen und den Körper vor den Auswirkungen des Alterungsprozesses schützen.

Homöopathisches Heilmittel: O. marjorana

O. marjorana kann zur Behandlung sexueller Überreizung und unangebrachten sexuellen Verlangens eingesetzt werden. Ebenso wie das Kräuterheilmittel und das Öl hilft das Homöopathikum Menschen, die sich allein fühlen, keine enge Beziehung haben und ihre Sexualität nicht ausleben können.

Die Blütenessenz

Majoran spendet Trost und wirkt beruhigend und lindernd, wodurch die Essenz in Phasen von Kummer, Leid und Verletztheit sehr unterstützend ist. Sie hilft, die Angst vor Verletzlichkeit und Einsamkeit loszulassen, selbstbewußter zu werden und innere Stärke zu entwickeln.

Myosotis symphytifolia

Vergißmeinnicht

Die Blüte der Erinnerung

Diese kleine blaue Blume gilt schon seit langem als Symbol der Liebe und Erinnerung. Eine Geschichte besagt, daß Adam allen Blumen im Paradies einen Namen gab, aber eine Blume vergaß ihren Namen, und Adam gab ihr den neuen Namen Vergißmeinnicht. Der Name Myosotis stammt von den griechischen Wörtern *mus* (Maus) und *otos* (Ohr) und bezieht sich auf die Form der Blätter.

Kräuterheilmittel Blätter und Blüten des Vergißmeinnichts wirken beruhigend und reizlindernd, was man für die Behandlung von rauhem Reizhusten nutzt. Die auswurffördernden und adstringierenden Eigenschaften mindern und lösen in den Bronchien festsitzenden Schleim. Vergißmeinnicht ist ein altes Heilmittel bei chronischer Bronchitis und Tuberkulose.

Homöopathisches Heilmittel: Myosotis Myosotis wird bei chronischem und hartnäckigem Husten verabreicht, bei Husten mit viel eitrigem Schleim und bei Husten, der wie Keuchhusten mit Würgen und Erbrechen verbunden ist, sowie bei chronischer Bronchitis und Tuberkulose.

Die Blütenessenz Man verwendet Forget-Me-Not zur Förderung von Beziehungen nicht nur mit Personen, die auf der Erde leben, sondern auch mit jenen in anderen Dimensionen, die ihren physischen Körper verlassen haben und zu denen man eine starke Beziehung hat. Dies kann für trauernde Menschen kurz nach dem Verlust einer geliebten Person wichtig sein, denn die Essenz ermöglicht ihnen, die Verbindung aufrechtzuerhalten und die auf der Erde begonnene Liebesbeziehung fortzusetzen. Die Essenz kann auch Menschen helfen, die Trauer oder Einsamkeit aufgrund eines schmerzlichen Verlusts in der Kindheit nicht verarbeiten können. Sie kann ein tieferes Verständnis der augenblicklichen Beziehungen zu Kindern, Freunden oder der Familie ermöglichen.

Passiflora incarnata

Passionsblume

Die Blüte zur Besänftigung des Geistes

Die Passionsblume ist eine schnell wachsende Kletterpflanze, deren Blüten zu den auffallendsten und bemerkenswertesten im Pflanzenreich zählen. Sie wurde 1605 Papst Paul V. von einer Missionsstation in Peru mit dem Hinweis geschickt, daß die hübsche Nebenkrone und die Blütenblätter der Dornenkrone ähnelten und daher die Leiden Christi symbolisieren können.

Kräuterheilmittel Die Blüte und der Stamm der Passionsblume ergeben ein entspannendes Heilmittel. Es zählt zu den besten natürlichen Beruhigungsmitteln bei chronischer Schlaflosigkeit und lindert viele streßbedingte Symptome. Es macht nicht abhängig, und man wacht am Morgen wach und erfrischt auf. Die Passionsblume löst Krämpfe und Verspannungen der Muskulatur, beruhigt die Nerven und mindert die Schmerzen bei Neuralgie, Gürtelrose und der Parkinson-Krankheit.

Die positive Wirkung auf das Nervensystem basiert auf einer verbesserten Durchblutung und einer Stärkung der Nerven. Die kühlenden Eigenschaften der Passionsblume lindern Symptome, die mit einem Zuviel an Hitze im Körper verbunden sind. Die entspannende Wirkung im Brustkorb beruhigt Reizhusten und nervösen Husten und löst Krämpfe.

Homöopathisches Heilmittel: Passiflora Passiflora ist angezeigt bei Symptomen wie Ruhelosigkeit, Aufregung, Überreizung, Schmerzen und Krämpfen.

Die Blütenessenz Die Passionsblume hilft uns, mit unserem inneren Selbst in Kontakt zu kommen. Die Essenz lindert innere Anspannung und beruhigt den Geist, und man sagt, sie öffne das Hals- und das Herz-Chakra. Das Hals-Chakra ist mit der Übernahme von Verantwortung für die eigenen persönlichen Bedürfnisse und mit der Stärkung des inneren Selbst verbunden. Das Herz-Chakra ist das Zentrum, durch das wir lieben. Je offener es ist, desto größer ist unsere Fähigkeit zur Liebe.

Paeonia lactiflora, P. officinalis

Pfingstrose, Päonie

Die Blüte des strahlenden Glanzes

Diese exotisch anmutende Pflanze gehört zu einer Familie mit 33 verschiedenen Arten, die in Europa, China und Nordamerika beheimatet sind. Die Pfingstrose oder Päonie zählt zu den beliebtesten Gartenpflanzen. *P. lactiflora,* eine Art mit duftenden roten, weißen und rosa Blüten, wurde in China bereits 900 v. Chr. kultiviert.

Der Name Päonie stammt von Paian, dem mythischen Arzt der griechischen Götter und Gott der Heilkunst. Apollos Mutter Leto gab ihm die Päonie auf dem Olymp, wo er damit die Wunden Plutos, des Gottes der Unterwelt, und Ares', des Gottes des Krieges, heilte. Ohne Zweifel betrachteten die Griechen die Pfingstrose als heilige Pflanze, die böse Geister abhalten kann.

Culpeper war zwar der Ansicht, die Päonie unterstehe der Sonne; in früherer Zeit glaubte man allerdings, sie sei von der Mondgöttin erschaffen worden, um deren Licht während der Nacht zu reflektieren. Man war überzeugt, sie könne alle unangenehmen Assoziationen mit Dunkelheit fernhalten und verwendete sie gegen Alpträume. Im Mittelalter war man der Meinung, der Mond sei für viele Nervenkrankheiten verantwortlich, und die Päonie, als Ausstrahlung des Mondes, galt hier als ein unübertroffenes Heilmittel. Häufig bedeckte man Geisteskranke, wenn sie sich schlafen legten, mit Blättern der Pfingstrose, und wenn sie aufstanden, waren ihre Sinne wieder voll hergestellt. Sowohl Dioskurides als auch Plinius erwähnten die Verwendung von Päonien bei Alpträumen und Hysterie. In der Blumensprache war die Päonie ein Symbol der Schüchternheit oder Scheu.

Kräuterheilmittel

Seit der Zeit Dioskurides' und Theophrasts verwendet man die Pfingstrose gegen Alpträume, Hysterie und Gebärmutterschmerzen. Die getrocknete Wurzel wurde Frauen nach der Geburt gegeben, um das Ausstoßen der Plazenta und die Genesung zu unterstützen. Culpeper empfahl die frische Wurzel gegen Epilepsie und Wurzel oder Samen zur Reinigung der Gebärmutter nach der Geburt. Er vertrat die Ansicht, daß die schwarzen Samen, morgens und abends eingenommen, Alpträume und düstere Träume vertreiben würden.

Päonie stärkt die Uterusmuskulatur und hilft bei Geburtswehen. Seit Jahrhunderten verwendet man die Päonie bei Nierensteinen und als Mittel für Leber und Gallenblase bei Gallensteinen. Da sie Blutstauungen lindert, kann man sie bei Krampfadern und Hämorrhoiden einsetzen. Als Nerventonikum verwendete man sie bei Krämpfen, Epilepsie, nervösen Zuckungen und Sydenham-Chorea.

In China wird die Päonienwurzel seit Jahrtausenden als Medizin verwendet. *Bai-shao* (kultivierte Wurzeln) nimmt man bei Wunden, hypertensiven Kopfschmerzen und einer schlechten Durchblutung. Sie hilft auch bei Durchfall, Menstruationsschmerzen, Fieber und Nachtschweiß sowie Magengeschwüren. Sie wirkt antibakteriell, antiviral und krampflösend. Außerdem ist sie beruhigend und entzündungshemmend. *Chi-shao* (gesammelte wilde Wurzeln) wird bei Schmerzen im Brustkorb, Hitze im Blut, ausbleibenden oder schmerzhaften Monatsblutungen, Ruhr und Eiterbeulen verschrieben.

Homöopathisches Heilmittel: Paeonia

Paeonia wird aus der frischen Wurzel der Päonie hergestellt und ist bei Symptomen in Verbindung mit Blutstauung angezeigt. Das Homöopathikum wird bei Geschwüren, Hämorrhoiden, Kopfschmerzen, Krampfadern und kolikartigen Schmerzen im Unterleib in Verbindung mit Zittern und Angst verschrieben. Paeonia-Menschen neigen zu Alpträumen und nervöser Überempfindlichkeit; sie sind leicht verängstigt, depressiv und erregbar.

Die Blütenessenz

Auch die Päonie ist jetzt als Blütenessenz erhältlich und scheint ein vielversprechendes Mittel bei angespannten, verängstigten Menschen zu sein, die unter Alpträumen leiden und sich schnell von negativen Einflüssen anstecken lassen. Die Essenz steht zum Mond in einer besonderen Beziehung und vertreibt die Kräfte der Dunkelheit, wodurch sie ein ideales Mittel bei emotionalen Problemen im Zusammenhang mit dem weiblichen Zyklus ist, wie zum Beispiel bei prämenstruellem Syndrom oder Depressionen in den Wechseljahren. Als großes Wundmittel wirkt die Päonie unseren unbewußten Ängsten entgegen, unserer »Unterwelt«, die für schlechte Träume und scheinbar irrationale Ängste verantwortlich ist. Päonie ist ein Mittel des Lichts.

NB: Nicht in den ersten Wochen der Schwangerschaft verwenden.

Panax ginseng

Ginseng

Die Blüte der Einheit

Ginseng wird vielen als wunderbares Stärkungsmittel bekannt sein, das die Energie und Vitalität erhöht, geistige und körperliche Leistung verbessert und vor den Auswirkungen von Streß schützt. Der Name Ginseng wird für eine Reihe verschiedener Pflanzen verwendet: *Panax ginseng*: Chinesischer oder Koreanischer Ginseng, *Eleuthrococcus senticosus*: Sibirischer Ginseng und *Panax quinquefolium*: Amerikanischer Ginseng.

Bei Ginseng und den anderen chinesischen Namen handelt es sich um unterschiedliche Transliterationen desselben chinesischen Ideogramms, das »Essenz aus der Erde in der Form eines Menschen« oder »Menschenrübe« bedeutet, da die Wurzel des Ginsengs der Alraunwurzel ähnelt und eine menschliche Form hat. Für die Chinesen ist *Panax ginseng* der König der Stärkungsmittel und sehr wertvoll. *Panax ginseng* wächst in Nordchina in Bergwäldern. Der Amerikanische Ginseng wird auch von Kanada nach China exportiert.

Kräuterheilmittel

Das Wort Panax stammt von den griechischen Wörtern *pan* (alles) und *akos* (heilen) und bezieht sich auf die traditionelle Verwendung von Ginseng als Allheilmittel. In China wird dieses bekannte Tonikum bei einem Mangel an Qi in Verbindung mit Erschöpfung, Schlaflosigkeit, Schwäche und Kurzatmigkeit genommen, der durch Streß, Krankheit oder den Alterungsprozeß hervorgerufen werden kann. Ginseng wurde als Adaptogen beschrieben, da er im Körper normalisierend wirkt, was bei einer Person, die angespannt und ängstlich ist, entspannend sein kann und anregend bei jemandem, der sich müde und träge fühlt. Ginseng wirkt auf die Hirnanhangsdrüse und stimuliert die Nebennieren, indem er ihre Funktionen in Streßphasen normalisiert. Ginseng fördert die Wirkung von Nervenimpulsen und erhöht so die geistige Leistung, schärft das Gedächtnis und vertreibt Müdigkeit. Er verbessert die körperliche Leistung, da er lokal die Kraft der Muskeln erhöht. Außerdem lindert er schweres, pfeifendes Atmen und Atemknappheit.

Da er die Aktivität der weißen Blutkörperchen erhöht, stärkt Ginseng die Immunabwehr. Er senkt den Blutzuckerspiegel, was man sich bei Diabetes zunutze macht, verbessert den Appetit und die Verdauung, senkt den Cholesterinspiegel und reduziert allergische Reaktionen. Die Saponine regen die sexuellen Funktionen bei Männern und Frauen an und erhöhen die Spermaproduktion beim Mann. Ginseng erhöht auch die Widerstandskraft der Leber gegen Hepatotoxine und Strahlung und lindert die Schwächung des Knochenmarks bei Menschen, die sich einer Krebsbehandlung unterziehen. Ginseng erhöht den Widerstand gegenüber Streß, da er die Schwelle erhöht, ab der man Streß als belastend empfindet und ab der er schädlich wird. Man kann Ginseng über eine kürzere Zeit von drei bis vier Monaten während einer Phase extremer Anspannung nehmen. Er kann aber auch von älteren Menschen als Jungbrunnen genommen werden. Die im Ginseng enthaltenen Antioxydantien unterstützen diese Wirkung.

Amerikanischer Ginseng wirkt beruhigender und kühlender als *Panax ginseng*. Man verwendete ihn in Amerika zur Behandlung von Tuberkulose; man kann ihn nach hohem Fieber einnehmen, wenn man sich schwach, durstig und erschöpft fühlt. Er eignet sich auch für Frauen, die nach einer Geburt unter Nachwehen leiden.

NB: Nicht bei akuten Entzündungen und Bronchitis verwenden, da Ginseng die Symptome verschlimmern kann.

Homöopathisches Heilmittel: Panax

Ginseng gibt ein Gefühl von Freude und Kraft, verleiht den Gliedmaßen Elastizität und dem Geist Klarheit, wenn man sich körperlich und geistig müde fühlt. Das Homöopathikum hat eine besondere Bedeutung für den unteren Teil des Körpers und eignet sich bei Hexenschuß, Ischiasbeschwerden, chronischem Rheuma und sexueller Überreizung.

Die Blütenessenz

Die Wurzel des Amerikanischen Ginsengs hat eine menschliche Form, und die Blütenessenz schärft das Bewußtsein dafür, was es bedeutet, ein Mensch zu sein. Sie sorgt für eine Verbindung der männlichen und der weiblichen Energien. Die Essenz wirkt auf allen Ebenen stärkend – geistig, emotional und körperlich. Sie schützt vor den Auswirkungen von Streß und wirkt positiv auf das endokrine System. Verwendet man die Essenz in Massageölen, erhöht Ginseng die körperliche Vitalität und hilft uns, unsere spirituelle Seite mit der körperlichen zu verbinden. Sie ist ein ausgezeichnetes Stärkungsmittel.

Schlafmohn

Klatschmohn

Papaver somniferum

Schlafmohn

Die Blüte der Unterwelt

Der leuchtendrote Klatschmohn ist ein vertrauter Anblick in Getreidefeldern, die nicht mit Schädlingsbekämpfungsmitteln behandelt werden. Er bevorzugt aufgeworfene Böden, zum Beispiel frisch gepflügte Felder.

In der griechischen Mythologie war Schlafmohn ein Merkmal der Göttin Demeter, die von den Römern Ceres, die Getreidegöttin, genannt wurde. Demeter war so betrübt, als Hades ihre Tochter Persephone in die Unterwelt entführte, daß sie sich der einschläfernden Wirkung des Schlafmohns hingab (dessen griechischer Name *nepenthes* »wirksamer Vernichter von Trauer« bedeutet), um ihren Kummer zu lindern und Schlaf zu finden. Zeus überredete Hades, Persephone nach jedem Winter für zwei Drittel des Jahres aus der Unterwelt zurückkehren zu lassen, wenn die Samen keimten und die Blumen herauskamen, damit sie mit Demeter leben konnte, der Göttin der Erde, die die Felder fruchtbar machte. So kam es, daß Mohn die Erneuerung des Lebens, Regeneration und Aktivität nach dem Schlaf repräsentierte. Er steht in dem Ruf, Leben geben zu können, weil die Mohnkapsel eine enorme Menge an Samen enthält, die mit Fruchtbarkeit und der Göttin Demeter in Zusammenhang steht. Aufgrund seiner Verbindung zum Schlaf und zur Unterwelt weihten die Griechen den Mohn Nyx, der Göttin der Nacht, und Morpheus, dem Gott der Träume. In der Blumensprache stehen der Klatschmohn für Extravaganz und Trost und der Schlafmohn für Schlaf.

Die beiden Themen Schlaf und Blut bzw. Kreislauf tauchen in der Verwendung des Mohns in der Heilkunde immer wieder auf. Opium, das man aus dem Latex der Samenkapsel gewinnt, enthält das starke Alkaloid Morphium. Keine andere pflanzliche Droge hat eine so wichtige Rolle in der Weltgeschichte gespielt. Morphium wird immer noch als Schmerzmittel eingesetzt, insbesondere nach Operationen und bei Krebs. Es wirkt durchblutungsfördernd, da es die Blutgefäße des Kopfes erweitert. Der Genuß von kleineren Mengen hat vorübergehend eine aufheiternde Wirkung, da der Geist frei fließen kann und die Phantasie freien Lauf hat. Regelmäßig oder in größeren Dosen eingenommen führt es zu Müdigkeit und letztendlich zu Stupor. Dadurch verspürt man keine Schmerzen. Morphium beeinflußt auch die Muskulatur des Körpers. In kleinen Mengen wirkt es entspannend, während größere Mengen zu Lähmungen führen können, so daß es Koliken und Durchfall lindern, aber auch zu Darmträgheit führen kann.

Kräuterheilmittel

Schlafmohn ist für die innere Anwendung ungeeignet, da er schnell süchtig macht. Klatschmohn wirkt ebenfalls einschläfernd, sein Hauptbestandteil Rhoeadin ist zwar auch beruhigend und schlaffördernd, macht aber nicht süchtig. Bäcker verwenden die Samen zum Würzen von Broten. Die roten Blütenblätter und die Samen können Entspannung fördern, Aufregung beruhigen und Schlaf herbeiführen. Auch kann man sie gut zum Gurgeln bei Hals- und Mandelentzündungen und als Expektorans bei Beschwerden im Brustkorb verwenden. Die Blätter lindern und entspannen Krämpfe in der Brust, dämpfen den Hustenreflex und helfen bei Reizhusten, Krupp und Keuchhusten, Bronchitis und Rippenfellentzündung. Sie wirken lindernd und entspannend bei Magen- und Darmkrämpfen und verschaffen Besserung bei nervlich bedingten Schmerzen, wie Kopfschmerzen, Gürtelrose und Neuralgie. Man bedient sich seiner adstringierenden Eigenschaften bei der Behandlung von Durchfall.

Homöopathisches Heilmittel: Opium

Opium wird bei einer Unempfindlichkeit der Nerven, bei schmerzlosen Symptomen, Schlaflosigkeit, Lethargie, einem Mangel an Lebensreaktionen, sogar bei Stupor verwendet. Es wurde auch bei Typhus und Schlaganfällen eingesetzt.

Die Blütenessenz

Man kann Opium Poppy verwenden, um im Alltag ein Gleichgewicht zwischen Aktivität und Ruhe, Geistigem und Körperlichem sowie Entwicklung und Dasein zu finden. Oriental Poppy eignet sich für Menschen, die vor der Wirklichkeit fliehen, die dazu neigen, in einer Traum- oder Phantasiewelt zu leben. Die Essenz gibt einem die Kraft, in der Gegenwart zu leben. Field Poppy ist für Menschen, die Angst haben, starke Gefühle wie Ärger auszudrücken. Die Essenz verleiht Mut, sich selbst zu behaupten und Gefühle in all ihren Schattierungen zu zeigen.

NB: Für die innere Anwendung wird Klatschmohn anstelle des abhängig machenden Schafmohns verwendet.

Pinus sylvestris

Gemeine Wald-Kiefer

Die Blüte des Mitleids

But of all the Pines, Mount Ida bears the best
By Cybele prefer'd above the rest.
This plant a lovely boy was heretofore,
Belov'd by Cybele, upon whose score
He sacrific'd to chastity, but now
His fruit delaying Venus now excites,
His woods affords the torch which Hymen lights.
ABRAHM CROWLEY (1618–1667)

Die majestätische immergrüne Waldkiefer wird in vielen Teilen der Welt seit Jahrhunderten wegen ihrer symbolischen und medizinischen Bedeutung verehrt. Sie besitzt auch einen hohen wirtschaftlichen Wert, da ihre geraden und langen Stämme gutes Nutzholz ergeben und ihre Harze und Terpentinöle gute Lösungsmittel sind, die in Farben und Lacken verwendet werden.

In der griechischen Mythologie gehört die Kiefer zur Göttin Kybele, der Mutter der Götter. Ihr Gefährte war ein Schäfer namens Attis, der ihren Tempel bewachte und ihr schwor, nie zu heiraten. Doch Attis verliebte sich in eine andere namens Sangarios. Kybele verwandelte ihn in eine Kiefer, um zu verhindern, daß er sich selbst tötete und trauerte dann unter den Zweigen des Baumes über den Verlust ihres untreuen Liebhabers, bis Zeus ihr versprach, daß die Kiefer nie ihre Nadeln verlieren werde.

Als immergrüner Baum symbolisiert die Kiefer Unsterblichkeit und den unvergänglichen Geist; sie wurde häufig in Begräbnis- und Trauerritualen verwendet. In China pflanzt man Kiefern auf Gräber, um die Seele des Verstorbenen zu stärken und den Körper vor dem Verfall zu bewahren.

Die Griechen weihten die Kiefer auch anderen Göttern: Zeus und Artemis, Jupiter, Venus und Neptun, da die ersten Boote aus Kiefern hergestellt wurden, und Bacchus, da man Kiefernzapfen in die Weinfässer gab, um dem griechischen Wein sein Aroma zu verleihen, sowie dem Gott Pan. Pan verführte Pitys, eine seiner Nymphen, die ihn Boreas, dem Gott des Nordwindes, vorzog. In seinem eifersüchtigen Zorn schleuderte Boreas sie durch die Gegend und brach ihr Arme und Beine. Gaia verwandelte sie deshalb in eine Kiefer, damit sie seiner Wut entkam. Seit dieser Zeit gilt die Kiefer als Symbol des Mitleids.

Die Kiefer symbolisiert auch Aufrichtigkeit, Ehrlichkeit, Vitalität, Charakterstärke und, da sie so groß wird, die Verbindung zwischen Himmel und Erde. Für die Chinesen gilt sie als Emblem des Konfuzius und symbolisiert ein langes Leben, Mut, Treue und Standhaftigkeit in schwierigen Zeiten. Zusammen mit der Pflaume und dem Bambus zählt sie in Japan zu den drei Freunden des Winters und spielt eine besondere Rolle am Silvesterabend:

Hört die Kiefer: Solle Euer Wohlstand so beständig sein wie das Grün meines Kleides und sollen Eure Freunde so stehen wie ich, fest gegen die scharfen Winde der Welt.
Hört den Bambus: Solle Euer Leben so lang sein wie meines und sollet Ihr reichlich die Freuden des Lebens genießen.
Hört die Pflaume: Sollen Eure Hoffnungen frisch und stark sein wie die jungen Triebe, die aus meinem rauhen Stamm schießen, und solle Euer Leben erblühen mit Liebe.

In den kalten Wintermonaten zählt insbesondere die Kiefer zu den beliebtesten Motiven japanischer Künstler, häufig zusammen mit dem Kranich und der Schildkröte. In Blumengestecken verwendet man die dicken, knorrigen Äste, um ein starkes und glückliches Alter zu symbolisieren. Im indogermanischen Symbolismus repräsentiert der Kiefernzapfen Glück und Feuer, die männliche kreative Kraft und Fruchtbarkeit, und man trug die Zapfen bei sich, um die Fruchtbarkeit zu erhöhen und im Alter kraftvoll zu bleiben.

Kräuterheilmittel

Die Kiefer ist ein ausgezeichnetes Heilmittel für die Lungen. Sie verflüssigt Schleim auf den Bronchien, wirkt auswurffördernd und befreit den Kopf von Stauungen. Aufgrund ihrer antiseptischen und entzündungshemmenden Wirkung empfiehlt man sie zur Behandlung von Infektionen der Atemwege, Erkältungen, Husten, Grippe, Halsentzündungen, Bronchitis und Lungenentzündung. Man setzte sie auch bei Tuberkulose ein. Im Brustbereich lindert die Kiefer aufgrund ihrer krampflösenden Wirkung Asthma und rauhen, festsitzenden Husten. Sie stärkt die Verdauung und hat eine allgemein stärkende und belebende Wirkung. Sie eignet sich für Menschen, die unter geistiger, körperlicher oder sexueller Erschöpfung und unter einer Nebenniereninsuffizienz leiden, da sie stärkend auf das Nebennierenmark und auf die -rinde wirkt.

Kiefer ist weiterhin ein gutes Mittel für die Harnwege. Sie lindert Infektionen und die Beschwerden bei Blasenentzündungen. Da sie die Ausscheidung von Giftstoffen über die Nieren unterstützt, hilft sie bei Arthritis und Gicht. Aufgrund ihrer schmerzstillenden Wirkung kann sie ebenfalls bei Kopf- und Zahnschmerzen Linderung verschaffen.

Äußerlich verwendet man die Harze und Öle in Einreibemitteln, die bei schmerzenden Gelenken und Muskeln in die Haut einmassiert werden und die Durchblutung fördern. Der Teer wird in Lotionen zur Behandlung von Hautproblemen wie Kopfgrind verwendet.

Ätherisches Öl in der Aromatherapie

Kiefernöl wird durch Wasserdampfdestillation aus den Nadeln gewonnen und ähnlich wie das Kräuterheilmittel verwendet. Man kann es Massageölen zusetzen und in arthritische Gelenke massieren. Aufgrund seiner harntreibenden Wirkung unterstützt es die Entgiftung des Körpers. Es eignet sich ausgezeichnet zum Inhalieren bei Infektionen der Atemwege, Husten, Erkältungen, Katarrhen und Nebenhöhlenentzündungen. Man kann es auch vorbeugend zum Schutz vor Infektionen einsetzen. Seine antiseptische Wirkung erstreckt sich auf die Harnwege, für die man das Öl bei Infektionen, wie Nebennieren-, Blasen- und Prostataentzündungen, verwendet.

Nimmt man das Öl am Morgen, helfen die tonischen und belebenden Eigenschaften der Kiefer dabei, wach zu werden, den Geist zu aktivieren und die Sinne zu mobilisieren. Gleichzeitig wirkt die Kiefer beruhigend und erfrischend und kann bei Erschöpfung, Schwäche, Ängsten und streßbedingten Beschwerden verwendet werden. Insbesondere im Winter wirkt sie wärmend und stärkend, da sie die Durchblutung fördert. In die Haut gerieben hält das Öl Insekten ab und wirkt als Deodorant. Auch eignet es sich sehr gut bei übermäßigem Schwitzen. Man kann das Öl gegen Kopfläuse ins Haar geben und zum Schutz vor Fliegen und Krätze auf die Haut auftragen. Allerdings muß das Öl mit einem Grundöl verdünnt werden, da das reine Öl zu Reizungen führen kann.

Homöopathisches Heilmittel: Pinus

Pinus wirkt vor allem in den Bronchien, den Harnwegen und in den Gelenken. Das Homöopathikum wird bei Beklemmungen im Brustkorb verschrieben und bei dem Gefühl, die Lungenwände seien dünn und könnten leicht nachgeben. Es kann zu einem Brennen im seitlichen Brustkorb kommen. Auch können geschwollene Drüsen und Fieber auftreten, bei dem sich Frösteln und Blässe mit Hitze und Röte im Gesicht abwechseln. Weiterhin kann es zu Brennen und Schwierigkeiten beim Wasserlassen kommen. Pinus ist auch angezeigt, wenn die Extremitäten, Knochen und Gelenke aufgrund von Rheuma, Gicht oder Lähmung schmerzen und steif sind. Es kann eine Auszehrung der unteren Gliedmaßen auftreten. Bei Kindern, die spät mit dem Laufen anfangen, kann es zu einer Schwäche der Knöchel kommen. Ein Pinus-Mensch ist oft ängstlich und niedergeschlagen, besitzt einen trägen Geist und kann nicht klar denken. Pinus-Menschen fangen viele Dinge an, die sie nicht beenden. Es geht ihnen gewöhnlich schlechter bei Anstrengungen und bei Berührungen sowie am Morgen und am Abend.

Die Blütenessenz

Pine ist als Bach-Blütenessenz bei Schuldgefühlen angezeigt und eignet sich für Menschen, die sich schuldig fühlen, ob es dabei um aktuelle Ereignisse geht oder grundsätzlich um ihre eigene Existenz. Diese Menschen halten an ihren Schuldgefühlen fest, die ihre gesamte Sichtweise des Lebens beeinflussen und ihnen Lebensfreude und Energien nehmen. Sie neigen dazu, sich selbst hohe Standards zu setzen und sind unzufrieden, wenn sie diese dann nicht voll und ganz erfüllen können. Sie fühlen sich schuldig, weil sie nicht »besser« sind. Teilweise geben sie sich sogar die Schuld für die Fehler anderer. Das Pine-Kind ist der Sündenbock der Klasse, der ohne Murren die Bestrafungen für das Fehlverhalten der anderen akzeptiert. Da sie sich nicht selbst verzeihen können, bringen Pine-Menschen sich unbewußt in Situationen, in denen sie bestraft werden, wie zum Beispiel unglückliche Beziehungen mit rücksichtslosen Partnern oder Freunden.

Die Blütenessenz hilft, die eigenen Fehler zu akzeptieren und nicht an ihnen festzuhalten. Sie ermöglicht ein besseres Verständnis der menschlichen, keineswegs perfekten Natur und läßt so wieder Licht in das Leben von Menschen, die dadurch auch lernen, sich selbst zu vergeben.

Primula veris

Echte Schlüsselblume

Die Blüte der Schlüssel

Schon entheb' ich mich dem Fluß,
Setze spurlos meinen Fuß
Auf der Primel samtnes Haupt,
Die kaum berührt sich glaubt.
JOHN MILTON (1608–1674)

Diese hübsche Verwandte der Primel wächst auf kalkigen Wiesen und in Tälern überall in Europa. Sie war einst ein im Frühjahr auf dem Land verbreiteter Anblick, ist aber durch den Einsatz von Herbiziden und durch Überpflücken selten geworden. Heutzutage gehört sie zu den geschützten Pflanzen. Viele Rezepte aus der Zeit zwischen dem 17. und 19. Jahrhundert lassen erahnen, welche enormen Mengen dieser Pflanze in der Vergangenheit gepflückt worden sind. Man verwendete Schlüsselblumenblüten zur Herstellung von Wein, Met und Stärkungsmitteln, Sirup und Essig, Pickles und Eingemachtem, Käse, Kuchen, Torten, Cremes und Nachspeisen.

In England fädelte man die Blüten auf einen Faden und band sie dann fest zu einem Ball zusammen. So erhielt man einen »Totsie«, den man sich in einem Spiel gegenseitig zuwarf. Mädchen verwendeten diese Bälle als Liebesorakel, indem sie sich ihn nacheinander zuwarfen und dabei sagten: »Titsy, totsy, sag mir an, wen krieg ich zum Ehemann?« Die Blüten der Schlüsselblume waren bei den angelsächsischen Frauen hochgeschätzte Zutaten für Liebestränke. Die Blütenblätter wurden morgens gesammelt, bevor der Tau auf ihnen abgetrocknet war, und in ein Gefäß mit frischem Regenwasser gelegt; dann wurden sie den ganzen Tag in die Sonne gestellt. Die so gewonnene Blütenessenz wurde auf das Kopfkissen des Liebsten gesprenkelt, dessen Herz dann innerhalb des nächsten Monats schmelzen sollte. Liebespaare schenkten sich gegenseitig Schlüsselblumen, und die Blüten wurden früher in den Straßen Londons verkauft, weil sie Glück bringen sollten.

In der nordischen Mythologie war die Schlüsselblume der Göttin Freya gewidmet. Man glaubte, die Blüten öffneten das Schloß zu ihrem an Schätzen reichen Palast, worauf auch der Name Schlüsselblume zurückzuführen ist. Freya war die Herrscherin des Schicksals, der Sterne und des Himmels, und sie galt als Symbol sexueller Liebe. Ihr anderer Name, »Frigg«, ging in den englischen Slang ein. Es heißt, der Gott Odin habe all sein magisches und göttliches Wissen von der Göttin Freya erhalten.

Mit dem Aufkommen des Christentums wurde die Schlüsselblume der Jungfrau Maria gewidmet und als Marienschlüssel bezeichnet. Man sagte, sie ähnele einem Schlüsselbund, der die Tür zum Himmel öffnen könne; deshalb nannte man sie auch Petersschlüssel, Petersblume, Petermännchen und Himmelsschlüssel und widmete sie dem heiligen Petrus, dem Jesus die Schlüssel zu den Himmelstoren versprochen hatte.

Der Name Kuhblume geht auf die Annahme zurück, daß die Pflanze überall dort wachsen würde, wo eine Kuh einen Kuhfladen hinterlassen hatte, deshalb nannte man sie im Altenglischen *cuslyppe* oder *cuslop*. Daraus wurde dann *cowslop* und später *cowslip*. Damit sie mehr Milch gaben, schmückte man Kühe mit einer Girlande aus Schlüsselblumen. In Rußland nennt man die Pflanze *Pervo-Tzuet*, was »erste Blume im Frühjahr« bedeutet. Auf diese Tatsache bezieht sich auch der wissenschaftliche Gattungsname Primula, von lateinisch *primus*, der erste. Schlüsselblumen gehören tatsächlich zu den ersten Vorboten der Natur; sie sind Anzeichen dafür, daß neues Leben entsteht, das bisher unbekannte Schätze zum Vorschein bringt. In einigen Ländern gibt es den Brauch, daß sich junge Mädchen im Mai gegenseitig kleine Sträußchen aus Schlüsselblumen schenken als Symbol für Vertrauen und Freundschaft.

Im Englischen lautet ein weiterer Name für die Schlüsselblume »Fairycup«, Bachengel, da man glaubte, Feen ließen sich gern in den hängenden Blüten der Schlüsselblumen nieder.

Kräuterheilmittel

Seit Jahrhunderten stellen sowohl die Wurzeln als auch die Blüten Heilmittel für das Nervensystem dar. Sie wirken entspannend und beruhigend und können bei Angstzuständen, Anspannung, Schlaflosigkeit, Streßkopfschmerz und als allgemeines Stärkungsmittel des Nervensystems verwendet werden. Außerdem sollen sie stimmungshebend sein und werden deshalb auch bei »Schwarzmalerei« und Depressionen eingesetzt. Da sie kühlend und abschwellend wirken, hat man sie traditionell bei nervösen Beschwerden in Verbindung mit einem Übermaß an Hitze und Blutstauung verwendet, wie zum Beispiel bei Reizbarkeit und Hysterie, bei entzündlichen und schmerzhaften nervösen Beschwerden, wie Neuralgie und Nervenentzündung, sowie bei Schwindel. Der Sirup der

Schlüsselblume ist eine alte Hausmedizin bei Lähmungen, weshalb man sie auch als Schlagkraut bezeichnet. Die Griechen nannten die Schlüsselblume *paralysio*. Culpeper vertrat die Ansicht, man könne die Pflanze erfolgreich bei allen Leiden des Kopfes einsetzen, die auf Hitze und Wind bzw. Luftzug zurückzuführen seien, wie Schwindel, Halluzinationen, Tobsucht, Fallsucht, Lähmung, Krämpfe und Schmerzen der Nerven. Man verwendete die Schlüsselblume auch zur Verbesserung des Gedächtnisses und zur Stärkung des Geistes.

Ein Aufguß der Blüten eignet sich gut zum Entgiften, wirkt schweißtreibend, fiebersenkend und expektorierend. Er ist ein gutes Heilmittel für Babys, Kinder und ältere Menschen bei Fieber, Erkältung, Grippe, Halsentzündung und Husten. Die kombinierte sedative Wirkung beruhigt trockenen Husten und bewirkt einen erholsamen Schlaf. Dies ist besonders wohltuend, wenn abgehackter Reizhusten die Nachtruhe stört. Da Schlüsselblumen das Blut an die Körperoberfläche bringen, lindern sie Hitze und bringen Ausschlag zum Ausbruch, weshalb sie bei Masern als ein altes Hausmittel für Kinder bekannt waren.

Insbesondere die Wurzel ist reich an Saponinen, was die Wirkung der Pflanze als Expektorans erklärt, und kann bei Infektionen des Brustkorbs, Bronchitis und Keuchhusten verwendet werden. Die Salizylate der Wurzel wirken entzündungshemmend und sind dadurch bei angeschwollenen Gelenken durch Arthritis und Gicht ausgesprochen nützlich. In alten Kräuterbüchern findet man die Schlüsselblume unter dem Namen *Radix arthritica*.

Äußerlich kann man die Schlüsselblume in Lotionen oder Salben bei Hautproblemen wie Ekzemen und Akne verwenden, und zur Beruhigung von Sonnenbränden. In der Vergangenheit galt sie auch als Schönheitsmittel. Culpeper schrieb, sie lasse Hautflecken, Sommersprossen, Falten und Sonnenbrände verschwinden und fördere die Schönheit. Nach der Signaturenlehre deuten die Flecken auf den Blütenblättern auf den Wert der Pflanze beim Entfernen von Muttermalen und Hautflecken hin. Auf alle Fälle war Shakespeare dieser Meinung:

Ihr seht die Fleck am goldnen Kleid,
Das sind Rubinen, Feengaben,
Wodurch sie süß mit Düften laben.

Vielleicht betrachten einige die Schlüsselblume deshalb als Symbol von Anmut und Schönheit. Ohne Zweifel hat die hübsche Schlüsselblume viele Dichter inspiriert.

Homöopathisches Heilmittel: Primula veris

Dieselben Anwendungsbereiche finden sich auch bei der homöopathischen Verwendung von Schlüsselblumen. Das Homöopathikum wird überall dort verschrieben, wo Hitze auftritt und bei Symptomen, die durch Brennen charakterisiert sind. Es hat eine besondere Bedeutung für das Nervensystem und wird bei Kopfschmerzen, Migräne, Schwindel, Tinnitus, Angst und fiebriger Aufregung eingesetzt. Es ist ein spezifisches Heilmittel bei »drohender Apoplexie (Schlaganfall) aufgrund psychischer Depressionen« (Clarke) und zerebraler Kongestion in Verbindung mit Neuralgie und mit Hitze im Gesicht verbundenen Kopfschmerzen, die durch Druck besser werden. Es lindert auch heiße, brennende Hautbeschwerden, z. B. Ekzeme, juckende Kopfhaut, brennende Schmerzen im Hals und in der Brust, Herzklopfen, Blasenentzündung (wobei der Urin nach Veilchen riecht), Brennen im Magen mit einer Tendenz zu Erbrechen und Durchfall und Brennen in den Gelenken, insbesondere im rechten Schultergelenk und bei steifem Hals und Rücken. An der frischen Luft verschwinden die Symptome häufig, verschlimmern sich allerdings beim Bücken und durch anderweitige Bewegung sowie in stickigen Räumen.

Die Blütenessenz

Für die Essenz verwendet man die Hohe Schlüsselblume *(Primula elatior)*, eine Verwandte der Duftenden Schlüsselblume, die ihr sehr ähnelt und schon im antiken Griechenland bekannt war. Man nannte sie *dodekatheon*, die Pflanze der Zwölf Götter, und verwendete sie mit ihren zwölf Bestandteilen als Allheilmittel. Die Pflanzen wurden von den Dryaden bei Neumond gesammelt und insbesondere bei Melancholie verabreicht. Schlüsselblumen wurden traditionell in Kränze bei Beerdigungen geflochten und auf Gräber gelegt. Außerdem steckte man sie sich zum Zeichen der Trauer an die Kleidung. Sie sollen Trennungsschmerz lindern, der ansonsten zu einer negativen Einstellung, zu Depressionen, Trauer, Einsamkeit und dem Gefühl des Verlassenseins führen kann.

Eine andere Verwandte der Echten Schlüsselblume, die Erd-Schlüsselblume *(Primula vulgaris)*, ist ein Heilmittel sowohl für unausgesprochene als auch unverarbeitete Emotionen. Sie hilft bei Winterdepressionen und hilft Menschen, die eine unrealistische Vorstellung von Liebe und Beziehungen haben. Eine solche Auffassung kann der Entwicklung einer realistischen, engen Beziehung im Wege stehen.

Populus tremula

Zitterpappel

Die Blüte der Empfindsamkeit

Die Zitterpappel ist ein hübscher Baum, der im Frühjahr kätzchenförmige Blüten hat, denen später silberüberzogene Blätter folgen, die selbst bei scheinbarer Windstille rascheln und zittern. Dies erklärt auch den lateinischen Namen der Amerikanischen Pappel: *Populus tremuloides*. Die Blätter der Zitterpappel sind auf einer Seite hell und auf der anderen dunkel, weshalb der Baum für Tag und Nacht und die Vergänglichkeit der Zeit steht. Für die Chinesen symbolisieren Pappelblätter Yin und Yang, Sonne und Mond und das Leben in all seiner Dualität.

In der griechischen Mythologie wurde die Zitterpappel Herkules gewidmet, der bei seinem Abstieg in die Unterwelt einen Kranz aus Pappeln trug. Ihm zu Ehren wurden Zitterpappelhaine angepflanzt, die die elysischen Felder repräsentierten, während die Schwarzpappel als Symbol des Hades galt. Zitterpappeln wurden mit Beerdigungen verbunden.

In der Vergangenheit verwendete man Zweige und Äste von Pappeln zur Herstellung von Pfeilen, die daher seherische Qualitäten haben sollten. Man trug Knospen und Blätter bei sich, um Geld anzuziehen und reich zu werden; ebenso wurden sie von Hexenmeistern in Salben verwendet. Laut Plinius richtet die Zitterpappel gleich nach der Sommersonnenwende ihre Blätter zur entgegengesetzten Seite des Himmels aus, und zeigten die Blätter ihre Unterseiten, kündigte dies nasses Wetter an.

Kräuterheilmittel

Blütenknospen, Blätter und Rinde werden als Bittertonikum verwendet, das den Appetit fördert und Verdauung und Resorption verbessert. Man kann es bei Verdauungsbeschwerden, einschließlich Flatulenz, Übersäuerung, Koliken und Durchfall, verwenden sowie bei Leberbeschwerden. Das Tonikum ist ein gutes Mittel bei Beschwerden in Verbindung mit einer Verdauungs- oder Leberschwäche, wie zum Beispiel Kopfschmerzen, Reizbarkeit, Trägheit und Schwäche. Zitterpappel eignet sich auch als allgemeines Stärkungsmittel.

Die Zitterpappel enthält Salizylsäure und hat daher eine mit Aspirin vergleichbare Wirkung. Sie kann bei Kopf- und Nervenschmerzen oder Fieber genommen werden und wurde in der Vergangenheit als Alternative zur Chinarinde bei Wechselfiebern und Malaria verwendet. Auch lindert sie Beschwerden der Harnwege, wie Blasenentzündung und eine Reizblase, und wirkt harntreibend. Sie ist ein gutes Mittel bei schmerzenden und entzündeten Gelenken, und da sie adstringierende Gerbsäuren enthält, kann man sie auch bei einer Schwäche der Vagina- und Gebärmuttermuskulatur mit der Gefahr eines Prolapses einsetzen.

Äußerlich verleiht die Zitterpappel der Haut Spannkraft und eignet sich als entzündungshemmendes Mittel bei Schnitten und Abschürfungen, Ekzemen und Geschwüren und als Adstringens bei übermäßigem Schwitzen.

Homöopathisches Heilmittel: Populus tremuloides

Man kann Populus tremuloides bei Verdauungsbeschwerden, wie Übersäuerung, Übelkeit, Erbrechen, Sodbrennen, Indigestion und Flatulenz verwenden. Das Homöopathikum lindert Blasenentzündungen mit schmerzhaftem Harndrang, bei denen der Urin Schleim und Eiter enthält. Es ist auch ein gutes Mittel bei Prostatabeschwerden, bei Nachtschweiß und Wechselfieber.

Die Blütenessenz

Aspen ist ein Heilmittel für Menschen, die anscheinend ohne Grund unter Ängsten leiden. Diese Menschen sind empfindlicher als andere – sie zittern schon beim kleinsten Luftzug wie die Blätter des Baumes. Schnell lassen sie sich vom kollektiven Unbewußten und von Archetypen, von Aberglauben, Mythen und Legenden sowie Konzepten von Leben und Tod und von der Religion beeinflussen.

Ängste und Vorahnungen können Aspen-Menschen sowohl in der Nacht als auch während des Tages beschleichen. Sie wachen mitten in der Nacht voller Angst auf und fürchten sich davor, wieder einzuschlafen. Ihre Ängste sind häufig mit Gedanken über Tod und Religion oder mit dem Gefühl eines bevorstehenden Unglücks verbunden. Die Blütenessenz erhöht die innere Stärke und das Vertrauen und hilft, Ängste und Sorgen abzubauen. Sie stärkt das Bewußtsein, daß sich hinter und über allem Leben eine höhere Macht befindet, und die Fähigkeit, der göttlichen Kraft der Liebe mehr zu vertrauen.

Prunella vulgaris

Kleine Brunelle

Die Blüte des Vertrauens

Die Kleine Brunelle zählt zur Familie der Lippenblütler, ist bei den Bienen sehr beliebt und wächst überall in Europa auf Wiesen, in Wäldern und auf Lichtungen. Sie hat ihren Weg nach Nordamerika gefunden, wo man sie Heart of the Earth, Herz der Erde, oder Blue Curls, blaue Kringel, nennt. Die Pflanze erhielt den Namen Prunella oder Brunelle, weil man sie zur Behandlung der *»Halsbräune«* einsetzte, einer bei Soldaten in Garnisonen verbreiteten Entzündung von Mund und Rachen. Im Einklang mit der Signaturenlehre wurde die Kleine Brunelle häufig bei Halsbeschwerden verwendet, da ihre Blütenkrone einem Hals mit geschwollenen Drüsen ähnele.

Die Blütenkrone hat im Profil auch die Form einer Hippe. Deshalb wurde die Pflanze nach der Signaturenlehre ebenso bei Verletzungen durch scharfes Werkzeug verabreicht. Gerard schrieb, daß sich äußere und innere Wunden mit einem Dekokt der Brunelle mit Wasser und Wein schließen und ebensogut wie mit Günsel verheilen würden. Sie wurde von der Landbevölkerung und von Arbeitern häufig bei Schnitten und Wunden verwendet. Im Englischen heißt sie heute Self-Heal, »Selbstheil«. Es gab ein Sprichwort, das lautete: »Wer Selbstheil hat, braucht keinen Arzt.« Sie galt als eines der besten Kräuter und wurde für den Hausgebrauch angepflanzt.

Kräuterheilmittel

Man kann die Kleine Brunelle als Adstringens zum Gurgeln bei Halsentzündungen und als Mundwäsche bei Aphthen und Zahnfleischbluten verwenden. Verreibt man den Tee oder die frische Pflanze auf der Haut, kann man Blutungen von Schnitten stillen und Schwellungen von Stichen oder Bissen abklingen lassen. Die Kleine Brunelle kann auch Hautentzündungen, Hämorrhoiden, Krampfadern und Geschwüre lindern, ebenso wie Entzündungen der Augen, wie beispielsweise Bindehaut- und Lidentzündungen und Gerstenkörner. Laut Culpeper steht die Kleine Brunelle unter dem Einfluß der Venus.

Man kann die Kleine Brunelle bei Kopfschmerzen einnehmen, insbesondere wenn diese mit Anspannung, Schwindel, Überempfindlichkeit gegenüber Licht und einem hohen Blutdruck verbunden sind. Sie hat eine Affinität zum Lymphsystem und kann bei geschwollenen Drüsen, Mumps, Drüsenfieber und Brustentzündung genommen werden. Als Adstringens wirkt sie bei Durchfall und Dickdarmentzündung.

Die Kleine Brunelle, die von den Kräuterheilkundigen der westlichen Welt weitgehend vernachlässigt wird, ist ein wichtiges Kraut in der chinesischen Medizin. Die Bitterstoffe stimulieren Leber und Gallenblase, weshalb man das Kraut bei Gelbsucht und Leberbeschwerden verschreibt. Sie wird auch bei Gicht empfohlen.

Homöopathisches Heilmittel: Prunella

Prunella wird manchmal bei Dickdarmentzündung und ähnlichen Verdauungsbeschwerden verschrieben.

Die Blütenessenz

Der Name der Blütenessenz, Self-heal, deutet schon darauf hin, daß man sie zur Unterstützung des Selbstheilungsprozesses verwendet. Der Körper besitzt eine ihm innewohnende Selbstheilungskraft, durch die ein Schnitt verheilt, eine Entzündung abklingt und eine Infektion zurückgeht. Wir sind auch in der Lage, uns emotional zu heilen, und wir können spirituell geheilt werden.

Self-heal erhöht unser Vertrauen in die Fähigkeit, uns selbst zu heilen, und wird besonders jenen Menschen empfohlen, die an ihren angeborenen Genesungskräften zweifeln oder nicht mit der Verantwortung zurechtkommen, sich um sich selbst zu kümmern und die Verantwortung für ihre körperliche Gesundheit oder für ihr emotionales, geistiges oder spirituelles Wohlbefinden in die Hände von Heilern, Beratern oder Gurus legen.

Die Essenz kann von Menschen benötigt werden, denen es schlechtgeht oder die unglücklich sind und den Glauben daran verloren haben, daß es ihnen gutgehen kann, weiterhin von Menschen, für die ihr Wohlbefinden von äußeren Faktoren abhängt und von Menschen, die sich in einer Lebenskrise befinden. Self-heal hilft, die Abhängigkeit von anderen herabzusetzen, fördert die Motivation und den Glauben an die eigenen Selbstheilungskräfte.

Quercus robur

Stiel-Eiche

Die Blüte der Druiden

Die Eiche ist der majestätischste aller Bäume, und sie ist überall in Europa verbreitet. Sie ist sowohl für ihr langsames Wachstum als auch für ihre immense Größe bekannt. Ihre Wachstumsphase kann 500 Jahre dauern, 500 Jahre ihre Reife und 500 Jahre ihr Niedergang. Eichenholz, das für seine Widerstandsfähigkeit und Haltbarkeit bekannt ist, ist gleichzeitig stabil und elastisch, wodurch es sich ausgezeichnet als Material für Häuser und Schiffe eignet. Daher symbolisiert die Eiche auch Dauerhaftigkeit, Mut, Schutz und Wahrheit. Für die Chinesen und die Druiden war sie Symbol männlicher Stärke. Im Christentum bedeutet sie Christi Stärke in schwierigen Zeiten und Standhaftigkeit im Glauben sowie Rechtschaffenheit. Die Eiche wurde im englischen Sprachraum auch als Evangeliums-Eiche bezeichnet, da in ihrem Schatten Psalme und die Wahrheiten der Evangelien gemurmelt wurden.

Die Druiden pflanzten heilige Eichenhaine, und man glaubte, Eichen hielten Blitzschlag ab: ein weiterer Grund, das Holz zum Bauen zu verwenden, insbesondere wenn der Baum, von dem das Holz stammte, schon einmal vom Blitz getroffen worden war, da – so die Auffassung – der Blitz nie zweimal am selben Ort einschlug. Um Blitzschlag abzuhalten, schnitzte man Eicheln in Treppengeländer und trug sie bei sich, denn sie schützten angeblich vor Krankheit, gewährleisteten Stärke und ein langes Leben. Die Eichel symbolisiert das kosmische Ei, aus dem alles Leben entsteht, und Unsterblichkeit.

Kräuterheilmittel

Die durch ihre Gerbsäuren adstringierend wirkende Rinde ist seit der Zeit Hippokrates' bekannt. Man vermischte ein Dekokt aus Eicheln und Rinde mit Milch und benutzte es, um die Wirkung von Vergiftungen und Infektionen im Verdauungstrakt einzugrenzen und Infektionen und Entzündungen der Blase zu heilen.

Die Gerbsäuren haben eine kräftigende Wirkung auf die Schleimhäute des Körpers und schützen sie vor Reizungen, Entzündungen und Infektionen. Daher ist Eichenrinde ein gutes Mittel bei Katarrhen und Verstopfungen der Nebenhöhlen. Sie lindert starke Menstruationsblutungen und kräftigt die Becken- und Unterleibsmuskulatur, was bei einem Prolaps sehr nützlich ist. Im Verdauungssystem fördert sie Verdauung und Resorption und ist ein ausgezeichnetes Heilmittel bei Durchfall und Ruhr. Da sie die Muskulatur des gesamten Kreislaufs stärkt, ist sie nützlich bei Krampfadern und Hämorrhoiden.

Man schätzt die Eiche, weil sie die Auswirkungen von Alkohol neutralisieren und das Verlangen danach kontrollieren helfen kann. Bei Entzugssymptomen verabreichte man sie täglich in kleinen Dosen.

Äußerlich angewendet kann man sie zum Gurgeln bei Mandel-, Rachen- und Kehlkopfentzündungen verwenden. Als Mundspülung ist sie gut bei entzündetem Zahnfleisch und Aphthen. Als Lotion lindert sie Frostbeulen, Krampfadern, Geschwüre, Hämorrhoiden, Verbrennungen und Schnitte, und als Dusche oder Lotion kann man mit ihr vaginalen Ausfluß und Infektionen behandeln.

Homöopathisches Heilmittel: Quercus

Quercus ist ein wichtiges Heilmittel gegen die Folgen von Alkoholismus und übermäßigem Alkoholkonsum, wie zum Beispiel Leberbeschwerden, Bauchwassersucht, Gicht, vergrößerte Milz, Hautrötungen, Durchfall, unregelmäßiger Herzschlag, zitternde Hände, torkelnder Gang, Nervosität, Depressionen und das Verlangen nach Alkohol.

Die Blütenessenz

Oak-Menschen besitzen große Kraft und Ausdauer, enorme Willenskraft, Mut, Pflichttreue und hohe Ideale. Ihre Herangehensweise an das Leben kann jedoch starr werden, und sie können sich unter hohen Leistungsdruck setzen. Sie arbeiten hart, sind zuverlässig, häufig angestrengt, genehmigen sich aber keine Zeit zur Entspannung, für Spaß oder kreative Pausen. Ihr inneres Leben kann verarmen, doch der Oak-Mensch arbeitet weiter, wird zunehmend abgespannter. Selbst bei Krankheit oder Erschöpfung kämpfen Oak-Menschen mutig weiter, weder beschweren sie sich, noch lassen sie andere wissen, wie sie sich fühlen, da sie nicht gern zeigen, daß sie schwach sind oder daß sie nicht in der Lage sind, andere zu unterstützen. Die Bach-Blütenessenz Oak lindert den inneren Druck, etwas zu erreichen und weiterzumachen. Die Lebensfreude kommt zurück; man ist eher in der Lage, sich zu entspannen und loszulassen sowie die Aufgaben des Lebens zu erfüllen.

Hecken- oder Hundsrose

Rose

Die Blüte der Liebe

Seit der Zeit der frühen Griechen wird ein Loblied auf die Rose gesungen und ihre Schönheit in der Kunst dargestellt. Wahrscheinlich ist die Rose die Blüte, die am stärksten von allen Blüten in Legenden und Symbolismus eingegangen ist. Nach der griechischen Mythologie fand Chloris, die Göttin der Blumen, eines Tages den Körper einer wunderschönen Nymphe und bat die Drei Grazien, aus dem leblosen Körper der Nymphe eine ganz besondere Blüte zu erschaffen. Die Grazien gaben der Blüte Freude, Glanz und Charme. Dann bat sie Aphrodite, die Göttin der Liebe, der Blüte Schönheit zu verleihen, und Dionysos, den Gott des Weins, ihr einen besonderen Nektar zu geben, der einen schönen Duft verbreitet, und Zephir, den Gott des Windes, die Wolken zu vertreiben, so daß diese kostbare Pflanze ihre Blütenblätter zur Sonne öffnen kann. So wurde die Rose geboren, und man nannte sie »Königin der Blumen«, das Sinnbild der Venus und Symbol der Liebe.

Den Römern zufolge errötete Venus, als Jupiter sie beim Bade sah, und ihr Spiegelbild, die weiße Rose, wurde rot. Die griechischen Legenden berichten, daß sowohl Aphrodite als auch Persephone Liebhaberinnen von Adonis waren; als Aphrodite verhindern wollte, daß Adonis zu ihrer Rivalin Persephone zurückkehrte, bat sie Ares, den Gott des Krieges, um Hilfe. Adonis wurde daraufhin, als er auf der Jagd war, von einem wilden Bären angefallen, und als sie ihm zur Hilfe eilen wollte, verletzte sich Aphrodite an einer weißen Rose. Rote Rosen wuchsen an der Stelle, an der das Blut von Adonis und Aphrodite vergossen wurde, und die weißen Rosen wurden aus Mitleid rot.

Im frühen Christentum wurde die rote Rose zum Symbol des Blutes von Märtyrern und des Lebens nach dem Tode. Die weiße Rose symbolisierte Unschuld und Reinheit, Spiritualität und Jungfräulichkeit und war der Jungfrau Maria gewidmet. Zu Beginn war die Rose wegen ihrer Verbindung zu Venus, der Göttin der körperlichen Liebe, nicht annehmbar, aber langsam übernahm man sie als Emblem göttlicher Liebe und himmlischer Freude. Zusammen mit der Lilie und der Nelke erscheinen Rosen in christlichen Malereien des himmlischen Gartens. Die perfekte Rose symbolisierte alles, was als ideal galt und aus dem Paradies stammte. Sie symbolisierte auch das Herz oder das mystische Zentrum des Daseins. Die im 15. Jahrhundert von Philosophen und Alchemisten gegründete Geheimgesellschaft der Rosenkreuzer wählte eine am Kreuz befestigte Rose als ihr Symbol.

NB: Rosen können die Gebärmutter stimulieren. Deshalb sollte man das Kräuterheilmittel und das Öl in der Schwangerschaft vermeiden.

Der Urspung der Zuchtrose liegt wahrscheinlich in Nordpersien, dem heutigen Iran, von wo sie über die Türkei, Griechenland und Italien ins restliche Europa gelangte. Die römischen Kaiser füllten ihre Schwimmbäder und Springbrunnen mit nach Rosen duftendem Wasser.

Die Römer schmückten ihre Bankettsäle mit Rosen und streuten Blütenblätter auf den Boden, um den Raum mit ihrem hinreißenden Duft zu erfüllen. Braut und Bräutigam erhielten einen Rosenkranz; man verteilte Rosen auf dem Hochzeitsbett und trug bei Festen Rosenketten, wahrscheinlich sollten sie vor Trunkenheit schützen. Rosen wurden mit Freude, Lust und Wein verbunden. Man legte sie aber auch bei Beerdigungen auf die Gräber. Weiße und rote Rosen wurden auf das Grab des Geliebten gepflanzt, vielleicht um die kurze Spanne des menschlichen Lebens mit dem schnell vergänglichen Leben der Rose zu vergleichen.

Seit diesen frühen Tagen wurde die Rose nicht nur für ihre Schönheit und ihren Duft gepriesen, sondern auch für ihre Heilkräfte. Griechische Ärzte verwendeten die Champagner-Rose als Tonikum. Plinius nannte 32 Medikamente, die aus Rosen hergestellt wurden.

Avicenna pries im 10. Jahrhundert die Rose und stellte als erster Rosenwasser her. Er verwendete Rosengallert, um das Spucken von Blut zu heilen. Anfang des 16. Jahrhunderts entdeckte man in Persien das Rosenöl, heutzutage Hauptbestandteil in Parfüms und Seifen und weit verbreitet in der Aromatherapie.

Kräuterheilmittel und ätherisches Öl in der Aromatherapie

Sowohl die Blätter der Rosenstengel als auch die der Blüten haben eine kühlende Wirkung, und man verwendet sie für Tees, um damit Fieber zu senken und den Körper von Giftstoffen und Hitze zu reinigen, die zu Ausschlag oder Entzündungen führen. Sie stärken auch die Immunabwehr, da die reinigende Wirkung vor Infektionen schützt. Ein Aufguß aus Blütenblättern wirkt lindernd bei Erkältungs- oder Grippesymptomen, Halsentzündung, einer laufenden Nase sowie bei entzündeten Bronchien. Ebenso wie ein Sirup aus Blütenblättern oder Hagebutten stärkt er die Lunge bei der Abwehr von Infektionen. Mit Rosen kann man auch Infektionen des Verdauungssystems bekämpfen, und sie unterstützen die Wiederherstellung einer gesunden Darmflora, nachdem diese durch Antibiotika oder eine falsche Ernährung zerstört wurde.

Hagebutten, Rosenblätter und Rosenöl haben eine stimmungshebende und wunderbar kräftigende Wirkung auf das Nervensystem. Sie beruhigen die Nerven, helfen bei Schlaflosigkeit, heben Depressionen, vertreiben körperliche und geistige Müdigkeit und mildern Reizbarkeit, Trauer und Wut. Ihre beruhigende Wirkung auf das Herz hilft bei Herzklopfen. In der Aromatherapie wird Rosenöl bei Depressionen und Angstzuständen und bei jeder Art von Herzbeschwerden verwendet, und es eignet sich für Menschen, in deren Leben es an Liebe fehlt.

Rosenblütenblätter wirken abschwellend auf die weiblichen Fortpflanzungsorgane. Man verwendet sie zur Linderung von Kongestionen der Gebärmutter, die Schmerzen und starke Blutungen verursachen, sowie bei unregelmäßigen Blutungen, Unfruchtbarkeit und zur Steigerung des sexuellen Verlangens – vielleicht verbindet man deshalb Rosen seit jeher mit der Liebe. Bei Männern hat man mit Rosenblättern Impotenz behandelt. In der Aromatherapie setzt man Rosenöl bei einem breiten Spektrum reproduktiver Beschwerden sowie bei emotionalen Belastungen ein, die mit der Sexualität in Verbindung stehen und u.a. zu Frigidität und Impotenz führen können. Rosen helfen gut bei prämenstruellem Syndrom und bei emotionalen Schwierigkeiten in den Wechseljahren. Außerdem sind sie ein ausgezeichnetes Mittel für Frauen, die hinsichtlich ihrer Sexualität unsicher sind und denen das Vertrauen für eine liebevolle und innige Beziehung fehlt.

Samen und Blütenblätter haben eine diuretische Wirkung, lindern Flüssigkeitsretention und beschleunigen die Ausscheidung von Abbauprodukten über die Harnwege. Sie werden bei Nieren- und Blasensteinen und bei Harngrieß eingesetzt. Die enthaltenen Gerbsäuren haben eine adstringierende Wirkung im gesamten Körper und stillen Blutungen, trocknen Schleim und stoppen Ausfluß. Im Verdauungssystem vermindern sie so Übersäuerung und Überaktivität, die zu übermäßigem Hunger und Durst und häufig zu Aphthen führen können. Ein Aufguß ist ein gutes Mittel bei Durchfall, Darmentzündung und Ruhr.

Kurz vor dem Zweiten Weltkrieg fand man heraus, daß die Hagebutten der Hecken- oder Hundsrose, *R. canina*, eine der reichsten Quellen an Vitamin C im Pflanzenreich sind. Sie sind auch reich an Vitamin A, B und K. In Großbritannien wurde während des Krieges Hagebuttensirup hergestellt, der an Kinder zur Steigerung der Abwehrkräfte ausgegeben wurde. Mit diesem Sirup oder einem Absud der leeren Hagebutten kann man Durchfall, Magen- oder Menstruationskrämpfe, Übelkeit und Indigestion behandeln. Man verwendet sie auch als Abführmittel, bei Nierenbeschwerden und zum Entgiften.

Äußerlich nimmt man Rosenwasser zur Reinigung und Straffung der Haut, zur Verhinderung und Glättung von Falten und um die Haut von Flecken und Entzündungen, wie Akne und Pickeln, Eiterbeulen und Abszessen, zu befreien. Man kann Rosenwasser als Augenbad bei schmerzenden, müden oder entzündeten Augen einsetzen oder für eine verbesserte Gewebeheilung. Auch verhindert es, daß sich kleinere Schnitte und Wunden entzünden, und läßt Anschwellungen von Prellungen und Verstauchungen abklingen. Ein Aufguß der Blütenblätter ergibt eine gute Mundspülung bei Aphthen und entzündetem, blutendem Zahnfleisch; man kann ihn zum Gurgeln bei Halsentzündungen und als Dusche bei vaginalem Ausfluß verwenden.

Rosenöl oder -salbe eignet sich ausgezeichnet zur Pflege der Lippen. Gibt man einen Aufguß der Blütenblätter in Wein oder Essig in das Badewasser, lindert dies Arthritis und Rheuma.

Die Blütenessenz

Die Rose ist das Symbol der Liebe. Die rote Rose gibt Menschen Sicherheit, die hinsichtlich ihrer Sexualität unsicher sind und in bezug auf ihren Körper Scham oder Hemmungen empfinden. Sie hilft, sich der Liebe zu öffnen und fördert das Verlangen.

Die weiße Rose wirkt ruhig inspirierend und stärkend, gibt neue Energie und schenkt wieder Freude am Leben. Man kann die Knospenessenz der weißen Rose Kindern geben, um ihnen das Heranwachsen zu erleichtern und sie ein Gefühl des »Himmels auf Erden« bewahren zu lassen.

Wild Rose ist eine Essenz der Unabhängigkeit. Man sagt, die Hundsrose bringe »Freude und Schmerzen«, da sie Augen und Herz erfreut, wenn man sie wild im Wald sieht, aber, versucht man sie zu pflücken, Schmerzen durch ihre scharfen Dornen zuführt. Wild Rose wärmt das Herz und glättet Gefühle; sie erzeugt ein unbeschwertes Gefühl, das die Sinnlichkeit fördert.

Rosmarinus officinalis

Rosmarin

Die Blüte der Loyalität

Rosmarin ist eine aromatische mehrjährige Pflanze, die im Mittelmeerraum und in vielen Teilen Europas, insbesondere in den Küstenregionen, beheimatet ist. Ihr Name stammt von dem Begriff »Meer« – Rosmarinus bedeutet Meertau. Rosmarin gilt traditionell als Kraut der Freundschaft und Erinnerung und spielte durch die Jahrhunderte eine wichtige Rolle bei Hochzeits-, Liebes- und Todeszeremonien. Seit langem ist Rosmarin für seine stärkende Wirkung auf das Gedächtnis bekannt; vielleicht erklärt sich dadurch seine Verwendung als Symbol der Treue, insbesondere in Italien und Portugal, wo Rosmarin in die Schuhe von Braut und Bräutigam gelegt wurde, damit sie sich gegenseitig treu blieben. Auf Beerdigungen wurde Trauernden ein Rosmarinzweig überreicht. Er symbolisierte Unsterblichkeit, Treue und Fruchtbarkeit im nächsten Leben und wurde in den Sarg gelegt, bevor dieser in die Erde herabgelassen wurde. Die Pharaonen in Ägypten legten Rosmarin in ihre Gräber, ein Brauch, der in Wales bis heute lebendig ist. Einige behaupten, daß Rosmarin die menschliche Seele in der Ewigkeit vor dem Bösen beschützt. Deshalb legte man ihn Verstorbenen im Sarg in die Hand.

Kräuterheilmittel

Wie andere aromatische Kräuter enthält Rosmarin antiseptisch wirkende ätherische Öle, die antibakterielle und antimykotische Eigenschaften besitzen und die Funktionen des Immunsystems stärken. Deshalb glaubte man, Rosmarin schütze vor Seuchen und Krankheiten ebenso wie vor dem Bösen und Hexerei. Krankenschwestern verwendeten bei Geburten Rosmarintee, mit dem sie die Mütter und die Neugeborenen wuschen und so vor Infektionen schützten. Sie sterilisierten auch die Instrumente damit. In Bottichen verbrannte man mit Wacholderbeeren vermischte getrocknete Rosmarinblätter in Krankenhäusern und in den Häusern von Kranken als reinigende Räucherungen. Sie sollten die Luft von Krankheit und Tod freimachen. Auf den Straßen trugen Frauen von zarter Gesundheit frische Rosmarin bei sich, der unangenehme Gerüche überdecken und Krankheiten abwehren sollte.

Gerard empfahl, eine Kette aus Rosmarin um den Hals zu tragen, die »Dumpfheit im Kopf und einen kalten Geist« lindern sollte. Mit einem heißen Tee kann man Erkältungen, Halsentzündungen, Grippe, Husten und Infektionen des Brustkorbs vertreiben. Da er schweißtreibend wirkt und die Durchblutung der Haut fördert, senkt er Fieber. Rosmarin wurde früher zur Behandlung von Tuberkulose eingesetzt und bei Husten, Influenza oder Grippe geraucht. Culpeper empfahl, die Blätter zu zerkleinern und wie Tabak in der Pfeife zu rauchen. Dies helfe bei Husten, Tuberkulose und Schwindsucht. Die wärmende und stimulierende Wirkung von Rosmarin hilft, Kopf und Brustkorb von Schleim zu befreien und fand schon früher Anwendung bei Katarrhen, Husten, pfeifender Atmung, Bronchitis und Keuchhusten. Seine entspannende Wirkung lindert asthmatische Krämpfe in den Bronchien.

Seit langem gilt Rosmarin als wunderbares Stärkungsmittel für Herz, Geist und Nervensystem. Der Straßburger Kräuterheilkundige Wilhelm Ryff schrieb in der Renaissance über Rosmarin: »Die Geister des Herzens und des gesamten Körpers empfinden Freude durch dieses Getränk, das Mutlosigkeit und Sorgen vertreibt.« Durch eine Verbesserung der Durchblutung stimuliert Rosmarin das Gehirn und steigert die Konzentration, was vielleicht mit zu der Auffassung geführt hat, Rosmarin schärfe das Gedächtnis. Rosmarin war ein beliebtes Hausmittel bei Ohnmacht, Nervosität, Ängsten, Erschöpfung, Lethargie, Depressionen, Schlaflosigkeit, während der Rekonvaleszenz und für ältere Menschen. Es hieß, er könne Schlaganfälle, trübes Sehvermögen, Schwindel, Schläfrigkeit, eine gedrückte Stimmung, Schwäche, Lähmung, Krämpfe und selbst Geisteskrankheit heilen. Man trug ihn in einem Stückchen Leinen um den Arm gewickelt, denn er machte den Träger – so glaubte man – »leicht und glücklich«. Er stand auch in dem Ruf, aphrodisierende Kräfte zu besitzen. John Evelyn fand heraus, daß sich das Sehvermögen sowie die übrigen Sinne verbesserten, wenn man die Lider der geschlossenen Augen mit Rosmarin in Wein einrieb.

Da er die Durchblutung des Kopfes fördert und verspannte Muskeln lockert, ist Rosmarin bei regelmäßiger Einnahme ein ausgezeichnetes Mittel zur Vorbeugung von Migräne und Kopfschmerzen. Weil er Herz und Kreislauf stärkt, wirkt er im ganzen Körper wärmend. Er vertreibt Erkältungen und winterliche Depressionen und die damit verbundene Trägheit und Schwäche, wärmt kalte Hände und Füße und beugt Frostbeulen vor. Man nahm ihn bei

Krampfadern, einer Tendenz zu blauen Flecken und bei Arterienverkalkung.

Die wärmenden und stärkenden Eigenschaften des Rosmarins verbessern die Vitalität und haben eine stimulierende Wirkung auf die Verdauung, bei der sie Flatulenz und Blähungen lindern, den Appetit fördern und den Fluß von Verdauungssäften erhöhen. Rosmarin hilft, Nahrung und Abbauprodukte zügig durch den Körper zu bewegen, entfernt stagnierende Nahrung, verbessert eine schwache Verdauung und fördert die Resorption der Nährstoffe, so daß ein maximaler Nutzen aus der Nahrung gezogen wird – es ist also nicht nur der Geschmack, der Rosmarin zu einer so guten Küchenhilfe macht. Die im Rosmarin enthaltenen Bitterstoffe stimulieren Leber und Gallenblase, erhöhen den Gallenfluß und fördern die Verdauung von Fetten. Durch eine verbesserte Leberfunktion unterstützt Rosmarin die Ausscheidung von Giftstoffen aus dem Körper, die für Kopfschmerzen, Trägheit, Reizbarkeit und allgemeine Unpäßlichkeit verantwortlich sein können. Rosmarin wurde früher in Apotheken als Medizin gegen die Folgen von übermäßigem Alkoholkonsum verkauft und galt als ausgezeichnetes Mittel bei Gelbsucht, Gallensteinen und Leberleiden. Da er den Körper von Verunreinigungen und Abbauprodukten reinigt, eignet er sich auch für Gicht und Arthritis sowie zur Reinigung der Haut. Durch seine harntreibende Wirkung fördert Rosmarin weiterhin die Ausscheidung von Abbauprodukten über die Harnwege. Er stand in dem Ruf, bei regelmäßiger Einnahme den Alterungsprozeß aufzuhalten. Jüngere Untersuchungen haben ergeben, daß Rosmarin ein starkes Antioxydans ist.

Die in den Blättern enthaltenen Gerbsäuren wirken adstringierend, stillen Blutungen und normalisieren starke Monatsblutungen. Ihre entspannende Wirkung in der Gebärmutter lindert Menstruationskrämpfe und reguliert die Menstruation.

Äußerlich kann ein Bad mit ein paar Tropfen Rosmarinöl sehr belebend wirken, insbesondere wenn man am Ende des Tages Schmerzen hat oder müde ist. Es wirkt sowohl stimulierend als auch entspannend, weshalb man es auch gut morgens verwenden kann. Auf der Haut verrieben wirkt das verdünnte Öl wärmend und stärkend, und da es das Blut an die Oberfläche bringt, beschleunigt es die Heilung und lindert Entzündungen. Man kann es bei Schnitten und anderen Wunden, Frostbeulen, Verbrühungen und Verbrennungen und als allgemeines Hauttonikum einsetzen. Als Schönheitsmittel kann eine Rosmarinlotion Falten und Tränensäcke unter den Augen reduzieren. Massiert man das Öl in schmerzhaft angeschwollene Gelenke, bringt es Linderung, massiert man es in die Kopfhaut, stoppt es Haarausfall und kräftigt das Haar. Aus diesem Grund ist es häufig Bestandteil von Haarshampoos und Pflegespülungen. Auch wurde es zur Behandlung von Krätze und Läusen verwendet.

Man kann Rosmarintee als Dusche bei vaginalen Infektionen und Ausfluß einsetzen und als Mundspülung bei Zahnfleischbluten und lockeren Zähnen.

Kaut man die frischen Blätter, süßen sie den Atem und bekämpfen Zahn- und Zahnfleischinfektionen. Auf die Schläfen gerieben, lindert das Öl Anspannungen und Kopfschmerzen, und man kann es inhalieren, um Schläfrigkeit zu vertreiben und die Konzentration zu steigern. Studenten trugen früher häufig einen Rosmarinkranz, der das Gedächtnis und die Konzentration steigern sollte.

Ätherisches Öl in der Aromatherapie

Die Wirkung des ätherischen Öls ähnelt der des Kräuterheilmittels. Es ist ein wunderbares Stärkungsmittel für Nerven, Herz und Kreislauf sowie für die Verdauung. Sein erfrischender und anregender Duft wirkt stimulierend, belebend und stärkend und ist gut bei Müdigkeit, Trägheit, Nervenschwäche, schlechtem Gedächtnis und Konzentrationsschwäche. Das Öl weckt die Sinne, befreit den Kopf und wirkt stimmungshebend. Es gibt einem neue Energien und kann die Konzentration bei geistiger Arbeit steigern; außerdem hilft es, den Kopf während einer Meditation zu befreien. Es wurde auch schon bei abnehmender Sinneswahrnehmung eingesetzt, wie dem Verlust des Geruchssinns oder einem geschwächten Sehvermögen. Es wirkt außerdem schmerzstillend und lindert daher Arthritis, Rheuma und Neuralgie. Rosmarinöl ist ein verjüngendes Öl.

Die Blütenessenz

Die Farbe Blau repräsentiert Himmel und Ewigkeit, Weisheit und Wahrheit. Blau und Purpurrot sind mit dem Kronen-Chakra verbunden, das mit innerem Frieden und Ekstase verknüpft ist. Die blaurote Blüte des Rosmarins bringt dem Geist Klarheit und den Gefühlen Frieden und Ausgeglichenheit, wodurch man einen meditativen Zustand erreicht. Die Essenz fördert sowohl die körperliche als auch die emotionale Sensibilität und unterstützt die Kreativität. Sie symbolisiert das Gedeihen höherer gedanklicher Formen inmitten von Aktivität.

Ricinus communis

Rizinus

Die Blüte der Vitalität

Die Samen dieser mehrjährigen Pflanze enthalten ein blaßgelbes Öl, das seit Tausenden von Jahren als Medizin verwendet wird.

Kräuterheilmittel Rizinusöl galt als eines der besten Medikamente zur Darmreinigung bei akuter Verstopfung und zum Ausscheiden von Giften, die den Darm reizen. Es lindert Koliken oder Durchfall aufgrund von schwerverdaulichem Essen oder Infektionen, ebenso wie Ruhr im Frühstadium.

Eine Dosis Rizinusöl führt zur vollständigen Entleerung des Darms und weicht innerhalb von zwei bis acht Stunden den Kot auf. Sobald das Öl den Darm erreicht, setzt es eine reizende Säure frei, die den gesamten Darm stimuliert. Auf diese Säure geht abführende Wirkung zurück. Aufgrund der Öle ist der Stuhlgang schmerzlos und wird nicht von Koliken begleitet. Man sollte Rizinusöl nur bei akuten Verdauungsbeschwerden und nie über eine längere Zeit einsetzen, da seiner anfänglich abführenden Wirkung eine bindende folgt, die zu Verstopfung führt. Auch sollte es nie im Anschluß an eine Wurmbehandlung genommen werden.

Äußerlich kann man Rizinusöl auf wunde, trockene oder rissige Haut auftragen, auf Lippen oder wunde Brustwarzen. Es lindert das Jucken von Hämorrhoiden.

Homöopathisches Heilmittel: Ricinus Ricinus ist ein spezifisches Heilmittel bei Symptomen, die auf Cholera oder andere schwere Verdauungsbeschwerden hinweisen. Es kann auch bei geschwollenen und schmerzhaften Brüsten, geschwollenen Drüsen in der Achsel, bei Rückenschmerzen, die Nachwehen ähneln, und zur Steigerung der Milchproduktion bei stillenden Müttern verabreicht werden.

Die Blütenessenz Die Essenz der Rizinuspflanze wird bei Lethargie, Schwerfälligkeit und Lustlosigkeit eingesetzt. Sie verleiht Geist und Körper Vitalität.

Salvia sclarea

Muskatellersalbei

Die Blüte der Hochstimmung

Muskatellersalbei ist eine große aromatische Pflanze mit samtigen Blättern, die in Syrien, Italien, Südfrankreich und der Schweiz beheimatet ist. Seit der Antike wird sie wegen ihres medizinischen Wertes geschätzt. Die lateinische Artbezeichnung *sclarea* stammt von *clarus,* klar.

Kräuterheilmittel Muskatellersalbei ist ein entspannendes Tonikum für das Nervensystem, das bei vielen streßbedingten Beschwerden ausgezeichnet wirkt, beispielsweise bei Asthma, Kopfschmerzen, Migräne, Schlaflosigkeit und Indigestion. Seine krampflösende Wirkung kann Muskelverspannungen, Unterleibsschmerzen, Verstopfung und Menstruationsschmerzen lindern sowie die Geburt erleichtern. Gleichzeitig wirkt Muskatellersalbei stärkend, was man während der Rekonvaleszenz und bei geistiger und körperlicher Erschöpfung nutzt. Bei Depressionen wirkt er stimmungshebend. Auch lindert er übermäßiges Schwitzen. Äußerlich hat man Muskatellersalbei auf die Haut aufgetragen, um Eiterbeulen, Entzündungen und Infektionen herauszuziehen.

Ätherisches Öl in der Aromatherapie Bei einigen Menschen kann Muskatellersalbei-Öl ein Hochgefühl auslösen, bei anderen wirkt es entspannend und schlaffördernd. Es wird empfohlen bei Muskelverspannungen, Angstzuständen, streßbedingten Beschwerden, zur Schmerzlinderung bei Kopfschmerzen und kolikartigen Unterleibsschmerzen. Es eignet sich insbesondere bei Frauenleiden, bei prämenstruellem Syndrom und Menstruationsschmerzen. Als Emmenagogum löst es ausgebliebene Blutungen aus und stimuliert die Gebärmutter, wodurch es bei der Geburt von Nutzen sein kann. Seine entspannende Wirkung unterstützt die Behandlung nachgeburtlicher Depressionen sowie emotionaler und sexueller Probleme. Das Öl fördert lebhafte Träume und kann kreative Arbeit und Ideenreichtum begünstigen.

Die Blütenessenz Die Blütenessenz Sage, ein enger Verwandter, ist auf Seite 202 beschrieben.

NB: Nicht zusammen mit Alkohol verwenden.

Salix nigra, S. vitellina

Weide

Die Blüte der Stärke in der Schwäche

Von den 250 Weidenarten werden die Silber-Weide und die Schwarz-Weide am häufigsten für Heilzwecke eingesetzt. Die Silber-Weide ist ein großer, eleganter Baum, der an Flußufern und feuchten Standorten wächst und bis zu 24 Meter hoch werden kann. Sie ist überall in Europa, Nordafrika und Zentralasien verbreitet. Die Schwarz-Weide ist kleiner; sie wird bis zu 7 Meter hoch, bevorzugt feuchte Standorte und ist in Nordamerika beheimatet. Sie hat eine dunkle, rauhe Rinde. Der botanische Name Salix kommt von dem lateinischen Wort *saline* (springen), da Weiden schnellwüchsig sind. Kleine Weidenstecklinge bilden sehr schnell Wurzeln. Aus diesem Grund wurde die Silber-Weide zum Symbol der Reinigung und der Wiedergeburt und zum Sinnbild der Fruchtbarkeit. Im antiken Griechenland war die Weide das Emblem von Artemis, der Mondgöttin, der Fruchtbarkeit, Geburt und Schwangerschaft, Landwirtschaft, Flüsse und Ströme unterstanden. In Gedichten und in der Kunst gilt die Silber-Weide als Symbol von Frieden, Geduld und Beharrlichkeit. Mit der Schwarz-Weide hat man Traurigkeit und Leid verbunden. Da sie unter dem Einfluß des launischen Mondes steht, repräsentiert die Weide verlassene Liebe und gilt in der Blumensprache als Symbol des abgewiesenen Liebhabers.

Kräuterheilmittel

Entsprechend der Signaturenlehre wurde die Weide, die an feuchten Standorten wuchs, zur Behandlung rheumatisch bedingter Steifheit sowie bei Muskelschmerzen in Verbindung mit Grippe und anderen Infektionen verwendet. Weide wurde wegen ihrer fiebersenkenden Wirkung selbst bei Malaria eingesetzt. Im Jahre 1763 gab der Geistliche Edward Stone Rheumapatienten ein Dekokt der Rinde. Später isolierte er das Salizin, die aktive Komponente der Weide, aus der Salizylsäure, die Basis von Aspirin, hergestellt wird. Die Rinde der Weide ist ein ausgezeichnetes Heilmittel bei allen Symptomen, die durch Aspirin gelindert werden können. Ihre adstringierenden Eigenschaften stoppen Durchfall und Ruhr und stillen Blutungen. Man kann sie bei starken Menstruationsblutungen und äußerlich zu Behandlung von Schnitten und Wunden einsetzen. Bei Halsentzündungen kann man mit Weide gurgeln oder sie als Mundspülung bei Aphthen und Zahnfleischbluten verwenden. Als Diuretikum verringert Weide Flüssigkeitsretention und unterstützt die Ausscheidung von Giftstoffen über die Harnwege. Weide wird bei Erkältungen des Kopfes, Grippe, Fieber und als Tonikum zur Regenerierung nach einer Krankheit empfohlen. Weide ist ein gutes Mittel bei Kreislaufbeschwerden, da sie – wie Aspirin – eine schnelle Blutgerinnung verhindert. Die Schwarz-Weide hat eine der Silber-Weide sehr ähnliche Wirkungsweise und dient als Beruhigungsmittel im sexuellen Bereich. Sie hilft, Stauungen und Schmerzen in den Eierstöcken und in der Gebärmutter zu beseitigen und unterdrückt oder lindert sexuelles Verlangen.

Homöopathisches Heilmittel: Salix nigra

Es heißt, Salix nigra mäßige die sexuelle Leidenschaft. Das Homöopathikum wird verschrieben bei Reizbarkeit der Genitalien, Schmerzen in den Hoden und Ovarien, schmerzhaften Monatsblutungen, Kongestion der Eierstöcke und starken, häufig mit Fibromen verbundenen Monatsblutungen. Wie das Kräuterheilmittel ist Salix gut bei Durchfall, wundem Zahnfleisch, Schwäche nach einer Krankheit und Muskelschmerzen in Verbindung mit Fieber.

Die Blütenessenz

Willow ist eine Bach-Blütenessenz für Menschen, die zu Bitterkeit und Groll neigen. Willow-Menschen tendieren dazu, andere für ihr empfundenes Unglück verantwortlich zu machen und beneiden andere um ihr Glück. Solche Menschen können nicht erkennen, daß ihre negative und destruktive Haltung viel mit ihrer Enttäuschung zu tun hat. Willow-Menschen sind heimlich voller Groll und schmollen leicht, wobei sie ihre negative Haltung auf andere übertragen. Sie lassen sich nicht aufmuntern durch die Bemühungen anderer, ihnen zu helfen oder ihre Stimmung zu verbessern, sondern betrachten ihr Verhalten als berechtigt. Sie zeigen wenig Interesse am Leben anderer Menschen und isolieren sich dadurch zunehmend. Willow hilft diesen Menschen, ihre negative Einstellung zu erkennen und die Verantwortung dafür zu übernehmen, damit sie ihre Einstellung zum Leben ändern und ihr Schicksal bestimmen können, statt sich nur als Opfer zu sehen.

Salix vitellina

Salix nigra

Salvia officinalis

Salbei

Die Blüte der Unsterblichkeit

He that would live for aye
Shoud eat sage in May.
ALTES ENGLISCHES SPRICHWORT

Weisheit und ein hohes Alter sind die Themen, die die Geschichte dieser wunderbaren Heilpflanze bestimmen. Die alten Griechen glaubten, Salbei könne Menschen unsterblich machen. Er wurde daraufhin als das Kraut der Unsterblichkeit bekannt, vielleicht weil er so viele unterschiedliche Beschwerden heilt oder wegen seiner Kraft, die innere Weisheit zu steigern, die über die Grenzen unserer physischen Form hinausgeht. Theophrast (um 372–287 v. Chr.) war der Ansicht, Salbei könne die »Übel von Krankheiten und Alter« vertreiben. Im alten Ägypten wurde Salbei als Geber und Beschützer des Lebens verehrt, und man bekämpfte mit ihm die Pest.

Für die Römer war Salbei eine heilige Pflanze, die so hochgeschätzt wurde, daß die Ernte der Blätter eine bedeutende Zeremonie und keine gewöhnliche Gartenarbeit war. Sie sammelten die aromatischen Blätter nicht mit Eisen-, sondern mit Bronze- und Silberwerkzeugen, und die Sammler mußten barfuß und sauber sein sowie weiße Tuniken tragen. Vor Beginn der Ernte wurde den Göttern Essen und Wein als Opfergabe gebracht. Wie die Ägypter glaubten die Römer, Salbei helfe, Leben zu geben und zu schützen. Sie gaben das Kraut zur Steigerung der Fruchtbarkeit an Frauen, die ein Kind empfangen wollten.

Im Mittelalter genoß Salbei den Ruf eines verjüngenden Stärkungsmittels. Er war wesentlicher Bestandteil in Rezepturen für ein langes Leben und in Lebenselixieren. Er galt als Kopf- und Nerventonikum, das den Geist und das Gedächtnis stärkte, die Sinne belebte, gedrückte Stimmung hob, Trägheit vertrieb und nachlassende Potenz bei Männern wiederherstellte. Man verschrieb Salbei bei Depressionen, Angst, Nervosität, Migräne, Schlaflosigkeit und nervöser Erschöpfung. Er wurde während der Genesung von Krankheiten verabreicht sowie alten Menschen gegeben, um altersbedingte Beschwerden zu lindern.

Der botanische Name Salvia stammt von dem lateinischen Wort *salvare*, was übersetzt schützen oder heilen bedeutet. Der englische Name des Salbeis, »Sage«, bedeutet »weise«.

Man kann Salbei durch Samen, Stecklinge, Wurzelstecklinge oder Ableger vermehren. Er wächst auf den meisten Böden, bevorzugt aber eine gute Entwässerung, ausreichend Stickstoff und sonnige Standorte.

Kräuterheilmittel

Salbei ist ein starkes Antiseptikum mit antibakteriellen und antimykotischen Eigenschaften. Früher hat man ihn bei Infektionen des Darms und des Brustkorbs eingesetzt, die ansonsten häufig tödlich gewesen wären. Salbeitee ist ein ausgezeichnetes Mittel bei Erkältungen, Fieber und Halsentzündung und sollte bei den ersten Anzeichen einer Infektion der Atemwege genommen werden. Man kann den Tee bei Mandelentzündung, Bronchitis, Asthma, Katarrh und Nebenhöhlenentzündung trinken. Er ist ein altes Mittel bei Tuberkulose und anderen Infektionen, die von Nachtschweiß begleitet sind. Auch kann er zur Stärkung des Immunsystems und zur Vorbeugung gegen Infektionen sowie bei der Autoimmunerkrankung genommen werden. Er hat reinigende Eigenschaften und wirkt harntreibend, was ihn zu einem guten Mittel bei Vergiftungen sowie bei Arthritis und Gicht macht.

Salbei ist ein gutes Mittel für die Verdauung, da er krampflösend wirkt und Koliken und Bauchschmerzen lindert. Er fördert den Appetit, verbessert die Verdauung und wirkt positiv auf die Leber. In der Küche verwendet man Salbei wegen seiner verdauungsfördernden Wirkung traditionell bei kräftigen und schweren Speisen. Man kann Salbei bei Appetitlosigkeit, Indigestion, Blähungen, Übelkeit, schlechtem Atem, übermäßigem Speichelfluß, Durchfall, Dickdarmentzündung, Beschwerden der Leber und der Gallenblase und bei Würmern nehmen.

Salbei hat eine stärkende Wirkung auf die weiblichen Fortpflanzungsorgane und kann bei schwachen Menstruationsblutungen, unregelmäßigen oder ausbleibenden Blutungen, Menstruationskrämpfen und starken Blutungen verabreicht werden. Aufgrund seiner östrogenen Wirkung ist Salbei ein ausgezeichnetes Mittel bei Beschwerden in den Wechseljahren, insbesondere da er zusätzlich die Schweißbildung reduziert und Hitzewallungen sowie Nachtschweiß lindert. Seine stimulierende Wirkung auf die Gebärmutter nutzt man während der Geburt und beim Ausstoßen der Plazenta. Aus diesem Grund darf Sal-

NB: Während der Schwangerschaft und der Stillzeit vermeiden.

bei nicht während der Schwangerschaft genommen werden. Auch während der Stillzeit sollte Salbei vermieden werden, da er den Milchfluß stoppt, was ihn wiederum wertvoll beim Abstillen macht.

Salbei hat eine positive Wirkung auf das Zentralnervensystem. In der ayurvedischen Medizin verwendet man ihn zur Beseitigung emotionaler Blockaden des Geistes und zur Förderung von Ruhe und Klarheit. Er normalisiert stark gesteigertes sexuelles Verlangen und beruhigt das Herz. Jüngere Untersuchungen belegen, daß Salbei ein starkes Antioxydans ist, wodurch er den Alterungsprozeß hinauszögert und die schädliche Wirkung Freier Radikaler mindert.

Äußerlich aufgetragen ist Salbei ein erstklassiges antiseptisches und adstringierendes Mittel bei Schnitten und Wunden, Verbrennungen, wunden Stellen, Sonnenbrand und Geschwüren. Es läßt sich aus ihm eine gute Lotion bei entzündlichen Hautbeschwerden und ein Einreibemittel bei schmerzenden Gelenken herstellen. Man verwendet ihn zum Gurgeln bei Halsentzündungen und als Mundspülung bei Aphthen, entzündetem Zahnfleisch und übermäßigem Speichelfluß sowie als Dusche zur Linderung vaginaler Infektionen, wie Soor.

Homöopathisches Heilmittel: Salvia officinalis

Das Homöopathikum wird bei Nachtschweiß, insbesondere von Tuberkulose-Patienten, in Verbindung mit Reizhusten eingesetzt.

Ätherisches Öl in der Aromatherapie

Das ätherische Öl des Salbeis darf nur mit äußerster Vorsicht verwendet werden. Der hohe Anteil an Thujon im Öl kann bei höheren Dosierungen zu epileptischen Anfällen, Zuckungen, ja sogar zu Lähmungen führen. Interessant ist in diesem Zusammenhang, daß Salbei als Kräuterheilmittel das Nervensystem stärkt und im Mittelalter zur Behandlung von Lähmungen eingesetzt wurde, da die Konzentration an Thujon in der ganzen Pflanze wesentlich geringer ist als im gewonnenen Öl. Das Öl wirkt stimulierend auf die Gebärmuttermuskulatur; dies kann während der Geburt nützlich sein, muß aber während der Schwangerschaft unbedingt vermieden werden, da es zu Fehlgeburten führen kann. Es kann auch starke Menstruationsblutungen auslösen. Muskatellersalbei, ein Verwandter des Salbeis, enthält eine wesentlich geringere Thujon-Konzentration, teilt aber gleichzeitig viele Wirkungen mit Salbei. Bei der Behandlung von Frauen sollte man Muskatellersalbei bevorzugen, da er ein wesentlich milderes Mittel ist.

Stark verdünnt mit Wasser oder Alkohol (1 Tropfen auf 10 ml Flüssigkeit) kann man Salbeiöl zum Gurgeln und für Mundspülungen verwenden. Zum Inhalieren bei Husten, Erkältungen und Katarrhen gibt man einige Tropfen in eine Schüssel mit heißem Wasser. Auch kann man Salbeiöl in Massageölen für Männer verwenden. Es wirkt wärmend und dringt in die Muskeln ein, was insbesondere bei Männern, die Bodybuilding betreiben, nützlich ist.

Die Blütenessenz

Sage steigert die Fähigkeit, aus Erfahrungen Weisheit zu gewinnen und wird insbesondere Menschen empfohlen, die sich schwer tun, im Leben Sinn und Zweck zu erkennen. Vielleicht empfinden sie Groll über Geschehnisse in ihrem Leben, die sie als unglücklich oder unverdient ansehen.

Sage ist eine Essenz, die sich insbesondere für die späteren Jahre eignet. Sie hilft uns, ruhig und unvoreingenommen zu akzeptieren, was das Leben uns vorgibt. Auch stärkt sie die Weisheit, die mit langer Erfahrung kommt. Diese Weisheit ist am Ende eines Lebens natürlich, sie ermöglicht uns, mit unserem spirituellen Selbst in Kontakt zu treten, einen höheren Sinn im Leben zu erkennen und inneren Frieden zu finden. Sage ist eine Essenz für Veränderungen und Übergänge im Leben, da sie die Weisheit in jedem fördert.

NB: Verwenden Sie Salbeiöl nie während der Schwangerschaft.

Sambucus nigra

Holunder

Die Blüte des Märchenlandes

Der Holunderbaum wird für seinen praktischen und medizinischen Wert seit Jahrtausenden geschätzt. In der Mythologie und im Volksglauben gilt Holunder als magisch und heilig. Man befragte die Dryade, die der Sage nach in dem Baum lebte, bevor man einen Teil des Baums verwendete. Wenn man sich am Abend der Sommersonnenwende unter einem Holunderbaum aufhalte, werde man den König des Märchenlandes mit seinem Gefolge vorbeireiten sehen, so hieß es in einer dänischen Legende.

Holunderbäume findet man auf dem Lande an Hecken und Wäldern sowie in Gärten in Südeuropa, auf den Britischen Inseln und in Nordafrika. In einigen Traditionen gilt Holunder als heiliges Holz, in das nie der Blitz einschlagen wird. Nach Auffassung der Roma und Sinti ist die ganze Pflanze für den Menschen gut, deshalb verbrennen sie sie nie. Vielleicht ist dies auch der Ursprung des Aberglaubens, nach dem man keinen Holunder ins Haus bringen dürfe, da dies Unglück bringe. Bei den Serben war es jedoch Brauch, einen Holunderzweig als Glücksbringer zu Hochzeitszeremonien mitzubringen. In Polen begräbt man Sünden unter einem Holunderbaum, wo sie von der Kraft des Baumes aufgenommen werden sollen. In Rußland glaubt man, Holunder verlängere das Leben. Verbreitet sind auch die Bräuche, Holunderbeeren für einen friedlichen Schlaf unter das Kopfkissen zu legen oder einen Holunderzweig bei sich zu tragen, um den Versuchungen eines Ehebruchs zu widerstehen. Schwangere Frauen küßten den Baum, damit er dem Baby Glück schenkte.

Der wissenschaftliche Name Sambucus stammt von Sambuka, einem griechischen Musikinstrument ähnlich der Panflöte, das aus dem Holz hergestellt wurde; nigra bezieht sich auf die dunkle Farbe der Beeren. Wenn die zahlreichen cremefarbenen wohlriechenden Blüten auf dem Lande erblühen, ist dies ein sicheres Zeichen dafür, daß der Sommer gekommen ist, und wenn sich die Äste unter schwarzvioletten Beeren biegen, ist der Sommer vorbei und der Herbst ist da.

Kräuterheilmittel

Therapeutisch werden in erster Linie die Blüten verwendet. Als heißer Aufguß sind sie ein wunderbares Mittel im Frühstadium von Infektionen der oberen Atemwege – Erkältungen, Mandelentzündung, Kehlkopfentzündung und Grippe –, die für kalte und feuchte Klimazonen so charakteristisch sind. Bei den ersten Anzeichen von Unwohlsein – Gliederschmerzen, Halsschmerzen, Frösteln, Unruhe und Fieber – stimulieren Holunderblüten den Kreislauf und wirken schweißtreibend, wodurch der Körper über die Haut von Giftstoffen befreit wird und Fieber und Infektionen gelindert werden. Die Blüten werden auch im Frühstadium von Krankheiten empfohlen, die mit Ausschlag verbunden sind, beispielsweise bei Masern und Windpocken, da sie ihn zum Ausbruch bringen und die Heilung beschleunigen. Sie haben auch eine abschwellende Wirkung und mindern und lösen Schleim, weshalb man sie als heißen Aufguß (häufig in Verbindung mit Schafgarbe und Pfefferminze) bei Erkältungen, Katarrhen, Nebenhöhlenentzündung, Heuschnupfen sowie Kongestion der Bronchien, bei Infektionen des Brustkorbs und bei Asthma nehmen sollte. Bei letzterem kommt zusätzlich die entspannende Wirkung der Holunderblüten zum Tragen, da sie bei Asthmapatienten gleichzeitig Bronchialspasmus und Katarrh lindert.

Holunderblüten steigern die Nierenfunktion – ein weiterer Grund für ihre Wirkung als Dekongestionsmittel –, lindern Flüssigkeitsretention im Körper, fördern die Ausscheidung von Giftstoffen über die Harnwege und befreien den Körper von Hitze. Man verwendet sie, um Entzündungen bei Rheuma, Gicht und Arthritis abklingen zu lassen, insbesondere wenn diese durch eine kalte und feuchte Umgebung verschlimmert werden. Zum Schutz vor Rheuma trug die Landbevölkerung früher einen Holunderzweig in der Tasche.

Holunderblüten werden auch schon seit langem zur Entspannung und Beruhigung der Nerven eingesetzt; sie vertreiben Ängste und lindern Depressionen. Ein heißer Aufguß zur Schlafenszeit bringt einen erholsamen Schlaf und eignet sich insbesondere bei unruhigen oder gereizten Kindern, bei denen eine Infektion im Anzug ist.

Äußerlich nutzt man Holunderblüten seit jeher zur Beruhigung von Entzündungen und zur Heilung von Geschwüren, Verbrennungen, Schnitten und anderen Wunden, wobei man den Aufguß entweder als Lotion verwendet oder Salben daraus herstellt. Bei Halsentzündungen kann man mit dem Aufguß gurgeln, und bei Aphthen und entzündetem Zahnfleisch

NB: Rinde und Wurzel sollten in der Schwangerschaft vermieden werden.

eignet er sich als Mundspülung. Bei Bindehautentzündung und schmerzenden, müden Augen ergibt der Aufguß eine gute Augenspülung. Außerdem eignet er sich als Lotion bei Frostbeulen, Hautausschlag, Sonnenbrand und jeder Art von Hautreizungen und juckenden Hämorrhoiden. Destilliertes Holunderwasser ergibt eine ausgezeichnete Lotion zur Straffung und Reinigung des Gesichts.

Aus Holunderblüten lassen sich wohlschmeckende und erfrischende Sommergetränke, wie Schaumwein und Likör, herstellen. Außerdem sind sie eine ausgezeichnete Beilage zu Pfannkuchen und Beignets, Marmelade, Sorbets und Käsekuchen. Die leckeren saftigen Holunder- oder Fliederbeeren ergeben gekocht zusammen mit Brombeeren und Äpfeln eine wohlschmeckende Mischung und werden auch wegen ihrer abführenden Wirkung gegessen. Sie sind reich an Vitamin A und C, daher stellte man aus ihnen Sirup und Weine zur Vorbeugung und Behandlung von Husten und Erkältungen und zur Fiebersenkung her und machte die Beeren als Mittel gegen Halsentzündungen ein. Auch verwendete man die Beeren zur Linderung von Neuralgie und Ischiasbeschwerden. Bis zum Ende des 19. Jahrhunderts wurde auf Londons Straßen an kalten Wintertagen und -abenden heißer Holunderbeerwein verkauft, der Reisende und Arbeiter aufmuntern sollte. Um die wärmende Wirkung zu steigern, wurde Holunderbeersirup und -getränken häufig Zimt beigegeben. Die Römer färbten mit den Beeren ihre Haare.

Die Blätter wurden in der Hausmedizin für unterschiedliche Zwecke äußerlich angewendet. Frisch gepflückte und erwärmte Blätter kann man zur Linderung nervöser Kopfschmerzen auf die Schläfen legen. Zerdrückte Blätter legte man sich in den Hut oder rieb das Gesicht damit ein, so wollte man verhindern, daß sich Fliegen oder andere Insekten niederließen oder stachen (bei empfindlicher Haut können die Blätter manchmal Reizungen hervorrufen). Man kann den Aufguß als Lotion verwenden, um Mücken und Moskitos abzuhalten und Wunden, Prellungen, Verbrennungen, Verstauchungen, geschwollene Gelenke und Hämorrhoiden zu adstringieren.

Sowohl die Rinde als auch die Wurzel des Holunderbaums wirken stark abführend und sollten nur auf ärztliche Anweisung genommen werden. In großen Dosierungen lösen sie Erbrechen aus. Sie wirken harntreibend, was bei Arthritis und Gicht nützlich ist, und regulieren unregelmäßige Monatsblutungen. Äußerlich aufgetragen eignen sie sich ausgezeichnet als Salbe bei Ekzemen und Schuppenflechte. Ein Absud kann als Mundspülung oder zum Gurgeln bei Infektionen und Entzündungen von Mund und Hals verwendet werden.

Homöopathisches Heilmittel: Sambucus

Sambucus wirkt insbesondere in den Atemwegsorganen und eignet sich für Menschen, die schnell ängstlich oder besorgt sind. Diese Personen neigen zu Angstzuständen, Zittern und Unruhe. Ihre körperlichen Symptome lassen sich häufig durch Krämpfe charakterisieren. Ängste können Hustenanfälle mit Atemnot auslösen, bei denen das Gesicht blau anläuft. Man kennt dies von Asthma, Krupp und Keuchhusten. So kann ein Kind plötzlich gegen Mitternacht aufwachen, schreien und nicht mehr atmen können.

Wie das Kräuterheilmittel wird Sambucus insbesondere bei Babys und Kindern bei Katarrhen, Erkältungen und verstopfter Nase eingesetzt, bei Heiserkeit mit zähem Schleim im Rachen sowie bei verschleimten Bronchien. Diese Symptome werden häufig von starkem Schwitzen tagsüber begleitet. Sambucus lindert außerdem Flüssigkeitsretention, die zu Ödemen führt, welche ihrerseits wiederum zu diesen übermäßigen Katarrhen im Körper beitragen. Auch andere Symptome der Harnorgane, wie Blasen- und Nierenentzündungen, können Sambucus erfordern. Weiterhin deuten folgende Symptome auf Sambucus hin: Fieber, bei dem die Haut während der Nacht trocken ist und brennt, aber tagsüber stark schwitzt; Fieber ohne Durst, dem ein trockener Husten vorausging und das von der Angst begleitet wird, nicht warm genug gekleidet oder zugedeckt zu sein.

Die Blütenessenz

Die volkstümlichen Bräuche im Zusammenhang mit dem Holunder spiegeln sich in seiner Anwendung als Blütenessenz wider. Die Blütenessenz des Holunders wird empfohlen, weil sie innere Stärke verleihen und die Selbstachtung erhöhen kann, wodurch sie ein ideales Mittel in schwierigen Lebens- und in Übergangsphasen ist. Sie hilft, Befürchtungen und Ängste zu beruhigen und gibt einem das Gefühl, man werde von einer starken und beständigen inneren Energie genährt und unterstützt.

Holunder ist ein ausgezeichnetes Mittel für Kinder und Erwachsene gleichermaßen. Als schützendes Mittel wird Holunder Personen gegeben, die sich von anderen dominiert fühlen oder die von ihren Befürchtungen und Ängsten überrollt werden. Holunder fördert Energie, Kraft, Widerstandskraft und Freude und stärkt unsere angeborenen Kräfte der Erholung und Erneuerung.

Scutellaria spp.

Helmkraut

Die Blüte der Entspannung

Scutellaria laterifolia ist in Nordamerika beheimatet und wächst in großer Fülle an feuchten Standorten: auf Weiden, an Gräben und an den Ufern von Flüssen und Teichen. Der botanische Name stammt von dem lateinischen Wort *scutella*, was »kleine Haube« bedeutet, da der Blütenkelch einer Haube ähnelt, worauf auch der deutsche Gattungsname hindeutet. Sumpf-Helmkraut *(Scutellaria galericulata)* und das Kleine Helmkraut *(Scutellaria minor)* findet man an ähnlichen Standorten in Großbritannien. In Amerika ist Helmkraut auch unter den Namen Mad-dog-skullcap, »Verrückte-Hunde-Helmkraut« oder Madweed, »Verrücktenkraut« bekannt, da man annahm, es könne Tollwut oder Hydrophobie sowie sämtliche nervösen Leiden bei Menschen heilen, selbst Geisteskrankheit. Traditionell werden sowohl die britischen Arten als auch die amerikanische Art sehr für ihren Wert bei der Behandlung von Nervosität, Schlaflosigkeit, Epilepsie, Krämpfen, Sydenham-Chorea, Hysterie, Lähmung, bei Bissen von giftigen Insekten und Schlangen und einer ganzen Reihe anderer nervöser Symptome geschätzt. Man glaubte einerseits, die Pflanzen könnten Unfruchtbarkeit heilen, empfahl sie andererseits aber auch bei unangemessenem sexuellen Verlangen.

Kräuterheilmittel

Helmkraut zählt zu den besten Stärkungsmitteln des Nervensystems. Das Kräuterheilmittel wird aus den oberirdischen Pflanzenteilen hergestellt. Es ist reich an jenen Mineralien, die ein gesundes Nervensystem benötigt, und wirkt in Phasen großer Anspannung ausgesprochen stärkend und unterstützend. Es ist ein wunderbares Heilmittel für alle Stadien nervöser Anspannung, bei Kopfschmerzen, Aufregung, Angst, Schlaflosigkeit, Hysterie, Neurasthenie, Erschöpfung und Depressionen. Seine krampflösende Wirkung ist gut bei Muskelzuckungen, Zittern, Epilepsie (sowohl Petit-mal als auch Grand-mal), Krämpfen, Menstruationsschmerzen und nervösem Herzflattern. Es lohnt sich, beim Entzug von herkömmlichen Beruhigungsmitteln und Antidepressiva darauf zurückzugreifen, und es wirkt ausgezeichnet in Kombination mit hormonell ausgleichenden Kräutern, wie zum Beispiel gelber Nieswurz bei prämenstruellem Syndrom und Salbei, Mutterkraut oder beidem zusammen bei Beschwerden während der Wechseljahre. Helmkraut wirkt entzündungshemmend und kann bei Arthritis eingesetzt werden, insbesondere wenn sie sich durch Streß verschlimmert. Die Bitterstoffe wirken fiebersenkend, fördern die Verdauung und stimulieren die Leber.

Homöopathisches Heilmittel: Scutellaria

Auch Scutellaria ist eine ausgezeichnete Medizin bei einem breiten Spektrum nervöser Beschwerden. Diese beinhalten Ruhelosigkeit, Nervosität, eine Anspannung, die Denken und Schlafen unmöglich macht, Hysterie, Nachtangst, unregelmäßiger Herzschlag und große Aufregung. Das Homöopathikum wird verschrieben bei Nervenschwäche nach langer Krankheit, Überanstrengung, Überarbeitung und bei den Symptomen eines nervösen Zusammenbruchs. Ebenso wird es gegeben bei Epilepsie, Krämpfen, Chorea, Delirium tremens, Nervosität oder Krämpfen bei zahnenden Kindern sowie für einige andere streßbedingte Beschwerden einschließlich Appetitlosigkeit, Übelkeit, Koliken, Schluckauf, Globus-Syndrom, Muskelzuckungen, Schwindel, Krämpfen, nervösem Durchfall, häufigem Urinieren geringer Mengen sowie schweren Kopfschmerzen, überwiegend im Hinterkopf.

Die Blütenessenz

Helmkraut unterstützt das Nervensystem und hilft, Nervenschäden zu lindern, die auf einen übermäßigen Genuß an Koffein und Drogen, wie z. B. Morphium und Heroin, zurückzuführen sind. Man kann die Essenz gegen die Entzugssymptome dieser Drogen einsetzen, und sie hilft, die mit Drogenabhängigkeit häufig verbundenen Gefühle abzubauen, wie zum Beispiel Angst, geringe Selbstachtung und das Gefühl, mit dem Leben nicht zurechtzukommen. Man nimmt an, daß die Essenz auf die Zwirbeldrüse wirkt, wo sie die Sekretion von Endorphinen (natürliche opiumartige Substanzen) steigert und so ein Gefühl des körperlichen und emotionalen Wohlbefindens auslöst. In Massageölen unterstützt sie die Entspannung von Nerven und Muskulatur, und man sagt, ein Spritzer der Blütenessenz über dem Markhirn fördere die seelischen Heilkräfte und unterstütze die Betreffenden dabei, Heilung durch andere offener anzunehmen.

Stachys officinalis, Betonica officinalis

Heil-Batunge, Rote Betonie, Gemeiner Ziest

Die Blüte des inneren Abstands

Die Heil-Batunge wächst in Wäldern und im Unterholz, aber man kann sie auch auf Heide- und Moorflächen finden, auf Weiden und an Straßenrändern auf dem Lande. Im Mittelalter wurde die Pflanze in Apotheken- und Klostergärten angepflanzt, da sie als Allheilmittel galt. Man kann sie auch heute noch in der Nähe alter Klöster und auf Kirchhöfen finden, wo man sie als Schutz vor dem Bösen pflanzte. Die Heil-Batunge wurde auch als Amulett um den Hals getragen. Erasmus war der Ansicht, daß sie Menschen, die sie bei sich trugen, unverletzlich mache und gut gegen Schreckensvisionen sei, während die alten Griechen glaubten, sie eigne sich »für Körper und Seele, da sie den Menschen vor Visionen und Träumen schützt und das Kraut sehr bekömmlich ist«. Für die Kelten war die Heil-Batunge ein religiöses Kraut. Nur wenige Kräuter wurden aufgrund ihrer medizinischen Wirkung so sehr geschätzt wie die Heil-Batunge.

Kräuterheilmittel

Der Name betonica stammt von den keltischen Wörtern *ben* (= Kopf) und *tonic* (= gut) und weist auf ihre Verwendung bei Beschwerden des Kopfes hin. Das aus den oberirdischen Teilen hergestellte Heilmittel wird bei hartnäckigen Kopfschmerzen eingesetzt. Es lindert Kopfschmerzen, die auf eine schlechte Durchblutung des Kopfes zurückgehen, da es die Durchblutung anregt; es hilft bei Kopfschmerzen aufgrund von Leberträgheit, da es die Leberfunktion verbessert, und bei Spannungskopfschmerz, da es entspannend wirkt. Das Mittel wurde gegen Kopfschmerzen eingenommen, geraucht und pulverisiert geschnupft. In Kombination mit pulverisiertem Augentrost verwendete man es zur Linderung von Kongestionen im Kopfbereich, die durch Erkältungen und Katarrhe verursacht wurden.

Als Stärkungsmittel des Nervensystems lindert die Heil-Batunge Anspannungen und Ängste, behebt Depressionen und wirkt beruhigend bei Schmerzen, insbesondere Nervenschmerzen, wie sie bei Ischiasbeschwerden auftreten. Man nimmt es auch bei Arthritis, Gicht und Rheuma. Sie hat eine wohltuende Wirkung auf das Verdauungssystem und die Leber und ist nützlich bei nervöser Indigestion und Leber- und Gallenblasenbeschwerden.

Ihrer adstringierenden Wirkung bedient man sich bei der Behandlung von Durchfall, Erkältungen und Katarrhen. Als heißer Tee stimuliert die Heil-Batunge den Kreislauf und hilft, Erkältungen und andere Infektionen loszuwerden, insbesondere jene, die den Kopf betreffen. Sie enthält Trigonellin, das den Blutzuckerspiegel senkt, wodurch die Heil-Batunge ein gutes Mittel für Diabetiker ist.

Die Gerbsäuren verleihen der Heil-Batunge bei äußerer Anwendung eine adstringierende Wirkung, die Blutungen stillt, den Heilungsprozeß beschleunigt und vor Infektionen von Schnitten und anderen Wunden, Entzündungen, Geschwüren, Krampfadern und Hämorrhoiden schützt. Auch kann man sie bei Prellungen, Verstauchungen und Zerrungen verwenden. Früher stellte man aus ihr eine Lotion her, die die Haut verschönern sollte.

Homöopathisches Heilmittel: Stachys betonica

Auch Stachys betonica wird bei Beschwerden verwendet, die den Kopf betreffen, sowie bei Erkältungen und Katarrhen. Das Homöopathikum ist bei einem Völlegefühl im Kopf und in den Augen angezeigt, bei großer Müdigkeit, Schmerzen in den Augen und Schwindelgefühl. Diese Symptome lassen an frischer Luft nach und verschlimmern sich, wenn man die Augen schließt, den Kopf bewegt oder beugt, wenn man ins Licht guckt, liest oder angestrengt nachdenkt.

Die Blütenessenz

Die Essenz der Heil-Batunge ist mit dem Kopf verbunden. Sie soll die Funktion der Zirbeldrüse unterstützen, die Endorphine absondert, jene natürlichen Opiate, die ein Gefühl des körperlichen und emotionalen Wohlbefindens erzeugen. Sie verhilft zu innerer Ruhe und innerem Abstand und stärkt den Wunsch nach höheren Prinzipien und Zielen. Man verwendet die Essenz, um Konflikte zwischen sexuellem Verlangen und dem Wunsch nach größerer Erleuchtung zu lösen. Die von der Essenz vermittelte innere Ruhe kann den Entschluß zum Zölibat unterstützen, wenn dies der gewählte Weg ist. Sie wird bei Menschen mit einer übermäßigen sexuellen Energie verwendet und bei Personen, die unverheiratet sind, ohne sich dafür entschieden zu haben.

Stellaria media

Vogelmiere

Die Blüte der Vorhersage

Die kleinen weißen sternförmigen Blüten der Vogelmiere öffnen sich an schönen Tagen regelmäßig morgens um neun Uhr und schließen sich wieder abends um neun Uhr. Öffnen sich die Blüten ganz, wird es in den nächsten vier Stunden nicht regnen, bleiben die Blüten allerdings geschlossen, wird man seinen Regenmantel benötigen. In gemäßigten Klimazonen wächst die Vogelmiere wild und folgt den Wegen der Besiedlung.

Vögel und Hühner lieben diese Pflanze, worauf auch der Name hinweist. Die gesamte Pflanze ist sehr nahrhaft, reich an Vitamin A und C und an Mineralien, einschließlich Eisen und Kupfer. In Europa gilt sie traditionell als Delikatesse und wird als Salat gegessen oder wie Spinat zubereitet. Man sagt, die Vogelmiere sei zarter als alle anderen wilden Grünpflanzen.

Im Frühjahr und während der Genesung von Krankheiten nahm man sie als Bluttonikum. Die Schweizer aßen Vogelmieren zur Stärkung des Herzens. Man glaubte auch, sie verbessere das Sehvermögen – wahrscheinlich wegen ihres Vitamin-A-Gehaltes – und sie wurde Schwindsüchtigen und unterernährten Kindern zum Aufbauen gegeben. Der Name Stellaria stammt von *stellar*, bedeutet »sternförmig« und bezieht sich auf die Form der Blüten.

Kräuterheilmittel

Das Heilmittel wird aus den oberirdischen Pflanzenteilen hergestellt. Vogelmiere ist ein ausgezeichnetes kühlendes Mittel bei heißen, entzündlichen Hautproblemen, wie Ekzemen, Rotem Hund, Nesselausschlag, Sonnenbrand, Eiterbeulen und Flecken. Man kann sie als Lotion verwenden, zu einer Salbe oder Creme verarbeiten und auch frisch bei Verbrennungen und Verbrühungen, Geschwüren, Hämorrhoiden und Abszessen einsetzen. Sie hat herausziehende Eigenschaften und bringt so Gifte und Eiter an die Oberfläche. Vogelmiere ist ein gutes lokales Mittel bei heißen, entzündeten Gelenken.

Nimmt man das Mittel ein, sind die kühlenden und beruhigenden Eigenschaften der Vogelmiere bei heißen, entzündlichen Beschwerden von Nutzen, wie zum Beispiel Gastritis, Dickdarmentzündung, erhöhter Salzsäureproduktion des Magens, Reizkolon und einem Übermaß an Hitze in der Leber und der Gallenblase. Vogelmiere hilft bei Halsentzündungen, Kehlkopfentzündung, Bronchitis, Asthma, trockenem Reizhusten und Rippenfellentzündung.

Als Diuretikum kann man die Vogelmiere zur Linderung von Flüssigkeitsretention verwenden sowie zur Ausscheidung von Giftstoffen über die Nieren. Aus diesem Grunde kann sie auch bei Hautkrankheiten, Rheuma und Arthritis genommen werden. Das Wasser der Vogelmiere wurde von den alten Kräuterfrauen gegen Fettleibigkeit eingesetzt und kann den Körper kühlen und Fieber senken.

Homöopathisches Heilmittel: Stellaria

Hitze und Brennen charakterisieren viele Symptome, bei denen die kühlenden und feuchtigkeitsspendenden Eigenschaften von Stellaria angezeigt sind. Es kommt zu brennenden Schmerzen in der Lebergegend, heißen, entzündlichen Augenbeschwerden, Hitzewallungen im Gesicht, Brennen der Unterlippe mit neuralgischen Schmerzen und einem heißen und trockenen Mund. Es können auch Symptome in den Atemwegen auftreten: trockener Reizhusten, Aushusten von zähem Schleim und ein beklemmendes Gefühl im Brustkorb.

Stellaria wird auch bei Entzündungen eingesetzt, insbesondere in den Gelenken und der Leber. Das Homöopathikum ist angezeigt bei stechenden rheumatischen oder arthritischen Schmerzen, die im ganzen Körper auftreten können.

Stellaria-Menschen können reizbar und träge sein und besitzen meist wenig Energie, sich zur Arbeit zu motivieren. Sie schlafen gut, sind aber nicht erholt, wenn sie aufwachen. Normalerweise geht es ihnen morgens und in einer warmen Umgebung schlechter und besser am Abend und an kalter Luft.

Die Blütenessenz

Vogelmiere ist angezeigt bei zurückliegenden, unverarbeiteten Gefühlen, die zu Spannungen oder Unsicherheit führen und verhindern, daß man die Gegenwart mit Freude erlebt. Dies kann die Gesundheit und den Energiehaushalt beeinträchtigen und zu Beschwerden wie Übergewicht führen, da der Körper schützende Schichten »anlegt«, um das Gefühl der Verletzlichkeit zu kompensieren. Vogelmiere hilft, die Vergangenheit loszulassen und sich in der Gegenwart zu entspannen.

Sinapis arvensis

Acker-Senf, Wilder Senf

Die Blüte des Feuers

Seit der Frühzeit wird weißer und schwarzer Senf als Medizin verwendet. Hippokrates empfahl, weißen Senf bei Verdauungsbeschwerden einzunehmen und mit Essig vermischt äußerlich als Gegenreizmittel zu verwenden, um Entzündungen herauszuziehen. Im Mittelalter aß man Senf als Gemüse, und auch heute noch verwendet man die jungen Sämlinge als Salat.

Kräuterheilmittel

Vermutlich wird Senf als Gewürz verwendet, seit die Römer ihn nach England brachten, um den Geschmack von Fleisch zu betonen. Er ist ein ausgezeichnetes Stärkungsmittel für die gesamte Verdauung und unterstützt insbesondere die Verdauung von Fleisch.

Die Samen des weißen Senfs enthalten Mucilago und waren einst als Abführmittel, insbesondere bei alten Menschen mit chronischer Verstopfung, beliebt. Als Aufguß mit heißem Wasser ergaben sie ein Mittel gegen Schluckauf. Die Samen des schwarzen Senfs sind kräftiger als die des weißen, beide können zu Reizungen führen und Erbrechen auslösen, was ihre Verwendung bei Vergiftungen erklärt.

Die stimulierende Wirkung insbesondere des schwarzen Senfs schützt vor den Auswirkungen von Kälte, wie schlechte Durchblutung, Frostbeulen, Trägheit, Erkältungen, Grippe und Winterdepressionen. Viele werden Senf-Fußbäder kennen, ein verbreitetes Hausmittel bei wunden und schmerzenden Füßen, das Frösteln und Erkältungen vertreiben soll.

Man kann einen Aufguß gemahlener Senfsamen auch bei Infektionen des Brustkorbs, Erkältungen und Grippe sowie bei Rheuma und Arthritis verwenden. Es wurde herausgefunden, daß die ätherischen Öle stark antimikrobiell gegen Bakterien und Pilze wirken. Mit einem Aufguß kann man auch bei Hals- und Mandelentzündungen gurgeln. Früher hat man gemahlenen Senf wie Schnupftabak verwendet, um den Kopf zu reinigen, und die Samen wurden wegen ihrer schmerzstillenden Wirkung zur Linderung von Zahnschmerzen gekaut.

Die ätherischen Öle des Senfs wirken hautrötend und rufen eine Gegenreaktion hervor, da das Blut die Körperbereiche besonders durchblutet, die mit ihnen in Berührung kommen. Ein heißes Fußbad läßt das Blut in die Füße strömen und lindert Blutstauungen im Kopf oder in der Lunge. Das ist nützlich zur Linderung von Kopfschmerzen, Katarrh und Nebenhöhlenbeschwerden und gilt als altes Heilmittel bei Bronchitis, Lungenentzündung und anderen Infektionen der Atemwege. Eine alte russische Hausmedizin zum Schutz vor Erkältungen besteht darin, Wollsocken jeden Tag vor dem Tragen von innen mit trockenem Senf zu bestreuen. Der wissenschaftliche Name des Senfs, Sinapis, bezieht sich auf *Sinapismus* bzw. heiße Senfumschläge, die man äußerlich nahe einem inneren Entzündungsherd auflegte. Sie linderten Blutstauungen der darunterliegenden Organe und Gewebe, da sie das Blut an die Oberfläche brachten. Solche Umschläge verwendete man bei Rheuma, Arthritis, Hexenschuß, Gicht, Ischiasbeschwerden, Neuralgie, Schmerzen und Krämpfen. Pflaster wurden aus einem Teil Senf und vier Teilen Vollkornmehl hergestellt, die mit Wasser zu einer Paste vermischt wurden. Rührte man ein Ei unter die Mischung, verhinderte dies jede Art von Blasenbildung der Haut, die sonst durch die stark reizende Wirkung des Senfs hervorgerufen werden konnte. Am sichersten ist es, nur Senfsamen und -pulver zu verwenden.

NB: Essen Sie Senf in Maßen, da zu große Mengen die Magenschleimhaut reizen können, vor allem bei Menschen, die zu einem sauren Magen oder Geschwüren neigen. Senföl ist giftig und darf nie unverdünnt verwendet werden. Man sollte im Hausgebrauch darauf verzichten.

Die Blütenessenz

Mustard ist ein Heilmittel bei intensiven Depressionen, die sich ohne offensichtlichen Grund kommen und gehen. Die Essenz eignet sich, wenn man hoffnungslos und verzweifelt ist, sich allen Freuden des Lebens verschließt und sich daher vom Rest der Welt ausgeschlossen fühlt. Der Alltag weckt kein Interesse, alle Gedanken sind negativer Art und konzentrieren sich auf die eigene Person. Die Depressionen, die durch die Blütenessenz gelindert werden können, treten jedoch oft vor wichtigen Schritten im Leben auf. Häufig muß man Dunkelheit und Schmerzen erfahren, um durch eine Phase beschleunigten Lernens zu gehen, aus der man letztendlich stärker und weiser hervorgeht. Die Blütenessenz Mustard hilft, Dunkelheit in Licht zu verwandeln und den schwankenden Zyklen der Depressionen entgegenzutreten, indem sie innere Stabilität, Freude und Frieden fördert.

Thymus vulgaris

Gartenthymian

Die Blüte der Tapferkeit

Seit der Antike wird Thymian für seine vielfältigen Heilkräfte gepriesen. Der Legende nach wuchs er an der Stelle, an der die Tränen der schönen Helena in Troja zu Boden fielen. Der Name Thymian stammt von dem griechischen Wort *thumos* und bedeutet »rauchen« oder »räuchern«, da er in Griechenland als Opfergabe für die Götter auf den Altären verbrannt wurde und man aus ihm einen Weihrauch herstellte, der Insekten und Infektionen vertreiben sollte. Anderen Stimmen zufolge soll der Name von *thumus* (Mut) abgeleitet sein wegen der stärkenden und energiespendenden Eigenschaften der Pflanze.

Wilder Thymian, der wegen seines kriechenden Wuchses den Namen *serpyllum* trägt, wird im englischen Sprachraum auch als Mother of Thyme, »Mutter des Thymians« bezeichnet, ein Hinweis auf seine therapeutische Wirkung auf die Gebärmutter. Thymian hat eine besondere Bedeutung für die Fortpflanzungsorgane, und da er in dem Ruf steht, Stärke und Energie zu verleihen, verwendete man ihn als Aphrodisiakum und Liebeskraut. Culpeper zufolge untersteht Thymian der Venus. Wilder Thymian ist als Bienenpflanze gut bekannt, die Bienen lieben ihn. Griechischer Thymianhonig wird überall auf der Welt für seinen wunderbaren Geschmack gepriesen. Aus diesem Grund symbolisiert Wilder Thymian Süße.

Kräuterheilmittel

Am bekanntesten ist Thymian für seine stark antiseptische Wirkung, sowohl bei innerer als auch bei äußerer Anwendung. Er unterstützt den Kampf des Immunsystems gegen bakterielle, virale, und mykotische Infektionen. Der Hauptbestandteil seines ätherischen Öls, Thymol, wird in antiseptischen Cremes, Lotionen, als Mundwäsche und in Zahnpasten verwendet. Thymiantee oder -tinktur lindert Infektionen der Atemwege, des Verdauungs- und des Urogenitalsystems – wie zum Beispiel Erkältungen, Husten, Grippe, Magen-Darm-Entzündung, Candida, Blasenentzündung und Eileiterentzündung.

Thymian ist – besonders bei Kindern – ein ausgezeichnetes Mittel gegen Husten, gleich ob er nervliche Ursachen hat, auf Ängste zurückzuführen ist oder ob es sich um eine Infektion, wie bei Bronchitis, Lungen- oder Rippenfellentzündung handelt. Seine entspannende Wirkung in den Bronchien lindert Asthma und Keuchhusten, und als Expektorans fördert er die Sekretion von flüssigem Mukus, den Auswurf, was besonders bei trockenem Reizhusten hilfreich ist. Als Sudoriferum wirkt Thymian schweißtreibend und fiebersenkend.

Die entspannende Wirkung von Thymian erstreckt sich auch auf das Verdauungssystem, wo er mit viel Erfolg bei Blähungen und Koliken, Reizkolon und Kolonneurose genutzt wird. Die adstringierenden Gerbsäuren schützen den Darm vor Reizungen und verringern Durchfall, während die antiseptischen Öle Infektionen, beispielsweise Magen-Darm-Entzündung und Ruhr, bekämpfen und die Wiederherstellung der normalen Darmflora unterstützen. Dies kann insbesondere bei der Einnahme von Antibiotika und bei Candida-Patienten eine große Hilfe sein.

Ein Teelöffel der Tinktur, eine halbe Stunde vor dem Frühstück eingenommen, ist mit Rizinusöl ein traditionelles Mittel gegen Würmer. In Frankreich wird Thymian insbesondere als reinigendes Lebertonikum verwendet, das das Verdauungssystem und die Leberfunktion anregt und dadurch bei Indigestion, Appetitlosigkeit, Anämie, Leber- und Gallenblasenbeschwerden, Hautleiden und Trägheit hilft.

Thymian hat einen kräftigen Geschmack und wirkt wärmend, genau der richtige Effekt, um im Winter Erkältungen zu vertreiben. Mit einem starken Aufguß im Badewasser, mit dem Tee oder der Tinktur kann man den Kreislauf anregen, sich von Erkältungen und Lethargie befreien und den Körper insgesamt beleben. Seine stärkende Wirkung auf das Nervensystem macht Thymian zu einem ausgezeichneten Mittel bei körperlicher und geistiger Erschöpfung; er lindert Anspannungen, Ängste und allgemeine Depressionen.

Als Diuretikum hilft das Kraut bei Flüssigkeitsretention, Infektionen der Harnorgane, Rheuma und Gicht. Es wirkt auch in den Fortpflanzungsorganen und wird seit dem Mittelalter bei einer Vielzahl von Frauenbeschwerden eingesetzt, insbesondere bei Infektionen der Fortpflanzungsorgane und zur Regulierung des Menstruationszyklus.

Neuere Studien deuten darauf hin, daß die ätherischen Öle des Thymians eventuell eine wichtige Rolle bei der Funktion von mehrfach ungesättigten Fettsäuren spielen, die die Körperzellen gesundhalten und den Alterungsprozeß verlangsamen. Zellwände werden aus mehrfach ungesättigten Fettsäuren aufgebaut, und sie sind lebenswichtig für das Ge-

hirn, das Nervensystem und die Blutgefäße. Sie schützen vor degenerativen Prozessen, Herz- und Arterienbeschwerden, Hautkrankheiten, Altersschwachsinn und Krebs. Als Antioxydans schützt Thymianöl die mehrfach ungesättigten Fettsäuren vor dem durch Sauerstoff verursachten Verfall und verhindert die Freisetzung von Freien Radikalen – Molekülen, die Zellen und Gewebe schädigen und dabei schädliche Abfallprodukte im Körper hinterlassen.

Äußerlich kann man Thymianöl in Einreibemitteln und Lotionen zur Linderung von Arthritis, Muskelschmerzen und Juckreiz verwenden. Es desinfiziert Schnitte, Abschürfungen und andere Wunden, wunde Stellen und Geschwüre. Der Aufguß oder die Tinktur eignen sich gut zum Gurgeln bei Halsentzündungen, als antiseptische Mundspülung und als Dusche bei Soor und anderen vaginalen Entzündungen. Man kann mit dem Öl auch täglich das Haar einreiben oder es als Haarlotion verwenden, denn es gibt ihm einen gesunden Glanz und stoppt Haarausfall. Thymian ist ein ausgezeichnetes Inhalationsmittel bei bronchitischen Beschwerden, Asthma, Erkältungen, Katarrhen und Nebenhöhlenentzündung. Thymianessig ist ein altes Volksmittel und wurde wie Riechsalz bei nervösen Kopfschmerzen verwendet.

Ätherisches Öl in der Aromatherapie

Es gibt verschiedene Thymianöle, abhängig von der Bodenbeschaffenheit und der Höhe, in der die Pflanze wächst. Der Chemotyp, der einen hohen Anteil an Carvacrol enthält, ist ein starkes Antiseptikum, während die Linalool-, Geraniol- und Thujanol-Chemotypen wesentlich sanfter wirken und daher im Hausgebrauch vorzuziehen sind. Thymian-Linalool ist das einzige Öl, das für Kinder geeignet ist.

Der Einsatz von Thymianöl in der Aromatherapie ähnelt stark dem des Kräuterheilmittels. Es regt die Durchblutung an, erwärmt den Körper und schützt vor kältebedingten Krankheiten, wie zum Beispiel Halsentzündungen, Grippe, Erkältung und Husten. Schon in der Antike kannte man seine stimulierende Wirkung sowohl auf die geistige als auch auf die körperliche Energie. Es ist ein ausgezeichnetes Tonikum bei Schwäche, Depressionen, Lethargie, nervlicher Erschöpfung, Angst oder bei besonderer Anspannung. Es kräftigt die Verdauung, wirkt als Aperitif und Digestionsmittel und beruhigt Koliken und Blähungen. In der Brust beruhigt Thymianöl die Bronchien, lindert Asthma und wirkt als Expektorans. Man kann Thymian bei Husten, Infektionen des Brustkorbs, Keuchhusten, Emphysemen und Tuberkulose inhalieren. Weiterhin sind die stark antiseptischen Eigenschaften des Thymians sehr wertvoll. Dazu kommt seine Fähigkeit, die Produktion der weißen Blutkörperchen anzuregen, wodurch die Abwehr des Körpers gegen Infektionen gestärkt wird. Er senkt Fieber und wirkt als Dekongestionsmittel bei Katarrhen, Erkältungen, Nebenhöhlen- und Nasenschleimhautentzündung. Thymianöl ist ein Diuretikum sowie ein Emmenagogum und ist deshalb in der Schwangerschaft kontraindiziert. In einigen Teilen der Welt wird es gegen Darmparasiten eingesetzt.

Homöopathisches Heilmittel: Thymus

In der Homöopathie verwendet man Thymol, den Hauptbestandteil des ätherischen Öls, sowie die Tinktur des Wilden Thymians, Thymus serpyllum. Thymol ist ein spezifisches Heilmittel bei Hakenwürmern und bei urogenitalen Beschwerden. Es wird bei sexueller Schwäche, Prostatabeschwerden, Priapismus und nächtlichen unwillkürlichen Ejakulationen verschrieben. Das Symptombild umfaßt geringe Energie, einen wenig erfrischenden Schlaf und erotische Träume, häufiges Wasserlassen mit Brennen und Tröpfeln, das auf Prostatabeschwerden hindeutet, Schmerzen im unteren Rücken und Reizbarkeit. Der Patient möchte seinen eigenen Kopf durchsetzen und sehnt sich doch nach der Gesellschaft der anderen.

Thymus serpyllum wird – insbesondere bei Kindern – bei Infektionen der Atemwege, bei Asthma in Verbindung mit Anspannungen, bei trockenem nervösem Husten, Keuchhusten und Halsentzündungen eingesetzt. Es wird auch bei sogenanntem Klingeln in den Ohren verschrieben, das mit einem Druckgefühl im Kopf verbunden ist.

Die Blütenessenz

Tupft man Thyme auf eine Wunde, einen Schnitt oder auf einen bestimmten traumatischen oder kranken Bereich des Körpers, so soll die Essenz die Heilung beschleunigen. Sie hat eine kräftigende Wirkung, verleiht Stärke und Mut und fördert den körperlichen Stoffwechsel. Sie gibt eine größere körperliche Vitalität, wodurch sie besonders für ältere Menschen geeignet ist. In Kombination mit anderen Blütenessenzen verstärkt Thymian deren Wirkung. Auch die Blütenessenz erhöht die Energie, fördert die Konzentration und die Fähigkeit, sich saisonalen und anderen zeitlichen Veränderungen anzupassen. Sie eignet sich gut für Menschen, die unter Termindruck stehen, aber auch für alte Menschen, da sie Körper und Geist vor den Folgen des Alters schützen hilft.

NB: Verwenden Sie Thymianöl nur in geringen Mengen und tragen Sie es niemals unverdünnt auf die Haut auf.

Taraxacum officinale

Löwenzahn

Die Blüte des Überlebens

Dieses weitverbreitete Unkraut mit seinen fröhlichen Blüten und einer bemerkenswerten Widerstandskraft wird seit Jahrtausenden als Heilpflanze geschätzt. Es stammt vermutlich ursprünglich aus Griechenland und Zentralasien, wurde schon im antiken Griechenland als Medizin eingesetzt und in den Kräuterbüchern des Mittelalters hochgepriesen. Die Pflanze taucht weltweit in vielen Brauchtümern auf.

Es gibt eine amüsante Geschichte über das erste Auftreten des Löwenzahns auf der Erde. Zu einer Zeit, als die Welt noch von Feen, Elfen und Gnomen bevölkert war, verursachten die ersten menschlichen Wesen Probleme, da sie diese kleineren Urwesen nicht sehen konnten und so immer wieder auf sie traten. Im Gegensatz zu den Gnomen und Elfen, die sich hinter Felsen oder unter der Erde verkrochen, konnten sich einige der sonnenliebenden Feen mit ihren leuchtend gelben Mänteln nirgendwo verstecken, deshalb wurden sie in den Löwenzahn verwandelt. Tritt man auf einen Löwenzahn, richtet er sich schnell wieder auf, da er den Geist der Feen besitzen soll. Dies steht im Einklang mit der fast schon übernatürlichen Überlebenskraft des Löwenzahns – jätet man ihn in Gärten und auf Rasenflächen, kommt er schon bald wieder hervor. Die Köpfe enthalten unzählige Samen, die leicht durch den Wind fortgetragen werden, und die langen und zähen Wurzeln befestigen die Pflanze sicher in allen Böden. Es ist daher nicht überraschend, daß der Löwenzahn Treue symbolisiert.

In der Blumensprache bedeutet Löwenzahn auch »bäuerliches Orakel«. Er wurde auf dem Land als relativ exakte Uhr verwendet, da es hieß, die Blüten öffneten sich morgens um fünf Minuten nach fünf und schlossen sich abends um neun Minuten nach acht. Kinder pusten gerne die Samen von den Pflanzenköpfen.

Man versuchte mit dem Samenköpfchen auch herauszufinden, was eine geliebte Person von einem hielt; »er liebt mich« und man pustet einmal das Samenköpfchen, und »er liebt mich nicht« und man pustet das nächste Mal. Wenn man der geliebten Person eine geflüsterte Liebeserklärung macht und die Samen sanft in ihre Richtung pustet, so hieß es weiter, würden die Samen die Wörter zu der geliebten Person tragen. Kinder glaubten, ihr Wunsch werde in Erfüllung gehen, wenn es ihnen gelang, alle Samen mit einem Mal wegzupusten. Und Hexen waren überzeugt, daß man überall willkommen wäre und alle Wünsche in Erfüllung gingen, wenn man sich am ganzen Körper mit Löwenzahn einrieb.

Der Name Taraxacum stammt wahrscheinlich von den griechischen Wörtern *taraxo* (Beschwerden) und *takos* (Schmerzen oder Heilmittel) wegen der großen Heilkraft des Löwenzahns. Andere vermuten, der Name sei eine arabische Verballhornung des griechischen Wortes *trogemon* (eßbar). Die Blätter sind in Salaten ausgesprochen schmackhaft; man kann sie auch wie Spinat zubereiten; sie sind sehr nahrhaft und reich an Vitamin C und B, Provitamin A und an Mineralien, insbesondere Kalium und Eisen. Die gerösteten und gemahlenen Wurzeln ergeben einen geschmackvollen koffeinfreien Kaffee-Ersatz. Als in der griechischen Mythologie Hekate Theseus beköstigte, gab sie ihm Löwenzahn. Der Name Löwenzahn bezieht sich entweder auf die »Blattzähne« der grob gesägten Blätter oder auf die Tatsache, daß die goldgelbe Blüte der Farbe des königlichen Löwen ähnelt und die Form seines offenen Mauls hat.

Kräuterheilmittel

Löwenzahn ist am besten für seine Wirkung als sanft entgiftendes, bitteres Tonikum bekannt, das die Ausscheidung von Giftstoffen, Abbauprodukten und Schadstoffen über Leber und Nieren erhöht und so das Blut reinigt.

Der bittere Geschmack von Wurzeln und Blättern regt die bitteren Papillen der Zunge an, was über einen Reflex den gesamten Verdauungstrakt und die Leber aktiviert. Die Bitterstoffe erhöhen den Fluß an Verdauungssäften, fördern den Appetit und erleichtern die Verdauung. Durch eine gesteigerte Sekretion an Gallenflüssigkeit und einen erhöhten Gallenabfluß reinigen sie die Leber und unterstützen ihre Arbeit als wichtigstes Entgiftungsorgan des Körpers. Ißt man die jungen Blätter im Frühjahr, wirken sie als Bittertonikum, das den Körper von den angesammelten Schlacken durch schweres, stopfendes Essen und aufgrund einer eher sitzenden Beschäftigung in den Wintermonaten befreit. Löwenzahnwurzeln werden bei Lebererkrankungen, Gelbsucht, Hepatitis und Infektionen der Gallenblase und zum Auflösen von Gallensteinen verwendet. Außerdem werden sie bei Beschwerden in Verbindung mit einer trägen Leber genommen, wie zum Beispiel Müdigkeit und Reizbarkeit, Kopfschmerzen und Hautbeschwerden. Wie andere Kräuter, die auf die Leber wirken, hilft Löwenzahn, emotionalen Stillstand zu überwinden und fördert die Thematisierung unterdrückter Gefühle, wie Ärger, Wut und Trauer. So gesehen reinigt oder läutert er die Gefühle ebenso wie den Körper.

Die anregende Wirkung des Löwenzahns erstreckt sich auch auf die Bauchspeicheldrüse, wo er die Sekretion von Insulin steigert, was bei Diabetes und Hypoglykämie (niedriger Blutzuckerspiegel) hilfreich ist. Die Wurzel hat eine leicht abführende Wirkung.

Insbesondere die Blätter des Löwenzahns sind ein wirksames Diuretikum. Der deutsche Name »Bettsaicher« oder auf französisch *pis-en-lit* deutet an, wie wirksam er bei Wasserretention, Zellulitis, Infektionen der Harnwege und Prostatabeschwerden ist. Während andere harntreibende Medikamente Kalium aus dem Körper auswaschen und daher eine zusätzliche Kaliumgabe erfordern, ersetzt Löwenzahn aufgrund seines hohen Kaliumgehalts das durch gesteigertes Wasserlassen ausgeschiedene Kalium selbst. Ein Absud der Blätter und Wurzeln ist ein Hausmittel zum Lösen von Harnstein und Harngrieß.

Da Löwenzahn die Ausscheidung von Harnsäure verbessert, ist er ein gutes Mittel bei Gicht. Ein Tee aus Löwenzahn und Selleriesamen ist bei regelmäßiger Einnahme ein ausgezeichnetes Getränk bei Arthritis und Rheuma.

Äußerlich aufgetragen beseitigt der milchige Saft bei täglicher Anwendung Warzen in wenigen Wochen. Ein Tee aus Blättern und Blüten eignet sich gut zum Waschen von Geschwüren und Hautbeschwerden, und ein Absud ist eine gute Lotion bei Sommersprossen.

Homöopathisches Heilmittel: Taraxacum

Auch Taraxacum wird hauptsächlich bei Leber- und Verdauungsbeschwerden verwendet. Es ist ein spezifisches Heilmittel bei Leberbeschwerden, Gallenkoliken, Gallensteinen, magenbedingten Kopfschmerzen, gelbsüchtiger Haut und der damit verbundenen Schwäche. Das Homöopathikum wird bei Appetitlosigkeit verabreicht, bei Flatulenz, die mit dem Gefühl platzender Luftblasen im Darm verbunden ist, bei Verdauungsträgheit, einem bitteren Geschmack im Mund und einer wunden Zunge, bei der sich der Zungenbelag teilweise löst und wunde, rohe Abschnitte hinterläßt.

Wie das Kräuterheilmittel wirkt Taraxacum auf die Harnwege und ist bei häufigem Urinieren, Schwierigkeiten beim Wasserlassen und einem großen Durst angezeigt. Taraxacum-Menschen neigen zu starkem Nachtschweiß, unruhigen Extremitäten, die bei Berührung, insbesondere Druck, schmerzen. Sie können an Rheuma oder schmerzenden Gelenken leiden, unter Verspannungen und Steifheit im Rücken und Nacken und stechenden Schmerzen in der Nackenmuskulatur. Es können auch Hautprobleme, wie eitrige Pickel im Gesicht, verbunden mit Hitze und Rötungen, auftreten. Bei Fieber verspüren diese Menschen eventuell keinen Durst oder es geht ihnen nach dem Trinken schlechter; ihre Fingerspitzen können sich kalt anfühlen, und sie haben einen bitteren Geschmack im Mund. Taraxacum-Menschen verspüren Hitze im Gesicht und in den Zehen und schwitzen beim Einschlafen. Im allgemeinen geht es ihnen im Liegen oder Sitzen schlechter, und sie frieren nach dem Essen.

Die Blütenessenz

Dandelion eignet sich für Menschen, die die Tendenz haben, viel zuviel in ihr Leben zu packen. Sie stecken voller Begeisterung für das Leben, so daß sie zuviel übernehmen und zu zwanghaften »Machern« werden. Bei ihren Bemühungen, alles unterzubringen, planen und organisieren sie ihr Leben vollkommen und lassen wenig Raum für Entspannung und Besinnung, bis sie einen Punkt erreicht haben, an dem sie nicht mehr wissen, wie man ruhig und entspannt ist. Sie lassen in ihrem Leben wenig Raum für spirituelle und emotionale Ausdrucksformen, und während sie sich selbst zu übernatürlichen Leistungen antreiben, hören sie nicht mehr auf die Bedürfnisse ihres Körpers. Aber die körperlichen Bedürfnisse und ein nicht ausgedrücktes Innenleben erzeugen eine große Anspannung, insbesondere in der Muskulatur des Nackens und der Schultern. Dandelion hilft, diese Anspannung loszulassen, ermöglicht es dem Körper, sich zu entspannen und Gefühle herauszulassen und auszudrücken. Man kann die Essenz Massageölen beimischen und in Massagen einsetzen. Sie läßt diese Menschen genauer auf die emotionalen Botschaften und die körperlichen Bedürfnisse hören und verschiebt die Betonung von einem menschlichen »Macher« auf ein menschliches »Wesen«. Energie, Aktivitäten und Begeisterung kommen durch mehr innere Leichtigkeit ins Gleichgewicht.

NB: Der milchige Saft des Löwenzahns kann zu Übelkeit, Erbrechen und Durchfall vor allem bei Kindern führen, wenn sie ihn aus der Pflanze saugen.

Tilia europaea

Linde

Die Blüte der Anmut

Die majestätische Linde erreicht eine Höhe von bis zu 30 Metern. Philyre, eine Figur aus der griechischen Mythologie, trägt den griechischen Namen für den Lindenbaum.

Die Linde ist ein altes Symbol für weibliche Anmut, Schönheit, Glück, eheliche Liebe, Süße und Frieden. Der Baum war der Venus gewidmet. Culpeper vertrat dagegen die Ansicht, die Linde unterstehe Jupiter und symbolisiere Ausdehnung und Weisheit.

Kräuterheilmittel

Lindenblüten sind ein entspannendes Heilmittel, das als Tee ausgesprochen wohlschmeckend ist. Sie lindern Anspannungen und Ängste, unterstützen den Schlaf, beruhigen unruhige und nervöse Kinder und lockern verspannte Muskeln. Lindenblüten sind auch ein gutes Mittel bei Beschwerden in Verbindung mit Anspannung einschließlich Kopfschmerzen, Reizbarkeit, Depressionen, Menstruationsschmerzen, Nakken-, Schulter- und Rückenschmerzen, Schwindel, Koliken und Krämpfen. Diese entspannenden Eigenschaften in Verbindung mit der positiven Wirkung der Bioflavonoide auf die Arterien machen Lindenblüten zu einem ausgezeichneten Mittel zur Senkung eines erhöhten Blutdrucks und bei Arterienverkalkung. Sie entspannen die Herzkranzgefäße, erleichtern Palpitation und unterstützen so die Vorbeugung und Behandlung der koronaren Herzkrankheit. Die Linde wächst langsam und stetig und lebt mehrere hundert Jahre. Durch ihre therapeutische Wirkung kann sie das Leben von manchen Menschen verlängern.

Als heißer Aufguß wirken Lindenblüten schweißtreibend, sie steigern die Durchblutung der Haut und fördern die Perspiration. Sie sind ein ausgezeichnetes kühlendes Mittel zur Fiebersenkung, insbesondere bei Kindern, und zur Lösung katarrhalischer Stauungen. Zusammen mit Holunderblüten verkürzen sie die Dauer von Erkältungen, Husten und Grippe. Die Mucilago hat eine beruhigende Wirkung und lindert rauhen Reizhusten und Halsschmerzen. Ein warmer oder auch kalter Aufguß wirkt harntreibend und befreit den Körper über die Harnwege von Flüssigkeit und Giftstoffen, wodurch er bei Ödemen, Rheuma und Gicht sowie bei entzündlichen Hautkrankheiten hilft.

Äußerlich kann man Lindenblüten als Lotion bei Hautentzündungen, beispielsweise Eiterbeulen und Abszessen, bei Nesselausschlag und zur Beruhigung und Heilung von Verbrühungen, Verbrennungen und schmerzenden, entzündeten Augen verwenden.

Ätherisches Öl in der Aromatherapie

Das süß duftende Öl der Lindenblüten hat eine ähnlich entspannende und krampflösende Wirkung. Man kann es zur Linderung streßbedingter Beschwerden ins Badewasser geben oder Massageölen beimischen.

Homöopathisches Heilmittel: Tilia

Tilia wird bei Muskelverspannungen und Schwäche des gesamten Körpers, bei Schwindel, Neuralgie, Kopfschmerzen und Migräne und zur Linderung von Schmerzen verschrieben. Es eignet sich besonders bei Zahnschmerzen von Kindern.

Tilia hilft bei einem gestörten und unruhigen Schlaf mit lebhaften oder schrecklichen Träumen. Wie das Kräuterheilmittel wird Tilia bei Fieber mit Nachtschweiß, Katarrh und Erkältungen, einem wunden und brennenden Hals, Heiserkeit und zähem Reizhusten verabreicht. Man gibt es bei Herzschmerzen, Palpitationen, einem Druckgefühl im Brustkorb, schnellem Puls und zur Verdünnung des Bluts, bei einer Neigung zur Blutgerinnung. Ein Tilia-Mensch kann unter Depressionen leiden, weinerlich oder liebeskrank, reizbar oder in sich zurückgezogen und scheu sein.

Tilia ist ein spezifisches Mittel bei Beckenentzündungen bei Frauen und bei Infektionen nach einer Geburt.

Die Blütenessenz

Die Blütenessenz Linde ist eng mit der früheren Verwendung der Linde als Heilmittel des Herzens verbunden, als die Linde eheliche Liebe, Süße, Frieden und Glück symbolisierte. Sie ist ein gutes Mittel für Menschen, die aufgrund schmerzhafter Erfahrungen Schwierigkeiten haben, Liebe und Zuneigung zu geben und zu empfangen.

Lindenblütenessenz hilft, emotionale Blockaden aus dem Weg zu räumen und fördert Wärme und Offenheit. Sie entspannt und vereinfacht zwischenmenschliche Kommunikation und stärkt die Beziehungen zu den Liebsten.

Trifolium pratense

Rot-Klee

Die Blüte des Glücks

Man findet diesen Verwandten der Erbse auf Weiden und Feldern sowie an Straßenrändern, wo er von Frühling bis Herbst blüht. Klee, insbesondere vierblättriger Klee, wird den meisten als Glücksbringer bekannt sein, und man ist schon seit der Antike von seinen glückbringenden Fähigkeiten überzeugt. Vierblättriger Klee war ein Symbol des Heiligen Kreuzes. Dreiblättriger Klee galt als Symbol der Dreifaltigkeit. Klee stand in dem Ruf, besonders Frauen Glück zu bringen, für die dreiblättriger Klee die dreifache Göttin darstellte: das Mädchen oder die junge Frau, die Mutter oder das Fruchtbarkeitssymbol und die Krone des hohen Alters und der Weisheit.

Klee ist auch ein Symbol der Fruchtbarkeit und der häuslichen Tugenden. Er ist reich an Mineralien und Spurenelementen und enthält in der Wurzel Bakterien, die Stickstoff binden, wodurch er ein wertvolles Futtermittel für Vieh ist.

Kräuterheilmittel

Für das Kräuterheilmittel verwendet man die Blüten. Rot-Klee ist zuallererst ein Mittel zur Reinigung des Blutes, insbesondere bei tiefsitzenden, chronischen Vergiftungserscheinungen. Die Reinigung erfolgt auf verschiedenen Wegen. Als Diuretikum fördert Rot-Klee die Ausscheidung von Abbauprodukten über die Harnwege. Er stimuliert Leber und Gallenblase und hat auch eine leicht abführende Wirkung. Rot-Klee besitzt nicht nur antivirale und antimykotische Eigenschaften, sondern das Sterin (b-Sitosterin) hemmt auch das Wachstum von Tumoren. Er wird zur Hintergrundbehandlung von Krebs eingesetzt, insbesondere in der Brust und in den Eierstöcken. Als Volksmedizin verwendet man Rot-Klee, um das Blut zu verdünnen und zu reinigen. Wir wissen inzwischen, daß b-Sitosterin die Resorption von Cholesterin mindert, weshalb es zur Behandlung von Arterienverkalkung verwendet wird.

Rot-Klee wirkt entspannend und lindert Streß und Anspannung sowie streßbedingte Symptome, wie zum Beispiel Kopfschmerzen und Muskelkrämpfe. In den Atemwegen beruhigt diese entspannende Wirkung in Verbindung mit der Wirkung als Expektorans Reizhusten und lindert asthmatische und bronchiale Beschwerden. Da es auch die Haut reinigen kann, verwendet man es bei von Husten begleiteten Masern und bei Kindern mit einem allergischen Ekzem.

Rot-Klee kann zur Behandlung der weiblichen Fortpflanzungsorgane eingesetzt werden. Er enthält Flavonoide mit östrogener Wirkung und ist ein Reinigungsmittel bei chronischen Beschwerden, wie zum Beispiel Adnexitis. Man kann ihn zur Linderung starker und schmerzhafter Monatsblutungen verwenden sowie bei Frauen jenseits der Wechseljahre. Den Aufguß kann man als Dusche bei vaginalen Infektionen benutzen und zum Waschen wunder, entzündeter Brustwarzen. Bei Halsschmerzen kann man mit einem Aufguß gurgeln und ihn als Augenspülung und Lotion bei entzündlichen Hautbeschwerden verwenden.

Homöopathisches Heilmittel: Trifolium pratense

Das Homöopathikum Trifolium wird ebenfalls bei Krebs verschrieben sowie bei verschiedenen Beschwerden der Atemwege: krampfartiger Husten, Keuchhusten, Husten mit Schluckauf sowie Frösteln mit Husten während der Nacht. Man behandelt mit Trifolium einen wunden und gereizten Rachen, Schleim im Rachen, den man permanent aushusten möchte, und Heiserkeit. Das Mittel ist auch bei Heuschnupfensymptomen angezeigt.

Trifolium wird ferner verabreicht bei chronischen Hautbeschwerden, bei Anspannung und Kopfschmerzen in Verbindung mit Steifheit in Hals und Rücken, bei denen Hitze Linderung bringt, sowie bei Kopfschmerzen und Verwirrung, nachdem man geschlafen hat und wenig erfrischt wieder aufgewacht ist. Es ist auch nützlich bei Verstopfung, großem Durst und kolikartigen Schmerzen.

Die Blütenessenz

Auch als Blütenessenz ist Red Clover ein Mittel zur Reinigung des Blutes. Sie bezieht sich auf die psychischen Eigenschaften des Blutes, in dem das spirituelle Selbst seinen Sitz hat. Sie hilft, negative Einstellungen, die man von anderen übernommen hat, abzulegen und eignet sich besonders für Menschen, die für die Probleme anderer anfällig sind und die Stimmungen der Menschen um sie herum annehmen.

Die Blütenessenz Red Clover wirkt ausgleichend und hilft einem Menschen, trotz des Sturms um ihn herum sein Zentrum in sich zu behalten. Sie verleiht Ruhe und Klarheit und fördert das Selbstbewußtsein.

Trillium erectum

Trillium chloropetalum

Trillium erectum, T. pendulum

Drillingspflanze

Die Blüte von bescheidener Schönheit

Diese attraktive Pflanze gehört zu den Liliengewächsen und ist winterhart und mehrjährig. Sie wächst auf nährstoffreichen, feuchten Waldböden in den zentralen und westlichen Staaten der USA, wo sie jetzt gefährdet ist, und in gemäßigtem Klima in Ostasien. Den Indianern war die Pflanze gut bekannt. Sie verwendeten sie bei hämorrhagischen Beschwerden, aber auch als Liebestrank. Die Drillingspflanze symbolisiert bescheidene Schönheit.

Kräuterheilmittel

Die Drillingspflanze ist ein bekanntes Heilmittel der Indianer und wird hauptsächlich zur Linderung der Geburtsschmerzen und zur Erleichterung der Geburt eingesetzt, da sie normale Wehen stimuliert. Sie enthält natürliche Vorstufen oder Bausteine der weiblichen Sexualhormone, woraus sich ihre Verwendung bei einer Vielzahl von Menstruationsbeschwerden ergibt. Auch ist sie ein ausgezeichnetes Tonikum für die Gebärmutter, kräftigt eine schwache Muskulatur und mindert so das Risiko einer Fehlgeburt oder eines Gebärmuttervorfalls. Ihre adstringierenden Eigenschaften sind besonders dienlich bei starken Monatsblutungen auch während der Wechseljahre und Blutungen nach der Geburt.

Man kann die Drillingspflanze auch bei sonstigen Blutungen im Körper einsetzen, beispielsweise in den Atemwegen, im Verdauungstrakt, in der Blase, in Mund oder Nase. Sie kann bei Durchfall und Ruhr verwendet werden, bei denen Blut und Schleim im Stuhl auftreten, und bei Blutungen der Mageninnenwand durch Magengeschwüre sowie bei Blut im Urin. Man verwendet sie lokal bei Nasen- und Zahnfleischbluten.

Aufgrund ihrer antiseptischen und adstringierenden Wirkung ist die Drillingspflanze äußerlich angewendet ein gutes Mittel zur Behandlung von vaginalem Ausfluß und von Infektionen, wie zum Beispiel Soor und Trichomen. Sie beschleunigt die Heilung von Hautbeschwerden, Geschwüren, Blutungen, Hämorrhoiden und Krampfadern und beruhigt Reizungen durch Insektenbisse und -stiche. Die Indianer verwendeten sie als wirkungsvolles Mittel für die Augen, sie preßten den Saft direkt in das Auge oder weichten die Wurzel ein und stellten daraus eine Augenspülung für schmerzhaft entzündete oder infizierte Augen her.

Homöopathisches Heilmittel: Trillium

Die Wurzel und das Rhizom von Trillium erectum werden wie das Kräuterheilmittel bei einer Tendenz zu starken Blutungen in Verbindung mit einem Schwäche- und Schwindelgefühl verabreicht. Das Homöopathikum wird bei Gebärmutterblutungen eingesetzt: bei starken Monatsblutungen, Menorrhagie in den Wechseljahren, starken Blutungen durch Fibrome, Gefahr einer Fehlgeburt und Blutungen nach der Geburt. Es wird auch bei einem Gebärmuttervorfall verschrieben, der auf Schwäche zurückgeht, und bei Erschlaffung der Beckenmuskulatur.

Trillium wird auch bei sonstigen Blutungen eingesetzt, seien sie in der Lunge bei Tuberkulose, in den Nieren, in der Blase, in Magen oder Darm. Es eignet sich gut bei Nasen- und Zahnfleischblutungen und starken Blutungen nach einer Zahnextraktion.

Trillium-Menschen neigen zu Kälte in den Extremitäten und extremer Schwäche aufgrund der Blutungen. Sie sehen blaß aus, haben ein Verlangen nach eiskaltem Wasser und tendieren zu Kopfschmerzen und einer gestörten Wahrnehmung.

Die Blütenessenz

Für die Blütenessenz wird *Trillium chloropetalum* verwendet, die eine grün-weiße Blüte hat. Die Essenz eignet sich für Menschen, die ein großes Bedürfnis nach materieller Sicherheit haben und deshalb Reichtum und Besitz ansammeln. Ihre Gewinnsucht und Gier können so stark sein, daß sie ausgesprochen ehrgeizig und egoistisch werden. Mit der Zunahme an Reichtum geht eine Zunahme an Körpergewicht und Giftstoffen im Körper einher.

Die Ursache für die Unsicherheit bei Trillium-Menschen liegt häufig darin, daß sie von ihrer inneren, spirituellen Stärke abgeschnitten sind und daß ihr Bewußtsein auf die physische Daseinsebene begrenzt ist. Sie versuchen, ein unbewußtes Gefühl der Machtlosigkeit zu überwinden, da ihr Selbstwertgefühl nur auf materiellen Standards basiert.

Trillium verleiht ein Gefühl der inneren Sicherheit und des Wohlbefindens, da die Essenz eine engere Beziehung zu den inneren Quellen für das Überleben ermöglicht, statt zu äußeren Besitztümern. Sie hilft, ein gegenseitiges Geben und Nehmen und ein Interesse an der Allgemeinheit zu entwickeln.

NB: Diese Trillium-Arten sind gefährdet. Pflücken Sie daher nie Wildpflanzen.

Tropaeolum majus

Kapuzinerkresse

Die Blüte des Patriotismus

Diese leuchtende und farbenfrohe einjährige Pflanze läßt sich gut aus Samen ziehen. Sie ist als mehrjährige Pflanze in den Tropen Südamerikas beheimatet und gehörte zu den Schätzen, die die spanischen Eroberer zusammen mit dem Gold der Inkas aus Peru zurückbrachten.

Im England des 16. Jahrhunderts nannte man sie »Blutblume aus Peru« und Indianerkresse, da ihr starker Duft und Geschmack der Wasserkresse *(Nasturtium officinale)* ähnelten. Der Name Nasturtium stammt von *nasus tortus*, was »die Nase verziehen« bedeutet, weil die Blüte einen pfefferigen Duft ausströmt. Nichtsdestotrotz betrachtete man die Blüte in England im 16. und 17. Jahrhundert als einen kostbaren Schatz, da die Samen bei Skorbut als sehr wirksam galten. Eine Geschichte über die Kapuzinerkresse besagt, sie sei aus dem Blut eines trojanischen Kriegers entstanden. Die runden Blätter seien sein Schild und die trompetenförmige Blüte sein Helm gewesen. Der Name Tropaeolum stammt von dem griechischen Wort *tropaion* und bedeutet Trophäe. In der Blumensprache symbolisiert Kapuzinerkresse Patriotismus.

Alle Teile der Pflanze sind eßbar und reich an Eisen, Vitamin C, Mineralien und Spurenelementen. Die unreifen Samen kann man als Kapernersatz essen, und die Blüten passen gut zu Salaten. Die Blätter verleihen Suppen, Salaten und Sandwiches Würze.

Kräuterheilmittel

Wie die Wasserkresse ist die Kapuzinerkresse sowohl scharf als auch bitter, wodurch sie ein gutes Mittel zur Blutreinigung ist und den Körper bei der Ausscheidung von Giftstoffen unterstützt. Die Schärfe ist wärmend und stimulierend. Kapuzinerkresse stärkt die Verdauung, verbessert den Appetit und die Resorption der Nährstoffe. Sie ist ein Tonikum bei Verdauungsschwäche und Stagnation der Nahrung und fördert die Durchblutung, wodurch die resorbierten Nährstoffe im Körper an die Orte transportiert werden, an denen sie benötigt werden. Dies verleiht ein Gefühl von Stärke und Wohlbefinden. Auch die Bitterstoffe wirken entgiftend, stimulieren Leber, Bauchspeicheldrüse und Gallenblase und erhöhen die Sekretion von Verdauungsenzymen. Kapuzinerkresse wirkt auch auf die Nieren und die Blase und erhöht die Ausscheidung von Abbauprodukten über den Urin.

Kapuzinerkresse besitzt antimikrobielle Eigenschaften und wird insbesondere bei Infektionen im Brustbereich eingesetzt. Da sie abschwellend wirkt, lohnt es sich, zur Schleimlösung bei bronchialen Beschwerden auf sie zurückzugreifen. Der frische Saft oder ein Aufguß der Blätter lindert Erkältungen, Katarrh und chronische bronchiale Kongestion. Hier wirkt auch der hohe Vitamin-C-Gehalt unterstützend. Kapuzinerkresse kann auch bei Infektionen der Harnwege eingesetzt werden. Als natürliches Antibiotikum zerstört sie nicht die Darmflora.

Aufgrund ihrer nahrhaften, entgiftenden und abwehrsteigernden Eigenschaften ist sie ein gutes Tonikum für Menschen, die sich erschöpft und ausgelaugt fühlen. Durch ihren hohen Eisengehalt hilft sie auch bei Müdigkeit aufgrund von Anämie. Wegen ihrer stärkenden Wirkung wurde sie in der Vergangenheit als Verjüngungsmittel und Aphrodisiakum genutzt, daher auch der Name »Liebesflammla«.

Äußerlich aufgetragen genießt Kapuzinerkresse seit jeher den Ruf, die Glatzenbildung hinauszuzögern, indem eine Tinktur aus Blättern der Kapuzinerkresse, Eichenrinde und Brennesseln regelmäßig in die Kopfhaut massiert wird.

Homöopathisches Heilmittel: Nasturtium

Nasturtium wird bei Beschwerden der Harnorgane eingesetzt, bei Infektionen wie Blasenentzündung, bei Steinen und Harngrieß.

Die Blütenessenz

Wie das Kräuterheilmittel wirkt die Blütenessenz Nasturtium wärmend, verjüngend, erfrischend und belebend. Sie ist besonders empfehlenswert für Menschen, die sich von einem hohen Maß an geistiger Aktivität ausgelaugt fühlen oder deren Beruf konzentrierte geistige Arbeit erfordert. Solchen kopflastigen Menschen fehlen oftmals körperliche oder emotionale Ausdrucksmöglichkeiten, was zu Störungen der Immunabwehr, Husten, Erkältungen und Katarrhen führen kann.

Nasturtium hilft, ein Gleichgewicht zwischen geistigen, emotionalen und körperlichen Aktivitäten zu finden. Emotionale Wärme, körperliche Vitalität und praktische Veranlagung werden durch die Essenz wiederhergestellt.

Urtica dioica

Große Brennessel

Die Blüte der Bosheit

Trotz ihrer schrecklichen Nesselhaare und ihres invasiven Wachstums besitzt die Brennessel eine unglaubliche Vielfalt heilender Eigenschaften und praktischer Einsatzmöglichkeiten. Brennesseln wurden zur Bier- und Käseherstellung verwendet; aus den faserigen Blättern und Stengeln wurden Stoff und Papier hergestellt. Brennesseln wachsen in allen gemäßigten Klimazonen und wurden von den Römern in Großbritannien eingeführt. Sie brachten eine besonders schmerzverursachende Brennesselart mit, *Urtica pilulifera*, mit der sie sich selbst warmschlugen, um Krankheiten und Infektionen abzuhalten, die für kaltes, feuchtes Wetter typisch sind. Die Nesselhaare einer frischen Brennessel enthalten Ameisensäure und Histamine und werden schon lange wegen ihres therapeutischen Wertes geschätzt. Auch heute noch ist die Ansicht verbreitet, daß man sich durch regelmäßiges Berühren von Brennesseln im späteren Leben vor Rheuma und Arthritis schützen kann. In Südamerika stimuliert man mit dieser Methode die Durchblutung, und setzt diese Behandlung selbst bei schwerwiegenden Fällen, wie Gangrän und drohender Amputation, ein. Galen empfahl Abreibungen der Haut mit den Blättern; dies verbessere die Durchblutung, entfache »natürliche Hitze«, stimuliere das sexuelle Verlangen und heile Impotenz. Wegen ihrer Nesselhaare symbolisieren Brennesseln Grausamkeit und Bosheit.

Kräuterheilmittel

Brennesseln sind sehr nahrhaft, reich an Vitamin A und C und an Mineralien, insbesondere Eisen, Kieselerde und Kalium. Schon seit jeher waren sie als nahrhaftes Stärkungsmittel bei Schwäche und Kraftlosigkeit beliebt, während der Genesung und bei Anämie. Sie stimulieren Leber und Nieren und reinigen das Blut von Giftstoffen und Schlacken. Aus Brennesseln kann man einen guten Tee herstellen; sie lassen sich wunderbar in der Küche einsetzen und sind ein ausgezeichnetes reinigendes Tonikum für die Frühjahrskur. Sie reinigen die Haut von Ekzemen und Nesselausschlag und geben dem Körper neue Vitalität.

Aufgrund ihrer diuretischen Eigenschaften lindert die Brennessel Flüssigkeitsretention, Blasen- und Harnröhrenentzündung. Schon lange verwendet man sie zum Erweichen und Ausscheiden von Nierensteinen und Harngrieß und als Mittel gegen Bettnässen und Inkontinenz. Brennesseln erhöhen die Ausscheidung von Harnsäure über die Nieren, wodurch sie ein ausgezeichnetes Mittel bei Gicht und den anderen arthritischen Beschwerden sind.

Nesseln wirken adstringierend und gelten als stimulierendes Tonikum bei äußeren und inneren Blutungen. Man kann einen Aufguß, die Tinktur oder den frischen Saft auf Schnitte und andere Wunden geben, auf Hämorrhoiden oder bei Nasenblutungen in der Nase auftragen.

Eine Tinktur der Samen galt als traditionelles Mittel für die Atemwegsorgane bei Fieber und Lungenbeschwerden. Der Absud der Wurzel ist ein bekanntes Mittel bei Rippenfellentzündung. Der frische Brennesselsaft ist ebenso wirkungsvoll. Die reinigende und adstringierende Wirkung hilft, katarrhalische Stauungen zu beseitigen und verschafft Linderung bei Allergien, wie Heuschnupfen, Bronchitis und Asthma.

Brennesseln sind ein stimulierendes Stärkungsmittel des Verdauungssystems bei Durchfall, Flatulenz, Geschwüren, Schleim und Würmern. Sie senken ferner den Blutzuckerspiegel. Die Samentinktur stärkt die Funktion der Schilddrüse und verkleinert einen Kropf.

Äußerlich auf die Haut aufgetragen lindert Brennnesselsaft Stiche und Bisse, als Salbe Hautreizungen.

Homöopathisches Heilmittel: Urtica urens

Die Kleine Brennessel ist ein ausgezeichnetes Mittel bei Bissen und Stichen sowie bei Verbrennungen und Verbrühungen und bei Hautbeschwerden, die durch Stechen, Jucken oder Brennen charakterisiert sind. Während der Stillzeit unterstützt sie die Produktion der vom Baby benötigten Stoffe. Urtica ist auch hilfreich beim Abstillen, um den Milchfluß zu stoppen und ein Anschwellen der Brüste zu vermeiden.

Die Blütenessenz

Die Essenz der Brennessel eignet sich für Menschen, die kalt, wütend, boshaft und gemein sind. Die Essenz hilft diesen Menschen, ihren Ärger auszudrücken und dadurch offener mit anderen umgehen zu können. So reinigt Brennessel von inneren Giften und reduziert Streß. Man kann die Essenz auch einsetzen, wenn es zu Hause oder am Arbeitsplatz zu Wut, Konflikten oder gar Grausamkeiten kommt.

Verbascum thapsus

Kleinblütige Königskerze

Die Blüte des inneren Lichts

By thy woodside railing, reeves
with antique mullein's flannel leaves
These, though mean, the flowers of waste,
Planted here in nature's haste
Display to the discerning eye,
Her loved, wild variety.
John Clare (1793–1864)

Der englische Name der Kleinblütigen Königskerze, Mullein, ist von dem lateinischen Wort *mollis* (weich) abgeleitet, da diese stattliche zweijährige Pflanze große weiche, filzig behaarte Blätter besitzt. Der Name Verbascum ist wahrscheinlich eine Verballhornung des lateinischen Wortes *barbascum*, was »Pflanze mit einem Bart« bedeutet. Mit den wolligen Blättern fütterte die arme Landbevölkerung früher ihre Schuhe aus, damit die Füße auch im Winter warm blieben und auf hartem Untergrund geschützt waren. Daher stammen auch die weiteren Namen: Wollenhansen, Kleinblütiges Wollkraut, Wollswaddel, Bettelmann. In der Blumensprache symbolisiert die Königskerze Wohltat, vielleicht wegen der Wohltat, die sie den Füßen bereitete, wegen ihrer beruhigenden Wirkung, wenn man sie medizinisch bei Reizungen und Entzündungen der Atemwege und Harnorgane einsetzt oder wegen ihrer schmerzstillenden Eigenschaften.

Die Kleinblütige Königskerze kann eine Höhe von über 1,5 Metern erreichen und hat in ihrem zweiten Jahr einen einzelnen aufrecht wachsenden Stengel, der mit zartgelben Blüten bedeckt ist. Der Stengel umschließt einen dünnen Faden aus weißem Mark, der zu Namen wie Kolwe (Kolben) und Spazierstockpflanze führte. Der filzige Flaum an Blättern und Stengel ist im trockenen Zustand leicht brennbar und wurde schon zu Zeiten der Römer, als die Pflanze unter dem Namen Candelaria bekannt war, als Kerze oder Fackel verwendet.

In der Antike war die Kleinblütige Königskerze auch für ihren Schutz vor dem Teufel und vor Krankheiten bekannt. Man pflanzte sie in Klostergärten, um den Teufel abzuhalten, und trug sie auf Reisen als Talisman bei sich. Diese Fähigkeit, vor den Kräften der Dunkelheit zu schützen, war ein weiterer Bereich, in dem die Kleinblütige Königskerze Licht spendete oder den eigenen Weg erhellte. Auch Hexen sollen die Pflanze in ihren Ritualen genutzt haben, weshalb man sie im Englischen auch als Hag's Taper (Hexenkerz) bezeichnete. Das Wort Hag ist von dem altenglischen Wort *hoege* oder *hage* (Hecke) abgeleitet wurde, weshalb sich der Name Hag's Taper vielleicht gar nicht auf Hexen bezieht, sondern auf die schlichte Tatsache, daß die Königskerze mit ihrem Stengel voller gelber Blüten einer brennenden Kerze ähnelt.

In der griechischen Mythologie schützte sich Odysseus mit der Königskerze vor der List der Zauberin Circe, da die Pflanze als Schutz vor Zauberei galt. Man verwendete sie auch für Liebestränke.

Kräuterheilmittel

Die Kleinblütige Königskerze hat eine kühlende Wirkung und hilft, Hitze und Stauungen im Körper zu beseitigen. Sie ist ein ausgezeichnetes Mittel für die Atemwege. Die Saponine wirken expektorierend und steigern die Schleimproduktion im Brustkorb. Die Mucilago ist kühlend und beruhigend, wodurch die Königskerze eine wunderbare Medizin bei rauhem Reizhusten oder trockenem Husten ist, bei Halsentzündungen, Heiserkeit und Bronchitis. Ihre entspannende und schmerzstillende Wirkung im Brustkorb hilft bei Asthma, Krupp, Keuchhusten und Rippenfellentzündung. Die leicht antiseptische Wirkung der Pflanze nutzt man bei Infektionen der Atemwege.

Die Königskerze befreit den Körper von Schleim und kann bei chronischen Katarrhen, Nebenhöhlenentzündung und Heuschnupfen verwendet werden. Seit Jahrhunderten setzt man sie bei Lungenentzündung, Bronchitis und Tuberkulose ein. Sie wurde in Irland sogar häufig in Gärten angepflanzt, gerade wegen ihrer Wirkung bei Schwindsucht (Tuberkulose). Zur Linderung von Reizhusten rauchte man früher die Blätter. Wegen ihrer reinigenden Wirkung im lymphatischen System kann man die Pflanze zur Behandlung geschwollener Drüsen und bei Mumps nehmen.

Als beruhigendes Diuretikum kann man die Kleinblütige Königskerze gegen Brennen und häufiges Wasserlassen bei Blasenentzündungen ebenso verwenden wie bei Flüssigkeitsretention. Da sie die Ausscheidung von Giftstoffen über die Nieren erhöht, ist die Pflanze bei der Behandlung von Arthritis, Rheuma und Gicht nützlich.

Aufgrund der entspannenden und schmerzstillenden Eigenschaften, die vor allem die Blüten besitzen, fördert die Königskerze einen erholsamen Schlaf,

insbesondere von Menschen, die durch Husten und Schmerzen gestört werden. Man verwendet sie zur Behandlung von Kopfschmerzen und Neuralgie und bei Ohrenschmerzen. Bei katarrhalischer Schwerhörigkeit und Tinnitus, Ohrinfektionen, Ansammlung von Ohrenschmalz und bei Kopfschmerzen aufgrund von Kongestion in den Ohren kann man die Königskerze lokal auftragen oder einnehmen. Sie verschafft Linderung bei Ohrenschmerzen. Weiterhin lindert sie Anspannung und Ängste und wird schon lange bei nervösem Herzklopfen, unregelmäßigem Herzschlag, Krämpfen und nervösen Koliken eingesetzt. Ihre adstringierenden Eigenschaften werden bei der Behandlung von Durchfall genutzt, vor allem wenn er nervlich bedingt ist. Ein Absud der Wurzel wurde als ein altes Hausmittel bei Zahnschmerzen, Krämpfen und Zuckungen eingesetzt.

Äußerlich kann man eine Kompresse oder einen Umschlag aus den Blättern auf schmerzende Muskeln und arthritische Gelenke legen sowie zur Heilung von Wunden, Verbrennungen, wunden Stellen, Geschwüren und Hämorrhoiden einsetzen. Die Blüten können bei Tinea und anderen Hautinfektionen verwendet werden. Die gekochten Blätter wurden bei Asthma auf die Brust, bei Kopfschmerzen auf den Kopf und bei Halsschmerzen, geschwollenen Drüsen und Mumps auf den Hals gelegt. Das aus den Blüten gewonnene Öl der Königskerze eignet sich ausgezeichnet für die Verwendung als Ohrtropfen. Man kann das Ohr bei Ohrenschmerzen und Ekzemen des äußeren Ohres auch damit massieren.

Homöopathisches Heilmittel: Verbascum

Die wichtigsten Wirkungsbereiche des Homöopathikums sind ebenfalls die Ohren, die Atemwege und die Harnorgane. Es wird bei Schwerhörigkeit verschrieben, bei der man das Gefühl hat, die Ohren seien blockiert, oder wenn man nach dem Schwimmen Wasser im Ohr hat und dadurch schwer hören kann. Es lindert auch Gesichtsschmerzen (da es auf den Nervus maxillaris des Trigeminus wirkt) und regelmäßig auftretende Trigeminusneuralgie mit stechenden Schmerzen. Es wird auch bei Katarrhen und Erkältungen eingesetzt, wenn diese mit einer Neuralgie der linken Gesichtshälfte verbunden sind. Die Schmerzen nehmen bei Temperaturveränderungen, Druck und Bewegung, wie beim Sprechen und Niesen, zu.

Verbascum wird auch verschrieben bei Heiserkeit und einem tiefen, hohlen Husten, der dröhnend klingt, bei einem Kitzeln im Kehlkopf und in der Brust, bei Katarrhen, Asthma, Erkältungen, nervösem Husten und Husten während des Schlafs.

In den Harnorganen lindert Verbascum die Symptome von Blasenentzündungen, Brennen und Tröpfeln beim Urinieren, nervositätsbedingtes häufiges Wasserlassen und Bettnässen. Es wirkt auch gut gegen Hämorrhoiden und bei Hautreizungen der Genitalien.

Verbascum-Menschen können mürrisch, schlecht gelaunt oder teilnahmslos sein, unter einem schwachen Gedächtnis leiden und sich leicht ablenken lassen. Sie besitzen eine lebhafte Phantasie.

Die Blütenessenz

Die Blütenessenz Mullein ist ein Heilmittel des Lichts, ein inneres Licht, das uns unseren Weg weist. Sie ist auch ein Mittel der Aufrichtigkeit und Ehrlichkeit, des moralischen Gewissens, insbesondere für Menschen, die schwach oder durcheinander sind, die ihre innere Stimme nicht hören können oder die mit ihrem Gewissen ringen. Die Essenz hilft Menschen, die innere Stärke benötigen, um sich sozialem Druck oder Trends zu widersetzen, die sie zu Lügen gegenüber sich selbst oder anderen verleiten könnten, und unterstützt sie bei der Findung ihrer moralischen Werte. Sie kann bei Unentschlossenheit genommen werden, um sich Klarheit zu verschaffen, die innere Stimme deutlicher zu machen oder um sich von seinem inneren Licht leiten zu lassen und so langfristig sein wahres Potential besser nutzen zu können. Mullein hilft, sich selbst treu zu bleiben.

Verbena officinalis

Eisenkraut

Die Blüte der Prophezeiung

Bring your garlands, and with reverence place
The Vervain on the Altar.

C. F. LEYEL

Eisenkraut ist eine bescheidene, kleine Pflanze, die zur Familie der Eisenkrautgewächse gehört und in Großbritannien, Zentral- und Südeuropa sowie Asien wild an Straßenrändern und Wegen und auf Schutt wächst. Sie gedeiht auf den meisten Böden. Trotz seiner eher unauffälligen kleinen blaßlila Blüten war Eisenkraut das wichtigste magische Kraut der Antike. Eisenkraut galt als heilig, als ein Kraut, mit dem man jemanden verzaubern konnte, und war ein wichtiger Bestandteil von Zaubertränken. Die Druiden schätzten die Pflanze genauso wie die Mistel und machten vermutlich die Römer mit ihr bekannt, die mit Eisenkraut ihre Gesandten und ähnlich wichtige Würdenträger krönten. Die Römer banden Eisenkraut zu Bündeln für rituelle Reinigungen und um die Gottesaltäre damit zu kehren. Zu Ehren dieser heiligen Pflanze veranstalteten sie ein jährliches Fest namens »Verbenalia«. Die Druiden reinigten ihre Altäre mit einem Aufguß aus Eisenkraut, bevor sie ihre Opfergaben darbrachten. Eisenkraut war wichtig für Zaubersprüche, Prophezeiungen, als magische Medizin und als Amulett, das gegen Zauberei und vor dem Teufel schützte.

Auch mit dem Aufkommen des Christentums galt Eisenkraut weiterhin als heilige Pflanze. Der Überlieferung zufolge wurde es auf dem Berg Golgotha am Fuße des Kreuzes entdeckt und zum Stillen der blutenden Wunden Christi verwendet. Es war das heilige Kraut, und man bekreuzigte und segnete es beim Sammeln. Im Mittelalter glaubten Zauberer und Magiere, Eisenkraut könne Wunder vollbringen. Es stand in dem Ruf, jede in einer Schlacht zugefügte Wunde zu heilen und die Helden unsterblich zu machen.

Gegen Ende des 16. Jahrhunderts schrieb Mattiolus: »Zauberer verlieren ihren Verstand, wenn von dem Kraut die Rede ist. Denn sie behaupten, daß diejenigen, die sich damit einreiben, alles erhalten, was sie möchten, daß es Fieber heilt und eine Person sich in eine andere verlieben läßt und, kurz gesagt, jede Krankheit und noch mehr heilt.« Eisenkraut galt zweifelsohne als Allheilmittel und wurde ungefähr um diese Zeit bei Gelbsucht, Nierenleiden, der Pest, Herzerkrankungen, Zahnschmerzen, bei schwierigen Schwangerschaften und bei Geburten eingesetzt. Laut Culpeper eignet es sich ausgezeichnet zur Stärkung der Gebärmutter. Da es heiß und trocken sei, öffne es alle Blockierungen, reinige und heile sie. Weiter schrieb er, Eisenkraut unterstehe der Venus. Die Römer hatten die Pflanze tatsächlich der Göttin Venus gewidmet und nannten sie *Veneris herba*, Kraut der Venus. Sie glaubten, die Pflanze könne das Feuer einer sterbenden Liebe wieder entfachen und wirke als Aphrodisiakum. Deshalb wurde sie von römischen Bräuten gesammelt und bei der Hochzeit getragen. Sie war auch Isis, der Göttin der Geburt, gewidmet. Am Neujahrstag schenkten sich die Römer gegenseitig kleine duftende Eisenkrautsträußchen und besprenkelten mit dem Aufguß die Bankettsäle, damit die Gäste sich vergnügten. Im Mittelalter wurde Eisenkraut bei der Zubereitung von fast allen Liebestränken verwendet. Man sagte, ein Kind, das einen Eisenkrautzweig bei sich trug, würde sich gut benehmen, sei lebendig, guter Dinge und wißbegierig.

Eisenkraut galt aber nicht nur als heiliges Kraut der Magie und der Liebe, sondern auch als schützende Pflanze. Römische Herolde, die Kriegsbotschaften überbrachten, trugen Eisenkrautkränze, die ihnen Immunität verleihen sollten. Der Herold wurde als *Verbenarius* bezeichnet. Eisenkraut stand in dem Ruf, eine friedliche Beilegung von Konflikten zu gewährleisten und wurde als Parlamentärflagge zwischen den Kriegsparteien verwendet. Die Ärzte von Myddfai empfahlen den Kriegern, während der Schlacht Eisenkraut zum Schutz bei sich zu tragen.

Kräuterheilmittel

Eisenkraut ist ein wunderbares Tonikum des Nervensystems; es beruhigt die Nerven, lindert Anspannung, schützt vor Streß und erhöht den Widerstand dagegen. In der Vergangenheit war es ein bekanntes Mittel bei Nervenleiden, bei Alpträumen und Epilepsie. Man kann es nehmen, um Ängste zu mildern, Depressionen zu beheben und um streßbedingte Beschwerden zu lindern, wie zum Beispiel Kopfschmerzen, nervösen Husten, Asthma, Schlaflosigkeit, Bluthochdruck und Encephalomyelitis, Migräne und nervliche Erschöpfung. Die Bitterstoffe regen die Leber an und fördern die Verdauung, wodurch Eisenkraut ein gutes Stärkungsmittel bei mit Leberträgheit verbundenen Beschwerden ist, einschließ-

lich Verstopfung, Lethargie, Depressionen, Kopfschmerzen und Reizbarkeit. Es wird bei Leberleiden und Gallensteinen eingesetzt, um die Genesung zu beschleunigen und die Energie zu steigern. Als heißer Aufguß wirkt es schweißtreibend und kann sowohl den Körper von Giftstoffen befreien als auch Fieber senken. Als kalter Aufguß wirkt es harntreibend und wird bei Ödemen, Nierensteinen und Harngrieß verwendet. Dadurch ist es auch bei Flüssigkeitsretention und Gicht hilfreich. Es wird immer noch bei Frauen während der Stillzeit eingesetzt, um die Muttermilchproduktion zu steigern. Da es die Menstruation einleitet und Gebärmutterkontraktionen stimuliert, sollte man es nicht während der Schwangerschaft verwenden. Eisenkraut ist ein gutes Mittel bei Migräne während der Monatsblutung und kann zur Verstärkung der Wehen bei der Geburt genommen werden.

In Amerika verwendete man verwandte Pflanzen der *Verbena officinalis*, nämlich *Verbena sticta*, ein wildes blaues Eisenkraut, bei Magenverstimmungen, und die ebenfalls blaublühende *Verbena hastata* bei Husten, Harnstein und Harngrieß, Würmern, Prellungen und Hautbeschwerden. *Verbena hastata* wirkt stärkend und wurde auch bei Nervenleiden und Epilepsie verwendet.

Bei der äußeren Anwendung ist Eisenkraut aufgrund seiner Gerbsäuren ein wirkungsvolles Adstringens, mit dem man bei Zahnfleischbluten und Aphthen den Mund spülen oder bei Halsschmerzen und Mandelentzündung gurgeln kann. Als Hautlotion läßt es wunde Stellen und Wunden, Geschwüre, Verbrennungen und Insektenbisse abheilen.

Homöopathisches Heilmittel: Verbena

In der Homöopathie verwendet man die Tinktur von Verbena hastata, einer in Amerika beheimateten Verwandten des echten Eisenkrauts. Sie wird bei nervlichen Beschwerden verschrieben: Depressionen, Ängsten, Anspannung, Epilepsie, Muskelverspannungen und -krämpfen, Schlaflosigkeit und geistiger Erschöpfung. Sie beruhigt eine übermäßige Reizbarkeit und belebt geistige Kräfte bei Personen, die erschöpft und nervlich am Ende sind.

Wie das Kräuterheilmittel verschreibt man Verbena zur Fiebersenkung und als Diuretikum, um den Körper von Giftstoffen zu befreien, die Hautprobleme verursachen können, und um die Ausscheidung während einer Tuberkulose-Behandlung zu unterstützen. Es fördert die Absorption des Blutes und lindert so Schmerzen von Prellungen. Auch wird es bei Rhusvergiftungen verwendet.

Die Blütenessenz

Vervain ist eine Bach-Blütenessenz für charismatische Menschen mit großen Energiereserven, die eine große Inspiration für andere darstellen können. Sie können voller Begeisterung und Idealismus sein, und da sie eine enorme Energie ausstrahlen, haben sie die besondere Fähigkeit, andere zu führen und zu heilen. Vervain-Menschen tendieren dazu, sich für gemeinnützige Aufgaben oder in Wohlfahrtsverbänden zu engagieren. Ihr Engagement für ihre Arbeit oder ihre Ideale kann dazu führen, daß sie dieser Sache ihre gesamte Energie und Zeit opfern. Sie kann ihr Leben bestimmen, so daß diese Menschen nicht mehr in der Lage sind, sich auszuruhen und zu entspannen, sondern das Bedürfnis haben, alle um sie herum für ihre Auffassung zu gewinnen. Sie stecken in diesen Prozeß all ihre Energien. Solche Menschen besitzen eine enorme Willenskraft, und da sie häufig im Herzen Revolutionäre sind, sind sie auch bereit, für ihre Überzeugung Nachteile hinzunehmen. Sie besitzen großen Mut und haben keine Angst, ihre Meinung zu sagen, obwohl dies in Verbindung mit ihrer übersteigerten Begeisterung und ihrer dominierenden, übereifrigen Art tatsächlich ihrer Sache abträglich sein kann. Diese Menschen werden häufig als herrisch, übergründlich, ja sogar fanatisch wahrgenommen. Sie weichen nur selten von ihren festen Prinzipien ab, da sie von der Richtigkeit und der Wichtigkeit ihrer Sache überzeugt sind.

In diesem Zustand beanspruchen Vervain-Menschen ihre Energiereserven zu sehr; sie arbeiten permanent und hören nie auf die Botschaften ihres Körpers oder ihrer inneren Stimme, die sie zur Ruhe gemahnen. Dies kann zu nervöser Erschöpfung führen. Sie sind völlig überreizt und werden so aufgedreht, daß sie sich nicht mehr entspannen können, selbst wenn sie wollten. Ihre angespannte, nervöse Art führt oft zu Verdauungsbeschwerden. Da sie häufig intolerant und verärgert sind, werden sie zunehmend erschöpfter, was letztendlich zu einem Nervenzusammenbruch führen kann.

Vervain unterstützt diese Menschen, ihre riesigen Energiereserven auf eine natürlichere Art zu nutzen. Edward Bach beschrieb dies so: »Vervain lehrt uns, daß große Dinge eher durch das Sein als durch das Tun erreicht werden.« Die Essenz fördert eine ruhige, offene Einstellung den Ideen anderer Menschen gegenüber und ermöglicht es diesen Menschen, andere mit ihrer Überschwenglichkeit anzustecken. Sie unterstützt ein ausgeglicheneres und harmonischeres Leben.

Vinca spp.

Immergrün

Die Blüte der Nähe

Das Immergrün mit seinen zarten blauen Blüten, in der Form von Windmühlen, ist eine winterfeste immergrüne Pflanze. Mit ihren glänzenden Blättern ist sie im Winter ein guter Bodendecker, wodurch sich ihr anderer verbreiteter Name, Wintergrün, erklärt. Die beiden wilden Immergrün-Arten findet man überall in Europa in Wäldern und an Ufern. Es handelt sich dabei um das Kleine Immergrün, *Vinca minor*, und das Große Immergrün, *Vinca major*.

Der englische Name, Periwinkle, kommt von dem alten lateinischen Namen *Vinca pervinca*, das von *pervincine* (eng zusammenbinden) oder von *pervincere* (überwinden) abgeleitet wurde. Die langen kriechenden Ausläufer des Immergrüns binden sich untereinander oder mit benachbarten Pflanzen zusammen. Culpeper zufolge sollen ein Mann und eine Frau, die die Blätter zusammen essen, hinterher enger verbunden sein. Die Pflanze galt als entscheidender Bestandteil eines Liebestranks, mit dem eine glückliche Ehe sichergestellt werden sollte. Laut Culpeper untersteht Immergrün der Venus. Die Blüten streute man auf den Weg von Braut und Bräutigam, sie symbolisierten die Jungfräulichkeit der Braut. Die immergrünen Blätter standen für die immerwährende Liebe des jungen Paares.

In der Blumensprache bedeutet Immergrün unzerbrechliche Freundschaft und liebevolle Erinnerungen. In Italien wurden Gebinde geflochtenen Immergrüns auf die Särge toter Kinder gelegt. Man bezeichnete die Blüte als »Blüte des Todes«, die Unsterblichkeit, Ewigkeit und liebevolle Erinnerungen symbolisierte.

Immergrün kann auch Überwindung bedeuten. Früher band man es an das Bein, um einen Krampf zu überwinden, auf die Haut, um Blutungen von Schnitten und Wunden zu stoppen oder befestigte es am Oberschenkel einer schwangeren Frau, um eine Fehlgeburt zu verhindern. Auch in der Medizin hat es bindende Eigenschaften; es wirkt adstringierend und kann Durchfall und Ruhr sowie Blutungen stoppen.

Kräuterheilmittel

Die adstringierenden Gerbsäuren im Immergrün lindern Durchfall und Ruhr und schützen die Darminnenwände vor Reizungen und Infektionen. Sie stillen auch Blutungen. Immergrün mindert starke Menstruationsblutungen und eignet sich gut für Vaginalduschen bei Ausfluß, für eine Lotion bei Hämorrhoiden und Krampfadern und lindert eine Reihe von Hautbeschwerden, wie Akne und Milchschorf. Man kann es bei Aphthen, Mandel- und Halsentzündung zum Gurgeln oder als Mundspülung verwenden.

Früher kaute man die Blätter zur Linderung von Zahnschmerzen und um Zahnfleischblutungen zu stillen. Als Adstringens unterstützt Immergrün auch das Lösen von chronischen Katarrhen und Schleim in den Bronchien.

Immergrün hat eine positive Wirkung auf das Nervensystem, wo es Anspannung und Ängste lindert.

Eine andere Immergrün-Art, *Vinca rosea*, Rosenrotes Sinngrün (die jetzt unter dem Namen *Catharantus roseus* bekannt ist), ist für Diabetiker sehr hilfreich, da sie den Blutzuckerspiegel senkt. Aber auch das Kleine und das Große Immergrün werden schon lange von Kräuterheilkundigen zur Behandlung von Diabetes verwendet, da auch sie den Blutzuckerspiegel senken. Das Rosenrote Sinngrün enthält mehr als 70 verschiedene Alkaloide, wovon zwei häufig in der Behandlung bösartiger Tumore sowie bei Leukämie und der Hodgkin-Krankheit eingesetzt werden.

Homöopathisches Heilmittel: Vinca minor

Vinca minor wird bei Blutungen und Hämorrhagie verwendet, wie zum Beispiel bei Uterusblutungen, starken Monatsblutungen und häufigem Nasenbluten. Es ist ein gutes Mittel bei schorfigem Ausschlag und juckender Haut, häufig auf der Kopfhaut. Ein Vinca-Mensch fühlt sich oft sehr schwach, fast schon blutarm, matt und traurig und hat Angst vor dem Tod.

Die Blütenessenz

Immergrün eignet sich für Menschen, die zu Depressionen und nervösen Beschwerden wie Ängsten neigen, und bei Wetterfühligkeit. Die Essenz befreit den Kopf und stärkt ein Gefühl innerer Klarheit und Selbsterkenntnis, das hilft, Depressionen zu vertreiben. Menschen, die Immergrün benötigen, können sich schwach und blutarm fühlen. Sie leiden häufig an heftigen Blutungen oder Nasenbluten. Immergrün steigert das Energieniveau, und da die Essenz sowohl körperliche als auch emotionale Wunden aus der Vergangenheit heilt, fördert sie die Regeneration.

Viola odorata

März-Veilchen

Die Blüte der Schüchternheit

Das himmlisch duftende März-Veilchen mit seiner hübschen kleinen Blüte, die sich unter den Blättern versteckt, gilt als Symbol der Schüchternheit und Bescheidenheit. Es blüht, allerdings nur kurz, im Frühjahr in Gehölzen, Wäldern und Hecken. Es gibt viele Mythen und Legenden, die sich um den Ursprung des Veilchens ranken und auf die Redewendungen und Gedichte wie jenes vom »Veilchen im Moose, bescheiden, sittsam und rein…«, vielleicht zurückgehen. Ein griechischer Mythos berichtet, wie die Nymphe Ianthis vom verliebten Apollo verfolgt wurde. Die verängstigte Jungfrau floh in die Wälder und suchte Schutz bei Diana, die ihr riet, sich dort zu verstecken, wo Apollo sie nicht finden konnte. Diana verwandelte die Nymphe in ein Veilchen, damit sie Apollos Zudringlichkeiten entkommen konnte. Eine andere Legende besagt, daß das Veilchen für Zeus' Geliebte Io in Ehrerbietung ihrer Schönheit erschaffen wurde. Ios Name ist immer noch Teil des lateinischen Namens Viola, und *io* bedeutet auf griechisch »Veilchen«.

Veilchen symbolisieren auch Standhaftigkeit und Loyalität. Im Mittelalter symbolisierten sie Christi Demut. Sie waren weit verbreitet in Klostergärten, um vor allem Bösen zu schützen. Die alten Römer und Griechen banden sich Veilchengirlanden um, die den Geruch von Wein und Schnaps vertreiben und sie so vor Trunkenheit schützen sollten.

Kräuterheilmittel

Spätestens seit der Antike schätzt man den medizinischen Wert von Veilchen. Hippokrates empfahl sie bei Kopfschmerzen, Kater, schlechtem Sehvermögen, Melancholie, zuviel Gallenflüssigkeit und Entzündungen im Brustbereich. Plinius schrieb, sie brächten Schlaf, stärkten die Herzmuskeln und beruhigten Ärger. Die Araber verwendeten Veilchen gegen Verstopfung, bei Mandelentzündung, Schlaflosigkeit und Leberbeschwerden. Die heutige Verwendung spiegelt die schon in der Antike erkannten Wirkungsbereiche wider. Die in Veilchen enthaltenen Saponine und die Mucilago machen sie zu einem ausgezeichneten beruhigenden Expektorans, das rauhen Reizhusten, Keuchhusten und andere Infektionen des Brustkorbs lindert. Veilchensirup ist ein bekanntes Mittel zur Linderung von Husten bei Kindern. Veilchen senkt Fieber und hilft bei fiebrigen Erkältungen. Man kann es zum Gurgeln bei Halsschmerzen und als Mundspülung bei entzündetem Zahnfleisch verwenden. Die Mucilago beruhigt auch Magen und Darm. Der Sirup ist ein leichtes Abführmittel für Kinder.

Die kühlenden Eigenschaften des Veilchens wirken im Körper überall dort, wo Hitze und Entzündungen auftreten. Sie lindern Kopfschmerzen und Migräne, die mit einem Hitzegefühl verbunden sind. Die Salizylate bringen bei Entzündungen, bei Rheuma und Arthritis Besserung.

Äußerlich kann man heiße Schwellungen mit einem Umschlag behandeln und wunde, aufgesprungene Brustwarzen und entzündliche Hautbeschwerden beruhigen und heilen. Ein Aufguß ergibt eine gute Spülung bei schmerzenden Augen. Veilchen sind ein bekanntes Krebsmittel, insbesondere bei Tumoren in Brust, Lunge, Rachen und Darm.

Homöopathisches Heilmittel: Viola odorata

Viola wird bei Atemlosigkeit und krampfartigem Husten, Keuchhusten und mit Angst verbundenen Atembeschwerden verschrieben. Das Mittel wirkt auch bei Kopfschmerzen, brennender Stirn, Schmerzen über den Augenbrauen und Schwindel. Es kann bei Rheuma und Schmerzen in den Knochen eingesetzt werden. Viola-Odorata-Menschen sind leicht angespannt und überreizt. Ihr Geist kann sehr aktiv sein, und ein Überfluß an Ideen kann zu Verwirrung führen. Sie sind klug und beobachten aufmerksam, können traurig oder depressiv sein und weinen häufig, ohne zu wissen, warum.

Die Blütenessenz

Violet eignet sich für Menschen, die zart, sensibel und fein sind, die sich gern an Gruppenaktivitäten beteiligen würden, aber zu nervös oder schüchtern sind. Sie wirken zurückhaltend und reserviert. Aufgrund ihrer Schüchternheit wählen sie vielleicht einen Beruf oder einen Lebensstil, bei dem sie keinen Kontakt mit anderen Menschen haben; dies kann allerdings zu Isolation und Einsamkeit führen. Violet hilft, Vertrauen zu entwickeln, so daß andere Menschen nicht so bedrohlich wirken, und stärkt die Fähigkeit, sich einer Gruppe anzuschließen ohne die Angst vor dem Verlust der eigenen Identität.

NB: In hohen Dosierungen kann die Wurzel Brechreiz auslösen.

Viola tricolor

Acker-Stiefmütterchen

Die Blüte der Gedanken

Das Acker-Stiefmütterchen oder Acker-Veilchen steht in Mythen und Legenden in enger Verbindung zu Herzensangelegenheiten. Der englische Name »Heartsease« weist auf seine Fähigkeit hin, das Herz zu heilen, Trennungsschmerzen zu lindern und ein gebrochenes Herz zu beruhigen.

Schon zu Zeiten Hippokrates' verwendete man das Acker-Stiefmütterchen als Stärkungsmittel, das die Stimmung heben und Herzbeschwerden und einen hohen Blutdruck mindern sollte. Wegen seiner Wirksamkeit verwendete man es in Liebestränken. Shakespeare gab ihm als Liebeszauber eine wichtige Rolle in seinem Stück »Ein Sommernachtstraum«, wo es Titania verzaubert, die sich daraufhin in einen Esel verliebt. Der Legende nach gab Cupidos Pfeil der ehemals weißen Blüte die Farbe.

Der englische Name des Stiefmütterchens, *pansy*, kommt von dem französischen Wort *pensées* und bedeutet Gedanken. In der viktorianischen Blumensprache bedeutete das Stiefmütterchen »Du bist in meinen Gedanken«. Trug man Stiefmütterchen bei sich, davon war man überzeugt, würde man sich die Liebe eines geliebten Menschen sichern.

In Frankreich wird das Stiefmütterchen auf dem Land als Dreifaltigkeitskraut bezeichnet. Eine Überlieferung besagt, der Name beruhe auf der Tatsache, daß jede Blüte drei verschiedene Farben hat und so die Dreifaltigkeit symbolisiere.

Aber einer zweiten Legende zufolge hat der Name einen anderen Ursprung: Das Stiefmütterchen hatte früher einen süßeren Duft als seine Schwester, das Veilchen, und die hübschen Blüten waren bunte Farbkleckse in den Kornfeldern. Die Menschen, die die schönen Blumen pflückten, zertrampelten das Getreide, so daß zur Erntezeit nur noch wenig Korn übrig war. Da bat das traurige Stiefmütterchen die Heilige Dreifaltigkeit um Hilfe. Es wollte seinen schönen Duft verlieren, damit die Menschen das Getreide nicht niedertrampelten, um es zu sammeln. Der Wunsch ging in Erfüllung, und seitdem ist das Stiefmütterchen als Dreifaltigkeitskraut bekannt.

Stiefmütterchen wachsen auf kultivierten Böden, meistens in Gärten oder auf gepflügten Äckern. Auf leichten, lockeren Böden kann man die Pflanze auch aus Samen ziehen.

Kräuterheilmittel

Das Acker-Stiefmütterchen wirkt kühlend, reinigend und entzündungshemmend und eignet sich ausgezeichnet zur inneren und äußeren Anwendung bei Hautproblemen, wie Ekzemen, Schuppenflechte und Akne. Insbesondere wird es bei Babys mit Milchschorf, Ekzemen und anderen schorfigen Hautbeschwerden verwendet.

In den Atemwegen hat die Mucilago des Acker-Stiefmütterchens eine beruhigende Wirkung, und die Saponine wirken auswurffördernd, wodurch das Kraut ein gutes Mittel bei rauhem Reizhusten, Asthma, Krupp und Bronchitis ist. Es senkt Fieber, läßt geschwollene Drüsen abklingen und wirkt als beruhigendes Diuretikum bei Flüssigkeitsretention und Blasenentzündung.

Die Salizylate des Acker-Stiefmütterchens lindern entzündete Gelenke bei Arthritis und Gicht, und das Rutin stärkt die Blutgefäße und verhindert so blaue Flecken. Es senkt auch den Blutdruck und mindert Arterienverkalkung.

Homöopathisches Heilmittel: Viola tricolor

Auch das Homöopathikum wird bei Hautbeschwerden verwendet, insbesondere bei Milchschorf, Ekzemen der Kopfhaut, Grindflechte und mit Schorf verbundenen Hautkrankheiten. Im Winter und an kalter Luft sind die Symptome gewöhnlich stärker. Es ist weiterhin angezeigt bei Menschen mit geschwollenen Zervixdrüsen, Husten und Schleim im Rachen, bei Rheuma, Gicht und juckendem Ausschlag um die Gelenke. Es wird auch bettnässenden Kindern verschrieben, die lebhafte oder unruhige Träume haben und deren Urin ausgesprochen streng riecht, fast wie Katzenurin. Wie früher die Volksmedizin kann auch das Homöopathikum bei Herzbeschwerden genommen werden. Man verwendet es auch bei Erwachsenen mit besonders lebhaften oder erotischen Träumen.

Die Blütenessenz

Auch die Blütenessenz des Stiefmütterchens wird zur Heilung des Herzens eingesetzt. Sie spendet denjenigen Trost, die sich verletzt, abgelehnt und allein fühlen. Sie eignet sich bei Enttäuschungen in der Liebe und bei Trennungen.

Viscum album

Mistel

Die Blüte der heiligen Eiche

Die Mistel ist ein immergrüner Halbparasit, der auf Laubbäumen in Europa und Asien wächst. Sie wurde als heilige Pflanze verehrt und wird eng mit Magie und Medizin verbunden. Für die Druiden war sie das Symbol der Unsterblichkeit.

Die Beeren sind giftig. Für die medizinische Verwendung nimmt man gewöhnlich eine Pflanze von einem Apfelbaum. Die in Amerika als Mistel bezeichnete Pflanze ist *Phoradendron serotinum* und ist wesentlich giftiger.

Der Name Mistel soll von dem angelsächsischen Wort *mistilton* stammen; es besagt, daß die Pflanze der Wirtspflanze nicht ähnelt. Der lateinische Name *viscum* (klebrig) bezieht sich auf den Saft der Beeren.

Kräuterheilmittel Die Mistel wird als beruhigendes und krampflösendes Nerventonikum geschätzt. Sie wurde auch bei Epilepsie, Krämpfen, Hysterie, Delirium, Milz- und Herzbeschwerden, Nervenschwäche sowie zum Stillen von Blutungen eingesetzt. Heute wird Mistel von praktizierenden Kräuterheilkundigen zur Regulierung von zu hohem und zu niedrigem Blutdruck verwendet. Sie wirkt gefäßerweiternd in den Arterien und ist hilfreich, wenn sich die Arterien durch Verkalkung zugesetzt haben. Mistel hat eine regulierende Wirkung auf das Herz, normalisiert einen langsamen und unregelmäßigen Pulsschlag und beruhigt eine zu schnelle Herzfrequenz. Man verwendet sie auch wegen ihrer beruhigenden und entspannenden Wirkung auf das Nervensystem und die Muskulatur im gesamten Körper. Dadurch stellt sie ein gutes Mittel bei verspannten, schmerzenden Muskeln und Krämpfen, nervösen Kopfschmerzen, Migräne und Schwindel dar. Es gibt Anzeichen dafür, daß Mistel die Tumorbildung hemmen kann. Ohne Zweifel wirkt die Mistel positiv auf das Immunsystem, weshalb sie häufig bei Menschen eingesetzt wird, deren Abwehr durch chronische Candida, Encephalomyelitis und HIV angegriffen ist, sowie nach einer herkömmlichen Krebsbehandlung.

Homöopathisches Heilmittel: Viscum Viscum wird aus der ganzen Mistelpflanze hergestellt und bei Epilepsie, Krämpfen, Schwindel, Kopfschmerzen und Muskelkrämpfen verwendet. Es wird auch bei Palpitation, Fieber, Rückenschmerzen, Ischiasvorfall und Rheuma verschrieben.

Die Blütenessenz Die Essenz verleiht einem Menschen die Stärke und Energie, um Schwierigkeiten bei raschen Veränderungen zu überwinden, und bringt Liebe und Wohlwollen. Als Symbol der Fruchtbarkeit unterstützt uns Mistel, damit unsere Bemühungen Früchte tragen.

NB: Mistel sollte nur auf Anraten eines erfahrenen Kräuterheilkundigen verwendet werden.

Zingiber officinale

Ingwer

Die Blüte des Paradieses

Die dicken, knollenförmigen Wurzeln dieser schilfartigen Pflanze werden seit der Antike als Küchengewürz und Medizin verwendet. Sie stammt ursprünglich aus Südasien, wird inzwischen aber überall in den Tropen angebaut.

Der Name Ingwer, oder, im Englischen, Ginger, stammt von dem altindischen Sanskritwort *sringavera* und bedeutet Hornkörper, was sich vermutlich auf die Wurzel bezieht. Das Wort wurde später von den Griechen als *zingiberis* übernommen, aus dem im Lateinischen *gingibar* wurde.

In der ayurvedischen Medizin fördern die scharfen und wärmenden Eigenschaften des Ingwers das »Feuer« im Körper, das für eine gute Verdauung, Körperhitze, visuelle Wahrnehmung, Hunger, Durst, den Glanz der Haut, die Geschmeidigkeit des Körpers, das Licht in den Augen, die Klarheit des Geistes, Intelligenz und Entschlossenheit sowie Mut verantwortlich ist. Die frühen europäischen Kräuterheilkundigen verwendeten Ingwer bei Erkältungen, Koliken, Verstopfung, Durchfall, schmerzhaften und schwachen Monatsblutungen, Schlaflosigkeit, Nierenbeschwerden, Schlangenbissen, Magenschmerzen, Zahnschmerzen, schwachen Augen, zur Stärkung des Herzens sowie als Aphrodisiakum.

Kräuterheilmittel

Er hat eine stimulierende Wirkung auf Herz und Kreislauf und erzeugt ein Gefühl der Wärme und des Wohlbehagens (besonders angenehm an kalten, feuchten Wintertagen) und verleiht einem neue Lebenskraft. Trinkt man heißen Ingwertee bei den ersten Anzeichen von Halsschmerzen, Erkältungen oder Grippe, wenn man sich müde und erkältet fühlt und alles weh tut, wirkt der Tee schweißtreibend sowie fiebersenkend und hilft, Kartarrhe zu lösen. Er hat eine stimulierende und auswurffördernde Wirkung in der Lunge, löst Schleim und lindert katarrhalischen Husten und Infektionen des Brustkorbs. In Indien wird Kindern bei Keuchhusten frischer Ingwertee gegeben.

Ingwer ist eine wunderbar wärmende Verdauungshilfe. Er kräftigt Magen und Darm, fördert den Appetit und die Verdauung, da er die Sekretion der Verdauungsenzyme steigert. Er bewegt stagnierende Nahrung und verhindert so eine Ansammlung von Giftstoffen, die Folgen im ganzen Körper haben kann, verbessert das allgemeine Wohlbefinden und die Lebenskraft und stärkt die Immunabwehr.

Man kann die kandierte Wurzel kauen, die pulverisierte Wurzel in Kapseln einnehmen oder als heißen Absud trinken, um Übelkeit und Erbrechen aus unterschiedlichen Ursachen zu verhindern und zu lindern. Ingwer ist ein ausgezeichnetes Mittel gegen Reisekrankheit, eine Tatsache, die Seeleuten in Asien seit langem bekannt ist. Hier verwendet man noch immer Ingwer-Rezepturen zur Vorbeugung von Seekrankheit bei langen Schiffsreisen. Ingwer hilft bei Übelkeit während der Schwangerschaft sowie Übelkeit, die auf einen verstimmten Magen, zuviel Essen, auf Nervosität oder Infektionen zurückgehen kann. Er beruhigt den Magen, lindert Indigestion und Blähungen. Seine schmerzlindernde und entspannende Wirkung im Verdauungssystem lindert Koliken und Unterleibsschmerzen und hilft bei Krämpfen aufgrund von Durchfall und Ruhr. Ingwer gilt auch als gutes Mittel bei einem Kater. Mit rohem und kandiertem Ingwer läßt sich auf sehr angenehme Art der Atem versüßen.

Die wärmenden, stimulierenden und entspannenden Eigenschaften von Ingwer wirken auch in anderen Körperteilen. In der Gebärmutter fördert er die Menstruation, was bei verspäteten oder schwachen Blutungen sowie bei Blutgerinnseln nützlich ist. Er löst Krämpfe und lindert einen mit Schmerzen verbundenen Eisprung sowie schmerzhafte Blutungen und wird zur Stärkung der Fortpflanzungsorgane und zur Behandlung von Impotenz empfohlen, die auf einen Mangel an Wärme im Körper zurückgeht. Schon seit der Antike gilt Ingwer als Aphrodisiakum.

In jüngeren Untersuchungen fand man heraus, daß Ingwer die Blutgerinnung hemmt und das Blut verdünnt; er senkt den schädlichen Cholesterinspiegel und den Blutdruck. Früher hat man zur Senkung des Blutdrucks die Stirn mit einer Paste aus pulverisiertem Ingwer und kaltem Wasser bedeckt. Es reicht jedoch vollkommen aus, wenn man häufig mit Ingwer kocht oder Ingwertee trinkt.

Ingwer unterstützt den Körper bei der Abwehr von Infektionen, bevor sie sich festsetzen, da er die Durchblutung fördert, schweißtreibend wirkt und die Verdauung und dadurch die Ausscheidung von Giftstoffen anregt. Die ätherischen Öle wirken auch

NB: Man sollte Ingwer vermeiden, wenn man Hitze nicht gut verträgt oder an Gastritis oder Magengeschwüren leidet.

antiseptisch, stärken die Abwehrkräfte und bekämpfen Bakterien- und Virusinfektionen. Dadurch ist Ingwer ein nützliches Mittel zur Vorbeugung von winterlichen Erkältungen und Erkrankungen, wie zum Beispiel Mandelentzündung und Bronchitis sowie bei Infektionen des Verdauungssystems. In Asien verwendete man Ingwer zur Bekämpfung von Epidemien wie Cholera. Die frische Ingwerwurzel wird in China äußerst wirkungsvoll zur Behandlung von Rheuma, akuter bakterieller Ruhr, Malaria und Orchitis (Hodenentzündung) eingesetzt. Man konnte auch die Wirkung von Ingwer als Antioxydans nachweisen; er hemmt die Freien Radikalen im Körper und stärkt so wiederum die Abwehrkräfte und die Durchblutung. Ingwer ist ein sehr nützlicher Zusatz vieler Kräuterrezepte, denn er sorgt dafür, daß die Bestandteile ihren Wirkungsbereich erreichen und verstärkt ihre Wirkung.

Äußerlich kann man die schmerzstillenden Eigenschaften des Ingwers nutzen, indem man ihn in frischem Zustand bei Zahnschmerzen kaut. Mit einer Paste aus geriebenem oder pulverisiertem Ingwer bedeckt man die Kopfhaut, um das Haarwachstum zu fördern und Haarausfall zu stoppen. Verdünntes Ingweröl wird in Massageölen und Einreibemitteln zur Behandlung von Hexenschuß, Neuralgie und insbesondere bei durch Kälte schmerzenden Gelenken verwendet.

Homöopathisches Heilmittel: Zingiber

Zingiber hat eine ausgeprägte Wirkung auf das Verdauungssystem und die Harn- und Atemwege und ist bei einer Schwäche in jedem dieser Bereiche angezeigt. Beim Zingiber-Bild hat man Verdauungsbeschwerden, nachdem man Melonen oder Brot gegessen oder unreines Wasser getrunken hat. Die Beschwerden manifestieren sich in dem Gefühl, einen »Stein im Magen« zu haben, in Übersäuerung, Mundgeruch und einem unangenehmen Geschmack im Mund. Man wacht mit einem schweren Magen und Flatulenz auf, begleitet von Magengeräuschen, großem Durst und Schmerzen, die durch Essen verschlimmert werden, Koliken, Durchfall, heißen, entzündeten Hämorrhoiden, Übelkeit und Erbrechen. Man muß entweder sehr häufig Wasser lassen oder unterdrückt es. Das Wasserlassen ist mit Stechen und Brennen und Flüssigkeitsretention verbunden. Das sexuelle Verlangen ist gesteigert, obwohl die Erektion schmerzhaft sein kann.

In den Atemwegen sprechen folgende Symptome für eine Anwendung von Zingiber: Heiserkeit, brennende Schmerzen im Hals unterhalb des Kehlkopfes, Schmerzen in der Brust, ein trockener, Reizhusten und Asthma, bei dem die Anfälle gegen Morgen auftreten. Der Patient muß sich eventuell zum freien Atmen hinsetzen, doch trotz der Schwere der Atembeschwerden hat er charakteristischerweise keine Angst.

Zingiber-Menschen sind in der Regel fröhlich und guter Dinge, obwohl man eigentlich das Gegenteil erwarten könnte. Sie können vergeßlich sein und insbesondere mit den Beinen und Füßen zu ständiger Bewegung tendieren. Sie neigen zu Kopfschmerzen, häufig nachdem sie Brot gegessen haben, und sind lichtempfindlich. Vielleicht haben sie das Gefühl, ein Sandkorn im Auge zu haben, leiden an einer Gelenkschwäche, Rückenschmerzen, Krämpfen in der Fußsohle und den Handinnenflächen und an Fieber, bei dem sie gleichzeitig frieren und schwitzen. In der Regel geht es ihnen nachts, bei feuchter, kalter Luft und nach Bewegung schlechter.

Ätherisches Öl in der Aromatherapie

Ingweröl wird durch Wasserdampfdestillation aus der Wurzel gewonnen. Wie das Kräuterheilmittel wirkt es stark wärmend, verbessert die Durchblutung, vertreibt Kälte und Feuchtigkeit und stärkt den Körper. Man kann das Öl zur Stärkung des Immunsystems und zur Steigerung der Energie und der sexuellen Vitalität verwenden. Es ist ein gutes Nerventonikum bei Erschöpfung und geistiger Müdigkeit. Es wirkt beruhigend und stimmungshebend. Das Öl verbessert das Gedächtnis und die Konzentration. Es kann mit großem Erfolg zur Erwärmung einer trägen Verdauung eingesetzt werden, bei Appetitlosigkeit, Indigestion, Blähungen, Koliken, Übelkeit und Durchfall. Man kann das Öl äußerlich in schmerzhaft arthritische Gelenke und in verspannte Muskeln massieren, bei Halsentzündungen nehmen und auf der Brust verreiben, um bronchiale Stauungen zu lindern. Inhaliert man es, löst es Schleim bei Erkältungen und Katarrhen.

Die Blütenessenz

Die Blütenessenz Ingwer hat eine wärmende und befreiende Wirkung und wird besonders jenen Menschen empfohlen, die aufgrund eines Traumas oder Schocks ihre Gefühle abgespalten und um sich eine Mauer der Unverwundbarkeit aufgebaut haben. Sie können besonnen, überheblich, reserviert, ja sogar kalt wirken. Ingwer taut die eingefrorenen Gefühle dieser Menschen auf und befreit sie von Spannungen und Ängsten. Die Essenz fördert die Sensibilität und verstärkt die Wahrnehmung.

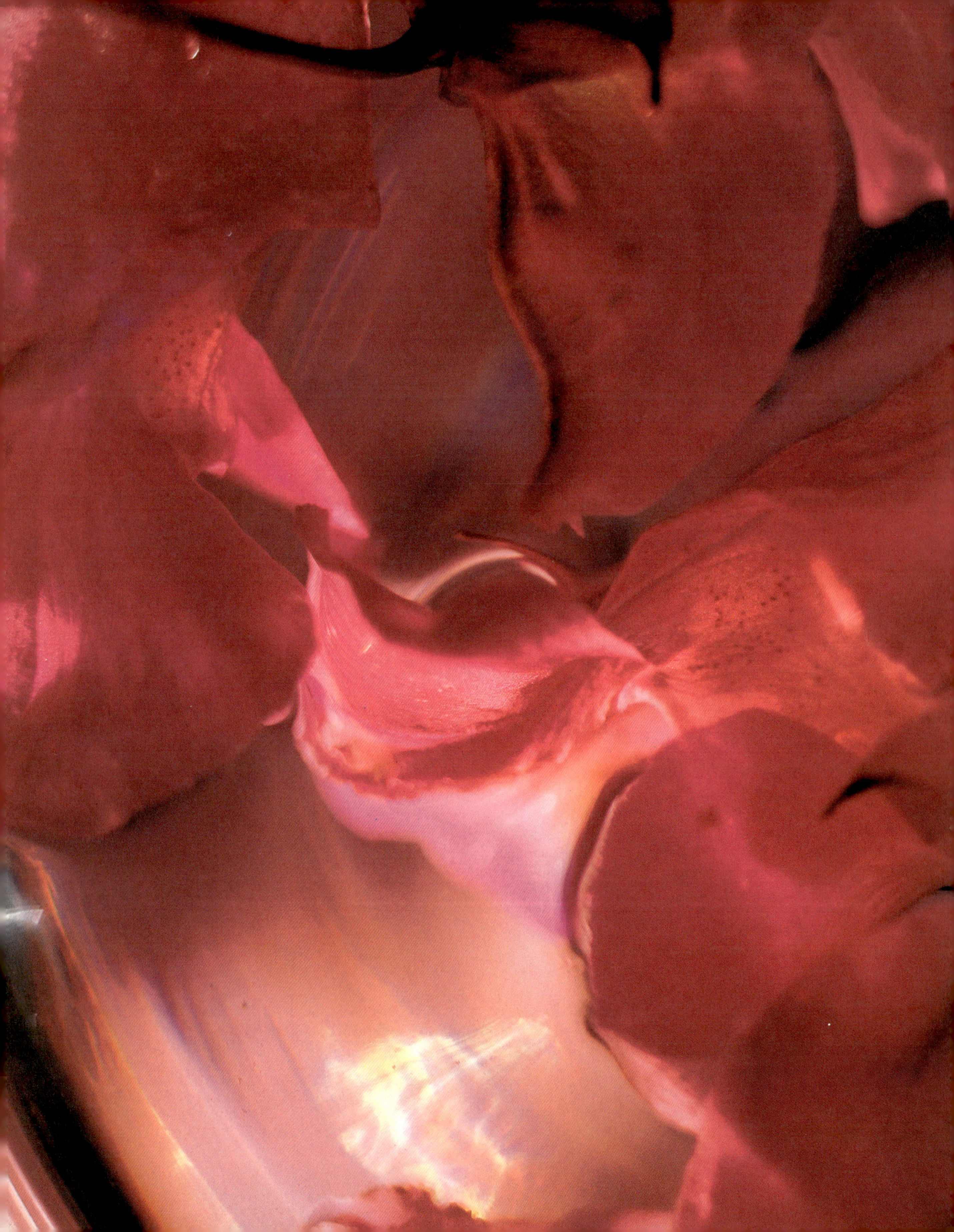

Kapitel 3

Blütenessenzen und ätherische Öle

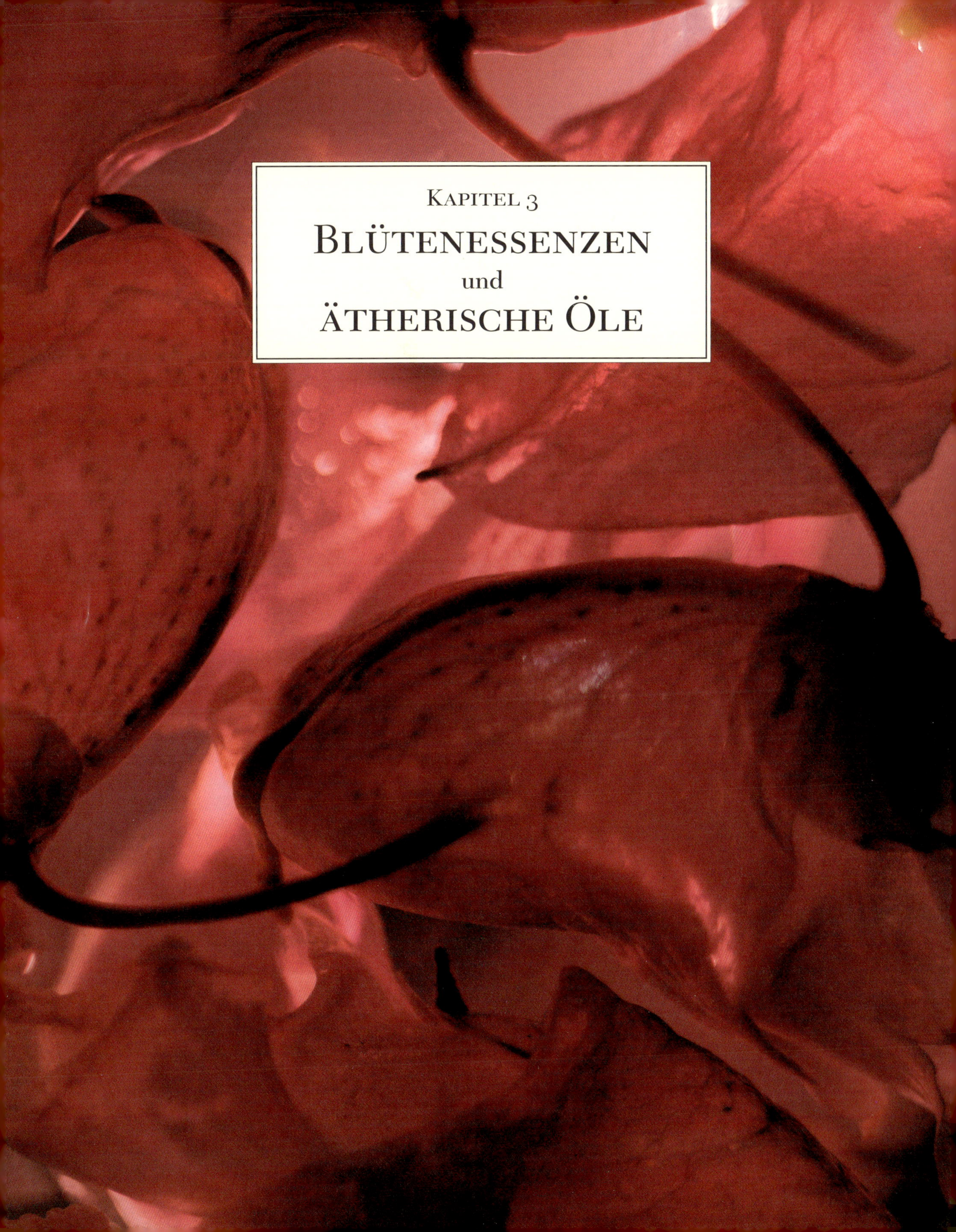

Blütenessenzen

Genau wie Gott in seiner Gnade uns Nahrung zu essen gegeben hat, so hat er auch in Wald und Flur Kräuter wachsen lassen, die uns heilen, wenn wir krank sind. Diese Pflanzen kommen dem Menschen in jenen Stunden der Vergessenheit zur Hilfe, in denen er seinen göttlichen Ursprung aus den Augen verliert und dunkle Wolken der Furcht und des Schmerzes seinen Blick trüben.

EDWARD BACH

Die von Edward Bach hier angesprochenen wunderschönen Pflanzen sind seine 38 Blütenheilmittel – sanfte, feinstofflich wirkende Heilmittel mit großer Wirkung, deren Anwendung für alle, vom Baby bis zum Erwachsenen, sicher ist.

Blütenessenzen können auf geistige oder emotionale Disharmonien wirken, die häufig Ursache von körperlichen Beschwerden sind. Sie helfen uns auch, uns bewußt zu werden, welcher Bereich unseres Wesens oder Temperaments sich als Disharmonie oder Krankheit ausdrückt und geben uns so die Möglichkeit, diese grundlegenden Belange zu lösen, wodurch wir eine größere Verantwortung für unser Leben und Wohlbefinden übernehmen und unsere Selbstentdeckungsreise fortsetzen.

Eine ausführliche Beschreibung der Rolle von Blütenessenzen in der Heilung, wie man sie auswählt und anwendet, finden Sie auf den Seiten 272–273.

AGRIMONIA EUPATORIA

Agrimony · Odermennig

Für fröhliche, joviale Menschen, die ihre Schwierigkeiten hinter ihrem Humor verstecken, da sie andere nicht damit belasten möchten. Sie geben sich sehr viel Mühe, Streitigkeiten oder Disharmonien zu vermeiden und können zu Alkohol oder Drogen greifen, um sich selbst zu stimulieren und zu helfen, fröhlich mit ihren Schmerzen oder Ängsten umzugehen. Sie sind sehr empfindlich gegenüber Ideen und Einflüssen.

POPULUS TREMULA

Aspen · Espe / Zitterpappel

Für Menschen mit vagen Ängsten vor dem Unbekannten, einem Gefühl der Vorahnung, Alpträumen oder einer schrecklichen Angst vor einem nahenden Unglück, ohne daß es für ihre Gefühle einen offensichtlichen Grund gibt. Diese Menschen sprechen häufig nur ungern mit anderen über ihre Ängste.

FAGUS SYLVATICA

Beech · Rotbuche

Für Perfektionisten, die von ihrem Umfeld immer noch mehr erwarten und die schnell kritisch und intolerant sind. Sie neigen dazu, die positiven Aspekte bei anderen Menschen zu übersehen und reagieren unangemessen stark bei Geringfügigkeiten. Ihnen fehlt das Verständnis für individuelle Eigenarten.

ERYTHRAEA CENTAURIUM

Centaury · Tausendgüldenkraut

Für nette Menschen, denen es schwerfällt, »nein« zu sagen, die sich sehr bemühen, es anderen recht zu machen und anderen zu helfen. Sie neigen dazu, sich für die Belange der anderen mehr einzusetzen als für die eigenen Interessen. Solche Menschen lassen sich leicht ausbeuten.

CERATOSTIGMA WILLMOTTIANNA

Cerato · Bleiwurz oder Hornkraut

Für unsichere Menschen, die ihre Entscheidungsfähigkeit oder ihr Urteilsvermögen anzweifeln, dadurch permanent den Rat von anderen suchen und so häufig schlecht beraten sind.

Die Bach-Blütenessenzen

PRUNUS CERASIFERA

Cherry Plum · **Kirsch-Pflaume**

Für Menschen, die Angst vor Überforderung haben oder vor dem Verlust der Kontrolle über ihren Körper, Geist oder ihre Gefühle, zum Beispiel durch unkontrollierbaren Ärger oder andere Auslöser. Diese können dazu führen, daß sie sich oder andere verletzen und können suizidale Tendenzen mit einschließen.

AESCULUS HIPPOCASTANUM

Chestnut Bud · **Roßkastanie (grüne Knospen)**

Für Menschen, die aus Beobachtungen oder Erfahrungen nicht lernen und die daher immer wieder dieselben Erfahrungen und Fehler machen müssen, bevor sie ihre Lektion gelernt haben.

CICHORIUM INTYBUS

Chicory · **Wegwarte / Zichorie**

Für Menschen, die sich zu sehr mit den Angelegenheiten anderer – Freunde, Verwandter oder Kinder – beschäftigen, diese Personen permanent verbessern und ihnen ihren Willen aufzwingen wollen. Sie sind besitzergreifend, fordernd und können zu Selbstmitleid tendieren.

CLEMATIS VITALBA

Clematis · **Weiße Waldrebe / Greisenbart**

Für Menschen mit einem zu geringen Interesse an ihrer Umwelt; sie neigen zu Tagträumen über die Zukunft und leben nicht vollkommen in der Gegenwart. Sie können sich schlecht konzentrieren, bemühen sich wenig im Alltag und leben in der Hoffnung einer besseren Zukunft.

MALUS PUMILA oder SYLVESTRIS

Crab Apple · **Holzapfel**

Für Menschen, die den Drang nach Reinigung verspüren. Sie lehnen sich selbst ab oder fühlen sich verschmutzt; sie schämen sich, besitzen wenig Selbstachtung und sind auf einen beschämenden Aspekt ihrer selbst fixiert, wobei sie andere Aspekte ignorieren. Das Mittel eignet sich zum Entgiften des Körpers und zur Reinigung der Wunden, seien sie emotional oder körperlich, innerlich oder äußerlich.

ULMUS PROCERA

Elm · **Ulme**

Für fleißige Menschen, die gute Arbeit leisten, häufig anderen helfen und einer Berufung folgen. Sie fühlen sich aber manchmal überlastet oder überfordert, was zu Depressionen oder Mutlosigkeit führen kann.

GENTIANA AMARELLA

Gentian · **Herbstenzian**

Für Menschen, die sich leicht entmutigen lassen, bei denen kleine Rückschläge zu Depressionen, Mutlosigkeit und Selbstzweifeln führen können, obwohl meistens alles gut läuft.

ULEX EUROPAEUS

Gorse · **Stechginster**

Für Menschen, die unter großer Hoffnungslosigkeit, Verzweiflung und Nutzlosigkeit leiden. Sie glauben nicht mehr daran, daß für sie noch etwas getan werden kann. Wenn man sie drängt oder bittet, willigen sie eventuell zu verschiedenen Behandlungen ein, haben aber wenig Hoffnung auf eine Besserung.

CALLUNA VULGARIS

Heather · **Heidekraut**

Für einsame Menschen, die ihre Angelegenheiten mit anderen Menschen besprechen möchten und so die Gesellschaft von jedem suchen, der bereit ist, ihnen zuzuhören. Sie werden sehr unglücklich, wenn sie über eine längere Zeit allein gelassen werden.

ILEXA AQUIFOLIUM

Holly · **Stechpalme**

Für Menschen, die von negativen Gefühlen überwältigt werden, wie Wut, Eifersucht, Neid und Argwohn. Sie leiden innerlich stark, häufig ohne einen Grund.

LONICERA CAPRIFOLIUM

Honeysuckle · **Geißblatt**

Für Menschen, die in der Vergangenheit leben und davon ausgehen, daß sie so ein Glück wie früher nie wieder erfahren werden. Diese Menschen sind nostalgisch, haben Heimweh und neigen dazu, in Erinnerungen zu schwelgen.

CARPINUS BETULUS

Hornbeam · **Hain- oder Weißbuche**

Für Menschen, die Stärkung benötigen, um die vom Leben auf ihre Schultern gelegte Last körperlich oder geistig zu ertragen. Für das »Montagmorgen-Gefühl«, wenn man sich nicht in der Lage sieht, sich dem kommenden Tag und dem Druck des täglichen Lebens zu stellen.

IMPATIENS GLANDULIFERA

Impatiens · **Drüsentragendes Springkraut**

Für Menschen, die schnell denken und handeln und alles schnell erledigt haben möchten. Häufig sind sie zufriedener, wenn sie alleine arbeiten oder leben, so daß sie ihre Geschwindigkeit selbst wählen können, denn sie sind oft ungeduldig oder gereizt, wenn andere die Dinge langsamer angehen.

LARIX DECIDUA

Larch · **Lärche**

Für niedergeschlagene und verzweifelte Menschen, die glauben, sie seien weniger gut oder weniger fähig als die Menschen um sie herum. Obwohl sie meist genausoviel können wie die anderen, fehlt ihnen das Selbstvertrauen, und sie gehen von ihrem Versagen aus, so daß sie sich häufig nicht stark genug bemühen. So mündet ihre Haltung in eine sich selbst erfüllende Prophezeiung.

MIMULUS GATTATUS

Mimulus · **Gefleckte Gauklerblume**

Für Menschen, die sich vor alltäglichen Dingen fürchten, wie Krankheit, Tod, Alter, Schmerzen, Dunkelheit oder dem Alleinsein, sowie für diejenigen, die sehr schüchtern sind und Angst vor anderen Menschen haben. Diese Menschen behalten ihre Ängste für sich und sprechen mit niemandem darüber.

SINAPIS ARVENSIS

Mustard · **Wilder Senf**

Für Menschen, die Phasen von Traurigkeit, Düsternis, ja sogar Verzweiflung durchmachen. Diese Gefühle treten ohne einen erkennbaren Grund auf, was es für die Person unmöglich macht, Glück oder Freude zu empfinden.

QUERCUS ROBUR

Oak · Eiche

Für Menschen, die trotz Fehlschlägen, Schicksalsschlägen oder Krankheiten nie aufgeben. Sie versuchen, eine Sache nach der anderen zu erledigen und sind entschlossen, ihr Ziel zu erreichen. Sie verlieren nie die Hoffnung und kämpfen weiter.

OLEA EUROPAEA

Olive · Olive / Ölbaum

Für Menschen, die geistig und körperlich vollkommen erschöpft sind. Ihr Alltag erscheint ihnen hart, freudlos und beschwerlich. Sie sind von geistigen oder körperlichen Leiden entkräftet.

PINUS SYLVESTRIS

Pine · Schottische Kiefer

Für niedergeschlagene und verzweifelte Menschen, die sich selbst Vorwürfe machen und sich schuldig fühlen. Selbst wenn ihnen etwas gelingt, sind sie mit ihren Bemühungen oder Ergebnissen nicht zufrieden, da sie ihrer Meinung nach noch besser hätten sein können. Sie arbeiten hart und leiden stark unter Fehlern, für die sie sich die Schuld geben, sie übernehmen oft sogar die Verantwortung für die Fehler anderer.

AESCULUS CARNEA

Red Chestnut · Rote Kastanie

Für Menschen, die sich zu viele Gedanken oder Sorgen um das Wohlergehen von anderen Menschen machen, insbesondere aus ihrem unmittelbaren Umfeld und wenn diese krank, auf Reisen oder nicht in ihrer Nähe sind. Häufig machen sich diese Menschen keine Sorgen um sich selbst.

Rescue Remedy · Erste-Hilfe- / Notfall-Tropfen

Dies ist ein Heilmittel für den Notfall, um die Gefühle in einer Krise oder bei einem Schock zu beruhigen. Es setzt sich aus Impatiens, Clematis, Rock Rose, Cherry Plum und Star of Bethlehem zusammen.

HELIANTHEMUM NUMMULARIUM

Rock Rose · Gelbes Sonnenröschen

Für Menschen, die Angst haben und unter plötzlichen Angst-, Panik- oder Hysterieanfällen leiden. Ein Mittel für den Notfall, selbst wenn die Situation hoffnungslos erscheint.

SCLERANTHUS ANNUUS

Scleranthus · Einjähriger Knäuel

Für unentschlossene Menschen, die nicht in der Lage sind, zwischen zwei Dingen zu wählen und die stets ihre Meinung ändern. Sie haben Energie- und Stimmungsschwankungen. Diese Menschen sind ruhig und reden gewöhnlich nicht mit anderen über ihre Schwierigkeiten.

ORNITHOGALUM UMBELLATUM

Star of Bethlehem · Doldiger Milchstern

Bei großer Verzweiflung und Traurigkeit nach einem Schock, z. B. durch eine schlechte Nachricht, den Tod eines geliebten Menschen oder einen Unfall.

CASTANEA SATIVA

Sweet Chestnut · Eß- oder Edelkastanie

Für verzweifelte Menschen, die das Gefühl haben, ihr Leid sei unerträglich. Sie haben die Grenzen ihres Durchhaltevermögens erreicht und fühlen nur noch tiefste Verzweiflung.

VERBENA OFFICINALIS

Vervain · Eisenkraut

Für Menschen mit genauen Vorstellungen und festen Überzeugungen ebenso wie für Menschen, die meinen, immer recht zu haben und andere um sie herum belehren und überzeugen möchten. Sie können sehr enthusiastisch und beherrschend sein. Während einer Krankheit hilft ihnen diese Entschlossenheit, mehr als andere zu kämpfen.

VITIS VINIFERA

Vine · Weinrebe

Für starke, fähige Menschen, die selbstsicher, mächtig und von ihrem Recht überzeugt sind. Sie können autoritär und herrisch sein und andere mit ihrer Überzeugung dominieren und bestimmen, selbst während einer Krankheit.

JUGLANS REGIA

Walnut · Walnuß

Für Menschen, die ihre Verbindung zur Vergangenheit abbrechen müssen und Hilfe während neuer Lebensabschnitte benötigen (z. B. eine neue Beziehung oder Arbeit oder ein neues Haus). Walnut wirkt ausgleichend auf die Gefühle in Übergangsphasen (z. B. Schulbeginn, Pubertät, Hochzeit, Menopause) und selbst auf die Trauer beim Tod eines geliebten Menschen. Das Heilmittel schützt vor äußerlichen Einflüssen, die einen Menschen vom gewählten Weg abbringen könnten.

HOTTONIA PALUSTRIS

Water Violet · Sumpfwasserfeder

Für einsame und sehr ruhige Menschen, die unnahbar wirken und es vorziehen, allein zu sein. Sie sind unabhängig und selbständig, häufig klug und talentiert und halten sich gewöhnlich aus den Angelegenheiten anderer heraus. Sie strahlen Frieden und Ruhe aus.

AESCULUS HIPPOCASTANUM

White Chestnut · Weiße Roßkastanie

Für Menschen mit ständig wiederkehrenden unerwünschten Gedanken und Ideen, die – obwohl man sie verworfen hat – immer dann wiederkommen, wenn die Gegenwart den Geist nicht vollkommen einnimmt. Für Menschen, die in Gedanken Streitgespräche führen, die Gedanken haben, die sie nicht loslassen und geistige Folter bedeuten, und die sich dadurch nicht entspannen oder tagsüber nicht voll auf ihre Arbeit konzentrieren können.

BROMUS RAMOSUS

Wild Oat · Wald-Trespe

Für Menschen, die mit ihrem Leben unzufrieden sind, aber trotz starker Ambitionen nicht wissen, welchen Weg sie einschlagen sollen.

ROSA CANINA

Wild Rose · Heckenrose

Für Menschen mit wenig Interesse an der Gegenwart, die sich mit den augenblicklichen Umständen abfinden und sich wenig bemühen, Freude oder Glück zu empfinden. Bei klagloser Teilnahmslosigkeit.

SALIX VITELLINA

Willow · Gelbe Weide

Für Menschen, die über ihr Unglück bitter oder ärgerlich sind und daher weniger Interesse an den Dingen des Lebens zeigen, die ihnen bisher Spaß gemacht haben. Sie sind niedergeschlagen und haben das Gefühl, das Leben sei ungerecht und unfair.

Die Kalifornischen Blütenessenzen

ALOE VERA
Aloe Vera · Aloe
Für feurige und kreative Menschen, die sich überfordert haben und ausgebrannt oder erschöpft sind. Die Essenz gibt ihnen wieder Energie und Vitalität und hilft, ein Gleichgewicht zwischen kreativer Arbeit und Ruhe zu finden.

LILIUM PARVUM
Alpine Lily · Kleine Gebirgslilie
Für Frauen, die Weiblichkeit auf einer abstrakten Ebene idealisieren, sich mit ihrem eigenen Körper und ihrer Sexualität sowie bei körperlichen Veränderungen aber schwertun, wie sie in der Schwangerschaft und während der Menstruation auftreten. Die Essenz hilft ihnen, die Weiblichkeit anzunehmen, sowohl körperlich als auch emotional und spirituell.

ANGELICA ARCHANGELICA
Angelica · Erzengelwurz
Für Menschen, die sich spirituell beraubt und isoliert fühlen und hauptsächlich in einer materialistischen oder vergeistigten Welt leben. Die Essenz ermöglicht die Verbindung zum Höheren Selbst und schafft ein Gefühl des Schutzes und der Führung, insbesondere in Phasen der Veränderung oder der Herausforderung, zum Beispiel bei Geburt, Tod, Hochzeit oder Scheidung.

DATURA SPP
Angel's Trumpet · Trompetenbaum
Für Menschen, die sich dem Tod nähern oder vor grundlegenden Veränderungen ihres Lebens stehen. Sie haben große Angst, ihren physischen Körper und das Bekannte zu verlassen. Die Essenz hilft diesen Menschen, sich dem, was sie erwarten, zu ergeben, und verwandelt die Angst vor dem Unbekannten in freudiges Bewußtsein des eigenen spirituellen Selbst und dessen Bestimmung.

ARNICA MOLLIS
Arnica · Arnika
Beschleunigt die Heilung nach einem Unfall, einer Verletzung oder einem Trauma, insbesondere wenn ein Schock die vollständige Genesung behindert. Die Essenz schafft wieder eine Verbindung zu jenen inneren Bereichen von einem selbst, die durch Schock oder Trauma versperrt waren.

NEMOPHILA MENZIESII
Baby Blue Eyes · Hellblaue Hainblume
Für Menschen, die anderen gegenüber unsicher, wehrlos und mißtrauisch sind. Dies kann auf Unsicherheit in der Kindheit zurückgehen und das Fehlen einer starken, beschützenden Vaterfigur, die ein Gefühl von Sicherheit vermittelt hätte. Das mangelnde Vertrauen dehnt sich auf die spirituelle Welt aus und führt zu einem Gefühl spiritueller Isolation. Die Essenz fördert ein Gefühl der Sicherheit, Vertrauen zu anderen und eine Verbindung zum spirituellen Selbst.

OCIMUM BASILIKUM
Basil · Basilikum
Für Menschen, die ihr sexuelles und ihr spirituelles Leben nicht vereinbaren können. Sex wird häufig als geheim oder falsch empfunden, unrein im Vergleich zur Reinheit des Geistes. Die Essenz hilft, Sexualität und Spiritualität zu vereinbaren und Konflikte in der Beziehung aufgrund dieser Polarisation zu beseitigen.

CIMICIFUGA RACEMOSA
Black Cohosh · Wanzenkraut / Traubensilberkerze
Für ernsthafte Menschen, die zum Grübeln neigen, zu dunklen, morbiden Gedanken und die häufig destruktive Beziehungen eingehen, in denen sie sich machtlos fühlen. Dies kann sich in körperlichen Krankheiten, insbesondere der Fortpflanzungsorgane, niederschlagen. Die Essenz verleiht die innere Stärke und Kraft, diese negativen, bedrohlichen Umstände zu verändern.

RUDBECKIA HIRTA
Black-Eyed Susan · Rauhhaariger Sonnenhut
Für Menschen, die die »dunkle Seite« ihrer selbst meiden oder leugnen, um Teile ihrer Persönlichkeit oder zurückliegende traumatische Erlebnisse auszusperren. Die Essenz hilft einem, sich vergrabenen Gefühlen oder der »dunkleren Seite« zu stellen und sie in die Persönlichkeit zu integrieren. Sie steigert die Selbstachtung und beseitigt Blockaden, die bisher den Zugang zu großen Energiequellen versperrt haben.

RUBUS URSINUS
Blackberry · Brombeere
Für Menschen mit hohen Idealen und Absichten, die Schwierigkeiten haben, diese in Taten umzusetzen, was zu Frustration und Konfusion führt. Die Essenz fördert den Willen, Ideen in Taten umzusetzen und verleiht Energie und Inspiration, die Trägheit zu überwinden.

DICENTRA FORMOSA
Bleeding Heart · Schöne Herzblume
Für Menschen, die sich in ihren Beziehungen mit anderen zu sehr einbringen, die emotional zu abhängig sind, was dazu führt, daß sich ihre Partner zurückziehen. Bei Schmerzen und Pein, die daraus resultieren, daß man jemanden zu stark braucht. Die Essenz fördert durch die Stärkung des inneren Selbst inneren Frieden und innere Stärke und die Fähigkeit, Liebe zu geben statt zu benötigen.

BORAGO OFFICINALIS
Borage · Borretsch
Für Menschen mit einem schweren Herzen, die entmutigt, verzagt oder enttäuscht sind. Die Essenz hebt die Stimmung, verleiht Mut und neuen Enthusiasmus.

RANUNCULUS OCCIDENTALIS
Buttercup · Westlicher Hahnenfuß
Für Menschen, die sich selbst, ihren Beruf oder ihre Karriere unterbewerten, die sich als klein und nach außen wenig bemerkenswert wahrnehmen. Die Essenz steigert das Selbstwertgefühl und die Fähigkeit, innere Werte statt äußerer Errungenschaften anzuerkennen.

CALENDULA OFFICINALIS
Calendula · Ringelblume
Für Menschen, die zu schneidenden Bemerkungen neigen und streitsüchtig und wenig offen für die Bedürfnisse anderer sind. Die Essenz steigert die Fähigkeit, aufmerksam zuhören zu können und fördert Wärme und Rücksicht auf die Gefühle der anderen.

DARLINGTONIA CALIFORNICA
California Pitcher Plant · Kobrapflanze

Für Menschen, die sich schwach fühlen, denen Vitalität fehlt und die zu Verdauungsschwäche neigen. Sie sind von ihren instinktiven Wünschen sowie körperlichen und sexuellen Gefühlen abgeschnitten. Die Essenz hilft, die körperlichen und »niedrigeren« Seiten unserer Persönlichkeit mit dem »höheren« Selbst zu verbinden.

ESCHSCHOLZIA CALIFORNICA
California Poppy · Kalifornischer Kappenmohn

Für Menschen, die spirituelle Höhen über äußere Quellen erlangen wollen, die sich von dem Glamour und der Leuchtkraft bewußtseinserweiternder Drogen, charismatischer Lehrer und okkulter Rituale angezogen fühlen. Die Essenz fördert die Entwicklung eines gefestigten Seelenlebens, bringt darin das Licht zum Leuchten und stärkt das Selbstvertrauen.

ROSA CALIFORNICA
California Wild Rose · Kalifornische Heckenrose

Für Menschen, denen anderen gegenüber Enthusiasmus und Wärme fehlen. Sie sind apathisch, häufig zurückgezogen und insbesondere in bestimmten Lebensabschnitten, wie Pubertät und im Alter, von anderen entfremdet. Die Essenz verleiht ihnen wieder Begeisterung für das Leben und die Fähigkeit, sich mit ganzem Herzen in eine Sache zu stürzen.

ZANTEDESCHIA AETHIOPICA
Calla Lily · Zimmercalla

Für Menschen, die in bezug auf ihre sexuelle Identität und ihr Geschlecht beunruhigt und verwirrt sind und sich in ihrem Körper nicht wohl fühlen. Die Essenz hilft, die innewohnenden männlichen und weiblichen Eigenschaften zu integrieren, sich über seine sexuelle Identität klarzuwerden und sie anzunehmen.

DUDLEYA CYMOSA
Canyon Dudleya · Dudleya

Für Menschen, die Stimulation durch dramatische übersinnliche oder emotionale Erfahrungen benötigen und sich häufig durch Medien, okkulte Versuche und übersinnliche Phantasien angezogen fühlen. Die Essenz hilft den Menschen, wieder mehr geerdet zu sein, Zufriedenheit aus den täglichen Aktivitäten zu ziehen und Kraft aus Ruhe und disziplinierten spirituellen Praktiken zu gewinnen.

Kobrapflanze

CAPSICUM ANNUUM
Cayenne · Cayennepfeffer

Für Menschen, die sich träge und unkreativ fühlen und deren inneres und äußeres Leben eine Phase der Stagnation durchläuft. Vielleicht empfinden sie einen Widerstand gegenüber Veränderungen oder sind durch ihr zögerliches Verhalten oder eine Richtungslosigkeit bewegungsunfähig. Die Essenz fördert das Feuer und die ihm innewohnende Energie für Veränderung, die benötigt wird, um Blockaden für das Wachstum zu überwinden.

MATRICARIA CHAMOMILLA
Chamomile · Kamille

Für niedergeschlagene und unbeständige Menschen, die sich leicht durch kleine Dinge aus der Fassung bringen lassen und aufregen; für Kinder, die in ihrer Stimmung unbeständig sind. Die Spannung sammelt sich bei diesen Menschen am Sonnengeflecht und führt zu Verdauungsbeschwerden. Die Essenz hilft, die Spannung abzubauen, den inneren Konflikt zu lösen und gibt innere Ruhe und Gelassenheit.

LARREA TRIDENTATA
Chaparral · Kreosotenbusch

Die Essenz hilft bei einer Überlastung der Sinne und der Psyche durch die Überflutung mit chaotischen und brutalen Bildern, insbesondere durch das Stadtleben und durch die Medien. Sie hilft, die Psyche zu schützen und zu reinigen, und wirkt unterstützend bei der Entgiftung nach der Einnahme von Medikamenten und Psychopharmaka.

CHRYSANTEMUM MORIFOLIUM
Chrysanthemum · Chrysantheme

Für Menschen, die ganz und gar in die materielle Welt eingetaucht sind, die Ruhm und Glück suchen, um Spuren zu hinterlassen, und die in der Angst vor dem Tod leben. Die Essenz hilft, Blokkaden auf dem Weg zum spirituellen Selbst zu überwinden und sich mit den weniger kurzlebigen Aspekten des Lebens zu verbinden.

ZEA MAYS
Corn · Mais

Für Menschen, die in der Natur leben möchten, ohne die Einschränkungen der modernen Welt. Die Essenz hilft diesen Menschen, wenn es erforderlich ist, mit den urbanen, technologischen und beengten Lebensbedingungen zurechtzukommen und trotz räumlicher Begrenzungen weiterhin spirituell zu wachsen.

COSMOS BIPINNATUS
Cosmos · Kasmea / Schmuckkörbchen

Für Menschen, denen es schwerfällt, Gedanken und Gefühle auszudrücken, so daß diese durcheinander und zusammenhangslos vorgebracht werden. Die Essenz verbessert die Klarheit der Gedanken sowie die Artikulation und ermöglicht die Kommunikation innerer Weisheit durch die Persönlichkeit.

TARAXACUM OFFICINALE
Dandelion · Löwenzahn

Für Menschen, die eine große Begeisterung für das Leben besitzen, allerdings versuchen, zu viele Dinge gleichzeitig in ihrem Leben unterzubringen. Sie organisieren ihre Zeit vollkommen durch, lassen wenig Raum für Ruhe und Entspannung und sind dadurch sehr angespannt und gestreßt. Die Essenz hilft ihnen, zu entspannen und unterdrückte Gefühle loszulassen, die zu Muskelverspannungen geführt haben.

CEANOTHUS INTEGERRINUS
Deerbrush · Säckelblume

Gegen Selbstbetrug hinsichtlich der eigenen Motive und einen Mangel an Ehrlichkeit und Offenheit in Beziehungen. Die Essenz schärft das Bewußtsein für darunterliegende, unbewußte Antriebsfedern, so daß man ehrlicher und offener sein kann. Die äußeren Taten können dann die innere Wahrheit und Integrität widerspiegeln.

ANETHUM GRAVEOLENS
Dill · Dill

Für Menschen, die von der Flut an Sinneseindrücken unserer hektischen, modernen Welt überwältigt werden und sie psychisch nicht verdauen können, was zu Nervosität führen kann. Die Essenz mindert diese Reizüberflutung und ermöglicht uns, die Sinne so einzusetzen, daß sie dem spirituellen Wachstum dienlich sind.

CORNUS NUTTALLII
Dogwood · Nutalls Blüten-Hartriegel

Für Menschen, die körperlich angespannt sind und unterdrückte Gefühle oder ein Trauma eventuell tief in sich verschlossen haben. Sie können in der Vergangenheit körperlich mißbraucht worden sein oder unter schweren körperlichen Bedingungen arbeiten müssen. Die Essenz verhilft dem Körper trotz widriger wieder zu Anmut und Harmonie und den Gefühlen zu Wärme und Sanftheit.

LILIUM LONGIFLORUM
Easter Lily · Weiße Lilie

Für Menschen, die ihre Sexualität als unrein und schmutzig empfinden und so ihr spirituelles Wachstum behindern. Die Essenz versöhnt Sexualität und Spiritualität und ermöglicht der sexuellen Energie, die spirituelle Entwicklung zu fördern.

ECHINACEA PURPUREA
Echinacea · Roter Sonnenhut

Für Menschen, denen aufgrund der Anonymität der modernen Welt ein Gefühl der Identität fehlt oder die aufgrund eines körperlichen oder emotionalen Traumas das Gefühl haben, innerlich zu »zerbrechen«. Solche Bedrohungen der Wahrnehmung der eigenen Identität können vielen immunbedingten Krankheiten zugrunde liegen. Die Essenz stärkt die Wahrnehmung der eigenen Person und verleiht diesen Menschen ein Gefühl der Gänze.

OENOTHERA HOOKERI
Evening Primrose · Nachtkerze

Für Menschen, denen in der Kindheit emotionale Zuwendung fehlte, die keine echte Nähe zu ihrer Mutter hatten und sich jetzt abgelehnt oder unerwünscht fühlen. Diese Menschen vermeiden enge emotionale Kontakte sowie ernsthafte Beziehungen und haben häufig eine Abneigung gegen Sexualität. Die Essenz hilft, diese Gefühle der Ablehnung und des Ungeliebtseins zu überwinden und verleiht emotionale Offenheit, um tiefere Beziehungen einzugehen.

CALOCHORTUS ALBUS
Fairy Lantern · Weiße Mormonentulpe

Für Menschen, deren emotionale Entwicklung in der Kindheit begrenzt oder gehemmt war, was zu kindhaftem Verhalten als Erwachsener führt. Diese Menschen sind unreif, abhängig und nicht in der Lage, Verantwortung zu übernehmen. Die Essenz hilft, diese Blockaden zu überwinden und sich zu verantwortungsvollen Erwachsenen zu entwickeln.

ERYTHRONIUM PURPURASCENS
Fawn Lily · Zahnlilie

Für Menschen, die sich von einem einsamen spirituellen Leben angezogen fühlen, in dem Meditation und Besinnung nicht durch die Hektik und Ablenkungen des modernen Lebens gefährdet sind. Die Essenz hilft diesen Menschen, sich mehr in die Gesellschaft zu integrieren, ihre Gaben und Einsichten mit anderen zu teilen und dabei Energie aus der physischen Welt zu ziehen.

ERODIUM CICUTARIUM
Filaree · Schierlings-Reiherschnabel

Für Menschen, die sich zu sehr mit den kleinsten Einzelheiten des Lebens beschäftigen, die sich übertrieben wegen alltäglicher Ereignisse sorgen und nicht in der Lage sind, diese Dinge in die richtige Perspektive zu rücken. Die Essenz hilft, dieser Energievergeudung Einhalt zu gebieten, so daß Reserven für produktivere Tätigkeiten und für die Erfüllung des höheren Selbsts aktiviert werden.

MYOSOTIS SYLVATICA
Forget-Me-Not · Wald-Vergißmeinnicht

Für Menschen, die über den Verlust eines geliebten Menschen trauern oder einen Trauerfall noch nicht verarbeitet haben, den sie während der Kindheit erlebt haben. Die Essenz fördert die Möglichkeit von Beziehungen über die irdischen Grenzen hinweg und hilft, Gefühle der Einsamkeit in Verbindung mit Trauer zu verarbeiten.

FUCHSIA HYBRIDA
Fuchsia · Fuchsie

Für Menschen mit unterdrückten Gefühlen, die es vermeiden, sich ihren inneren Problemen zu stellen, indem sie sie mit »Überemotionalität« oder psychosomatischen Symptomen verdecken, wie zum Beispiel häufige leichte Magenschmerzen und Kopfschmerzen. Die Essenz erleichtert ein größeres Bewußtsein der Gefühle, wie Wut und Trauer, häufig über eine anfängliche Katharsis und nachfolgende Freisetzung.

ALLIUM SATIVUM
Garlic · Knoblauch

Für Menschen, die sich leicht beeinflussen lassen und denen von anderen die Energie entzogen wird, wodurch sie ängstlich, schwach und ohne ihren Mittelpunkt zurückbleiben. Diese Menschen können zu Infektionen und einer Immunschwäche tendieren. Die Essenz verleiht Stärke und Widerstand gegenüber äußeren Einflüssen und stellt wieder ein Gefühl der Ganzheit her.

DICENTRA CHRYSANTHA
Golden Ear Drops · Goldgelbe Herzblume

Für Menschen, die die Erinnerung an schmerzvolle Erlebnisse in der Kindheit verdrängen, was zu emotionalen, ihnen unverständlichen Problemen in der Gegenwart führt. Die Essenz hilft diesen Menschen, sich dem Trauma oder der Traurigkeit zu stellen und sie herauszulassen, häufig durch Weinen, so daß sie Weisheit und Einsicht aus dieser Erfahrung gewinnen können.

SOLIDAGO CALIFORNICA
Golden Rod · Kanadische Goldrute

Für Menschen, die nicht genau wissen, wer sie sind, die sich schnell von der Familie oder dem Sittenkodex beeinflussen lassen und meinen, sie müßten diesem entsprechen, um Anerkennung und Zustimmung zu erhalten. Die Essenz hilft, ein Gefühl der eigenen Identität aufzubauen und ermöglicht es diesen Personen, sich selbst im Umgang mit anderen treu zu bleiben.

ACHILLEA FILIPENDULINA
Golden Yarrow · Spierstauden-Schafgarbe

Für Menschen, die ihrem Umfeld und anderen Menschen gegenüber besonders empfindlich sind und sich leicht beeinflussen lassen; vielleicht ziehen sie sich zurück oder lassen ihre Empfindlichkeit abstumpfen, um sich zu schützen. Die Essenz bewahrt vor zu großer Empfindlichkeit, ermöglicht aber gleichzeitig Offenheit und einen aktiven Austausch mit anderen.

Indianischer Malerpinsel

HIBISCUS ROSA-SINENSIS
Hibiscus · Roseneibisch / Chinarose

Für Menschen, die von der Ausbeutung der weiblichen Sexualität in den Medien oder einem zurückliegenden sexuellen Trauma betroffen sind, so daß ihre Sexualität von tieferen Gefühlen der Liebe und Zuneigung abgeschnitten ist. Die Essenz hilft, Sexualität mit Liebe und Zuwendung zu verbinden und die Angst vor Nähe zu überwinden, so daß die Sexualität Ausdruck von Wärme und Zuneigung werden kann.

CYNOGLOSSUM GRANDE
Hound's Tongue · Hundszunge

Für jene intellektuellen und analytischen Menschen, die die Natur und den Kosmos unter rein materialistischen Aspekten wahrnehmen und eine spirituelle Komponente leugnen. Die Essenz erweckt Staunen und Ehrfurcht und eine klarere Wahrnehmung der spirituellen Dimension des Lebens.

CASTILLEJA MINIATA
Indian Paintbrush · Indianischer Malerpinsel

Für jene hochkreativen Menschen, die Schwierigkeiten haben, auf dem Boden zu bleiben und die benötigte Energie aus ausgeglichenen körperlichen Kräften zu gewinnen. Die Essenz hilft, Lethargie und Erschöpfung zu vertreiben, da sie die Verwendung kreativer und körperlicher Energie integriert und ein Gefühl des Geerdetseins vermittelt.

SILENE CALIFORNICA
Indian Pink · Kalifornisches Leimkraut

Für jene Menschen, die in ihrem Leben aus dem vollen schöpfen, die viele Dinge gleichzeitig machen und in ihrem bewegten Leben nur schwer ein ruhiges Zentrum in sich selbst finden. Sie können angespannt oder ausgesprochen emotional sein und verbrauchen aufgrund eines Mangels an Ruhe und Entspannung ihre Energiereserven. Die Essenz hilft ihnen, angesichts ihrer vielen Aktivitäten nicht ihren Mittelpunkt zu verlieren sowie Gesundheit und Energie aus innerem Frieden und Ruhe zu ziehen.

Iris Versicolor / Iris Douglasiana

Iris · Verschiedenfarbige Schwertlilie / Douglas' Schwertlilie

Für Menschen, die sich nicht inspiriert fühlen, die in ihrer Kreativität blockiert sind und deren Schwächen sie in die profane Welt niederdrücken. Die Essenz beseitigt kreative Blockaden und ermöglicht es diesen Menschen, sich von außen und von innen inspirieren zu lassen, um insgesamt lebendiger zu werden.

Cypripedium Parviflorum / Cypripedium Reginae

Lady's Slipper oder Showy Lady's Slipper · Kleinblütiger Frauenschuh oder Königinnen-Frauenschuh

Für Menschen, die nicht auf ihre innere Weisheit und Stärke zurückgreifen können, um sich führen zu lassen und um Energie für ihr tägliches Leben und ihre Arbeit zu erhalten. Diese Menschen können unter nervöser Erschöpfung und sexueller Schwäche leiden. Die Essenz ist ein Stärkungsmittel für das Nervensystem und ermöglicht es diesen Personen, mit ihrer inneren Stärke und Ruhe in Verbindung zu treten, wodurch sie mit ihren innewohnenden Gaben und Fähigkeiten in Berührung kommen, die sie im täglichen Leben nutzen können.

Delphinium Nuttallianum

Larkspur · Nuttals Rittersporn

Für Menschen in verantwortlichen Positionen, die durch ihr Pflichtgefühl überlastet sind oder sich aufgrund ihrer Macht und ihrer Wichtigkeit überschätzen. Die Essenz hilft, Führungsqualitäten und Charisma zu entwickeln, so daß Selbstüberschätzung durch Großzügigkeit und Altruismus ersetzt wird und man darüber andere begeistert und motiviert.

Lavandula Officinalis

Lavender · Lavendel

Für empfindliche, geistig rege Menschen, die ihr spirituelles Leben weiterentwickeln wollen und sich von Praktiken wie der Meditation angezogen fühlen. Sie sind leicht aufgeregt und angespannt. Die Essenz beruhigt den Geist, entspannt den Körper, schafft ein Gleichgewicht zwischen Empfindsamkeit und Geerdetsein und kreiert so die für Meditation und innere Ruhe erforderliche Stille.

Nelumbo Nucifera

Lotus · Lotos

Seit über 5000 Jahren ein heiliges Symbol, das als Blütenessenz für alle Phasen der spirituellen Entwicklung und spiritueller Studien verwendet wird. Sie mindert die Tendenz zu spirituellem Stolz und spirituellem Materialismus und fördert ein höheres Bewußtsein und meditative Einsicht.

Amaranthus Candatus

Love-Lies-Bleeding · Roter Fuchsschwanz / Amarant

Für Menschen, die unter körperlichen Schmerzen oder geistigen Qualen leiden. Diese verstärken sich durch eine Identifikation und können so das Leben bestimmen. Die Essenz hilft, mit ihnen Sinn und Zweck in einer solchen intensiven Erfahrung zu erkennen, indem man sie in einem größeren Zusammenhang sieht, als Teil einer größeren Erfahrung der menschlichen Natur, und so Liebe und Mitgefühl für das Leiden von anderen erfährt.

Madia Elegans

Madia · Molina

Für Menschen, die ihre Energie leicht verschleudern, die zerstreut sind, sich ablenken lassen und nicht in sich ruhen. Die Essenz hilftdiesen Personen, ihre Energie gezielt einzusetzen sowie die Aufmerksamkeit zu konzentrieren und dadurch ein größeres Potential zu entwickeln.

Sidalacea Glauscens

Mallow · Präriemalve

Für Menschen, die sich emotional blockiert fühlen und aufgrund von Mißtrauen die Hand nicht nach anderen ausstrecken können. Die Essenz schafft Zugang zu den Gefühlen und ermöglicht ein Geben und Nehmen von Liebe und Zuneigung.

Arctostaphylos Viscida

Manzanita · Bärentraube

Für Menschen, die ihrem Körper und dem körperlichen und irdischen Bereich überhaupt, vielleicht aufgrund ihrer religiösen Überzeugung, negative Gefühle entgegenbringen. Sie können ihren Körper einer strengen Disziplin unterwerfen, einer strengen Diät oder einem strengen Trainingsplan. Die Essenz hilft diesen Menschen, den Körper nicht als etwas Schlechtes und Häßliches zu sehen, sondern als den Tempel der Seele, den man liebevoll umsorgen und respektieren muß.

Calochortus Leichtlinii

Mariposa Lily · Leichtlins Mormonentulpe

Für Menschen, die sich von anderen entfremdet, unerwünscht und ungeliebt fühlen, was häufig auf Gefühle der Ablehnung oder auf ein Trauma in der Kindheit zurückgeht, auf eine schwierige Mutter-Kind-Beziehung oder auf einen Mangel an liebevoller Zuwendung während der Kindheit. Die Essenz hilft, die schmerzvolle Erfahrung der Vergangenheit aufzuarbeiten und die Empfänglichkeit für menschliche und göttliche Liebe von anderen und in sich selbst zu erhöhen.

Asclepias Cordifolia

Milkweed · Herzblättrige Seidenpflanze

Für Menschen, die sehr stark von anderen abhängig sind und die, vielleicht aufgrund von Problemen in der Kindheit, nie richtig erwachsen geworden sind. Diese Menschen können Drogen oder Beruhigungsmittel nehmen oder in Krankheiten oder eine extreme spirituelle Disziplin flüchten, um der Realität und der Verantwortung des Lebens eines Erwachsenen zu entkommen. Die Essenz fördert Selbstvertrauen und Unabhängigkeit, indem sie das eigene Selbst stärkt und seine Wichtigkeit unterstreicht.

Ipomoea Purpurea

Morning Glory · Prachtwinde

Für Menschen, die von spätabendlichen Aktivitäten angezogen werden, die unregelmäßige Eß- und Schlafgewohnheiten haben, deren Energie sich erschöpft und die daher nach Stimulationsmitteln wie Koffein oder nach Drogen wie Kokain verlangen. Die Essenz hilft einem, einen Lebensrhythmus zu finden, der dem natürlichen Rhythmus eher entspricht, stärkt so die Vitalität und fördert Gesundheit und Wohlbefinden.

Monardella Adoratissima

Mountain Pennyroyal · Indianernessel

Für Menschen, deren Gedanken durch eine negative Einstellung getrübt sind oder die sich leicht von negativen Gedanken und Gefühlen anderer anstecken lassen. Die Essenz hilft, die negative Einstellung zu vertreiben und reinigt die Seele, erhöht die Vitalität und die geistige Klarheit.

PENSTEMON NEWBERRYI
Mountain Pride · Newberrys Bartfaden
Für Menschen, denen es schwerfällt, sich für sich selbst oder ihre Auffassungen einzusetzen, die sich angesichts einer Herausforderung zurückziehen und sich für ein ruhiges Leben entscheiden. Die Essenz verleiht Stärke und Bestimmtheit, positive männliche Energie und Aktivität und hilft, Passivität und Desillusionierung zu überwinden. Sie stärkt den spirituellen Kämpfer in uns.

ARTEMISIA DOUGLASIANA
Mugwort · Douglas' Beifuß
Für Menschen, die träumen und aufgrund eines überaktiven Seelenlebens keinen Bezug zur Welt mit ihren faßbaren Realitäten haben. Die Essenz fördert die Aufnahmefähigkeit der Seele und das Bewußtsein für Träume, hilft aber andererseits, weiterhin mit beiden Beinen in der Welt der praktischen Dinge verhaftet zu bleiben.

VERBASCUM THAPSUS
Mullein · Kleinblütige Königskerze
Für Menschen, die sich Herausforderungen gegenüber sehen, bei denen sie mit ihrem Gewissen kämpfen müssen und die eventuell aufgrund der eigenen Schwäche oder des Drucks von anderen in Unehrlichkeit und Täuschung flüchten. Die Essenz fördert ein inneres Gefühl für Moral und die Fähigkeit, auf die innere Stimme zu hören, sich selbst treu zu bleiben und auch angesichts von Widrigkeiten aufrichtig und stark zu sein.

TROPAEOLUM MAJUS
Nasturtium · Kapuzinerkresse
Die Essenz eignet sich besonders für Menschen, die dazu neigen, zu sehr in ihrem Kopf zu leben, für Intellektuelle, die ihr emotionales und körperliches Leben vernachlässigen, für Studenten oder Menschen, die sich in einem Lebensabschnitt befinden, der starke geistige Aktivität erfordert, und deren Vitalität und Gesundheit erschöpft sind. Sie verbindet sie mit ihrem Körper und ihren Emotionen, gibt ihnen wieder Vitalität und Wärme und schafft ein Gleichgewicht zwischen Intellekt und Erfahrung.

NICOTIANA ALATA
Nicotiana (Flowering Tobacco) · Ziertabak
Für Menschen, deren Gefühle abgestumpft, ja sogar verhärtet sind, damit sie sich in der harten, modernen Welt einfinden und überleben können. Vielleicht verwenden sie Tabak oder andere Stimulationsmittel, um ihre Gefühle abzutöten und klarzukommen. Die Essenz verbindet uns wieder mit unseren wahren Gefühlen, der Erde und allen Wesen, die hier leben. Sie stärkt die Wertschätzung der kleineren, subtileren Dinge des Lebens und gibt uns so echten Frieden.

BERBERIS AQUIFOLIUM
Oregon Grape · Gewöhnliche Mahonie
Für Menschen, die anderen mißtrauen, die die Welt als feindlich und bedrohlich wahrnehmen, vielleicht aufgrund schlechter Erfahrungen in der Vergangenheit oder einem Mangel an echter Zuwendung als Kind. Die Essenz hilft, Ängste und Paranoia, Argwohn und Feindseligkeit zu vertreiben, in anderen Menschen die positive Seite zu erkennen und so Situationen zu schaffen, in denen Wärme und Wohlwollen gemeinsam erlebt werden können.

PENSTEMON DAVIDSONII
Penstemon · Davidsons Bartfaden
Für Menschen, die aufgrund der unglücklichen Umstände, die ihnen widerfahren sind, das Gefühl haben, das Leben hätte sie ungerecht behandelt. Sie fühlen sich verfolgt und als Opfer und empfinden Selbstmitleid. Die Essenz eröffnet ihnen Ressourcen an Mut und Widerstandskraft und hilft, schwierige Situationen als Chancen für Wachstum und Wandel wahrzunehmen.

MENTHA PIPERITA
Peppermint · Pfefferminze
Für Menschen, die sich träge, lethargisch, geistig betrübt oder apathisch fühlen, was häufig mit einer Verdauungs- oder Stoffwechselstörung einhergeht. Sie können sich nach der Stimulation durch Nahrung sehnen, wodurch sie hinterher aber träge oder müde sind. Die Essenz verbessert die Verdauung, setzt Energien frei und hält den Geist für höhere Zwecke wach und klar.

RHUS DIVERSILOBA
Poison Oak · Lacksumach
Für Menschen, die Schwierigkeiten haben, ihre Gefühle und ihre Verletzlichkeit zu zeigen. Sie bauen eine schützende Mauer um sich herum und stellen sich selbst als hart und gefühllos dar. Die Essenz hilft, die Angst vor Offenheit und Nähe zu überwinden und die weiche, verletzliche Seite seiner selbst zu akzeptieren.

PUNICA GRANATUM
Pomegranate · Granatapfel
Für Frauen, die zwischen ihrem Leben als Hausfrau und Mutter und ihrem Berufsleben hin- und hergerissen sind. Wenn sie versuchen, zwischen beidem ein Gleichgewicht zu finden, können sie erschöpft und mit beiden Bereichen unzufrieden sein. Die Essenz hilft ihnen, diesen Konflikt zu lösen und fördert Energie und Kreativität, um Frauen in ihrer hegenden Rolle zu unterstützen, sei es zu Hause oder am Arbeitsplatz.

TRITELEIA IXIOIDES
Pretty Face · Schöngesicht
Für Menschen, die sich zu sehr um ihr äußeres Erscheinungsbild sorgen, die sich selbst und andere nach der äußeren Schönheit statt nach inneren Werten beurteilen und die Angst vor dem Alter haben. Die Essenz hilft, sich selbst und andere hinter der »Maske« oder der körperlichen Form zu erkennen und die innere Schönheit zu spüren.

MIMULUS KELLOGGII
Purple Monkeyflower · Purpurne Gauklerblume
Für Menschen, deren Bedürfnis nach Sicherheit sie von konventionellen gesellschaftlichen oder religiösen Institutionen abhängig macht und die nicht auf ihre innere Stimme hören, welche ihnen rät, einem anderen Weg zu folgen. Die Essenz hilft, Ängste vor spirituellen Erfahrungen und der inneren Führung abzulegen und verleiht diesen Menschen Mut und die Ruhe, ihren eigenen Weg im Leben zu finden.

BRIZA MAXIMA
Quaking Grass · Zittergras
Für Mitglieder einer Gruppe oder einer Familie, in der es einen Konflikt oder

Granatapfel

Zittergras

Machtkämpfe gibt. Die Essenz hilft, die Verhandlungsfähigkeiten und das Bewußtsein für die anderen zu verbessern, indem sie Personen mit starken Persönlichkeiten und großen Egos unterstützt, sich selbst im Kontext der Gruppe wahrzunehmen. Dies führt zu Harmonie.

Daucus Carota
Queen Anne's Lace · Wilde Möhre

Für Menschen, die den spirituellen Weg gehen wollen, aber deren Klarheit und Wahrnehmung durch ungelöste emotionale oder sexuelle Probleme getrübt ist. Die Essenz hilft, die »höheren« und die »niedrigeren« Zentren zu harmonisieren, die spirituelle Einsicht und Klarheit zu erhöhen, aber gleichzeitig geerdet zu bleiben.

Chaenomeles Speciosa
Quince · Zierquitte

Insbesondere für Frauen, die sich zwischen dem Bedürfnis, liebend und umsorgend zu sein und dem Bedürfnis nach Macht und Stärke hin- und hergerissen fühlen. Solche Konflikte erlebt man als Eltern, wenn Zärtlichkeit und Zuneigung sowie Disziplin und Objektivität erforderlich sind. Die Essenz hilft, diese scheinbaren Gegensätze zu versöhnen und zeigt, daß wahre Macht oder Stärke auch Liebe bedeuten kann und umgekehrt.

Chrysothamnus Nauseosus
Rabbit Brush · Hasenbürste

Für Menschen, deren Aufmerksamkeit durch Detailfragen oder Einzelheiten des Lebens aufgebraucht wird und die das Leben nicht in einer größeren Perspektive sehen können. Das Chaos solcher Einzelheiten und Ereignisse, zum Beispiel in einem pulsierenden Büro, kann einen überwältigen und Kraft kosten. Die Essenz hilft, mit den Herausforderungen dieser alltäglichen Geschehnisse umzugehen, läßt sie in einem größeren Zusammenhang erscheinen und gibt dem Betreffenden dadurch Energie und Flexibilität.

Trifolium Pratense
Red Clover · Rot-Klee

Für Menschen, die leicht in die Probleme anderer oder in eine Massenhysterie bei einer Notfallsituation oder in emotional geladene Familienprobleme verwickelt werden. Mit der Essenz kann man eine gewisse Individualität und Objektivität erhalten. Sie gibt während einer Krise Ruhe und Konzentration.

ROSMARINUS OFFICINALIS
Rosemary · **Rosmarin**

Für Menschen, die vergeßlich, geistesabwesend, träumerisch und nicht in ihrem physischen Körper verwurzelt sind. Sie können sich unsicher fühlen, und ihnen kann Wärme und Lebensenergie fehlen. Die Essenz steigert Wärme, Vitalität sowie das körperliche und emotionale Vertrauen und weckt den Geist.

SALVIA OFFICINALIS
Sage · **Echter Salbei**

Für Menschen, die – insbesondere im fortgeschrittenen Alter – ihr Leben als unglückselig und unverdient empfinden und nicht in der Lage sind, die Bedeutung oder den höheren Zweck zu erkennen. Die Essenz hilft, Weisheit aus den Erfahrungen der Jahre zu erlangen, so daß man andere unterrichten oder beraten kann.

ARTEMISIA TRIDENTATA
Sagebrush · **Dreizähniger Beifuß**

Für Menschen, die ein falsches Bild von sich selbst und der Welt besitzen, die sich an der Sicherheit der materiellen Welt mit ihren Besitztümern, ihrem Lebensstil und sozialem Druck festklammern und den Kontakt zu ihrem wahren Selbst verlieren. Die Essenz unterstützt einen solchen Menschen, diese Bilder und was dazugehört loszulassen, dem wahren Ich treu zu sein und so die Voraussetzungen für Veränderungen zu schaffen.

CEREUS GIGANTEUS
Saguaro · **Saguaro-Kaktus**

Für Menschen, die Probleme mit Autorität haben und den Grenzen der Kultur oder Gesellschaft, in der sie leben, und ihrer alten Tradition entfliehen wollen. Die Essenz wird besonders rebellischen Teenagern empfohlen. Sie hilft, die Beziehungen zu Autoritätspersonen zu klären und die Weisheit spirituell Erfahrenerer und alte Traditionen zu schätzen.

HYPERICUM PERFORATUM
Saint John's Wort · **Gemeines Johanniskraut**

Für Menschen, die überempfindlich auf Sonnenlicht, die Umwelt und Menschen um sie herum sowie auf spirituelle Einflüsse reagieren, was dazu führt, daß diese Personen ängstlich und verletzlich sind, unruhig schlafen und träumen. Die Essenz verleiht Stärke und Schutz vor einer Vielzahl von Einflüssen und läßt Licht in das Leben, um es zu erleuchten und nicht zu bedrohen.

MIMULUS CARDINALIS
Scarlet Monkeyflower · **Scharlachrote Gauklerblume**

Für Menschen, die Angst vor ihren Emotionen, ihrer »dunkleren Seite«, haben und sich bemühen, diese gut zu verstecken, unliebsame Gefühle zu unterdrücken und dadurch eine große Anspannung und inneren Druck erzeugen. Die Essenz gibt ihnen den Mut, solche Gefühle zu akzeptieren und sich ihnen zu stellen, so daß diese nicht außer Kontrolle geraten. Durch Loslassen der Anspannungen ermöglicht sie Ehrlichkeit und größere Vitalität.

CYTISUS SCOPARIUS
Scotch Broom · **Besenginster**

Für Menschen, die Angst haben und, verzweifelt oder depressiv über ihr Leben, die Welt allgemein und die Zukunft des Planeten sind. Die Essenz hilft ihnen, positiver und optimistischer zu sein und Hindernisse und Herausforderungen als Gelegenheiten des Wachstums und Dienstes an der Welt zu sehen.

PRUNELLA VULGARIS
Self-Heal · **Gemeine Brunelle**

Für Menschen, die bezweifeln, daß es ihnen jemals gutgehen wird, die den Glauben an ihre angeborenen Heilkräfte verloren haben und die Verantwortung für ihre Gesundheit anderen übertragen. Die Essenz fördert die Fähigkeit zur Selbstheilung und das Zutrauen zu sich selbst, sie ermöglicht dadurch ein größeres Selbstvertrauen und eine Beteiligung am Heilungsprozeß.

CHRYSANTHEMUM MAXIMUM
Shasta Daisy · **Riesenmaßliebchen**

Für Menschen, deren ruhelose Suche nach Wissen dazu führt, daß sie eine Sache nach der anderen studieren, alles zu intellektuell sehen oder zu sehr analysieren, was zu geistigen oder spirituellen Verarbeitungsschwierigkeiten führen kann. Die Essenz hilft, Wissen aus unterschiedlichen Quellen zu einem größeren Gesamtbild zusammenzufügen und so eine größere Einsicht und ein besseres Verständnis zu erlangen.

DODECATHEON HENDERSONII
Shooting Star · **Götterblume**

Für Menschen, die sich vollkommen entfremdet fühlen, die in ihrem Körper, ihren Familien oder auf diesem Planeten nicht zu Hause sind und denen die Wärme zwischenmenschlicher Beziehungen fremd ist. Die Essenz hilft, die Entfremdung zu überwinden und den Sinn der Inkarnation in einem menschlichen Körper zu erkennen.

ANTIRRHINUM MAJUS
Snapdragon · **Löwenmaul**

Für kraftvolle Menschen mit einem starken Willen und viel Energie, die ihre Kräfte für verbale Aggression und Kritik mißbrauchen. Die Essenz hilft, die »niedrigere« Energie umzuleiten, damit sie durch ihre natürlichen Kanäle ausgedrückt wird, wie zum Beispiel Sex und Verdauung; sie hilft, Spannungen zu lösen und ermöglicht eine größere Kreativität.

CENTAUREA SOLSTITIALIS
Star Thistle · **Sonnenwend Flockenblume**

Für Menschen, denen ein tiefes Gefühl der Sicherheit fehlt, die Sicherheit in materiellen Besitztümern suchen und Schwierigkeiten haben, ihren Besitz zu teilen oder sich selbst einzubringen. Die Essenz mindert die Abhängigkeit von äußeren Dingen, indem sie die innere Sicherheit und den inneren Reichtum fördert. Sie steigert Großzügigkeit und die Bereitschaft zu teilen.

CALOCHORTUS TOLMIEI
Star Tulip · **Mormonentulpe / Katzenohr**

Für Menschen, die keine Beziehung zu ihrem inneren Selbst haben, die nicht in der Lage sind zu meditieren oder zu beten oder einen Ort der inneren Ruhe zu finden. Die Essenz eignet sich auch für Menschen, die ihre weichere, weiblichere Seite verleugnen und um sich herum eine harte, schützende Schale aufbauen. Sie unterstützt diese dabei, die innere Führung bewußter wahrzunehmen, verschafft Zugang zu den Gefühlen, macht sie weicher und ermöglicht inneren Frieden und Sicherheit.

MIMULUS AURANTIACUS
Sticky Monkeyflower · **Orange Gauklerblume**
Für Menschen, die Nähe und enge Beziehungen scheuen, aus Angst, sich anderen zu offenbaren. Vielleicht unterdrücken sie ihre Sexualität oder verstekken ihre Verletzlichkeit hinter zahlreichen oberflächlichen sexuellen Erlebnissen. Die Essenz hilft, die Angst vor der Nähe des sexuellen Kontakts zu überwinden und ermöglicht eine tiefe und bedeutende Beziehung, die von Liebe und nicht von Angst bestimmt wird.

HELIANTHUS ANNUUS
Sunflower · **Sonnenblume**
Für Menschen, die nur eine geringe Selbstachtung besitzen, wenig Zutrauen zu sich haben und ihr Licht unter den Scheffel stellen, sowie für Menschen, die mehr zu sein scheinen als sie sind und voller Eigenstolz sind. Die Essenz hilft, die männliche Seite des Wesens auszugleichen und ermöglicht den »sonnigen« Eigenschaften zu strahlen und andere mit ihrer Wärme zu heilen.

LATHYRUS LATIFOLIUS
Sweet Pea · **Breitblättrige Platterbse**
Für Menschen, die nur schwer Wurzeln schlagen können und sich schwertun, sich im Gemeinwesen oder in ihrem Umfeld zu engagieren. Sie fühlen sich heimatlos und als Außenseiter, da sie nirgendwo wirklich hingehören. Die Essenz hilft ihnen, sich einem Ort oder einer Gemeinde verbunden zu fühlen, ein Gefühl des eigenen Platzes auf der Erde zu entwickeln und Verpflichtungen einzugehen.

TANACETUM VULGARE
Tansy · **Rainfarn**
Für Menschen, die lustlos und lethargisch sind, zu Unentschlossenheit oder Gleichgültigkeit neigen, häufig um Druck oder Herausforderungen zu umgehen. Dieses Verhalten geht auf Muster aus der Kindheit zurück. Die Essenz hilft ihnen, sich Schwierigkeiten oder negativen Gefühlen zu stellen und zu lernen, damit umzugehen, indem sie ihnen innere Stärke und Richtung gibt.

LILIUM HUMBOLDTII
Tiger Lily · **Humboldts Tigerlilie**
Für Menschen, die offen aggressiv und sehr ehrgeizig sind und gegen andere in einer yang-geprägten, maskulinen Weise ankämpfen oder für jene Frauen, die es schwierig finden, sich mit ihrer männlichen, entschlossenen Seite zu verbinden. Die Essenz hilft, ein Gleichgewicht zwischen den männlichen und den weiblichen Eigenschaften zu finden und weibliche hegende Werte in eine feindliche Welt zu bringen, beispielsweise ins Geschäftsleben oder in die Politik. Sie unterstützt Menschen, mit anderen für ein gemeinsames Ziel zu arbeiten statt für sich allein.

TRILLIUM CHLOROPETALUM
Trillium · **Drillingspflanze**
Für Menschen, die ihren eigenen Wert an materiellen Dingen messen. Sie sind auf einer materiellen Existenzebene gefangen, wo Besitz und gesellschaftliche Macht allentscheidend sind. Sie müssen Reichtum ansammeln, um sich stark zu fühlen, da sie von der Quelle ihrer spirituellen Stärke abgeschnitten sind. Die Essenz verbindet diese Menschen mit den höheren Mächten. Sie schafft Bewußtsein für innere Reichtümer, wodurch persönliche Wünsche durch uneigennützige Taten in den Hintergrund treten können.

CAMPSIS TAGLIABUANA
Trumpet Vine · **Trompetenblume**
Für Menschen, die Schwierigkeiten haben, sich durch das gesprochene Wort angemessen auszudrücken. Dies kann aufgrund einer Sprachbeeinträchtigung, wie Stottern, oder aus Schüchternheit oder Schwerfälligkeit der Fall sein. Die Essenz verleiht der Stimme Interesse und Vitalität und hilft, durch sie Kreativität auszudrücken, da sie alle Befürchtungen über die Auffassungen der anderen wegwischt.

VIOLA ODORATA
Violet · **Wohlriechendes Veilchen**
Für schüchterne Menschen, die kühl und unnahbar wirken, aber tatsächlich ängstlich und allein sind. Sie sehnen sich danach, bei den anderen mitzumachen und enge Beziehungen zu entwickeln oder Teil einer Gruppe zu werden. Ihnen fehlt aber das Vertrauen, und sie haben Angst, daß sie ihre Identität verlieren könnten. Die Essenz hilft, Wärme und Vertrauen in Beziehungen aufzubauen, sich selbst einzubringen, aber trotzdem seine Identität zu wahren und sich treu zu bleiben.

ACHILLEA MILLEFOLIUM
Yarrow · **Gemeine Schafgarbe**
Für Menschen, die schnell durch ihr Umfeld beeinflußt und geschwächt werden und zu umweltbedingten Krankheiten, Allergien und psychosomatischen Beschwerden neigen. Die Essenz hilft, äußere Einflüsse abzuhalten und das »Ausströmen« von Energie sowie die Aufnahme negativer Einflüsse zu reduzieren.

CALOCHORTUS MONOPHYLLUS
Yellow Star Tulip · **Gelbe Mormonentulpe**
Für Menschen, denen es an Feingefühl, Mitleid und Bewußtsein für die Gefühle anderer fehlt und deren Beziehungen daran kranken, daß sie sich nicht über die Auswirkungen ihres Handelns auf andere bewußt sind. Die Blütenessenz erhöht das Einfühlungsvermögen gegenüber anderen sowie das Feingefühl und Mitleid für deren Leiden und schafft so die Voraussetzung für mehr Verantwortung und Sensibilität in Beziehungen.

ERIODYCTION CALIFORNICUM
Yerba Santa · **Bergbalsam**
Bei unverarbeiteter Trauer und Traurigkeit, die im Herzen begraben wurden und jetzt Depressionen und Melancholie verursachen, die das Leben beeinträchtigen. Es kann aufgrund einer Kongestion im Brustkorb zu Atembeschwerden, wie bei Asthma und Lungenentzündung, kommen. Die Essenz fördert das Herauslassen unverarbeiteter Gefühle, bringt dem Herzen wieder Leben und Freude und schafft so die Voraussetzung für den freien Fluß der natürlichen Gefühle und eine Atmung ohne Beklemmungen.

ZINNIA ELEGANS
Zinnia · **Zinnie**
Für Menschen, die sich selbst und das Leben zu ernst nehmen, die dazu neigen, zu hart zu arbeiten und die sich mit ihrer Verantwortung überlastet fühlen. Die Essenz ermöglicht es ihnen, »über ihren Schatten zu springen« und einen erfrischenden Sinn für Humor und Freude in ihr Leben zu bringen, mit dem die Arbeit ein spielerisches Element und die Ernsthaftigkeit eine gewisse Leichtigkeit erhält.

Die Australischen Busch-Blütenessenzen

PROSTANTHERA CUNEATA

Alpine Mint Bush · Geneigtfaden

Für Menschen, die viel Zeit damit verbringen, sich die Probleme anderer anzuhören und alles tun, um ihnen zu helfen und sie zu heilen. Diese schwere Verantwortung und die kraftraubende Arbeit können zu Erschöpfung und Entmutigung führen. Die Essenz erfrischt, gibt diesen Menschen neue Energie und Freude an der Arbeit, so daß sie auch in Zukunft anderen helfen können.

LOBELIA GIBBOSA

Angelsword

Für Menschen, die sich von den Gedanken und Ideen anderer Personen beeinflussen lassen und insbesondere hinsichtlich spiritueller Wahrheiten verwirrt sind. Die Essenz schützt vor äußeren Einflüssen, so daß man sein inneres Selbst und seine innere Führung hören kann, sowohl hinsichtlich zurückliegender Erlebnisse als auch in bezug auf die Gegenwart.

LYSIPHYLLUM CUNNINGHAMII

Bauhinia · Affentreppen

Für jene sturen Menschen, die sich Veränderungen widersetzen, sich neuen Ideen und Aktivitäten verschließen und dadurch bedroht fühlen. Die Essenz fördert Aufgeschlossenheit, Akzeptanz und Verständnis für andere Menschen, deren Lebensstil und Vorstellungen.

PLANCHONIA CAREYA

Billy Goat Plum

Für Menschen, die sich von Sex, ihrem eigenen Körper und ihrer Sexualität abgestoßen fühlen. Für Menschen, die sich selbst gegenüber Abscheu und Ekel empfinden, vielleicht aufgrund von Hautbeschwerden oder abnormaler, Ausscheidungen und weil sie sich schmutzig fühlen. Die Essenz hilft einem, seinen Körper und seine Sexualität zu akzeptieren und Sinnlichkeit und Sex zu genießen.

TETRATHECA ERICIFOLIA

Black-Eyed Susan · Rauhhaariger Sonnenhut

Für jene Menschen, die immer aktiv sind, herumflitzen, überarbeitet und gestreßt sind und nur schwer loslassen und sich entspannen können. Sie denken schnell und können leicht unruhig werden, wenn andere nicht so schnell sind wie sie. Die Essenz verschafft Entspannung und fördert die Fähigkeit, sich auf sein inneres Leben zu besinnen und Frieden und Stille zu erfahren. Dies ist das Heilmittel bei Streß.

WAHLENBERGIA SPP

Bluebell · Moorglöckchen

Für unsichere Menschen, die materialistisch und habgierig sind, weil sie sich davon Sicherheit versprechen. Sie sind gierig und haben Angst, alles was sie angesammelt haben, zu verlieren. Die Essenz erhöht inneres Vertrauen und Sicherheit und fördert die Fähigkeit, gern mit anderen zu teilen. Sie fördert die Wärme für andere.

ADANSONIA GREGORII

Boab

Für Menschen, die in den negativen Mustern ihrer Vorfahren, ihrer Familie oder einer Gruppe, zu der sie gehören, gefangen sind. Weiterhin eignet sich die Essenz für Menschen, die dazu neigen, dieselben Fehler immer wieder zu machen oder in jedem Leben zu wiederholen. Die Essenz befreit sie von der negativen Energie der anderen und bringt grundlegende Überzeugungen, Vorurteile, negative Gefühle und Denkmuster an die Oberfläche. Sie heilt das kollektive Unbewußte.

BORONIA LEDIFOLIA

Boronia

Für Menschen, die zu Besessenheit neigen und die von ihren Gedanken über Ereignisse, Situationen oder geliebte Menschen nicht losgelassen werden oder die sich nach dem Ende einer Beziehung vor Kummer verzehren und an einem »gebrochenen Herzen« leiden. Aufgrund der permanenten unerwünschten Gedanken können sie unter Schlaflosigkeit leiden. Die Essenz beruhigt den Geist und das Herz und fördert Gelassenheit und Abstand.

CALLISTEMON LINEARIS

Bottlebrush · Lampenputzerbaum

Für Menschen, deren Leben sich in einer Übergangsphase befindet, wie Pubertät, Schwangerschaft, Menopause, Ruhestand, und die Schwierigkeiten haben, mit den enormen Veränderungen zurechtzukommen. Für Menschen, die an der Vergangenheit festhalten und Angst haben vor den Dingen, die auf sie zukommen. Die Essenz läßt sie das gegenwärtige Leben akzeptieren und hilft loszulassen, indem sie Vertrauen und Ruhe schafft.

EPACRIS LONGIFLORA

Bush Fuchsia · Großblumiger Felsbusch

Für Menschen mit Lernschwierigkeiten, denen es schwerfällt, sich selbst darzustellen. Sie können unter Legasthenie leiden oder stottern und von ihrer inneren Weisheit abgeschnitten sein. Die Essenz hilft ihnen, die Lernschwierigkeiten zu überwinden, integriert die rechte und die linke Gehirnhälfte und fördert die Entwicklung von Intuition und innerer Führung.

GARDENIA MEGASPERMA

Bush Gardenia

Für Menschen, die sich so stark mit ihren eigenen Interessen und ihrer beruflichen Laufbahn befassen, daß sie den Kontakt zu den Menschen, die ihnen nahe sind, verlieren und ihre Nähe häufig als selbstverständlich ansehen. Die Essenz hilft, die Kommunikationswege wieder zu öffnen und erhöht das Interesse am Leben anderer Menschen. Auch verleiht sie Beziehungen wieder den Funken der Anziehung.

PATERSONIA LONGIFOLIA

Bush Iris

Für Menschen, die im materiellen Leben gefangen und von ihrem höheren Selbst abgeschnitten sind, und zwar aus einem Mangel an Glauben oder Spiritualität heraus, aus Angst vor dem Tod oder einer übermäßigen Hingabe zur körperlichen Seite des Lebens. Die Essenz fördert ein Erwachen des Geistes und der Einsicht und öffnet die inneren Türen der Wahrnehmung.

CROWEA SALIGNA

Crowea

Für Menschen, die sich nicht im Gleichgewicht befinden, nicht »auf der Höhe« sind und häufig ohne offensichtlichen Grund Angst empfinden. Die Essenz hilft ihnen, ruhig und ausgeglichen zu sein und erhöht ihre Energie und Vitalität. Sie ist ein gutes Mittel bei Sorgen.

Hakea Teretifolia
Dagger Hakea · Dolchhakea

Gegen Bitterkeit, Wut und Ärger innerhalb der Familie oder unter Menschen, die sich nahestehen. Ein gutes Mittel für Menschen, die Groll oder Ärger hinter einer freundlichen Fassade verbergen. Die Blütenessenz fördert Offenheit, Kommunikation und die Beilegung von Konflikten. Sie ist das Mittel der Versöhnung.

Banera Rubioides
Dog Rose · Wilde Rose

Für Menschen, die sich unsicher fühlen, denen Vertrauen zu anderen fehlt, die ängstlich und schüchtern sind. Quälende Ängste unterdrücken die Lebenskraft, mindern die Lebensenergie und behindern den Fluß von Wärme und Liebe zwischen den Menschen. Die Essenz erhöht Selbstvertrauen, Energie, Selbstwertgefühl, inneren Mut und Bestimmtheit.

Bauera Sessiliflora
Dog Rose of the Wild Forces

Für Menschen, deren Emotionen so stark sind, daß sie befürchten, die Kontrolle zu verlieren. Vielleicht leiden sie ohne erkennbare organische Ursache unter körperlichen Symptomen, insbesondere Schmerzen. Die Essenz hilft, die Gefühle ins Gleichgewicht zu bringen, den Geist zu beruhigen und angesichts großer Herausforderungen geistig gesund zu bleiben und sich so inneres Wachstum zu ermöglichen.

Styphelia Triflora
Five Corners

Für Menschen mit einem geringen Selbstwertgefühl, die unsicher sind, ihren Körper oder ihre Erscheinung ablehnen und sich daher schlecht darstellen können. Die Blütenessenz hilft, sich selbst zu akzeptieren und die eigene Schönheit zu erkennen; sie erhöht die Selbstachtung und verbessert die Selbstdarstellung.

Actinotus Helianthi
Flannel Flower

Insbesondere für Männer, die vor körperlichem Kontakt und körperlichen Aktivitäten zurückscheuen, und zwar aus Angst vor Nähe und aufgrund einer mangelnden Empfindsamkeit, häufig in Verbindung mit einem zurückliegenden Trauma oder einer Verletzung. Die Essenz fördert emotionales Vertrauen sowie das Vertrauen in Nähe und Sinnlichkeit und erhöht Empfindsamkeit und Gefühl.

Flannel Flower

Thysanotus Tuberosus
Fringed Violet · Gefranstes Veilchen

Für Menschen, die unter den Folgen eines Traumas, von Schock, Trauer, sexuellem Mißbrauch oder körperlicher Verletzung leiden und die Angst vor einer Wiederholung dessen haben. Die Essenz heilt eine beschädigte Aura, unterstützt die Integration des physischen und des ätherischen Körpers und gewährt übersinnlichen Schutz für Menschen, die mit übersinnlichen Fähigkeiten arbeiten.

Calandenia Dilatato
Green Spider Orchid

Für Menschen, die nach tieferen ebenso wie höheren Bewußtseinsebenen und Einsichten in sich selbst streben, und für Menschen, die in der Lage sind, solches Wissen zu lehren und weiterzugeben. Die Essenz ermöglicht die Aufnahme von Wissen, da sie hilft, Informationen über spirituelle Dinge zu schützen, und verhindert, daß man seine Energie verschwendet oder das Wissen verwendet, um Respekt oder Anerkennung zu erlangen. Sie hilft auch, aus der Vergangenheit resultierende Ängste und Alpträume loszulassen.

Grevillea Buxifolia
Grey Spider Flower · Graue Cleome

Gegen Angst und Panik in Notfällen oder traumatischen Situationen oder einfach im Alltag, wenn man sich einer Herausforderung stellen muß, zum Beispiel einer Prüfung, wenn man einen Vortrag oder eine Rede hält oder während eines Vorstellungsgesprächs. Die Essenz verleiht Ruhe und Vertrauen in die eigenen Fähigkeiten und hilft dem Betreffenden, sich von der besten Seite zu zeigen.

Doryanthes Excelsa
Gymea Lily · Speerblume

Für starke Menschen, die dazu neigen, andere zu tyrannisieren und zuviel zu verlangen, die stolz, arrogant und charismatisch sind. Sie sind daran gewöhnt, ihren Kopf durchzusetzen. Die Essenz verringert das Verlangen nach Status,

Anerkennung, Glanz und dem Bedürfnis, immer derjenige zu sein, der den Ton angibt, und hilft, sich in Bescheidenheit und Anerkennung der anderen zu üben.

HIBBERTIA PENDUNCULATA
Hibbertia · Hibbertie

Für Menschen, die ständig das Gefühl haben, sie müßten sich verbessern und ihr Wissen erweitern. Für Perfektionisten, die sich stark disziplinieren und fanatisch oder süchtig nach der Aneignung von Wissen werden. Die Essenz hilft ihnen, sich mehr auf ihr angeborenes und auf Erfahrungen basierendes Wissen zu verlassen und sich selbst so zu akzeptieren, wie sie sind, ohne das Bedürfnis, besser zu sein als die anderen.

BRACHYCHITON ACERIFOLIUS
Illawarra Flame Tree

Für Menschen, die sich »außen vor« und abgelehnt fühlen und sich wie ein Außenseiter vorkommen, teils wegen ihrer Unfähigkeit, sich den Verpflichtungen einer Beziehung zu stellen, teils wegen ihrer geringen Selbstachtung. Sie können sich ihrer Fähigkeiten bewußt sein, fühlen sich aber überwältigt von der Verantwortung, diese einzusetzen. Die Essenz fördert Vertrauen, Selbstwertgefühl, Stärke und Unabhängigkeit.

ISOPOGON ANETHIFOLIUS
Isopogon · Gleichbart

Für Menschen, die von ihren Gefühlen abgeschnitten sowie sehr kopfbestimmt sind und andere beherrschen müssen, weiterhin für Menschen, die aus ihren Erfahrungen keine Lehren ziehen können, die ein schlechtes Gedächtnis haben und Anzeichen von Senilität zeigen. Die Essenz unterstützt sie, sich mit ihren Gefühlen und den »vergessenen Bereichen« der Person zu verbinden und aus Erfahrungen zu lernen.

JACARANDA MIMOSAEFOLIA
Jacaranda · Palisander

Für Menschen, die nicht in der Lage sind, klar zu denken, denen Zielstrebigkeit und Richtung fehlen. Sie zaudern, ändern häufig ihre Meinung und verpulvern ihre Energie durch ziellose Aktivitäten. Die Essenz unterstützt eine Klarheit des Geistes, Entschlossenheit und Zielfindung, wodurch sich Ideen in Taten und erfolgreiche Projekte umwandeln lassen.

Känguruh-Pfötchen

ANIGOZANTHOS MANGLESII
Kangaroo Paw · Känguruh-Pfötchen

Für Menschen, denen es anderen gegenüber an Einfühlungsvermögen fehlt, die gedankenlos und taktlos sind und sich in Gesellschaft ungeschickt und linkisch verhalten. Die Essenz hilft ihnen, die Bedürfnisse der anderen zu erkennen und ihre Gesellschaft zu genießen. Sie verbessert die Kommunikationsfähigkeiten.

COCHLOSPERMUM FRASERI
Kapok Bush · Schneckensame

Für Menschen, denen es an Beharrlichkeit fehlt, die ihre Bemühungen zu schnell einstellen, da sie sich schnell entmutigen lassen. Sie neigen zu Apathie und Resignation. Die Essenz fördert das Vertrauen, daß man in der Lage ist, sich anzustrengen und Dinge zu erledigen und unterstützt Beharrlichkeit.

ACTINOTUS MINOR
Little Flannel Flower

Für Menschen, die das Leben sehr ernst nehmen und denen der Sinn für Spaß und Freude fehlt. Für Kinder, die sich wie Erwachsene benehmen und die Probleme der Welt auf sich laden. Die Essenz hilft Menschen, sich mit dem Kind in ihnen zu verbinden und fördert Verspieltheit, Spaß, Spontaneität und einen Sinn für Humor.

EUCALYPTUS MACROCARPA
Macrocarpa

Für Menschen, die sich überfordert haben oder unter den Auswirkungen von Streß leiden, die ausgebrannt sind und nur noch wenig Widerstandskraft gegen Krankheiten besitzen. Durch eine Verbesserung der Nebennierenfunktion stärkt die Essenz die Widerstandskraft gegen Streß und steigert Energie und Vitalität.

Prostanthera Striatiflora
Mint Bush · Geneigtfaden

Für Menschen, die die »dunkle Nacht der Seele« erleben und das Gefühl haben, sie werden häufig bis an ihre Grenzen gebracht. Für Menschen, denen wichtige Herausforderungen in ihrem Leben bevorstehen und die das Gefühl haben, um sie herum sei alles durcheinander und kompliziert und die keinen Weg nach vorn erkennen können. Die Essenz fördert die Fähigkeit, mit solchen Schwierigkeiten umzugehen und den eigenen Weg zu erkennen, so daß man von der Dunkelheit ins Licht kommen kann.

Lambertia Formosa
Mountain Devil

Für Menschen, die unter Eifersucht, Wut, Argwohn, Groll und Haß leiden und sich von solchen negativen Gefühlen vergiften lassen, was zu einer Vielfalt an chronischen Krankheiten führen kann. Die Essenz hilft diesen Menschen, solche Gefühle abzulegen; sie fördert Wärme und Zuneigung, Versöhnlichkeit, Offenheit und läßt sie Barrieren, die der Liebe im Wege stehen, einreißen.

Ptilotus Atripicifolius
Mulla Mulla

Die Essenz eignet sich bei Angst vor Feuer, Hitze, heißen Gegenständen und Sonnenstrahlen, was häufig auf ein zurückliegendes Trauma in Verbindung mit Feuer zurückgeht. Sie hilft, Ängste aufgrund zurückliegender Erlebnisse zu überwinden, die verjüngende Energie der Sonne als wohltuend zu empfinden und so Gesundheit und Vitalität zu fördern.

Banksia Serrata
Old Man Banksia

Für Menschen, die sich schwer und lethargisch fühlen, mit wenig Energie und einem trägen Stoffwechsel, was häufig in einer Unterfunktion der Schilddrüse begründet ist. Diesen Menschen fehlt es an Enthusiasmus und Interesse am Leben, und sie lassen sich leicht entmutigen. Die Essenz förder Energie und Enthusiasmus und verleiht diesen Menschen wieder Interesse und Freude am Leben.

Carcia Papaya
Paw Paw · Papaya

Für Menschen, die sich von unüberwindbar erscheinenden Problemen

Red Grevillea

überwältigt und belastet fühlen; sie fühlen sich außerstande, Entscheidungen zu treffen oder Informationen zu verarbeiten. Die Essenz fördert die Fähigkeit, Herausforderungen anzunehmen, Informationen aufzunehmen und Probleme zu lösen.

Leptospermum Squarrosum
Peach Flowered Tea Tree

Für Menschen, die Schwierigkeiten haben, sich für Projekte oder Aktivitäten zu engagieren und ihr Interesse daran wachzuhalten. Sie sind schnell gelangweilt und entmutigt und neigen zu Stimmungsschwankungen. Sie haben eine Tendenz zur Hypochondrie, zu Energieschüben bzw. -mangel, was eventuell auf eine Funktionsstörung der Bauchspeicheldrüse zurückgeht. Die Essenz wirkt ausgleichend auf Stimmung, Gesundheit und Energie; sie erhöht die Fähigkeit, mit Interesse bei der Sache zu bleiben und so Projekte zu vollenden und Ziele zu erreichen.

Philotheca Salsolifolia
Philotheca

Für Menschen, die von sich selbst nur eine geringe Meinung haben und sich daher schwertun, Lob oder Anerkennung für ihre Leistungen oder Erfolge anzunehmen. Sie geben eher, als daß sie nehmen können. Die Essenz hilft ihnen, Geschenke oder Lob von anderen anzunehmen und ihnen zu erlauben, die eigenen Talente und Erfolge hervorzuheben.

Ptilotus Exaltus
Pink Mulla Mulla

Für Menschen, die aufgrund zurückliegender Erlebnisse Schmerz empfinden oder sich verletzt fühlen und jetzt Angst haben, wieder verletzt zu werden. Sie bauen um sich eine Mauer der Unverwundbarkeit, eine harte Schale, und entziehen sich engem Kontakt mit anderen. Die Essenz hilft, Schmerzen aufgrund früherer Ereignisse loszulassen und Blockaden in der Beziehung zu anderen zu überwinden; außerdem lindert sie permanentes Mißtrauen und die Angst, verletzt zu werden.

Grevillea Speciosa
Red Grevillea

Für Menschen, die sich in einem Trott gefangen fühlen, die zwar wissen, was sie tun möchten, aber nicht wie. Sie sind häufig sehr von anderen abhängig und fühlen sich schnell von deren Kritik getroffen. Die Essenz hilft ihnen, unabhängiger zu werden und sich von der Meinung der anderen nicht beeinflussen zu lassen. Sie verleiht Mut und jene dynamische Energie, die für die erforderlichen Veränderungen benötigt wird.

Corybas Dilatatus
Red Helmet Orchid

Für Menschen, die unverarbeitete Probleme mit Vaterfiguren haben; dies kann sich in Rebellion oder in Mißachtung von Autorität ausdrücken. Die Essenz verhilft Männern zu einem engeren Kontakt mit ihren Kindern und gibt ihnen Zeit für ihre Familie. Sie erhöht die Sensibilität anderen gegenüber und den Respekt vor Autorität.

Nelumbo Nucifera
Red Lily · Rote Lilie

Für Menschen, die sich nicht im Gleichgewicht fühlen, die ihre Energie und Konzentration verschleudern und scheinbar den ganzen Tag träumen. Die Essenz unterstützt spirituelle Praktiken wie Meditation, indem sie die Konzentration fördert und die Fähigkeit, zielgerichtet und realistisch in der Gegenwart zu leben, verbessert.

Suneiria Rubra
Red Suva Frangipani

Für Menschen, die in ihrer Beziehung oder Partnerschaft eine schwierige Zeit durchlaufen, deren Ehe vor der Trennung steht oder die durch den Verlust einer nahen Person einen Schock erleben. Die Essenz gibt Stärke, um mit diesen verletzenden Gefühlen mit Gleichmut umzugehen, fördert Gelassenheit und die Sicherheit, daß man unterstützt und gestärkt wird statt auseinandergerissen.

Trichodesma Zeylanicum
Rough Bluebell

Für Menschen, die ein großes Bedürfnis nach Liebe und Zuneigung haben, diese aber nicht zurückgeben können. Sie neigen dazu, hinterhältig und manipulierend zu sein; sie sind sich der Bedürfnisse der anderen bewußt, und doch interessieren sie diese nicht; sie bevorzugen es, Menschen zu benutzen, die Rolle des Märtyrers zu spielen und anderen das Gefühl zu geben, sie seien ihnen verpflichtet. Die Essenz hilft einem, großzügiger und liebevoller zu sein und fördert Sensibilität und Mitgefühl für andere.

Casuarina Glauca
She Oak · Kasuarine

Für Frauen, deren emotionale Probleme ihre Fruchtbarkeit beeinträchtigen und die kein Kind empfangen können. Das Gefühl der Unzulänglichkeit, fehlendes Selbstvertrauen, Angst vor Schwangerschaft und der Erziehung von Kindern können für die Störung im hormonellen Gleichgewicht und die Unfruchtbarkeit verantwortlich sein. Die Essenz hilft, emotionale Blockaden, die der Empfängnis im Wege stehen, zu beseitigen und das Vertrauen in die weibliche Kreativität zu erhöhen.

Eucalyptus Caesia
Silver Princess

Für Menschen, die das Gefühl haben, ihr Leben stehe an einem Scheideweg, und die nicht wissen, welchen Weg sie einschlagen sollen. Die Essenz eignet sich auch für Menschen, die ein wichtiges Ziel erreicht haben und sich jetzt, da sie angekommen sind, lustlos und unausgefüllt fühlen. Die Essenz hilft, die richtige Richtung zu erkennen und fördert die Freude daran, den Weg zum Ziel zu begehen.

Pimelea Linifolia
Slender Rice Flower · Glanzstrauch

Für engstirnige, rechthaberische, voreingenommene Menschen oder Rassisten, die andere Menschen, deren Lebensstil und Auffassungen kritisieren. Die Essenz unterstützt dabei andere Menschen oder andere religiöse oder nationale Gruppen nicht mehr abwertend zu beurteilen und läßt den Betreffenden die Verbindung zwischen allen menschlichen Wesen erkennen. Sie fördert Harmonie und Kooperation in der Gruppe und versetzt Menschen in die Lage, für ein gemeinsames Ziel zusammenzuarbeiten.

Xanthosia Rotundifolia
Southern Cross

Für Menschen, die bitter und ärgerlich sind, die glauben, das Leben sei unfair und ihnen werde hart mitgespielt. Die Essenz läßt sie erkennen, daß ein großer Teil des Lebens davon abhängt, was sie daraus machen, und daß sie ihr Leben schon dadurch ändern können, daß sie ihre negative Haltung in eine positive umwandeln.

Triodia spp
Spinifex · Stachelkopfgras

Für Menschen, die sich als Opfer ihres Körpers empfinden: Sie haben über dessen körperliche Symptome keine Kontrolle, insbesondere wenn diese immer wieder auftreten oder chronisch sind. Die Essenz erhöht das Vertrauen in die angeborenen Selbstheilungskräfte und behebt emotionale Ursachen für eine geringe Immunabwehr, die zu Infektionen, wie Candidiasis, Herpes und Chlamydia führt.

Clianthus Formosus
Sturt Desert Pea · Prachtwicke

Bei unverarbeiteter Trauer und Traurigkeit, unterdrückten Gefühlen, die zu Depressionen und Beklemmungen in der Lunge führen können. Die Essenz hilft, diese Gefühle an die Oberfläche zu bringen und durch Weinen herauszulassen, wodurch die Anspannung im Körper, insbesondere um Herz und Lunge, abgebaut wird.

Gossypium Sturtianum
Sturt Desert Rose · Malve

Bei Schuldgefühlen und geringer Selbstachtung aufgrund eines zurückliegenden Verhaltens, woraus oft Bedauern und Selbstkritik resultieren, die einen niederdrücken. Die Essenz hilft, zurückliegende Ereignisse zu akzeptieren und mit einem Gefühl der Überzeugung weiterzumachen, ohne sich durch den Druck von anderen in Frage stellen zu lassen. Sie fördert innere Stärke und persönliche Integrität.

Banksia Robur
Swamp Banksia

Für jene dynamischen und aktiven Menschen, die ihre Energie, ihren Antrieb und ihre Lebensfreude aufgrund von Streß, Rückschlägen, Überarbeitung, gesundheitlichen Problemen oder durch ein Trauma verloren haben. Die Essenz hilft, die Energien und den Enthusiasmus wieder zu entfachen und Frustrationen und negative Einstellungen »wegzuwaschen«.

Drosera Spathulata
Sundew · Sonnentau

Für jene unausgeglichenen, unentschlossenen Menschen, die zu Tagträumen neigen, insbesondere wenn Arbeit erledigt werden muß. Die Essenz hilft, sich auf die Situation zu konzentrieren, erhöht die Motivation und die Aufmerksamkeit für Einzelheiten und reduziert das Bedürfnis, sich zurückzuziehen oder vor den Realitäten des Lebens zu entfliehen.

Acacia Terminalis
Sunshine Wattle · Akazie

Für Menschen, die in der Vergangenheit gelitten haben und deren daraus resultierende negative Einstellung die Gegenwart überschattet. Sie begreifen das Leben als Kampf, und ihre Perspektive ist trostlos. Die Essenz hilft, die Gegenwart ohne die Wolken der Vergangenheit zu erkennen, gibt Schönheit und Freude wieder einen Platz im Leben und läßt gespannt in die Zukunft blicken.

SENECIA MAGNIFICUS
Tall Yellow Top · Greiskraut

Für Menschen, die »in ihrem Kopf« leben und von ihren wahren Gefühlen abgeschnitten sind. Sie fühlen sich auch von ihren Wurzeln getrennt und haben keine Verbindung zu ihrer Familie, zu ihrem Arbeitsplatz oder ihrem Land. Sie sind einsam, entfremdet und ungeliebt und sehnen sich danach, dazuzugehören und »nach Hause« zu kommen. Die Essenz gibt diesen Menschen ein Gefühl der Verbindung und Verpflichtung, das sich auf die Familie, die Arbeit oder einen Ort beziehen kann. Sie läßt die Betreffenden Wurzeln schlagen, öffnet ihr Herz und verbindet sie mit anderen.

CALYTHRIX EXSTIPULATA
Turkey Bush · Haarkelch

Für Menschen, die an ihren kreativen Fähigkeiten zweifeln, sowie bei kreativen Blockaden und Entmutigungen. Die Essenz fördert den Wunsch, sich kreativ zu betätigen, beseitigt Hindernisse, die einer frei fließenden Inspiration im Wege stehen und schafft neues Vertrauen zur eigenen Person und den eigenen Fähigkeiten.

TELOPEA SPECIOSISSIMA
Waratah · Telopea

Bei Krisen und Notfällen, bei Dunkelheit, Depression und Verzweiflung und der Unfähigkeit, mit den Herausforderungen des Lebens klarzukommen. Die Essenz bringt Überlebensfähigkeiten zum Vorschein und verleiht Mut und Stärke, um Krisen zu überwinden. Sie fördert eine positive Veränderung bei Menschen, die durch die »schwarze Nacht der Seele« gehen.

RICINOCARPUS PINIFOLIUS
Wedding Bush

Für Menschen, die keine Verpflichtungen eingehen können, weder bei der Arbeit noch in Beziehungen oder bei anderen Aktivitäten. Sie flattern von einer Sache zur nächsten, verlieren das Interesse, nachdem der anfängliche Reiz nachgelassen hat, und gehen nie enge Beziehungen ein. Die Essenz hilft dabei, Disziplin und Engagement zu entwickeln, so daß man aus der Hingabe an eine Aufgabe oder Beziehung Zufriedenheit ziehen kann.

Prachtwicke

SOLANUM QUADRILOCULATUM
Wild Potato Bush · Nachtschatten

Für Menschen, die sich in ihrem physischen Körper gefangen fühlen, was häufig in einer Behinderung oder Lähmung begründet ist, und die aufgrund ihrer körperlichen Grenzen im Leben nicht vorankommen können. Die Essenz hilft ihnen, ein positives Gefühl zu ihrem Körper zu entwickeln und sich gedanklich von den Einschränkungen zu befreien. Sie verleiht neue Energie und Begeisterung.

WISTERIA SINENSIS
Wisteria · Glyzine

Für Frauen, die mit ihrer Weiblichkeit und ihrer Sexualität Probleme haben, und für Männer, die ihre weichere, weiblichere Seite leugnen. Die Essenz hilft Frauen, zu entspannen und Sex zu genießen, häufig indem sie zurückliegende negative Erfahrungen loslassen. Sie lindert sowohl bei Männern als auch bei Frauen Angst vor Nähe und Weichheit.

CALADENIA FLAVA
Yellow Cowslip Orchid

Für jene intellektuellen, analytischen Menschen, die von ihren Gefühlen abgeschnitten sind, die überkritisch, alles gleich bewerten sowie unnahbar und zurückgezogen sind. Die Essenz fördert einen offenen und neugierigen Geist, Wärme und die Akzeptanz anderer. Sie verbindet den Betreffenden mit seinen Gefühlen und schafft ein Gleichgewicht zwischen Kopf und Herz.

Ätherische Öle

Die exotischen Düfte von Blüten und Blättern, die wunderbaren Aromen und die Geschmacksnoten von Küchenkräutern gehen auf ätherische Öle zurück. Diese Öle besitzen einen unglaublichen Reichtum an therapeutischen Wirkungen.

Ätherische Öle spielen eine wichtige Rolle in der Heilung, Einzelheiten über ihre Anwendung können Sie auf den Seiten 271/272 nachlesen. Im folgenden finden Sie eine Auflistung der am häufigsten in der Aromatherapie verwendeten Öle und ihrer Einsatzbereiche.

Vorsicht: Nehmen Sie ätherische Öle niemals ein.

Basilikum

Migräne, Kopfschmerzen, Schmerzen, Infektionen des Brustkorbs, Verdauungsbeschwerden, Koliken, Erkältungen, Katarrhe, Fieber. Konzentrationsschwäche, Ohnmacht, Desorganisation, geistige Müdigkeit, nervöse Erschöpfung. Geringe Libido, Depressionen, schmerzhafte oder schwache Menstruationsblutungen, Anspannung, angeschwollene Brüste, prämenstruelles Syndrom.

Achtung: Zu Beginn der Schwangerschaft vermeiden.

Bergamotte

Husten, Fieber, Infektionen der Harnwege, vaginale Infektionen oder Ausfluß. Appetitlosigkeit und Eßstörungen, Akne, Eiterbeulen, Fieberbläschen und andere Herpesinfektionen, einschließlich Windpocken und Gürtelrose. Schnitte und Wunden. Depressionen, Anspannung, Ängste und geringes Selbstbewußtsein.

Achtung: Erhöht Lichtempfindlichkeit; vor dem Sonnenbad und der Sonnenbank vermeiden.

Cajeput

Erkältungen, Grippe, Katarrh, Nebenhöhlenentzündung, Halsentzündung, Kopfschmerzen. Arthritis, Gicht, Rheuma, Zahnschmerzen. Unentschlossenheit, Ziellosigkeit und mangelndes Verständnis.

Achtung: Gut verdünnen, da es zu Haut- und Schleimhautreizungen führen kann.

Citronella

Insektenschutzmittel, Schwäche, Erschöpfung.

Dill

Koliken, Weinen und Schlaflosigkeit bei Babys. Schlechte Durchblutung der Gliedmaßen, Muskelverspannung und schmerzende Gelenke.

Eukalyptus

Erkältungen, Grippe, Katarrh, Nebenhöhlenentzündung, Fieber, Bakterien- und Virusinfektionen, Bronchitis, Kinderkrankheiten (Masern und Windpocken), Epidemien, Insektenschutzmittel. Infektionen der Harnwege, Flüssigkeitsretention, Schnitte und Wunden, Hautinfektionen, Fieberbläschen, Verbrennungen, Gürtelrose. Rheuma, Arthritis, Muskelschmerzen.

Fenchel

Gicht, Vergiftungsbeschwerden, entzündete Gelenke, Alkoholismus, Blähungen, Koliken, Schluckauf, Übelkeit, Indigestion, Verstopfung, übermäßiger Appetit. Nierensteine, Flüssigkeitsretention, Infektionen der Harnwege, unregelmäßige Monatsblutungen, schmerzhafte Monatsblutungen, prämenstruelles Syndrom, Symptome der Wechseljahre, wenig Muttermilch, Fettleibigkeit.

Achtung: Bei Epilepsie und Kindern unter 6 Jahren vermeiden. Zu Beginn der Schwangerschaft vermeiden.

Geranie / Pelargonie

Depressionen, Infektionen der Harn- und der Atemwege, Halsentzündungen. Fettige Haut, Ekzeme, Beschwerden in den Wechseljahren, prämenstruelles Syndrom, unregelmäßige Blutungen, Flüssigkeitsretention. Ängste, Überreizung, Stimmungsschwankungen, nervöse Anspannung, Durchfall, Nierensteine, Neuralgie, Durchblutungsbeschwerden. Schützt vor Insekten.

Hopfen

Verspannte Muskeln, Schlaflosigkeit. Schmerzen aufgrund von Kopfschmerzen und Arthritis. Anspannung, Ängste, Reizbarkeit und Ruhelosigkeit. Beruhigt sexuelles Verlangen bei Männern, stärkt die Libido bei Frauen, lindert Beschwerden in den Wechseljahren.

Ingwer

Katarrh, Nebenhöhlenentzündung, Erkältungen, Grippe, Infektionen des Brustkorbs, Müdigkeit, Depressionen, geringe Libido. Durchfall, Rheuma, Arthritis, schlechte Durchblutung, Verdauungsschwäche, Koliken, Übelkeit, Magenkrämpfe, Menstruationsbeschwerden, Muskelschmerzen und Verspannungen, Verstauchung.

Jasmin

Menstruationsbeschwerden, Schmerzen und Verspannungen während der Geburt, Plazentaretention, Schwäche und Depressionen nach einer Geburt, geringe Libido, Frigidität, Anspannung, Ängste, insbesondere hinsichtlich der Sexualität, Depressionen, Angst, Muskelverspannung, Lethargie, fehlendes Vertrauen, Trauer. Halsentzündung, Husten, Katarrh, Infektionen des Brustkorbs, empfindliche, trockene Haut.

Achtung: Zu Beginn der Schwangerschaft vermeiden.

Kamille

Koliken, Magenschleimhautentzündung, Magengeschwür, Durchfall, prämenstruelles Syndrom, Menstruationsbeschwerden, Reizblase, Flüssigkeitsretention, Blasenentzündung, Ekzem, Eiterbeulen, Hautinfektionen, Allergien. Kopfschmerzen, Migräne, Fieber bei Kindern, Zahnen, Ohrenschmerzen. Beschwerden in den Wechseljahren, Muskelschmerzen, entzündete Gelenke, Verstauchungen, Verbrennungen. Anspannung, Ängste, Depressionen, Überreizung, Ruhelosigkeit, Schlaflosigkeit, Reizbarkeit.

Kiefer

Infektionen des Brustkorbs, Katarrh, Erkältungen, Grippe, Halsentzündungen. Schlechte Durchblutung, Müdigkeit, Schwäche, rheumatische Beschwerden. Muskelschmerzen und -verspannungen. Blasen- und Niereninfektionen, Flüssigkeitsretention.

Koriander

Müdigkeit, Schwäche, schlechte Durchblutung, Appetitlosigkeit, mangelnde Motivation. Verdauungsbeschwerden, Blähungen, Neuralgie, rheumatische Schmerzen, Grippe, Nervosität, Schmerzen.

Lavendel

Depressionen, Ängste, Anspannung, Nervosität, Ruhelosigkeit, Schlaflosigkeit, Stimmungsschwankungen, prämenstruelles Syndrom, Menopause. Infektionen, Erkältungen, Grippe, Husten, Katarrh, Nebenhöhlenentzündung, Verbrennungen, Hautbeschwerden, Infektionen, wie z. B. Fußpilzerkrankungen. Verletzungen, Schnitte und Wunden. Geschwüre, Migräne, Kopfschmerzen, Muskelschmerzen und -verspannungen. Rheuma, Ischiasvorfall, Arthritis, Menstruationsbeschwerden, schwache Monatsblutungen, vaginaler Ausfluß und Infektionen. Lindert Schmerzen während der Geburt und verstärkt die Wehen, Plazentaretention. Kinderheilmittel – Koliken, Infektionen, Reizbarkeit, Schlaflosigkeit. Herzklopfen, Bluthochdruck. Insektenschutzmittel, Stiche und Bisse. Übelkeit, Asthma.

Linde

Streßbedingte Beschwerden – nervöse Indigestion, Kopfschmerzen, steife Muskeln, Schwäche, Krämpfe, Schmerzen, Schlaflosigkeit, Ruhelosigkeit, Reizbarkeit, Depressionen.

Majoran

Infektionen des Brustkorbs, Husten, Erkältungen, Grippe, Asthma, Katarrh, Nebenhöhlenentzündung. Schlaflosigkeit, Kopfschmerzen, Nervenschmerzen. Bluthochdruck, schlechte Durchblutung, Muskelverspannungen und -schmerzen. Rheuma, Arthritis, Verstauchungen, Prellungen. Verdauungsbeschwerden, Koliken, Verstopfung, Menstruationsbeschwerden, Krämpfe. Trauer, Einsamkeit, Ängste, Anspannung, Depressionen, übermäßige Libido, Schlaflosigkeit.

Achtung: Zu Beginn der Schwangerschaft vermeiden.

Melisse

Hautbeschwerden, Allergien, Ekzeme, Asthma, Husten. Unregelmäßige Monatsblutungen, Menstruationsschmerzen, Unfruchtbarkeit. Bluthochdruck, Hyperventilation, Herzklopfen. Schock, Depressionen, Ängste, Anspannung, Lethargie, schmerzlicher Verlust, Schlaflosigkeit. Schützt vor Insekten. Streßkopfschmerzen, Verdauungsbeschwerden, Indigestion, Koliken, Durchfall. Herpes, Bakterien- und Pilzinfektionen.

Muskatellersalbei

Muskelverspannung, prämenstruelles Syndrom, Depressionen, Erschöpfung, Ängste, Anspannung, Nervosität. Anspannung der Gebärmutter während der Geburt, Menstruationsschmerzen, Asthma, Migräne, Unterleibsschmerzen, Verdauungsbeschwerden. Nachtschweiß, Akne, geringe Libido, Halsentzündungen, Schmerzen.

Vorsicht: Zu Beginn der Schwangerschaft vermeiden; in Verbindung mit Alkohol vermeiden.

Muskatnuß

Rheumatische Schmerzen, Arthritis, schlechte Durchblutung. Nervosität, Schwäche, Schlaflosigkeit, Lethargie, Depressionen, Muskelschmerzen, Übelkeit, Erbrechen.

Achtung: Nur in geringen Dosen verwenden. Zu Beginn der Schwangerschaft vermeiden.

Myrrhe

Infektionen des Brustkorbs, Erkältungen, Grippe, Katarrh, Nebenhöhlenentzündung. Halsentzündungen, Infektionen des Mundes, Aphthen, Zahnfleischbluten. Verdauungsbeschwerden, Durchfall, Appetitlosigkeit. Stimuliert Wehen während der Geburt, vaginale Infektionen, Soor. Schnitte und Wunden, Geschwüre, Infektionen, Ekzeme, Fußpilz, geringe Abwehr, Candidiasis.

Achtung: Zu Beginn der Schwangerschaft vermeiden.

Nelke

Zahnschmerzen, Kopfschmerzen, Wehenschwäche während der Geburt. Bronchitis, Erkältungen, Grippe, Durchfall, Arthritis, Rheuma.

Vorsicht: Während der Schwangerschaft vermeiden; bei empfindlicher Haut vermeiden.

Neroli

Depressionen, Schlaflosigkeit, Ängste, Anspannung, Streß, geringe Libido, Schock, sexuelle Probleme, Angst. Hautprobleme, Narben, trockene Haut, alternde Haut. Verdauungsbeschwerden, Koliken, Durchfall, Menstruationsbeschwerden, Beschwerden während der Wechseljahre, Herzklopfen.

Orange

Depressionen, Schlaflosigkeit, Lethargie, Ängste, Nervosität. Verdauungsbeschwerden – Koliken, Magenschmerzen, Verstopfung, chronischer Durchfall, schlechte Durchblutung, Zahnfleischbluten. Menstruationsbeschwerden, Muskelkrämpfe.

Oregano

Bronchitis, Virusinfektionen, Pilzinfektionen, Soor. Rheuma, Arthritis, Muskelschmerzen. Verdauungsbeschwerden. Unregelmäßige, schwache Monatsblutungen.

Achtung: Zu Beginn der Schwangerschaft vermeiden, wenn das Öl Hautreizungen verursachen kann.

Pfefferminze

Leber- und Verdauungsbeschwerden, Indigestion, Koliken, Blähungen, Durchfall, Sodbrennen, Übelkeit, Erbrechen, Reisekrankheit. Infektionen, Erkältungen, Grippe, schlechte Durchblutung, Lethargie, Depressionen, Fieber, Katarrh, Nebenhöhlenentzündung, Hautprobleme und Infektionen. Kopfschmerzen, Migräne, Nervenschmerzen, Konzentrationsschwäche, geistige Erschöpfung, Müdigkeit, Schock. Arthritis.

Rose Maroc

Unregelmäßige Monatsblutungen, Menstruationsbeschwerden, prämenstruelles Syndrom, Prolaps, Gefahr einer Fehlgeburt, gynäkologische Beschwerden, starke Monatsblutungen, Unfruchtbarkeit. Depressionen, Trauer, emotionale Beschwerden in Verbindung mit der Sexualität, geringe Libido, Frigidität, Ängste, postnatale Depressionen, »gebrochenes Herz«, mangelndes Vertrauen, schmerzhafter Verlust, Beschwerden während der Wechseljahre. Schlechte Durchblutung, Allergien, Müdigkeit, Schwäche. Trockene, empfindliche, alternde Haut.

Achtung: Zu Beginn der Schwangerschaft vermeiden.

Rosengeranium

Streßbedingte Beschwerden – Kopfschmerzen, Magenschmerzen, Menstruationskrämpfe, Schwäche, Anspannung, Melancholie, Depressionen. Stimmungsschwankungen, prämenstruelles Syndrom, Wechseljahrsbeschwerden. Schlaffe Muskulatur, Durchfall, starke Monatsblutungen. Abschürfungen, Schnitte, Pickel, fettige Haut, Akne. Hämorrhoiden, Krampfadern, Frostbeulen, Verbrennungen, Ekzeme, Zellulitis. Eiterbeulen, Abszesse, Kopfläuse. Insektenschutz. Perspiration. Angeschwollene Brüste, Mastitis.

Rosenholz

Kopfschmerzen, Müdigkeit, Lethargie, Übelkeit, Nervosität, Konzentrationsschwäche, geistige Erschöpfung, Depressionen, Ruhelosigkeit.

Rosmarin

Lethargie, Erschöpfung, Konzentrationsschwäche, schlechtes Gedächtnis, Migräne, Ohnmacht, Kopfschmerzen, Depressionen, Anspannung, Ängste. Erhöhter Cholesterinspiegel, Leberbeschwerden, Verstopfung. Infektionen im Brustkorb, Erkältungen, Grippe, Katarrh, Nebenhöhlenentzündung, Asthma. Gicht, Rheuma, Arthritis, Muskelverspannungen und -schmerzen, Verstauchungen. Hautbeschwerden, alternde Haut, Haarprobleme, schlechte Durchblutung. Schmerzen.

Salbei

Bei Husten, Erkältungen und Katarrhen inhalieren. Wärmt bei Massagen die Muskeln.

Achtung: Nie in der Schwangerschaft einsetzen.

Sandelholz

Infektionen der Harnwege, vaginale Infektionen und Ausfluß, Infektionen des Brustkorbs, Halsentzündungen, Katarrh. Hautbeschwerden, Akne, Hautausschlag, Hautinfektionen, Pilz- und Bakterieninfektionen. Geringe Libido, Nervosität, Besorgnis, Angst, Lethargie, mangelndes Selbstvertrauen, Überempfindlichkeit, Depressionen, Menstruationsbeschwerden.

Schafgarbe

Arthritis und Gicht. Krämpfe, Koliken, schmerzhafte und lange Menstruationsblutungen. Schlechte Durchblutung und Verdauung.

Schwarzer Pfeffer

Verstopfung, Erkältungen, Grippe, Schwäche, Konzentrationsschwäche, Depressionen, Gefühl der Machtlosigkeit. Schlechte Durchblutung, Verdauungsschwäche, Koliken, Blähungen, Unterleibsschmerzen, Muskelschmerzen, Steifheit, Erschöpfung, rheumatische und arthritische Schmerzen.

Achtung: Gut verdünnen, da es zu Hautreizungen führen kann.

Tea Tree

Abwehrschwäche, Bakterien-, Virus- und Pilzinfektionen. Erkältungen, Grippe, Infektionen bei Kindern, Fieber, Fieberbläschen, Gürtelrose, Windpocken. Warzenähnliche Hautveränderungen, Warzen, Akne, Pickel, Eiterbeulen, Tinea, Verbrennungen, Fußpilz, Soor, Candidiasis, Drüsenfieber.

Achtung: Gut verdünnen – kann Hautreizungen verursachen.

Thymian

Verdauungsbeschwerden, Verdauungsschwäche, Blähungen, Appetitlosigkeit, Magen- und Darminfektionen, Durchfall, Würmer. Erkältungen, Husten, Grippe, Katarrh, Nebenhöhlenentzündung, Halsentzündungen, Asthma, Infektionen des Brustkorbs, Mund- und Zahnfleischinfektionen, Abwehrschwäche, Soor, Infektionen der Harnwege, Flüssigkeitsretention. Schlechte Durchblutung, Erschöpfung, Genesungsphase, Depressionen, Konzentrationsschwäche und schlechtes Gedächtnis, geistige Trägheit, Schlaflosigkeit. Wunden, Rheuma, Arthritis. Insektenstiche.

Achtung: Zu Beginn der Schwangerschaft vermeiden.

Wacholderbeere

Vergiftungserscheinungen, Flüssigkeitsretention, Blasenentzündung, vaginaler Ausfluß, schwache oder unregelmäßige Monatsblutungen, Hämorrhoiden, Akne, Infektionen, während der Genesungsphase, Lethargie, Appetitlosigkeit, Rheuma, Gicht, Arthritis. Erschöpfung, Kater, Leberbeschwerden, Fettleibigkeit, Infektionen des Brustkorbs.

Achtung: Zu Beginn der Schwangerschaft und bei Infektionen der Nieren vermeiden.

Weihrauch

Infektionen der Atemwege, Katarrh, Kehlkopfentzündung, Asthma, Fieber. Infektionen der Harnwege, starke Menstruationsblutungen, Ängste, Spannung, Hyperventilation, Konzentrationsschwäche, alternde Haut, Angst, mangelndes Selbstbewußtsein. Ekzeme, Narben, wunde Stellen, Wunden.

Ylang Ylang

Hyperventilation, Herzklopfen, Schock, Streß, Ängste, Nervosität, Ärger, Depressionen, Bluthochdruck, Schlaflosigkeit, geringe Libido, Hautbeschwerden, Anspannung, sexuelle Beschwerden, mangelndes Selbstbewußtsein.

Ysop

Virusinfektionen, Infektionen des Brustkorbs, Katarrh, Nebenhöhlenentzündung, Halsentzündungen, Prellungen, Rheuma, Arthritis. Hautbeschwerden, Konzentrationsschwäche, geistige Erschöpfung, Durchblutungsbeschwerden, nervliche Anspannung, Asthma.

Achtung: Zu Beginn der Schwangerschaft und bei Epilepsie oder Bluthochdruck vermeiden.

Zimt

Schlechte Durchblutung, Erkältungen, Grippe, Depressionen, Lethargie. Rheuma, Arthritis, Muskelschmerzen. Verdauungsschwäche, Koliken, Blähungen, Übelkeit, Indigestion.

Achtung: Zu Beginn der Schwangerschaft vermeiden.

Zitrone

Infektionen, Fieber, Abwehrschwäche, Infektionen des Brustkorbs, Erkältungen, Grippe, Katarrh, Nebenhöhlenentzündung, Halsentzündungen, Ohrenentzündungen und -schmerzen. Wunden, Nasenbluten. Magen- und Darminfektionen, Durchfall, saurer Magen, Magenschleimhautentzündung, Magengeschwüre, Gallensteine. Rheuma, Gicht, Arthritis, Krampfadern, Bluthochdruck, Arterienverkalkung. Fettige Haut, Eiterbeulen, Pickel, warzenähnliche Hautveränderungen, Warzen. Müdigkeit, nervöse Anspannung, Ängste.

Zypresse

Schmerzhafte Monatsblutungen, starke Monatsblutungen. Übermäßige Perspiration, fettige Haut, Inkontinenz, schlechte Durchblutung, Ödeme, Hämorrhoiden, Krampfadern. Asthma, schützt vor Insekten, Schnitte und Wunden, Rheuma und Arthritis, Muskelschmerzen, Erkältungen, Infektionen des Brustkorbs, nervliche Anspannung.

Achtung: Zu Beginn der Schwangerschaft vermeiden.

KAPITEL 4: HEILMITTEL AUS PFLANZEN – HERSTELLUNG UND ANWENDUNG

Kräuterheilmittel

Kräuter üben ihre positive Wirkung auf den Menschen auf sehr unterschiedliche Art und Weise aus. Es reicht schon aus, in einem duftenden Kräutergarten zu sein oder im Sommer wilde Kräuter am Wegesrand zu sammeln, um ihre wunderbare Wirkung zu spüren. Am einfachsten kann man Kräuter natürlich einnehmen, indem man sie ißt, was wir mit vielen Kräutern täglich tun. Wir verwenden Petersilie in Salaten, Dill zu Fisch, Majoran auf der Pizza, Minze mit Lamm, Meerrettich mit Rindfleisch, Basilikum zu Nudeln und Knoblauch zu fast allem. Die aktiven Bestandteile der Kräuter werden über das Verdauungssystem aufgenommen, gelangen so in den Blutkreislauf und zirkulieren im Körper.

Zubereitungen für die innere Anwendung

Abgesehen von ihrer Verwendung aus kulinarischen Gründen können Kräuter als Tee oder Aufguß eingenommen werden, als Tinktur oder Tablette.

Aufguß Ein Aufguß wird genauso wie eine Tasse Tee zubereitet. Man verwendet dafür die weichen Pflanzenteile: die Blätter, Stengel und Blüten. Normalerweise nimmt man 25 g getrocknete Kräuter oder 50 g frische Kräuter auf 600 ml kochendes Wasser. Je nach Geschmack kann man dies abändern – es ist wichtig, daß der Kräutertee dem, der ihn zubereitet, schmeckt, damit er ihn auch regelmäßig trinkt, wenn es erforderlich ist. Geben Sie die Kräuter in eine vorgewärmte Teekanne, gießen Sie kochendes Wasser darüber und lassen Sie den Tee dann 10 Minuten zugedeckt ziehen, bevor Sie ihn abgießen.
Bei chronischen Beschwerden trinkt man normalerweise dreimal täglich eine Tasse; bei akuten Erkrankungen sollte man mindestens sechsmal täglich eine Tasse trinken. Im Kühlschrank hält sich ein Aufguß bis zu zwei Tagen.
Einige Kräuter, insbesondere jene mit einem hohen Mucilagoanteil, werden genauso zubereitet, allerdings mit kaltem Wasser. Wo dies der Fall ist, wurde es in den entsprechenden Blütenprofilen in Kapitel 2 erwähnt. Ein Aufguß wird meistens heiß getrunken, es sei denn, er dient der Behandlung der Harnwege, wofür er lauwarm bis kalt sein muß. Für einen Aufguß kann man mehrere Kräuter mischen, um die Wirkung zu kombinieren oder aus Geschmacksgründen. Es wird empfohlen, Kräuteraufgüssen, die ansonsten bitter sind, bestimmte aromatische Kräuter beizugeben. Dazu gehören Pfefferminze, Zitronenbalsam, Eisenkraut, Fenchel, Lavendel, Süßholz. Sie alle ergeben sowohl allein als auch zusammen mit anderen Kräutern wohlschmeckende Getränke.

Absud / Dekokt Ein Absud ist mit einem Aufguß vergleichbar, wird aber aus den harten, hölzernen Teilen der Pflanze hergestellt, wie Rinde, Samen, Wurzel, Rhizom und Nüsse. Diese Pflanzenteile benötigen mehr Hitze, um ihre Wirkstoffe an das Wasser abzugeben. Zerbrechen oder zerkleinern Sie sie zuerst mit einem Stößel oder einem Mörser oder zerschneiden Sie frische Teile, geben Sie sie dann in einen Topf mit Wasser, bringen Sie das Wasser zum Kochen und lassen es dann zugedeckt 10 Minuten sieden, bevor Sie es abgießen. Verwenden Sie für je 25 g Kräuter etwas mehr als 600 ml Wasser, um den Wasserverlust durch das Sieden auszugleichen. Die Dosierungen entsprechen denen für Aufgüsse.

Verwendung von Aufgüssen und Absuden Abgesehen davon, daß man einen Aufguß und einen Absud trinken kann, sind sie auch als Augenbad, zum Gurgeln, als Mundspülung und Lotion zu verwenden; bei chronischen Beschwerden sollte man sie zwei- bis dreimal täglich und in akuten Fällen alle zwei Stunden trinken bzw. anwenden.

Sirup Von Kindern wird häufig diese süße Flüssigkeit bevorzugt. Bei chronischen Beschwerden nimmt man einen Eßlöffel (zwei bei Erwachsenen) drei- bis viermal täglich; bei akuten Erkrankungen verdoppelt man die Dosierung. Man kann aus einem Aufguß oder einem Absud einen Sirup herstellen, indem man 325 g Zucker mit 600 ml der Flüssigkeit vermischt und so lange erhitzt, bis sich der Zucker auflöst. Lagern Sie den Sirup im Kühlschrank. Oder Sie wiegen Ihren Aufguß oder Absud und geben je 100 g Gewicht einen Teelöffel Honig hinzu. Erhitzen Sie die Mischung langsam und rühren Sie, sobald die Flüssigkeit dick wird. Falls sich Schaum an der Oberfläche bildet, schöpfen Sie diesen ab.
Eine weitere Möglichkeit besteht darin, 600 ml kochendes Wasser über 1,25 kg feinen braunen Zucker zu geben und dies unter Rühren schwach zu erhitzen bis sich der Zucker auflöst und die Lösung zu kochen anfängt. Nehmen Sie sie dann vom Herd. Geben Sie einen Teil Kräutertinktur (siehe unten) auf drei Teile Sirup. Dieser Sirup ist unbegrenzt haltbar.

Tinkturen Tinkturen sind konzentrierte Kräuterextrakte. Gewöhnlich verwendet man eine Mischung aus Wasser und Alkohol, um dem Heilmittel die Inhaltsstoffe zu entziehen und zur Konservierung. Das Verhältnis zwischen Alkohol und Wasser variiert von Pflanze zu Pflanze; bei einfachen Glykosiden und Tanninen verwendet man 25prozentigen Alkohol, während man bei Harzen und Gummi 90prozentigen Alkohol benötigt.
Zur Herstellung einer Tinktur verwendet man Kräuter und Flüssigkeit im Verhältnis 1:5 bei getrockneten und im Verhältnis 1:2 bei frischen Kräutern. Geben Sie die Kräuter in ein großes Glas, gießen die Alkohol-Wasser-Mischung darüber und lassen das ganze dann zwei Wochen ziehen, wobei das Glas täglich geschüttelt werden muß. Pressen Sie dann mit einer Weinpresse die Flüssigkeit heraus und werfen Sie die Kräuter, die einen sehr guten Kompost ergeben, weg. Lagern Sie die Tinkturen mit Etiketten versehen in dunklen Flaschen oder Gläsern an ebenfalls dunklen, kühlen Orten.
Wenn Sie zu Hause Tinkturen herstellen, können Sie auch hochprozentige alkoholische Getränke verwenden, wie Weinbrand, Gin oder Wodka. Oder Sie nehmen Glyzerin, wodurch die Extrakte einen süßen Geschmack erhalten und genießbarer sind. Verwenden Sie bei getrockneten Kräutern zu gleichen Teilen Wasser und Glyzerin und 80prozentiges Glyzerin bei wasserhaltigen, frischen Kräutern, wie Borretsch, um zu verhindern, daß sie verderben oder sich Keime bilden.

Verwendung von Tinkturen Im allgemeinen nimmt man bei chronischen Beschwerden dreimal täglich einen Teelöffel der Tinktur mit etwas Wasser verdünnt zum oder nach dem Essen und alle zwei Stunden bei akuten Erkrankungen. Kinder sollten die halbe Dosierung und Babys ein Viertel der

Dosierung eines Erwachsenen erhalten. Tinkturen halten sich in der Regel zwei Jahre, und obwohl ihre Herstellung länger dauert als die von Tee, haben sie den Vorteil, daß sie einfach zu lagern sind und nur in geringen Mengen benötigt werden.
Man kann Tinkturen auch zum Gurgeln und als Mundspülung sowie als Lotion und Dusche verwenden. Geben Sie bei chronischen Beschwerden dreimal täglich einen Teelöffel Tinktur auf eine Tasse Wasser und alle zwei Stunden bei akuten Beschwerden.

Zäpfchen Sowohl örtliche Beschwerden als auch solche, die den ganzen Körper betreffen, lassen sich mit dieser Methode schnell und einfach behandeln. Zäpfchen umgehen den Nahrungsweg und werden schnell vom Körper aufgenommen. Das Kräuterheilmittel gelangt durch die Schleimhaut des Enddarms direkt in die Blutbahn.
Man kann Zäpfchen leicht zu Hause herstellen, indem man fein pulverisierte getrocknete Kräuter einer Grundsubstanz aus geschmolzener Kakaobutter hinzufügt. Gießen Sie diese dann in die entsprechenden aus Alufolie hergestellten Formen und lassen sie abkühlen. Lagern Sie Zäpfchen im Kühlschrank. Es bietet sich an, gleich mehrere Zäpfchen auf einmal herzustellen.

Tabletten und Kapseln Kräuter in Tabletten- oder Kapselform kann man in Apotheken und Reformhäusern kaufen. Man kann Kapseln auch zu Hause herstellen, indem man Gelatinekapseln mit der pulverisierten Mischung der benötigten Kräuter füllt. Dieser Vorgang läßt sich durch ein entsprechendes Gerät vereinfachen, mit dem man große Mengen an Kapseln gleichzeitig füllen kann. Es gibt zwei Standardgrößen: 0 und 00. Größe 0 enthält ungefähr 0,35 g Pulver, so daß man für die Standarddosis dreimal täglich drei Kapseln nehmen sollte. Größe 00 enthält 0,5 g Pulver, hierbei sollte man dreimal täglich zwei Kapseln nehmen.

Zubereitungen für die äußere Anwendung

Die Haut ist ein stark resorbierendes Organ; trägt man Kräutermittel auf die Haut auf, werden die Wirkstoffe durch winzige Kapillaren unter der Hautoberfläche in die Blutbahn transportiert und dann im Körper verteilt. Es gibt verschiedene Möglichkeiten, diesen Weg in den Körper zu nutzen.

Kräuterbad Ein duftendes warmes Bad ist eine wunderbar luxuriöse und entspannende Möglichkeit, Kräuter aufzunehmen und eignet sich auch für Babys und Kinder. Man kann ein mit frischen oder getrockneten Kräutern gefülltes Musselinsäckchen unter den Warmwasserhahn hängen, oder man gibt zu dem Badewasser einen starken Kräuteraufguß. Bleiben Sie 15 bis 30 Minuten im Wasser. Sie können dem Badewasser auch einige Tropfen Ihres ausgewählten ätherischen Öls hinzufügen. Für Babys und Kinder oder bei empfindlicher Haut müssen die Öle zuerst verdünnt werden.
Bei einem Kräuterbad werden die pflanzlichen Wirkstoffe über die Hautporen aufgenommen, die durch die Wärme des Wassers geöffnet sind. Ätherische Öle werden vom Wasserdampf getragen, über Mund und Nase eingeatmet, sie gelangen so in die Lungen und von dort in die Blutbahn. Von der Nase senden die Öle über die Nerven Botschaften an das Gehirn und haben so umgehend eine entspannende und beruhigende Wirkung, da sie geistige und emotionale Belastungen lindern. Lavendel, Kamille und Ylang Ylang sind ausgesprochen entspannend und duften wunderbar, während Rosmarin zwar entspannend wirkt, aber gleichzeitig eine stimulierende Komponente hat, durch die das Blut in den Kopf strömt und die Aufmerksamkeit gefördert wird.

Hand- und Fußbäder Unsere Hände und Füße sind sehr empfindliche Bereiche mit zahlreichen Nervenenden. Trotz Verhornung der Haut in manchen Bereichen gelangen die Wirkstoffe der Kräuter leicht über Hände und Füße in die Blutbahn. Senffußbäder sind ein altes englisches Hausmittel bei allen durch Kälte und Feuchtigkeit verursachten Beschwerden, von Erkältungen und Grippe über Durchblutungsstörungen bis zu Arthritis. Der bekannte französische Kräuterheilkundige Maurice Messegue spricht sich in seinen Büchern über Kräutermedizin für diesen therapeutischen Weg aus und empfiehlt Fußbäder von acht Minuten am Abend und Handbäder von ebenfalls acht Minuten am Morgen. Hand- und Fußbäder sind eine ausgezeichnete Möglichkeit zur Behandlung von Babys und Kindern, die dafür auch nur die Hälfte der für Erwachsene empfohlenen Zeit stillsitzen müssen – je vier Minuten am Morgen und am Abend.

Salben und Cremes Zur Herstellung einfacher Salben werden die Kräuter in Öl eingelegt. Geben Sie 450 ml Olivenöl und 50 g Bienenwachs in eine hitzebeständige Schüssel und fügen Sie so viele Kräuter hinzu, daß sie noch gänzlich von der Mischung bedeckt werden. Erhitzen Sie die Mischung dann vorsichtig mehrere Stunden in einem Wasserbad. So können die pflanzlichen Wirkstoffe vom Öl aufgenommen werden. Danach wird die Mischung durch einen Musselinsack gepreßt. Werfen Sie die Kräuter weg und gießen Sie das warme Öl in Gläser, wo es rasch erhärtet.
Man kann auch sehr einfach eine Creme herstellen, indem man Tinkturen, Aufgüsse, Absude oder einige Tropfen des ätherischen Öls einer wasserhaltigen Creme zugibt, die in der Apotheke erhältlich ist.

Umschlag Ein Umschlag ist eine weiche, feuchte Mischung, die auf einen Teil des Körpers aufgetragen wird. Für einen Umschlag kann man frische oder getrocknete Kräuter verwenden, die man zwischen zwei Stücke Verbandsmull legt. Frische Blätter, Stengel oder Wurzeln müssen zuerst zerquetscht oder zerdrückt werden. Geben Sie bei pulverisierten oder feingeschnittenen getrockneten Kräutern etwas warmes Wasser hinzu, so erhält man eine Paste, die man dann auf dem Mull verteilen kann. Der Mullumschlag wird mit einer leichten Baumwollbandage auf der betroffenen Stelle befestigt, die mit einer Wärmflasche warm gehalten werden sollte. Umschläge aus Kohlblättern kann man bei schmerzhaft arthritischen Gelenken oder empfindlichen, vergrößerten Brüsten einsetzen; Kleieumschläge lindern Mastitis.

Kompressen Nehmen Sie ein sauberes Stück Stoff oder einen Waschlappen, tränken Sie ihn in einem heißen oder kalten Kräuteraufguß bzw. -absud oder in Wasser, dem Sie einige Tropfen ätherisches Öl zugegeben haben. Wringen Sie ihn dann aus und legen ihn auf die betroffene Stelle, beispielsweise den Bereich der Kopfschmerzen, Menstruationsschmerzen, Rückenschmerzen, auf entzündete Gelenke oder Krampfadern. Für eine gute Wirkung muß man dies mehrmals wiederholen.

Einreibemittel Einreibemittel oder Linimente sind Öle, die in Massagen eingesetzt werden, um die Muskulatur und die Bänder zu entspannen oder anzuregen und schmerzhafte Entzündungen oder Verletzungen zu beruhigen. Es handelt sich dabei um Kräuterextrakte auf Öl- oder Alkoholbasis oder eine Mischung aus Kräuterölen und Alkoholtinkturen der Kräuter. Sie sollen an der betroffenen Stelle schnell von der Haut aufgenommen werden und enthalten aus diesem Grund häufig stimulierende Öle oder Cayennepfeffer, wodurch die örtliche Durchblutung verbessert wird.

Öle Ätherische Öle werden durch Wasserdampfdestillation aus aromatischen Pflanzen gewonnen und können daher nicht zu Hause hergestellt werden. Man kann sie aber in vielen Geschäften kaufen, u.a. in Reformhäusern, oder über Versandgeschäfte beziehen.

Kräuteröle lassen sich aber einfach herstellen, indem man feingehackte Kräuter mit reinem Pflanzenöl, beispielsweise Mandel-, Sonnenblumen- oder Olivenöl, aufgießt und zwei Wochen ziehen läßt. Geben Sie die Kräuter in ein Glas mit einem Deckel, der sich fest aufschrauben läßt und bedecken Sie sie vor dem Verschließen mit Öl. Stellen Sie das Glas auf eine sonnige Fensterbank und schütteln Sie es täglich. Nach und nach nimmt das Öl die Wirkstoffe der verwendeten Pflanze auf. Nach zwei Wochen oder länger wird das Öl gefiltert, und die Kräuter werden durch ein Musselintuch gedrückt. Das Öl sollte in einer luftdichten dunklen Flasche gelagert werden.

Man kann die Öle für Massagen verwenden; die Kräuter lassen sich auf diese Art sehr gut Kindern verabreichen. Einige Tropfen des Kräuteröls können mit einem Grundöl verdünnt (2 Tropfen auf 5 ml) und ebenfalls für Massagen eingesetzt werden. Zum Inhalieren gibt man 5 bis 10 Tropfen in eine Schüssel. Mit etwas Wasser verdünnt verwendet man sie als Desinfektions- oder Raumspray oder in einem Verdampfer zur Gesichtsreinigung.

Ätherische Öle in der Aromatherapie

Die therapeutische Wirkung der Öle

Die ätherischen Öle, die aromatischen Kräutern ihre wunderbaren Düfte und Geschmacksbilder verleihen, bestehen aus einer Vielzahl chemischer Komponenten. Ihre verschiedenen Zusammensetzungen in den Pflanzen erzeugen die Unterschiede im Geschmack und in der therapeutischen Wirkung. In einigen Ölen konnte man bis zu 50 verschiedene chemische Komponenten nachweisen. Alle ätherischen Öle sind antiseptisch und stärken die Funktion des Immunsystems, indem sie bakterielle, virale und mykotische Infektionen abwehren. Viele Öle besitzen außerdem eine entzündungshemmende und krampflösende Wirkung. Die ätherischen Öle der Kamille eignen sich beispielsweise besonders zur Linderung von Entzündungen und Reizungen des Verdauungssystems, während Dill bei Krämpfen und kolikartigen Schmerzen des Verdauungssystems entspannend wirkt. Einige Öle wirken expektorierend, wie Thymian und Ysop, und befreien die Brust von Schleim, während andere diuretische Eigenschaften besitzen und daher zur Linderung von Flüssigkeitsretention und Infektionen der Harnwege eingesetzt werden. Ätherische Öle üben ihre positive Wirkung aber nicht nur auf den physischen Körper aus. Sie erreichen auch das Gehirn und das Nervensystem, wodurch die Aromatherapie ein breites Anwendungsspektrum in der Behandlung von emotionalen Problemen bietet (vgl. Seiten 274–277).

Wie die Öle auf den Körper wirken

Ätherische Öle können auf unterschiedlichen Wegen vom Körper aufgenommen werden, um ihre positiven Wirkungen zu entfalten. Man kann sie einfach als aromatische Kräuter in Speisen und Getränken zu sich nehmen, was viele von uns täglich tun. Das verdünnte Öl kann man in die Haut reiben oder durch die Nase einatmen. Beim Einatmen des Duftes werden bestimmte Nervenenden im oberen Bereich der Nase (Riechzellen) stimuliert, die daraufhin Nervenimpulse oder Botschaften an das Gehirn übermitteln, insbesondere an das limbische System, jenen Bereich, der mit instinktiven Reaktionen, Emotionen, dem sexuellen Trieb und dem Gedächtnis verbunden wird. Beim Inhalieren der Öle gelangen auch winzige Moleküle über die Alveolen der Lunge in die Blutbahn und somit in den ganzen Körper.

Wenn man die Öle auf der Haut verreibt oder wenn sie durch ein Bad über die Haut aufgenommen werden, stimulieren sie die Nervenenden in der Haut. An die darunterliegenden Gewebe, Muskeln, Blut- und Lymphgefäße werden Botschaften übermittelt und über das Nervensystem an die Hypophyse weitergeleitet, jene Drüse, die die Funktion der anderen endokrinen Drüsen, einschließlich der Nebenniere, kontrolliert.

Aufgrund dieser Wirkungsweise besitzt die Aromatherapie einen enormen Nutzen bei der Behandlung hormoneller Beschwerden; sie lindert Streß und fördert die Entspannung. Zum Beispiel ist Rosenöl ein wunderbares Öl mit einer besonderen Bedeutung für Frauen. Es lindert Anspannungen und Ängste sowie Symptome in Verbindung mit den Fortpflanzungsorganen, wie zum Beispiel Menstruationsbeschwerden, prämenstruelles Syndrom, Ängste nach der Geburt, emotionale Probleme hinsichtlich der Sexualität und nachgeburtliche Depressionen. In nur 30 Minuten können ätherische Öle aufgenommen werden, aber ihre therapeutische Wirkung kann viele Stunden anhalten. Sobald sie die Blutbahn erreicht haben, werden sie im gesamten Körper verteilt und wirken entsprechend ihren Eigenschaften in den verschiedenen Organen und Organsystemen. Nachdem sie ihre positive Wirkung ausgeübt haben, werden sie vom Körper über die Haut, die Lungen und den Urin ausgeschieden.

Ätherische Öle wirken auf das limbische System, das neben den Gefühlen für das Gedächtnis verantwortlich ist. Aus diesem Grund können Düfte Erinnerungen an Orte, Menschen und zurückliegende Ereignisse wachrufen. Mich erinnert zum Beispiel der Duft von Eukalyptus an Kolumbien, wo man die Blätter und Samenschalen zur Reinigung der Luft verbrennt. Wenn man Öle für sich aussucht, ist es wichtig, Düfte zu wählen, die man mag, da diese wahrscheinlich am besten den körperlichen und emotionalen Bedürfnissen entsprechen. Die Wahl darf durchaus von schönen Erinnerungen beeinflußt werden.

Die Verwendung der Öle

Massage Die Öle in der Aromatherapie sind sehr kräftig, da die in der Natur vorkommenden Stoffe für das Öl konzentriert werden. Deshalb müssen alle Öle in einem Grundöl, beispielsweise süßem Mandelöl, verdünnt werden, bevor man sie auf die Haut aufträgt. Sie lassen sich wunderbar in Massagen einsetzen. Ein Massageöl läßt sich folgendermaßen herstellen: Sie benötigen

50 ml Grundöl (Mandel, Aprikosenkern, Avocado, Soja, Weintrauben)
25 Tropfen des ätherischen Öls

Bei dem ätherischen Öl kann es sich um eine Mischung aus zwei oder drei ausgewählten Ölen handeln. Verwenden Sie 12 Tropfen des ätherischen Öls je 50 ml Grundöl, wenn Ihre Haut besonders empfindlich ist, bei Schwangerschaft oder für Massagen von Kindern über 6 Jahre. Nehmen Sie bei Babys 2 bis3 Tropfen je 50 ml. Die einzige Ausnahme ist Lavendelöl, das man zum

Beispiel zur Behandlung von Schnitten oder Verbrennungen direkt auf die Haut auftragen kann. Auch Tea-Tree-Öl kann unverdünnt aufgetragen werden. Um den Qualitätsverlust möglichst gering zu halten, sollte man das Massageöl in einer dunklen Flasche mit festsitzendem Verschluß lagern.

Bäder Für Duftbäder gibt man einfach 5 bis 10 Tropfen des ätherischen Öls in das Badewasser, verteilt das Öl durch Rühren und genießt das Bad für ungefähr 15 Minuten. So ein Bad kann helfen, sich zu entspannen und verspannte und schmerzende Muskeln nach einem langen Tag zu lockern. Es kann auch kräftigend wirken, damit man am nächsten Morgen wieder neu starten kann. Geben Sie 2 bis 5 Tropfen in Sitzbäder zur Behandlung von Unterleibsinfektionen, beispielsweise Blasenentzündung oder Soor, und in Hand- oder Fußbäder. Bei Bädern für Kinder oder Babys sollten die Öle vorher verdünnt werden: 2 bis 5 Tropfen auf 10 ml Grundöl.

Verdampfer und Dampfinhalation
Man kann wenige Tropfen des Öls (5 bis 10) in einen Verdampfer geben; das Öl verdunstet und erreicht Sie und Ihre Mitmenschen über die Luft. Dies ist eine sehr erholsame Methode während der Nacht in Räumen, in denen Kinder oder Babys schlafen, da die Öle helfen, die Luftwege zu befreien und die Abwehr bzw. Linderung von Infektionen unterstützen. Es lohnt sich auch, eine Duftlampe am Arbeitsplatz zu haben. Einige Öle, wie zum Beispiel Rosmarin, steigern die Konzentration und die Aufmerksamkeit, während andere, z. B. Lavendel, bei starker Anspannung entspannend wirken. Ebenso kann man die Öle auf ein Taschentuch, einen Heizkörper, eine (kalte) Glühlampe und selbst einen Holzofen geben und so den Duft im Raum verbreiten.
Bei Dampfinhalationen gibt man 2 bis 4 Tropfen Öl in eine Schüssel mit heißem (nicht kochendem) Wasser und atmet den Dampf mit einem Handtuch über dem Kopf ein. Solche Anwendungen befreien bei Infektionen des Brustkorbs Kopf und Brust von Katarrhen. Um die beste Wirkung zu erzielen, muß man 3 bis 5 Minuten tief inhalieren.

Gurgelmittel und Mundspülungen
Ätherische Öle können bei Erwachsenen zum Gurgeln und als Mundspülung verwendet werden. Vermischen Sie 2 bis 3 Tropfen davon mit einem Tropfen Alkohol in einem Glas und füllen Sie es mit Wasser auf. Nicht trinken.

Kompressen und Raumsprays Ätherische Öle ergeben sehr gute Kompressen, sowohl heiß als auch kalt. Geben Sie 3 bis 6 Tropfen des Öls in eine mittelgroße Schüssel mit Wasser. Legen Sie einen sauberen Waschlappen erst auf die Wasseroberfläche, um das Öl aufzunehmen und dann direkt auf die betroffene Stelle, wiederholen Sie den Vorgang mehrmals. Verwenden Sie kaltes Wasser bei Schwellungen von Verbrennungen, Prellungen und Stößen sowie heißes Wasser bei Arthritis und Menstruationsbeschwerden.

Für Raumsprays zum Ausräuchern eines Krankenzimmers oder als Insekenschutzmittel gibt man 10 Tropfen eines Öls, beispielsweise Lavendel oder Eukalyptus, in eine Sprühflasche. Vor dem Sprühen gut schütteln.

VORSICHT BEI DER VERWENDUNG VON ÄTHERISCHEN ÖLEN
Da es sich bei den Ölen um starke Konzentrate handelt, ist es wichtig, sie außerhalb der Reichweite von Kindern aufzubewahren. Vermeiden Sie Augenkontakt, verwenden Sie sie nicht unverdünnt und nehmen Sie sie nicht ein. Wer eine empfindliche Haut hat, sollte das ausgewählte Öl mehrmals auf einem kleinen Hautflecken auftragen, bevor er den ganzen Körper damit einreibt oder es dem Badewasser zugibt.

Einige Öle können die Empfindlichkeit der Haut gegenüber Sonnenlicht und ultraviolettem Licht erhöhen. Dazu gehören Bergamotte, Zitrone, Eisenkraut, Orange und Limette.

Wenn man unter Bluthochdruck, Epilepsie oder nervlichen Beschwerden leidet, ist es besonders wichtig, vor der Verwendung der Öle den Rat eines qualifizierten Therapeuten einzuholen. Bei einer Schwangerschaft sollten bestimmte Öle vermieden werden, da sie Blutungen und eventuelle Fehlgeburten auslösen können. Diese Öle tragen eine entsprechende Warnung oder einen Hinweis bei ihren Beschreibungen in Kapitel 2 und 3.

Blütenessenzen

Wie die Heilmittel hergestellt werden

Die ursprünglichen 38 Blütenessenzen von Edward Bach, die in Kapitel 3 beschrieben sind, wurden aus Tau hergestellt, der frühmorgens von Blütenblättern gesammelt wurde und die heilende Kraft der Pflanze besaß. Da dies nicht für jedermann möglich ist, entwickelte Bach eine einfache Methode, die feinstoffliche Heilkraft der Blüten mit Wasser und Sonnenlicht zu gewinnen. Sie ist so einfach, daß sie jeder anwenden kann.
Bei der Sonnenmethode legt man die Blütenköpfe, die vorsichtig gepflückt wurden, um sie nicht zu beschädigen, in eine dünne, durchsichtige Glas- oder Kristallschale, die mit Quellwasser gefüllt ist, so daß sie auf der Oberfläche schwimmen. Die Schale wird dann neben die Mutterpflanze auf die Erde gestellt, wo sie einige Stunden in der Sonne stehenbleibt. Während dieser Zeit geht die heilende Kraft von der Blüte auf das Wasser über. Die Blüten werden dann vorsichtig mit einem Zweig oder einem Blatt aus dem Wasser genommen, und die Essenz wird in Flaschen gegeben, die zur Konservierung zur Hälfte mit Weinbrand gefüllt sind.
Für einige Blütenheilmittel wurde von Edward Bach die Kochmethode entwikkelt, u.a. Willow, Elm und Star of Bethlehem. Die Blüten werden in einen Emailletopf mit Quellwasser gegeben, in dem sie 30 Minuten zugedeckt sieden; danach läßt man sie abkühlen. Die Essenz wird gefiltert und im Verhältnis 1:1 mit Weinbrand konserviert. Diese Essenzen heißen Urtinktur; sie werden weiter mit Weinbrand verdünnt und dann als Vorratsflasche (Stockbottle) bezeichnet. Normalerweise ist das Heilmittel in dieser Konzentration im Handel erhältlich.
Die verwendeten Blüten sollten in einem erstklassigen Zustand und auf der Höhe ihrer Energie sein, d. h. sie dürfen gerade erst erblüht und nicht kurz vor dem Verblühen sein. Wenn man sie wild pflückt, sollte man darauf achten, daß sie möglichst weit von Feldern entfernt sind, die mit Herbiziden oder Pestiziden behandelt wurden, sowie frei von Belastungen durch Autoverkehr oder Fabriken sind.

Einnahme der Heilmittel

Die drei wichtigsten Blütenheilmittel-Sätze sind in Kapitel 3 beschrieben. Viele weitere Blütenheilmittel finden Sie in Kapitel 2. Weiter unten folgen Ratschläge zur Auswahl einer Blütenessenz. Nachdem Sie bestimmt haben, welche Blütenessenzen Ihre Anforderungen am besten erfüllen, wählen Sie davon vier oder fünf aus, die zum Zeitpunkt der Auswahl am geeignetsten erscheinen. Es kann erforderlich sein, diese Auswahl zu einem späteren Zeitpunkt zu revidieren, da einige Probleme überwunden, dafür aber andere zum Vorschein gekommen sind.

Geben Sie 2 Tropfen jeder gewählten Essenz aus der Vorratsflasche in eine bernsteinfarbene Tropfenflasche von 30 ml (erhältlich in Apotheken oder bei Lieferanten von Blütenessenzen) und schütteln Sie die Flasche kräftig. Füllen Sie die Flasche dann fast ganz mit Quellwasser auf und schütteln Sie noch einmal kräftig. Geben Sie zur Konservierung 1 Teelöffel Weinbrand hinzu (oder Apfelessig, wenn Sie Alkohol vermeiden möchten). Nehmen Sie viermal täglich vier Tropfen. In schwierigen Situationen kann man bei Bedarf die Tropfen auch häufiger nehmen.
Von den Australischen Busch-Blütenessenzen nimmt man zweimal täglich (morgens und abends) jeweils sieben Tropfen auf einmal. Normalerweise werden die Essenzen unter die Zunge getropft. Dabei muß man darauf achten, daß der Tropfer nicht den Mund berührt, da dies zu Bakterieninfektionen der Essenz führen kann.
Die Tropfen können auch in Wasser, Fruchtsaft oder Kräutertee gegeben werden. Man kann sie ebenso auf die Haut, die Handgelenke, die Stirn, Schläfen, ja sogar auf die Füße auftragen – denn manchmal kann man die Tropfen nicht in den Mund geben, zum Beispiel, wenn jemand schläft, ohnmächtig ist oder sich in einem Schockzustand befindet. Eine weitere Möglichkeit besteht darin, die Essenzen ins Badewasser oder ins Waschwasser zu geben und es sich morgens ins Gesicht zu spritzen. Es hilft, wenn man 7 Tropfen der Essenz in eine Schüssel mit Wasser gibt und diese einige Stunden in die Sonne stellt, bevor man sie verwendet. Man kann Blütenessenzen auch auf das Kissen tropfen, wenn jemand krank ist oder unter Schlaflosigkeit oder Alpträumen leidet, sie lassen sich auch in einen Zerstäuber geben und für Räume benutzen. Am besten bewahrt man die Blütenessenzen dort auf, wo man sie bei Bedarf schnell zur Hand hat. Versuchen Sie sie abseits von anderen Medikamenten und Elektrogeräten, wie Radio, Fernseher und Computer, aufzubewahren.

Wie wirken Blütenessenzen?

Blütenessenzen wirken nicht wie Medikamente, die eine unmittelbare körperliche oder geistige Wirkung haben, sondern üben eine sanftere Wirkung auf die feinen Energiestrukturen aus. Diese sind vergleichbar mit den Akupunktur-Meridianen der Chinesischen Medizin oder den Chakras in der ayurvedischen Philosophie. Blütenessenzen können uns daher mittels unserer Gedanken und Gefühle auf einem feinstofflichen Niveau helfen, aber da diese Energiesysteme auf der Zellebene ebenso Einfluß auf die biochemischen Prozesse haben, helfen Sie uns auch körperlich.

Die Wahl der Blütenessenz

Es gibt buchstäblich Tausende von Blütenessenzen, unter denen man wählen kann, um seine eigenen Anforderungen zu erfüllen. Jede einzelne Essenz hat ihre eigene, einmalige Wirkung und bestimmte Anwendungsbereiche. Angesichts einer solchen Auswahl kann es schwierig sein, sich zu entscheiden, mit welchen vier oder fünf Essenzen man beginnen möchte. Wenn man sich etwas Zeit zur Besinnung oder Meditation nimmt, kann man so ein genaueres Bild von sich selbst und den entscheidenden Bedürfnissen erhalten. Sie können Facetten Ihres Wesens oder Ihres Temperamentes notieren, die Ihnen bewußt werden, so daß Sie anfangen, ihre eigene Fallgeschichte zu entwickeln. Fügen Sie diesen Notizen Einzelheiten der körperlichen Krankheiten hinzu, zu denen Sie neigen, was ebenfalls auf darunterliegende Ungleichgewichte hinweisen kann, die eine Art Muster ergeben.
Sobald man anfängt, ein klareres Bild von sich zu erhalten, kann man die Beschreibungen der Blütenessenzen lesen und sehen, welche Essenzen einen schon beim ersten Lesen ansprechen. Unausweislich werden Sie bei vielen Essenzen sofort ihren Wert für Sie erkennen. Um die Auswahl einzugrenzen, unterstreichen Sie diejenigen, die Sie zum Zeitpunkt der Auswahl für die passendsten halten. Einige Menschen finden den Einsatz eines Pendels sehr hilfreich. Ein Pendel kann alles sein, von einem Stein über einen Kristall bis zu einem Ring mit einem Stück Band, und ist sehr einfach zu verwenden. Man wird feststellen, daß das Pendel auf die Frage, ob bestimmte Heilmittel für einen passend sind, für »ja« in eine Richtung und für »nein« in eine andere ausschlägt. Andere Menschen verwenden bei der Auswahl ihrer Essenzen Kinesiologie oder Muskeltests. Testen Sie dafür die Kraft Ihres rechten Arms und bitten Sie jemanden, den horizontal ausgestreckten Arm herunterzudrücken. Nehmen Sie dann eine Vorratsflasche in die linke Hand und prüfen Sie nochmals die Stärke des ausgestreckten rechten Arms. Wenn er genauso stark bleibt, ist die Blütenessenz passend. Wenn er bei wenig Druck nachgibt, ist die Blütenessenz momentan nicht geeignet.

Der Verlauf der Behandlung

Sobald Sie anfangen, Blütenessenzen regelmäßig zu nehmen, wird die Selbsterkenntnis zunehmen. Vielleicht stellen Sie fest, daß sich für eine kurze Zeit genau die geistigen oder emotionalen Zustände, die zur Wahl der Essenz geführt haben, fast noch verstärken, insbesondere wenn Sie nicht in der Lage waren, sie auszudrücken, und Sie können sich jetzt der inneren Disharmonie schmerzhaft bewußt werden. Es ist besser, die Gefühle herauszulassen und zu weinen oder zu schreien, wenn Ihnen danach ist, als die Gefühle festzuhalten. Die Reaktion vieler Menschen auf Blütenessenzen ist jedoch subtiler, und die inneren Veränderungen werden nur sehr langsam sichtbar. Das gesteigerte Bewußtsein für die eigene Person kann ein wichtiges Werkzeug dabei werden, da es eine Veränderung der Gefühle oder Haltungen auslösen kann, die die Schmerzen verursachen. Sie können deshalb mit den Blütenessenzen an Ihrer inneren Entfaltung und der Befreiung von Unbehagen und Krankheit arbeiten. Nach einer gewissen Zeit können andere Gefühle in den Vordergrund treten, was darauf hindeuten kann, daß es Zeit ist, die Auswahl zu ändern oder einen neuen Satz an Blütenessenzen zu wählen.
Einige Menschen vergessen auch nach und nach, ihre Heilmittel zu nehmen, auch dies ist allgemein ein Hinweis darauf, daß es ihnen bessergeht und daß sie im Augenblick keine weiteren Mittel benötigen. Als Richtlinie sollte man dieselbe Zusammensetzung für ungefähr 6 bis 8 Wochen nehmen, es sei denn, ein anderes Mittel ist stark angezeigt oder die Umstände ändern sich.

Pflanzen für verbreitete Beschwerden

Emotionale Probleme

Dies sind die empfohlenen Heilmittel bei verbreiteten emotionalen Problemen. Auf den Seiten 269–273 finden Sie Hinweise zu ihrer Einnahme.

Abhängigkeit
Blütenessenz
Sweet Marjoram (Majoran)

Ablehnung
Blütenessenz
Heartsease (Acker-Stiefmütterchen)

Ablehnung der eigenen Person
Blütenessenzen
Rose (Rose)
Basil (Basilikum)
Ätherisches Öl
Jasmin

Aggression
Blütenessenzen
Hawthorn (Eingriffliger Weißdorn)
Tiger Lily (Tigerlilie)

Angst
Blütenessenzen
Poppy (Mohn)
Mallow (Malve)
Garlic (Knoblauch)
Ginger (Ingwer)
Sweet Marjoram (Majoran)
Peony (Päonie)
Aspen (Zitterpappel)
Elder (Holunder)
Water Lily (Seerose)
St. John's Wort (Johanniskraut)
Evening Primrose (Nachtkerze)
Basil (Basilikum)
Datura (Stechapfel)

Angst vor Einsamkeit
Blütenessenz
Eucalyptus (Eukalyptus)

Angst vor Veränderungen
Blütenessenzen
Alchemilla (Frauenmantel)
Hops (Hopfen)

Arroganz
Blütenessenz
Sunflower (Sonnenblume)

Aus Erfahrungen nicht lernen
Blütenessenzen
Chamomile (Kamille)
Honeysuckle (Geißblatt)
Chestnut Bud (Kastanienknospen)

Auswirkungen des Alterungsprozesses
Kräuterheilmittel
Salbei
Thymian
Cayennepfeffer
Rosmarin
Majoran
Ginseng

Ätherische Öle
Majoran
Rosmarin

Blütenessenz
Thyme (Thymian)

Bedauern
Blütenessenzen
Honeysuckle (Geißblatt)
Chestnut Bud (Kastanienknospen)

Befangenheit
Blütenessenzen
Eucalyptus (Eukalyptus)
Wood Betony (Heil-Batunge)

Besitzergreifende Art
Blütenessenz
Chicory (Wegwarte)

Beunruhigung
Blütenessenz
Mullein (Kleinblütige Königskerze)

Bitterkeit
Blütenessenzen
Hawthorn (Eingriffliger Weißdorn)
Willow (Weide)
Oregon Grape (Mahonie)
Gentian (Enzian)

Bösartigkeit
Blütenessenz
Holly (Stechpalme)

Depression
Kräuterheilmittel
Cayennepfeffer
Muskatellersalbei
Echte Schlüsselblume
Frauenschuh
Zitronenbalsam
Majoran
Küchenschelle
Rose
Rosmarin
Helmkraut
Johanniskraut
Eisenkraut
Heil-Batunge

Ätherische Öle
Muskatellersalbei
Storchschnabel
Ingwer
Ysop
Jasmin
Zitronenbalsam
Linde
Rose
Rosengeranium
Rosmarin
Majoran
Thymian

Blütenessenzen
Borage (Borretsch)
Mustard (Senf)
Rosemary (Rosmarin)
Sunflower (Sonnenblume)
Larch (Lärche)
Lavender (Lavendel)
Periwinkle (Immergrün)
Lemon Balm (Zitronenbalsam)
Chamomile (Kamille)
Geranium (Storchschnabel)
Gentian (Enzian)
White Chestnut (Weiße Roßkastanie)
Yerba Santa (Bergbalsam)
Black Cohosh (Wanzenkraut)

Desorganisation
Blütenessenz
Daisy (Gänseblümchen)

Ehrgeiz
Blütenessenzen
Drillingspflanze
Vervain (Eisenkraut)
Tiger Lily (Tigerlilie)

Eifersucht
Blütenessenz
Holly (Stechpalme)

Eigene Ansprüche
Blütenessenzen
Witch Hazel (Virginische Zaubernuß)
Dandelion (Löwenzahn)
Oak (Eiche)

Einsamkeit
Kräuterheilmittel
Majoran
Rose

Ätherische Öle
Majoran
Rose

Blütenessenzen
Forget-me-not (Vergißmeinnicht)
Datura (Stechapfel)

Eitelkeit
Blütenessenz
Sunflower (Sonnenblume)

Emotionale Blockaden
Kräuterheilmittel
Salbei

Blütenessenzen
Hawthorn (Eingriffliger Weißdorn)
Linden (Linde)
Blue Flag (Verschiedenf. Schwertlilie)

Emotionale Erschöpfung
Blütenessenz
Garlic (Knoblauch)

Emotionale Unausgeglichenheit
Blütenessenz
Rosemary (Rosmarin)

Emotionaler Streß
Blütenessenz
Lavender (Lavendel)

Enttäuschung
Blütenessenzen
Heartsease (Acker-Stiefmütterchen)
Hawthorn (Eingriffliger Weißdorn)
Datura (Stechapfel)

Erschöpfung
Kräuterheilmittel
Küchenschelle
Ingwer
Echtes Benediktenkraut
Kiefer
Frauenschuh

Blütenessenzen
Anemone (Küchenschelle)
Olive (Olive)
Echinacea (Sonnenhut)
Ginseng (Ginseng)
Elder (Holunder)
Periwinkle (Immergrün)
Mistletoe (Mistel)
Lemon Balm (Zitronenbalsam)
Lady's Slipper (Frauenschuh)

Fanatismus
Blütenessenz
Vervain (Eisenkraut)

Faulheit
Blütenessenzen
Castor Oil (Rhizinusöl)
Peppermint (Pfefferminze)
Drosera (Sonnentau)

Fehlende Ausrichtung
Blütenessenzen
Drosera (Sonnentau)
Daisy (Gänseblümchen)

Fehlendes Zentrum
Blütenessenz
Drosera (Sonnentau)

Frustration
Blütenessenz
Blue Flag (Verschiedenf. Schwertlilie)

Gebrochenes Herz
Kräuterheilmittel
Majoran

Ätherisches Öl
Majoran

Blütenessenzen
Heartsease (Acker-Stiefmütterchen)
Hawthorn (Eingriffliger Weißdorn)
Borage (Borretsch)

Gefühllosigkeit
Blütenessenzen
Beth Root (Drillingspflanze)
Marigold (Ringelblume)
Eyebright (Augentrost)

Geistige Trägheit
Blütenessenzen
Jasmine (Jasmin)
Eyebright (Augentrost)

Geistige Überarbeitung
Blütenessenzen
Nasturtium (Kapuzinerkresse)
Dandelion (Löwenzahn)

Geistige Verwirrung
Kräuterheilmittel
Salbei

Blütenessenz
Daisy (Gänseblümchen)

Geringes Selbstwertgefühl
Blütenessenzen
Anemone (Küchenschelle)
Mallow (Malve)
Heartsease (Acker-Stiefmütterchen)
Viola odorata (März-Veilchen)
Skullcap (Helmkraut)
Sunflower (Sonnenblume)
Larch (Lärche)
Blessed Thistle (Echtes Benediktenkraut)
Elder (Holunder)

Gier
Blütenessenz
Drillingspflanze

Grausamkeit
Blütenessenzen
Marigold (Ringelblume)
Nettle (Brennessel)

Groll
Blütenessenzen
Sage (Salbei)
Willow (Weide)
Nettle (Brennessel)
Holly (Stechpalme)

Habgier
Blütenessenz
Drillingspflanze

Hang zu düsteren Gedanken
Blütenessenzen
Aspen (Zitterpappel)
Black Cohosh (Wanzenkraut)

Haß
Blütenessenz
Holly (Stechpalme)

Herrschsucht
Blütenessenz
Chicory (Wegwarte)

Hilflosigkeit
Blütenessenzen
Skullcap (Helmkraut)
Mustard (Senf)
Mistletoe (Mistel)

Hysterie
Kräuterheilmittel
Echte Schlüsselblume
Zitronenbalsam
Helmkraut
Mutterkraut

Blütenessenzen
Mugwort (Beifuß)
Red Clover (Rot-Klee)

Impotenz
Kräuterheilmittel
Ingwer

Ätherisches Öl
Jasmin

Blütenessenz
Larch (Lärche)

Innere Disharmonie
Kräuterheilmittel
Lavendel

Ätherisches Öl
Lavendel

Blütenessenzen
Lavender (Lavendel)
California Poppy (Kalifornischer Kappenmohn)

Innerer Zwang
Blütenessenz
Dandelion (Löwenzahn)

Intoleranz
Blütenessenz
Vervain (Eisenkraut)

Irrationalität
Blütenessenz
Mugwort (Beifuß)

Isolation
Blütenessenzen
Mallow (Malve)
Viola ordorata (März-Veilchen)
Greater Celandine (Schöllkraut)
Ginger (Ingwer)
Mustard (Senf)
Willow (Weide)
Linden (Linde)

Kälte
Kräuterheilmittel
Erzengelwurz
Ingwer
Passionsblume

Blütenessenzen
Mallow (Malve)
Hawthorn (Eingriffliger Weißdorn)
Nasturtium (Kapuzinerkresse)
Ginger (Ingwer)
Marigold (Ringelblume)
Linden (Linde)
Nettle (Nessel)
Evening Primrose (Nachtkerze)

Kindheitstrauma
Blütenessenz
Alchemilla (Frauenmantel)

Konzentrationsschwäche
Blütenessenzen
Greater Celandine (Schöllkraut)
Thyme (Thymian)
Peppermint (Pfefferminze)
Chamomile (Kamille)
Daisy (Gänseblümchen)

Kränklichkeit
Kräuterheilmittel
Kapuzinerkresse

Blütenessenzen
Mullein (Kleinblütige Königskerze)
Echinacea (Sonnenhut)
Geranium (Storchschnabel)

Machtlosigkeit
Blütenessenz
Black Cohosh (Wanzenkraut)

Mangel an Erdung
Blütenessenzen
Poppy (Mohn)
Nasturtium (Kapuzinerkresse)
Mugwort (Beifuß)
California Poppy (Kalifornischer Kappenmohn)

Mangel an Kreativität
Blütenessenzen
Cayenne (Cayennepfeffer)
Rosemary (Rosmarin)
Oak (Eiche)
Blue Flag (Verschiedenfarbige Schwertlilie)

Mangelnde Erfüllung
Blütenessenz
Lemon Balm (Zitronenbalsam)

Mangelnde Inspiration
Kräuterheilmittel
Pfefferminze

Ätherisches Öl
Pfefferminze

Blütenessenzen
Angelica (Erzengelwurz)
Olive (Olive)
Blue Flag (Verschiedenfarbige Schwertlilie)

Mangelnde Libido
Kräuterheilmittel
Majoran

Ätherisches Öl
Majoran

Blütenessenz
Wood Betony (Heil-Batunge)

Mangelnde Motivation / fehlendes Ziel
Ätherisches Öl
Rosengeranium

Blütenessenzen
Sage (Salbei)
Geranium (Storchschnabel)
Drosera (Sonnentau)

Mangelnde Versöhnlichkeit sich selbst gegenüber
Blütenessenzen
Hyssop (Ysop)
Pine (Kiefer)

Mangelndes Selbstbewußtsein
Ätherisches Öl
Muskatellersalbei

Blütenessenzen
Wallflower (Goldlack)
Sunflower (Sonnenblume)
Self-Heal (Kleine Brunelle)
Water Lily (Seerose)
Gentian (Enzian)

Manipulation
Blütenessenz
Chicory (Wegwarte)

Märtyrertum
Blütenessenzen
Pine (Kiefer)
Centaury (Tausendgüldenkraut)

Melancholie
Blütenessenz
Larch (Lärche)

Moralische Verwirrung
Blütenessenzen
Mullein (Kleinblütige Königskerze)
Wood Betony (Heil-Batunge)

Negative Einstellung
Kräuterheilmittel
Echte Schlüsselblume

Ätherisches Öl
Jasmin

Blütenessenzen
Wallflower (Goldlack)
Red Clover (Rot-Klee)
Willow (Weide)
Blue Flag (Verschiedenfarbige Schwertlilie)
Gentian (Enzian)
Black Cohosh (Wanzenkraut)

Neid
Blütenessenz
Holly (Stechpalme)

Nervenkitzel benötigen
Blütenessenz
California Poppy (Kalifornischer Kappenmohn)

Nervöser Erschöpfungszustand
Kräuterheilmittel
Küchenschelle
Erzengelwurz
Eisenkraut
Thymian
Helmkraut
Rosmarin
Muskatellersalbei

Ätherische Öle
Rosmarin
Thymian
Ysop
Muskatellersalbei
Kiefer

Blütenessenzen
Aloe (Aloe)
Olive (Olive)
Yarrow (Schafgarbe)
Sweet Chestnut (Eß- oder Roßkastanie)

Nervosität
Kräuterheilmittel
Eisenkraut
Zitronenbalsam
Helmkraut
Rosmarin
Lavendel
Kamille
Basilikum

Ätherische Öle
Rosmarin
Zitronenbalsam
Lavendel
Kamille
Basilikum

Blütenessenzen
Dill (Dill)

Viola odorata (März-Veilchen)
Centaury (Tausendgüldenkraut)

Niedergeschlagenheit
Blütenessenzen
Gentian (Enzian)
Borage (Borretsch)

Nostalgie
Blütenessenz
Honeysuckle (Geißblatt)

Orientierungslosigkeit
Blütenessenzen
Datura (Stechapfel)
Ginseng (Ginseng)
Alchemilla (Frauenmantel)
Echinacea (Sonnenhut)

Panik
Blütenessenzen
Sweet Chestnut (Eß- oder Edelkastanie)
Rock Rose (Gelbes Sonnenröschen)

Paranoia
Blütenessenz
Oregon Grape (Mahonie)

Perfektionismus
Blütenessenzen
Pine (Kiefer)
Oregon Grape (Mahonie)
Blue Flag (Verschiedenfarbige Schwertlilie)

Permanente unerwünschte Gedanken
Kräuterheilmittel
Passionsblume

Blütenessenz
White Chestnut (Weiße Roßkastanie)

Reizbarkeit
Kräuterheilmittel
Küchenschelle
Passionsblume
Holunder
Linde
Echte Schlüsselblume
Echtes Benediktenkraut
Rose
Hopfen

Blütenessenz
Chamomile (Kamille)

Scham
Ätherisches Öl
Rose

Blütenessenz
Rose (Rose)

Schmerzlicher Verlust
Blütenessenz
Honeysuckle (Geißblatt)

Schock
Kräuterheilmittel
Arnika
Gänseblümchen

Blütenessenzen
Ginger (Ingwer)
Arnica (Arnika)

Schrecken
Blütenessenz
Rock Rose (Gelbes Sonnenröschen)

Schüchternheit
Blütenessenzen
Viola odorata (März-Veilchen)
Rose (Rose)
Water Lily (Seerose)

Schuldgefühle
Blütenessenzen
Borage (Borretsch)
Hyssop (Ysop)
Pine (Kiefer)

Schwäche
Kräuterheilmittel
Ingwer
Muskatellersalbei
Lavendel
Ginseng

Ätherische Öle
Zitronenbalsam
Muskatellersalbei
Lavendel
Kiefer
Rosengeranium

Blütenessenz
Geranium (Storchschnabel)

Selbstaufopferung
Blütenessenzen
Witch Hazel (Virginische Zaubernuß)
Centaury (Tausendgüldenkraut)

Selbstbestrafung
Blütenessenz
Pine (Kiefer)

Selbstgewählte Isolation
Blütenessenzen
Eucalyptus (Eukalyptus)
Arnica (Arnika)

Selbstkritik
Blütenessenzen
Aloe (Aloe)
Wallflower (Goldlack)
Larch (Lärche)
Pine (Kiefer)
Oregon Grape (Mahonie)

Selbstmitleid
Blütenessenz
Chicory (Wegwarte)

Selbstsucht
Blütenessenzen
Beth Root (Drillingspflanze)
Chicory (Wegwarte)
Sunflower (Sonnenblume)

Selbsttäuschung
Blütenessenz
Mullein (Kleinblütige Königskerze)

Selbstzerstörung
Blütenessenz
Willow (Weide)

Sexuelle Hemmungen
Ätherische Öle
Muskatellersalbei
Rose
Jasmin

Blütenessenz
Water Lily (Seerose)

Sexuelle Schwäche
Kräuterheilmittel
Hopfen (für Frauen)
Ginseng
Black Cohosh (Wanzenkraut)

Ätherische Öle
Muskatellersalbei
Rose

Blütenessenz
Lady's Slipper (Frauenschuh)

Sexuelle Unsicherheit
Ätherische Öle
Muskatellersalbei
Rose
Jasmin

Blütenessenz
Rose (Rose)

Sorgen
Kräuterheilmittel
Kalifornischer Kappenmohn
Kamille
Hopfen
Frauenschuh
Lavendel
Zitronenbalsam
Linde
Passionsblume
Kiefer
Rosmarin
Helmkraut
Majoran
Eisenkraut
Heil-Batunge

Ätherische Öle
Kamille
Muskatellersalbei
Lavendel
Zitronenbalsam
Melisse
Rosengeranium
Rosmarin
Basilikum
Majoran

Blütenessenzen
Garlic (Knoblauch)
Skullcap (Helmkraut)
Rosemary (Rosmarin)
Aspen (Zitterpappel)
Periwinkle (Immergrün)
Lemon Balm (Zitronenbalsam)
Chamomile (Kamille)
White Chestnut (Weiße Roßkastanie)
Gentian (Enzian)

Spirituelle Blockaden
Blütenessenzen
Passionflower (Passionsblume)
Angelica (Erzengelwurz)
Beth root (Drillingspflanze)
Echinacea (Sonnenhut)
Oak (Eiche)
Ginseng (Ginseng)
Gentian (Enzian)
Agrimony (Odermennig)
Lady's Slipper (Frauenschuh)
Lavender (Lavendel)

Spirituelle Verschlossenheit
Blütenessenz
Passionflower (Passionsblume)

Spirituelle Verwirrung
Kräuterheilmittel
Passionsblume

Blütenessenz
Jasmine (Jasmin)

Starrköpfigkeit
Blütenessenz
Greater Celandine (Schöllkraut)

Stillstand
Blütenessenzen
Alchemilla (Frauenmantel)
Cayenne (Cayennepfeffer)
Larch (Lärche)
Oak (Eiche)
Walnut (Walnuß)
Honeysuckle (Geißblatt)

Streitsucht
Blütenessenzen
Marigold (Ringelblume)
Nettle (Brennessel)
Lavender (Lavendel)

Streß
Kräuterheilmittel
Küchenschelle
Helmkraut
Borretsch
Ginseng
Kalifornischer Kappenmohn

Ätherische Öle
Ysop
Muskatellersalbei
Kiefer

Blütenessenzen
Dill (Dill)
Olive (Olive)
Echinacea (Sonnenhut)
Ginseng (Ginseng)
Thyme (Thymian)
Mistletoe (Mistel)
Lemon Balm (Zitronenbalsam)

Sucht
Kräuterheilmittel
Passionsblume
Kalifornischer Kappenmohn

Blütenessenzen
Skullcap (Helmkraut)
Self-Heal (Kleine Brunelle)
Agrimony (Odermennig)

Trägheit / Lethargie
Kräuterheilmittel
Thymian
Cayennepfeffer
Rosmarin
Echtes Benediktenkraut
Lavendel
Majoran

Ätherische Öle
Lavendel
Rosmarin
Thymian
Majoran

Blütenessenzen
Aloe (Aloe)
Yarrow (Schafgarbe)
Castor Oil (Rizinusöl)
Thyme (Thymian)
Peppermint (Pfefferminze)

Trauer
Kräuterheilmittel
März-Veilchen
Löwenzahn
Borretsch
Rose

Blütenessenzen
Forget Me Not (Vergißmeinnicht)
Sweet Marjoram (Majoran)

Trauma
Kräuterheilmittel
Arnika

Blütenessenzen
Echinacea (Sonnenhut)
Arnica (Arnika)

Traurigkeit
Blütenessenz
Sweet Marjoram (Majoran)

Trennung von Sexualität und Spiritualität
Blütenessenzen
Wood Betony (Heil-Batunge)
Basil (Basilikum)

Überaktivität
Kräuterheilmittel
Linde
Zitronenbalsam
Lavendel
Kamille
Frauenschuh

Ätherische Öle
Lavendel
Kamille

Blütenessenz
Chamomile (Kamille)

Überempfindlichkeit
Kräuterheilmittel
Mutterkraut

Blütenessenzen
Yarrow (Schafgarbe)
Viola odorata (März-Veilchen)
Red Clover (Rot-Klee)
St. John's Wort (Johanniskraut)
Centaury (Tausendgüldenkraut)

Überreizung
Blütenessenz
Dill (Dill)

Unbeständigkeit
Blütenessenz
Anemone (Küchenschelle)

Unbestimmtheit
Blütenessenz
Poppy (Mohn)

Unbewußte Ängste
Blütenessenz
Aspen (Zitterpappel)

Unentschlossenheit
Blütenessenzen
Mullein (Kleinblütige Königskerze)
Cayenne (Cayennepfeffer)
Drosera (Sonnentau)

Unfähigkeit zurechtzukommen
Blütenessenz
Rock Rose (Gelbes Sonnenröschen)

Ungeduld
Blütenessenz
Chamomile (Kamille)

Ungewißheit
Blütenessenz
Angelica (Erzengelwurz)

Unnachgiebigkeit
Blütenessenzen
Sage (Salbei)
Greater Celandine (Schöllkraut)
Cayenne (Cayennepfeffer)
Oak (Eiche)
Mistletoe (Mistel)
Walnut (Walnuß)

Unpraktische Art
Blütenessenz
Mugwort (Beifuß)

Unreife
Blütenessenz
Sage (Salbei)

Unruhe
Kräuterheilmittel
Passionsblume
Eingriffliger Weißdorn
Hopfen
Frauenschuh

Blütenessenz
Passionflower (Passionsblume)

Unruhige Träume
Kräuterheilmittel
Katzenminze

Blütenessenzen
Mugwort (Beifuß)
Peony (Päonie)
St. John's Wort (Johanniskraut)
Chamomile (Kamille)

Unschlüssigkeit
Blütenessenz
Mistletoe (Mistel)

Unsicherheit
Blütenessenzen
Anemone (Küchenschelle)
Mallow (Malve)
Drillingspflanze
Chicory (Wegwarte)
Sweet Marjoram (Majoran)
Chickweed (Vogelmiere)
Oregon Grape (Mahonie)
Blue Flag (Verschiedenfarbige Schwertlilie)
Holly (Stechpalme)
Evening Primrose (Nachtkerze)

Untätigkeit
Blütenessenz
Castor Oil (Rizinusöl)

Unterdrückte Gefühle
Kräuterheilmittel
Löwenzahn

Blütenessenzen
Primrose (Erd-Schlüsselblume)
Dandelion (Löwenzahn)

Unverarbeitete Emotionen
Blütenessenzen
Forget-Me-Not (Vergißmeinnicht)
Hyssop (Ysop)
Chickweed (Vogelmiere)
Linden (Linde)
Periwinkle (Immergrün)
Walnut (Walnuß)
Evening Primrose (Nachtkerze)
Agrimony (Odermennig)
Chestnut Bud (Kastanienblüten)
Yerba Santa (Bergbalsam)

Vagheit
Blütenessenz
Drosera (Sonnentau)

Verdrängung
Blütenessenzen
Poppy (Mohn)
Primrose (Erd-Schlüsselblume)

Verdrossenheit
Blütenessenz
Chamomile (Kamille)

Vergeßlichkeit
Kräuterheilmittel
Salbei
Eingriffliger Weißdorn
Ingwer
Zitronenbalsam
Rosmarin
Echtes Benediktenkraut
Majoran

Ätherische Öle
Rosmarin
Majoran

Verletzlichkeit
Kräuterheilmittel
Gänseblümchen

Blütenessenzen
Yarrow (Schafgarbe)
Anemone (Küchenschelle)
Viola odorata (März-Veilchen)
Garlic (Knoblauch)
Red Clover (Rot-Klee)
Blessed Thistle (Echtes Benediktenkraut)
Sweet Marjoram (Majoran)
Peony (Päonie)
Aspen (Zitterpappel)
Elder (Holunder)
Tiger Lily (Tigerlilie)
Holly (Stechpalme)
Walnut (Walnuß)
Centaury (Tausendgüldenkraut)
Black Cohosh (Wanzenkraut)

Verwirrtheit
Kräuterheilmittel
Salbei
Eingriffliger Weißdorn
Hopfen

Blütenessenzen
Angelica (Erzengelwurz)
Greater Celandine (Schöllkraut)
Mullein (Kleinblütige Königskerze)
Wood Betony (Heil-Batunge)
Rosemary (Rosmarin)
Periwinkle (Immergrün)
Geranium (Storchschnabel)
Datura (Stechapfel)
Eyebright (Augentrost)

Verzweiflung
Blütenessenzen
Olive (Olive)
Mustard (Senf)
Sweet Chestnut (Eß- oder Edelkastanie)

Wahnsinn
Blütenessenzen
Peony (Päonie)
Datura (Stechapfel)

Wehrlosigkeit
Blütenessenz
Blessed Thistle (Echtes Benediktenkraut)

Wirklichkeitsflucht
Blütenessenzen
Poppy (Mohn)
Agrimony (Odermennig)
Chestnut Bud (Kastanienknospen)
Drosera (Sonnentau)
California Poppy (Kalifornischer Kappenmohn)

Workaholic
Blütenessenzen
Aloe (Aloe)
Vervain (Eisenkraut)
Oak (Eiche)

Wut
Kräuterheilmittel
Passionsblume
März-Veilchen
Löwenzahn
Mutterkraut
Rose

Blütenessenzen
Nettle (Brennessel)
Blue Flag (Verschiedenfarbige Schwertlilie)
Chamomile (Kamille)

Zu große Abhängigkeit
Blütenessenz
Self-Heal (Kleine Brunelle)

Zu große Emotionalität
Blütenessenz
Mugwort (Beifuß)

Zu große Unabhängigkeit
Blütenessenz
Eucalyptus (Eukalyptus)

Zu starke Besorgnis um andere
Blütenessenz
Lemon Balm (Zitronenbalsam)

Pflanzen für verbreitete Beschwerden

Körperliche Beschwerden

Dies sind die empfohlenen Heilmittel bei verbreiteten körperlichen Beschwerden. Auf den Seiten 269–273 finden Sie Hinweise zu ihrer Einnahme.

IMMUNSYSTEM

Abwehrschwäche
Kräuterheilmittel
Salbei
Knoblauch
Thymian
Ingwer
Cayennepfeffer
Ysop
Ringelblume
Sonnenhut
Ginseng
Rose

Ätherische Öle
Ingwer
Ysop
Thymian
Basilikum
Rose
Jasmin

Blütenessenzen
Garlic (Knoblauch)
Nasturtium (Kapuzinerkresse)
Eucalyptus (Eukalyptus)

Allergien
Kräuterheilmittel
Zitronenbalsam
Borretsch
Sonnenhut
Kamille
Nachtkerze
Ginseng
Brennessel

Ätherische Öle
Melisse
Kamille

Candidiasis
Kräuterheilmittel
Aloesaft
Knoblauch
Thymian
Sonnenhut
Kamille

Fieber
Kräuterheilmittel
Schafgarbe
Knoblauch
Linde
Zitronenbalsam
Kamille

Ätherische Öle
Eukalyptus
Lavendel
Kiefer
Thymian
Kamille
Majoran

Herpes
Kräuterheilmittel
Aloegel
Zitronenbalsam
Ysop
Ringelblume
Majoran
Pfefferminze

Ätherisches Öl
Jasmin

Infektionen
Kräuterheilmittel
Knoblauch
Thymian
Ingwer
Sonnenhut
Lavendel
Johanniskraut

Ätherische Öle
Eukalyptus
Lavendel
Kiefer
Thymian
Kamille
Majoran

Postinfektiöse Erschöpfung
Kräuterheilmittel
Knoblauch
Eisenkraut
Sonnenhut
Tausendgüldenkraut
Johanniskraut

NERVENSYSTEM

Anspannung
Kräuterheilmittel
Basilikum
Kalifornischer Kappenmohn
Echte Schlüsselblume
Dill
Hopfen
Linde
Passionsblume
Helmkraut
Johanniskraut
Thymian
Heil-Batunge

Ätherische Öle
Basilikum
Storchschnabel
Hopfen
Ysop
Zitronenbalsam
Pfefferminze
Basilikum
Thymian

Blütenessenzen
Blue Flag (Verschiedenfarbige Schwertlilie)
Chickweed (Vogelmiere)
Dandelion (Löwenzahn)
Ginger (Ingwer)
Hyssop (Ysop)
Passionflower (Passionsblume)
Peony (Päonie)
Skullcap (Helmkraut)
Tiger Lily (Tigerlilie)

Kopfschmerzen
Kräuterheilmittel
Küchenschelle
Passionsblume
Eisenkraut
Helmkraut
Rosmarin
Mutterkraut
Lavendel
Black Cohosh (Wanzenkraut)
Pfefferminze

Ätherische Öle
Melisse
Muskatellersalbei
Lavendel
Linde
Storchschnabel
Pfefferminze

Migräne
Kräuterheilmittel
Heil-Batunge
Eisenkraut
Cayennepfeffer
Rosmarin
Mutterkraut
Lavendel

Ätherische Öle
Lavendel
Kamille

Müdigkeit, Erschöpfung
Kräuterheilmittel
Eisenkraut

Ätherische Öle
Ysop
Muskatellersalbei
Kiefer
Rose

Neuralgie, Ischiassyndrom
Kräuterheilmittel
Küchenschelle
Passionsblume
Senf
Lavendel
Kamille
Black Cohosh (Wanzenkraut)
Johanniskraut
Kalifornischer Kappenmohn

Ätherische Öle
Rosmarin
Lavendel
Kamille
Pfefferminze

Saisonal Abhängige Depression (SAD)
Kräuterheilmittel
Thymian
Immergrün
Erd-Schlüsselblume
Johanniskraut

Schlaflosigkeit, Hyperaktivität
Kräuterheilmittel
Küchenschelle
Passionsblume
Linde
Eisenkraut
Echte Schlüsselblume
Helmkraut
Hopfen
Lavendel
Majoran

Ätherische Öle
Muskatellersalbei
Hopfen
Lavendel
Linde
Kamille
Rose

Trägheit
Kräuterheilmittel
Eukalyptus
Löwenzahn

Blütenessenz
Peppermint (Pfefferminze)

ATEMWEGE

Asthma
Kräuterheilmittel
Sonnentau
Eukalyptus
Thymian
Rot-Klee
Kleinblütige Königskerze
Ysop
Kiefer
Nachtkerze
Black Cohosh (Wanzenkraut)

Ätherische Öle
Lavendel
Eukalyptus
Thymian
Kamille
Pfefferminze

Erkältungen und Grippe
Kräuterheilmittel
Schafgarbe
Holunder
Katzenminze
Linde
Eukalyptus
Thymian

Ätherische Öle
Lavendel
Kiefer
Eukalyptus
Thymian

Blütenessenzen
Eucalyptus (Eukalyptus)
Ginger (Ingwer)
Rosemary (Rosmarin)
Sunflower (Sonnenblume)
Hyssop (Ysop)
Calendula (Ringelblume)
Lavender (Lavendel)
Pine (Kiefer)

Halsentzündung
Kräuterheilmittel
Salbei
Thymian
Knoblauch
Ingwer
Kleinblütige Königskerze
Ysop

Ätherisches Öl
Thymian

Husten, Bronchitis, Keuchhusten
Kräuterheilmittel
Küchenschelle
Katzenminze
Knoblauch
Eukalyptus
Thymian
Kleinblütige Königskerze
Ysop
Kiefer
Stechpalme
Sonnentau

Ätherische Öle
Lavendel

Kiefer
Eukalyptus
Thymian

Blütenessenz
Eucalyptus (Eukalyptus)

Katarrh und Nebenhöhlenentzündung
Kräuterheilmittel
Schafgarbe
Katzenminze
Knoblauch
Thymian
Ingwer
Senf
Cayennepfeffer
Mutterkraut
Basilikum
Pfefferminze

Ätherische Öle
Kiefer
Eukalyptus
Pfefferminze

Blütenessenz
Eucalyptus (Eukalyptus)

Kehlkopfentzündung, Krupp
Kräuterheilmittel
Holunder
Eukalyptus
Virginische Zaubernuß
Vogelmiere
Lavendel
Geißblatt

Ätherische Öle
Lavendel
Thymian

Ohrenschmerzen
Kräuterheilmittel
Eukalyptus
Kleinblütige Königskerze
Kamille
Pfefferminze

VERDAUUNGS-SYSTEM
Durchfall
Kräuterheilmittel
Frauenmantel
Eiche
Kamille
Storchschnabel
Ingwer

Ätherisches Öl
Kamille

Gastritis, Magengeschwüre
Kräuterheilmittel
Aloesaft
Echter Eibisch
Zitronenbalsam
Mädesüß
Kamille
Odermennig

Ätherische Öle
Kamille

Koliken
Kräuterheilmittel
Dill
Katzenminze
Zitronenbalsam
Ingwer
Lavendel
Kamille

Ätherische Öle
Melisse
Lavendel
Schafgarbe
Dill
Kamille
Basilikum
Pfefferminze

Leber- und Gallenblasenbeschwerden
Kräuterheilmittel
Löwenzahn
Wegwarte
Tausendgüldenkraut
Odermennig
Mahonie

Sodbrennen, Indigestion
Kräuterheilmittel
Schafgarbe
Dill
Echter Eibisch
Zitronenbalsam
Mädesüß
Enzian
Kamille
Pfefferminze

Ätherische Öle
Melisse
Lavendel
Kamille
Pfefferminze

Übelkeit, Erbrechen
Kräuterheilmittel
Dill
Erzengelwurz
Zitronenbalsam
Lavendel
Pfefferminze

Ätherische Öle
Lavendel
Basilikum
Pfefferminze

Verdauungsbeschwerden
Kräuterheilmittel
Aloegel
Aloesaft
Katzenminze
Knoblauch
Kapuzinerkresse
Borretsch
Kleine Brunelle

Verstopfung
Kräuterheilmittel
Löwenzahn
Aloesaft
Rizinusöl
Olivenöl
Walnuß

Würmer
Kräuterheilmittel
Salbei
Knoblauch
Beifuß
Enzian
Walnuß

HARNORGANE
Bettnässen
Kräuterheilmittel
Olivenöl
Johanniskraut

Blasen-, Harnleiterentzündung
Kräuterheilmittel
Frauenmantel
Echter Eibisch
Kapuzinerkresse
Mädesüß
Kamille

Ätherische Öle
Kiefer
Eukalyptus
Kamille

Flüssigkeitsretention
Kräuterheilmittel
Eisenkraut
Löwenzahn
Borretsch
Vogelmiere
Mädesüß

Niereninfektionen, -steine
Kräuterheilmittel
Frauenmantel
Echter Eibisch
Löwenzahn
Mädesüß
Rose

KREISLAUF
Anämie
Kräuterheilmittel
Immergrün
Erzengelwurz
Tausendgüldenkraut
Mahonie

Arterienverkalkung
Kräuterheilmittel
Knoblauch
Linde
Thymian
Rosmarin
Olivenöl
Nachtkerze

Bluthochdruck
Kräuterheilmittel
Schafgarbe
Passionsblume
Knoblauch
Eingriffliger Weißdorn
Linde

Krampfadern, Hämorrhoiden
Kräuterheilmittel
Storchschnabel
Virginische Zaubernuß
Schafgarbe
Kleine Brunelle
Ringelblume
Eiche
Roßkastanie

Ätherisches Öl
Storchschnabel

Krämpfe
Kräuterheilmittel
Passionsblume
Knoblauch
Kamille

Ätherische Öle
Schafgarbe
Linde
Kamille

Schlechte Durchblutung, Frostbeulen
Kräuterheilmittel
Schafgarbe
Erzengelwurz
Senf
Walnuß

Ätherische Öle
Storchschnabel
Majoran

Ulcus varicosum
Kräuterheilmittel
Virginische Zaubernuß
Kamille
Ringelblume
Eiche

Ätherisches Öl
Eukalyptus

KNOCHEN, GELENKE UND MUSKELN
Arthritis und Gicht
Kräuterheilmittel
Aloesaft
Acker-Stiefmütterchen
März-Veilchen
Echte Schlüsselblume
Thymian
Borretsch
Rosmarin
Sonnenhut
Mädesüß
Nachtkerze
Weide

Ätherische Öle
Majoran
Lavendel
Rosmarin
Kiefer
Schafgarbe
Eukalyptus
Kamille

Rheuma
Kräuterheilmittel
März-Veilchen
Thymian
Black Cohosh (Wanzenkraut)
Mädesüß
Mahonie
Weide

Ätherische Öle
Eukalyptus
Lavendel
Rosmarin

HAUT UND AUGEN
Abszesse, Eiterbeulen
Kräuterheilmittel
Aloesaft
Acker-Stiefmütterchen
Löwenzahnwurzel
März-Veilchen
Sonnenhut
Blue Flag (Verschiedenfarbige Schwertlilie)

Ätherische Öle
Eukalyptus
Rose

Bindehautentzündung, Blepharitis
Kräuterheilmittel
Aloesaft
Holunder
Virginische Zaubernuß
Schöllkraut
Kleine Brunelle
Augentrost

Ekzeme, Milchschorf
Kräuterheilmittel
Aloesaft
Acker-Stiefmütterchen
Rot-Klee
Borretsch
Olivenöl
Melisse
Ringelblume
Sonnenhut
Vogelmiere
Nachtkerze
Brennessel

Ätherisches Öl
Storchschnabel

Gerstenkörner und Pickel
Kräuterheilmittel
Holunder
Kamille
Sonnenhut
Acker-Stiefmütterchen
Ringelblume
Lavendel
Verschiedenfarbige Schwertlilie
Augentrost

Infektionen, Parasitenbefall
Kräuterheilmittel
Salbei
Eukalyptus
Rosmarin
Sonnenhut
Thymian
Ingwer
Kleinblütige Königskerze
Kiefer
Basilikum
Pfefferminze

Ätherische Öle
Kiefer
Thymian
Storchschnabel
Pfefferminze

Schuppenflechte
Kräuterheilmittel
Löwenzahnwurzel
Sonnenhut
Acker-Stiefmütterchen
Rot-Klee
Lärche
Mahonie

Überanstrengte, ermüdete Augen
Kräuterheilmittel
Schafgarbe
Schöllkraut
Mädesüß
Kamille
Augentrost

Warzen und warzenähnliche Hautveränderungen
Kräuterheilmittel
Knoblauch
Schöllkraut

FORTPFLANZUNGSORGANE
Wechseljahrsbeschwerden
Kräuterheilmittel
Salbei
Beifuß
Echtes Benediktenkraut
Hopfen
Ginseng
Nachtkerze
Black Cohosh (Wanzenkraut)
Johanniskraut

Ätherische Öle
Muskatellersalbei
Hopfen
Kamille
Storchschnabel
Jasmin

Mangelnde Libido, Impotenz
Kräuterheilmittel
Ingwer
Hopfen
Ginseng
Rose
Black Cohosh (Wanzenkraut)

Ätherische Öle
Ingwer
Muskatellersalbei
Hopfen
Rose
Jasmin

Prämenstruelles Syndrom
Kräuterheilmittel
Küchenschelle
Zitronenbalsam
Helmkraut
Kamille
Nachtkerze
Rose
Jasmin

Ätherische Öle
Muskatellersalbei
Kamille
Storchschnabel
Rose

Prostatabeschwerden
Kräuterheilmittel
Löwenzahn
Zitterpappel

Starke, schmerzhafte Monatsblutungen
Kräuterheilmittel
Schafgarbe
Salbei
Rose
Frauenmantel
Beifuß
Drillingspflanze
Storchschnabel
Black Cohosh (Wanzenkraut)
Jasmin

Ätherische Öle
Schafgarbe
Storchschnabel

Vaginalinfektionen
Kräuterheilmittel
Salbei
Frauenmantel
Knoblauch
Beifuß
Drillingspflanze
Ringelblume
Sonnenhut
Eiche

SCHWANGERSCHAFT UND GEBURT
Beschwerden beim Stillen
Kräuterheilmittel
Eisenkraut
Borretsch
Echtes Benediktenkraut
Brennessel

Geburt
Kräuterheilmittel
Küchenschelle
Frauenmantel
Beifuß
Drillingspflanze
Kamille
Black Cohosh (Wanzenkraut)
Jasmin

Morgendliche Übelkeit
Kräuterheilmittel
Ingwer
Kamille
Tigerlilie

Postnatale Depressionen
Kräuterheilmittel
Küchenschelle
Jasmin

Ätherische Öle
Küchenschelle
Muskatellersalbei
Jasmin

ERSTE HILFE
Insektenbisse und -stiche
Kräuterheilmittel
Knoblauch
Virginische Zaubernuß
Kleine Brunelle
Ringelblume
Lavendel

Kleine Verbrennungen und Verbrühungen
Kräuterheilmittel
Lavendel
Aloesaft
Schafgarbe
Virginische Zaubernuß
Olivenöl

Nasenbluten
Kräuterheilmittel
Virginische Zaubernuß
Drillingspflanze
Eiche
Brennessel
Immergrün

Ohnmacht und Schock
Kräuterheilmittel
Arnika

Blütenessenz
Arnica (Arnika)

Prellungen
Kräuterheilmittel
Schafgarbe
Arnika
Virginische Zaubernuß
Ringelblume
Lavendel

Reisekrankheit
Kräuterheilmittel
Ingwer
Ringelblume
Vogelmiere
Lavendel
Basilikum
Pfefferminze

Schnitte und Wunden
Kräuterheilmittel
Schafgarbe
Aloesaft
Virginische Zaubernuß
Ringelblume
Lavendel
Storchschnabel

Ätherische Öle
Lavendel
Kamille
Pfefferminze

Zerrungen und Verstauchungen
Kräuterheilmittel
Echter Eibisch
Stockrose
Virginische Zaubernuß
Ysop
Ringelblume
Heil-Batunge
Lavendel

Glossar

Adaptogen: hilft, das körperliche Gleichgewicht wiederherzustellen
Alkaloid: chemische Verbindung mit einem Stickstoffatom; pflanzliche Alkaloide können schmerzstillend oder giftig sein und zu Halluzinationen führen
Alterativ/Blutreinigungsmittel: erzielt über Entgiftung und verbesserte Ernährung langsam positive Wirkungen
analgetisch: schmerzstillend
Antazidum: Substanz, die die Magensäure reduziert
antibakteriell: bakterielle Infektionen eindämmend oder beseitigend
antibiotisch: die Zunahme von Bakterien eindämmend oder stoppend
Antihistamine: neutralisieren die Wirkung von Histaminen bei einer allergischen Reaktion
antiseptisch: Fäulnis verhindernd
antispasmodisch: Krämpfe oder Verkrampfungen verhindernd oder lindernd
antiviral: Virusinfektionen eindämmend oder beseitigend
adstringierend: das Gewebe zusammenziehend und Sekretion oder Ausfluß mindernd
Bitterstoffe: chemische Verbindungen, die den Appetit und die Verdauung fördern; einige wirken entzündungshemmend, andere entspannend
Demulcens: Mittel, das gereiztes Gewebe, insbesondere Schleimhäute, beruhigt
Diaphoretikum: schweißtreibendes Mittel
Diuretikum: harntreibendes Mittel
Emetikum: Brechreiz auslösendes Mittel
Emmenagogum: Mittel, das die Menstruation auslöst und deshalb in der Schwangerschaft vermieden werden muß
Emolliens: Mittel, das die Haut beruhigt und verheilen läßt
Expektorans: fördert den Auswurf von Schleim aus den Atemwegen
Freie Radikale: Moleküle, die Zellen und Gewebe schädigen und dabei schädliche Abfallprodukte im Körper hinterlassen
Glykoside, flavonoide: Chemikalien, die aus Molekülen mit zwei Abschnitten bestehen, wovon einer Zucker ist; einige haben eine starke Wirkung auf das Herz, andere wirken abführend
Hypoglykämikum: blutzuckersenkendes Mittel
Karminativum: Mittel, das Krämpfe und Blähungen lindert
Laxativum: Abführmittel
Mucilago: gelartige Substanz, deren Moleküle aus Zuckerketten aufgebaut sind; sie beruhigt entzündetes Gewebe
Narkotikum: löst Schlaf oder Bewußtlosigkeit aus
Öl, ätherisches: komplexe Verbindung aus Kohlenwasserstoffen und Alkohol, die vielen Kräutern ihren charakteristischen Geschmack und Duft gibt; ätherische Öle können antiseptisch, antimykotisch und aromatisch sein
Östrogen: besitzt ähnliche Eigenschaften wie die weiblichen östrogenen Hormone
Phenol: Grundbaustein vieler Pflanzenteile, z. B. zählen Salizylsäuren dazu
Purgativum: starkes Abführmittel
Hyperämikum: leicht reizendes Mittel, das zu Hautrötungen führen kann
Saponine: Glykoside, die einen seifenartigen Schaum bilden, wenn man sie mit Wasser schüttelt; steroidale Saponine wirken ähnlich wie die Vorstufen der weiblichen Sexualhormone, während die Wirkung von Triterpen-Saponinen der des Nebennierenhormons ACTH ähnelt
Sudoriferum: schweißtreibendes Mittel
Vasodilatator: gefäßerweiternde Substanz, senkt den Blutdruck

Literatur

Bach, Edward, Blumen, die durch die Seele heilen. Die wahre Ursache von Krankheit – Diagnose und Therapie, München: Hugendubel, 1995

Bach, Edward, Die nachgelassenen Originalschriften. Hrsg. von den Kuratoren des Dr. Edward Bach Centre, Mount Vernon, England, Judy Howard und John Ramsell. Mit einem Vorwort von Mechthild Scheffer, München: Hugendubel, 1996

Bach, Edward, Die zwölf Heiler und andere Heilmittel. Vorwort und Übersetzung von Erika Lang-Büttner, Ergersheim: Lang-Büttner, 1993

Bach, Edward/Petersen, Jens E., Heile dich selbst mit den Bach-Blüten. Übersetzt von Karl F. Hörner, München: Droemer Knaur, 1992

Barnard, Julian, Blüten für die Seele. Das Bachblüten-Brevier für die ersten Schritte. Mit Beiträgen und herausgegeben von Volker R. Karrer. Übersetzt von Christopher Baker, Wessobrunn: Integral, 1989

Barnard, Julian und Martine, Das Bach-Blüten-Wunder, München: Heyne, 1989

Bailey, Arthur, Handbook of The Bailey Flower Essences, Ilkley Healing Centre, Ilkley, Yorks

Fischer-Rizzi, Susanne, Blätter von Bäumen. Legenden, Mythen, Heilanwendung und Betrachtung von einheimischen Bäumen. Mit Zeichnungen von Peter Ebenhoch, München: Hugendubel, 1996

Fischer-Rizzi, Susanne, Botschaft an den Himmel. Anwendung, Wirkung und Geschichten von duftendem Räucherwerk. Mit Illustrationen von Peter Ebenhoch, München: Hugendubel, 1996

Fischer-Rizzi, Susanne, Aroma-Massage. Gesundheit und Wohlgefühl für Körper und Seele. Mit Illustrationen von Peter Ebenhoch und Günter Hartmann, München: Hugendubel, 1995

Fischer-Rizzi, Susanne, Medizin der Erde. Legenden, Mythen, Heilanwendung unserer Heilpflanzen. Mit Zeichnungen von Peter Ebenhoch, München: Hugendubel, 1997

Fischer-Rizzi, Susanne, Himmlische Düfte. Aromatherapie – Anwendung wohlriechender Pflanzenessenzen und ihre Wirkung auf Körper und Seele. Mit Illustrationen von Peter Ebenhoch und Günter Hartmann, München: Hugendubel, 1996

Fröhlich, Hans Horst, Der Naturgarten des Sebastian Kneipp. Von der Schönheit der Pflanzen im Jahreslauf und ihrer Anwendung für ein gesundes Leben, München: Hugendubel, 1997

Gaugler, Almut/Brehm, Burkhard (Hg.), Mit Hildegard von Bingen durch das Jahr. Heilkräfte aus der Natur, München: Hugendubel, 1997

Hollerbach, Elisabeth und Karl, Kraut und Unkraut zum Kochen und Heilen, München: Hugendubel, 1998

Howard, Judy, Bach-Blüten für Frauen. Übersetzt von Ralph Tegtmeier, Braunschweig: Aurum 1995

Howard, Judy/Ramsell, John, Die Bach-Blüten. Fragen und Antworten. Mit einem Vorwort von Mechthild Scheffer, München: Hugendubel, 1996

Johnson, Steve M., Flower Essences of Alaska, Alaskan Flower Essence Project, Homer, Alaska

Kaminski, Patricia/Katz, Richard, Handbuch der kalifornischen und englischen Blütenessenzen, Aarau: AT Verlag, 1996

Kirchner, Tamara/Lowery, Penny, Praktische Einführung in die Kräuterheilkunde. Einheimische Pflanzen, chinesische Kräutermedizin und Bach-Blüten. Übersetzt von Susanne Reichert, München: Hugendubel, 1997

Scheffer, Mechthild, Schlüssel zur Seele. Das Arbeitsbuch zur Selbstdiagnose mit den Bach-Blüten, München: Hugendubel, 1995

Scheffer, Mechthild, Bach-Blütentherapie. Theorie und Praxis, München: Hugendubel, 1996

Scheffer, Mechthild, Erfahrungen mit der Bach-Blütentherapie. Mit Diagnose-Fragebogen, München: Hugendubel, 1995
Scheffer, Mechthild/Storl, Wolf-Dieter, Die Seelenpflanzen des Dr. Bach. Neue Einsichten in die Bach-Blütentherapie, München: Hugendubel, 1996
Selby, Anna, Praktische Einführung in die Aromatherapie. Grundausstattung, Massagetechniken und therapeutische Anwendungen. Übersetzt von Susanne Reichert, München 1997
Uyldert, Mellie, Verborgene Kräfte der Pflanzen. Übersetzt von Clemens Wilhelm, München: Hugendubel, 1993
Weeks, Nora, Edward Bach. Entdecker der Blütentherapie, Sein Leben – seine Erkenntnisse. Übersetzt von Christian Quatmann, München: Hugendubel, 1996
Weeks, Nora/Bullen, Victor, 38 Bach-Original-Blütenkonzentrate. Die speziellen Potenzierungsmethoden. Übersetzt von Jacqueline Rinkens, Neckarsulm: Jungjohann, 1992
White, Ian, Die australischen Busch-Blütenessenzen. Übersetzt von Hans Finck, Chieming: Laredo, 1996

Bezugsquellen

1. Kräuterheilmittel und -tees sind in Apotheken, Reformhäusern und speziellen Kräutergeschäften erhältlich.

2. Reine **ätherische Öle für die Aromatherapie** sind in vielen Apotheken und Reformhäusern zu kaufen. Folgende Liste umfaßt Lieferanten und Versandhandelsunternehmen von qualitativ hochwertigen, reinen ätherischen Ölen, Grundölen, Lotionen und Hautpflegeprodukten aus der Aromatherapie:

Primavera
Postfach 21
87475 Sulzberg

Aromara
Albtalstr. 24b
79837 St. Blasien

Neumond
Mühlfelderstr. 70
82211 Herrsching

La Florina
Auf der Tannenhöhe
35327 Ulrichstein

Wenden Sie sich für weitere Informationen über Aromatherapie, zu Seminaren und Workshops an:

Arven
Schule für ganzheitliche Aromatherapie und Aromapflege
Susanne Fischer-Rizzi
Haberreuthe 1
87477 Sulzberg

3. Homöopathische Heilmittel erhalten Sie in Apotheken. Adressen von speziellen homöpathischen Apotheken können Sie dem örtlichen Branchenbuch entnehmen.

4. Blütenessenzen

Bach-Blütenessenzen

Institute für Bach-Blütentherapie
Forschung und Lehre
Mechthild Scheffer

Deutschland:
Lippmannstr. 57
D-22769 Hamburg
Tel.: 040/43 25 77 10
Fax: 040/43 52 53

Österreich:
Börsegasse 10
A-1010 Wien
Tel. (++43) (1)533 86-400
Fax: (++43) (1)533 86-4015

Schweiz:
Mainaustr. 15
CH-8034 Zürich
Tel.: (++41) (0)1/382 33 14
Fax: (++41) (0)1/382 33 19

Kalifornische Blütenessenzen

Flower Essence Society
P.O. Box 459
USA-Nevada City, CA 95959
Tel.: (001) 916-265-91 63
Fax: (001) 916-265-64 67

Australische Busch-Blütenessenzen

The Australian Flower Remedy Society
P.O. Box 531
Spit Junction
AUS-NSW 2088
Tel.: (++61) (0)8 69/373 49
Fax: (++61) (0)8 69/373 76

Register

Damit die einzelnen Themen schneller zu finden sind, wurde das Register in vier Bereiche unterteilt: Pflanzennamen; Krankheiten und Beschwerden; Wirkungsweisen der Pflanzen, Kräutermischungen und Behandlungen; Allgemein.

Pflanzennamen

Fettgedruckte Seitenzahlen verweisen auf die Pflanzenprofile. *Kursive* Seitenzahlen verweisen auf Abbildungen. Bei einigen Pflanzenbeschreibungen ist nur der Gattungsname aufgeführt, weil die jeweilige Art in Europa – außer in botanischen Gärten – nicht vorkommt. Für eine nähere Beschäftigung mit den Pflanzen halten Sie sich am besten an die lateinischen Namen.

Krankheiten, Beschwerden und emotionale Probleme

Fettgedruckte Seitenzahlen verweisen auf Haupteinträge in Kapitel 4.

Wirkungsweisen der Pflanzen, Kräutermischungen und Behandlungen

Fettgedruckte Seitenzahlen verweisen auf die Herstellungsanleitungen.

Allgemeines Register

Fettgedruckte Seitenzahlen verweisen auf detaillierte Einträge.

Dank

Die Autorin dankt insbesondere Michael, Zaira, Zoe und Emilia für ihr Verständnis in der Zeit, als sie soviel arbeitete, ihrer Mutter und Niky, die sie bei der Kinderbetreuung unterstützten, weiterhin Virginia und Alice, die den Text getippt haben, Caroline und Bridget, weil man so gut mit ihnen zusammenarbeiten kann, und Maureen, die alles erst ermöglichte.

Bildnachweis

Ancient Art & Architecture Collection: Ronald Sheridan, S. 16; Heather Angel, S. 104; Ardea London Ltd.: Bob Gibbons, S. 10, 257 unten, Ake Lindau, S. 24, François Gohier, S. 34, Jean-Paul Ferrero, S. 43, S. 262, Wilf Taylor, S. 261, F. Collet, S. 265; Bodleian Library: John Gerarde, »Herbal or General History of Plants« 1597, The Bodleian Library, Oxford L.1.5.MED, S. 31; The Bridgeman Art Library: Torii Kiyonaga (1753–1815), »Viewing the cherry blossom at Asukayama«, British Library, London, S. 17; »I love True and Fondly«, Viktorianische Valentinskarte (Hereford City Museum and Art Gallery), S. 15, »Emilia in her garden«, »Hours of the Duke of Burgundy (1454–55)« (Österreichische Nationalbibliothek, Wien), S. 29; Bruce Coleman Collection: Bob und Clara Calhoun, S. 187, Eric Crichton, S. 178, Geoff Dore, S. 33, 94, Dick Klees, S. 167, Herbert Kranawetter, S. 40, Harald Lange, S. 161, Eckhart Pott, S. 68, Andy Purcell, S. 23, Hans Reinhard, S. 48, 50, 60, 66, 71, 72, 74, 85, 111, 114, 116, 123, 134, 142, 152, 157, 201, 205, 210, 219, 223, 235, 239, 241, 242, 257 oben, Michel Viard, S. 103, 141; John Fletwell/Garden Matters: S. 263; The Garden Picture Library: Brian Carter, S. 162, Densey Clyne, S. 227, Erika Craddock, S. 254, Geoff Dann, S. 209, John Glover, S. 86, 188, Christopher Gallagher, S. 124, Michelle Lamontagne, S. 173, Zara McCalmont, S. 183, Gary Rogers, S. 12 unten, David Russel, S. 12 oben, 131, 164, J.S. Sira, S. 137, 151, 252, Brigitte Thomas, S. 70, Didier Willery, S. 90; Tessa Traeger Library: S. 2; Werner Forman Archive: S. 9 (Metropolitan Museum of Art, New York)